U0819258

中国人民大学非营利组织研究所
公域合力管理咨询有限责任公司
康晓光 冯利 主编

2015 中国第三部门观察报告

OBSERVATION REPORT ON THE THIRD SECTOR OF CHINA

社会科学文献出版社
SOCIAL SCIENCES ACADEMIC PRESS (CHINA)

中国扶贫基金会资助

编 写 说 明

本报告由中国人民大学非营利组织研究所与公域合力管理咨询（北京）有限责任公司共同完成。报告由康晓光与冯利领导与指导的编写小组执笔完成，编写小组其他成员主要来自中国人民大学非营利组织研究所的博士生、硕士生，公域合力管理咨询（北京）有限责任公司的工作人员，以及外部专家、学者。包括：郑家钟、许文文、杨维东、丁宁、卢学晖、郭文娟、张照照、章一琪、赵文洋、易晓华、董雪、关大明、张帆，董雪同时担任编写小组的助理工作。

本报告的编撰工作历时一年，从确定选题到最终形成文稿，经历了复杂的过程。本报告中的总报告、分报告、典型案例均以小课题研究的方式进行，每篇文章写作时基本采用的工作逻辑与工作流程为：（1）确定研究目的；（2）根据研究目的设定研究内容；（3）针对研究内容进行文献研究、综述；（4）针对研究内容，在文献研究的基础上，建立分析思路、分析框架；（5）针对研究内容与分析框架的要求，设计覆盖所需信息的调查方案；（6）按照调查方案，实施田野调查，获取所需经验资料；（7）分析一手资料与二手资料；（8）进行汇总、撰写。每篇文章从立意到撰写提纲，直至形成文稿，编写小组均进行了反复讨论与论证。各篇文章执笔人如下：

第一部分　总报告

建设公益共同体　　冯　利　章一琪

第二部分　分报告

十八届三中全会以来社会组织管理政策解析　　许文文

手机 APP 改变中国公益　　章一琪　张　帆

序

2014年注定是中国现代化改革史上载入史册的一年。

中央政府开始大规模治理腐败，副国级以上党和国家领导人层面至少有4人落马，副部级以上官员50多人落马，厅局处级干部落马的更多。

经济持续下滑，连续30多年有效的中国经济增长遭遇前所未有的瓶颈。无论何招，都无法重振昔日雄风。银行增加的流动性很难抵达实体经济，通过“信托”、“证券”等影子银行将钱贷到地方政府债务平台的钱加上利息后又回到银行，这种钱的“空转”既不会创造就业也不会拉动市场内需，仅仅创造了GDP和国有银行的利润，有钱人部分享受了资本利得，进一步拉大了贫富差距。另外，通过银行直接贷给国企的流动性，要么因产能过剩变成了不流动，要么通过小贷公司再回到民间高利补充流动性，使实体经济更加雪上加霜。因此市场只能持续低迷。这种现象表明：中国经济问题绝不仅是宏观问题，本质上是微观问题。

新一届政府并不急于恢复经济增长，而是将新时期定义为新常态。放慢IPO，促进资本并购重组与新经济的成长，并着手解决污染与环境负荷问题，依宪治国涉及的立法问题与司法问题，通过削减行政性审批去化解政府行政权过大，通过直接削减国企高中管收入去化解人才集中流向政府与国企等问题，这使得旧有围绕土地和矿产等资源型寻租和国营金融垄断造成的金融寻租的外延型产能扩张增长模式问题继续发酵与暴露，由此种模式内生的腐败问题持续发酵与暴露。而以移动互联网、文化娱乐、健康产业及新能源创新为特征的新经济则携着民营经济孜孜破土，欣欣向荣，顽强推进，典型表现为阿里巴巴境外上市，腾讯入股京东，安邦兼并民生银行等。于是我们看到：移动互联网洗牌传统行业，民营经济借助股市兼并成风，民营健康与娱乐产业纵横捭阖，电动汽车等新能源加入新经济潮流，互联网金融风起云涌，基于公民个人信用的私募股权基金和共同基金风景这边独好，更重要的迹象是报考公务员和国企的大学生、研究生大幅减少，年青一代加入民营企业创业潮显然初潮汹涌。民营经济似乎正在酝酿新的更大浪潮，为中国经济的未来涂抹上一丝令人神往的晨曦。

微信成为中国人交友与互动的新工具，手机移动端正在逐渐取代 PC 端，成为人们的生活方式与工作方式。因此 APP 成为新的人际联络与商务连接的潮流，人们迅速组建成不同的社会群组，社会互动与连接方式正在发生深刻的变化。平面媒体乃至电视媒体在 APP 自媒体的冲击下正经受血与火的考验，媒体人在急剧分化，传播的去中心化正在让那些传统的传播组织乃至帝国纷纷坍塌，不愿陪葬的媒体人正在纷纷逃离传统组织并探索新的满足多中心 APP 传播的内容制作之路，未来充满了迷人的前所未有的不确定性。同时在思想市场上，传统说教式的宣传正在越来越失去听众，高度现实主义的市场化的曲意逢迎式的舆论正在搅乱人心，碎片化的超现实主义格言式逢迎则可能制造具有广告价值的粉群与大 V，人们看似获得了无限的表演舞台与话语空间，可以随心所欲地发表见解，思想和言论刊印成铅字的自豪感被贬到人类历史的最低谷。人们相互抄袭的舆论之战在各种社会交际微信圈中无所用心地争取自己的听众，真正具有社会深度理性的思维正在小众群体中艰难孕育。这似乎是一个正在寻找精神的社会，又似乎是一个完全物欲化的超现实主义社会，丰富、混乱、缺乏理性而富于生机。如何从其深层去窥见不同的逻辑而选择自己的行动，确实是这时代每个社会精英必须认真面对的重要课题。中国和人类都正在经历前所未有的考验。

康晓光和冯利博士领导的团队调查与撰写的新一篇《中国第三部门观察报告》，就在这样的历史背景中登场。

这是一份很用心很用功的观察报告：他们选取公益行业中建设公益共同体这个话题作为总报告的题目。选取三中全会以来国家层面、部委层面和地方层面的政策变化，手机 APP 在公益领域的应用，中国环境公益诉讼的开放与困境，时间银行，以及中国大学教育基金会的畸形治理的重要话题作为分报告。并选取了公益界最近所发生的一些如英特尔、壳牌、善行者、谢丽芳（蒲公英）、社区民主自治与冰桶挑战等重要活动、事件、项目、机构、人物等，作为典型案例进行案例解剖。观察报告深入调查和解剖了2014年中国第三部门发生的变化，这些变化对于中国现代化进程中社会变革与转型的意义，以及这些变化和案例对我们这一代人特别是我们这一代公益人的启示，以便我们去参照、反省、互动并调整，从而推动第三部门的发展与中国现代化进程中社会的变革与转型，善莫大焉。

一国在现代化进程中的社会结构转型，本质上是社会对公共空间的重构过程，这个重构过程包含两个方面的内容：其一是对传统公共空间如政府传统公共职能的解构，其二是对基于公民自由结社精神的新公共空间即公益领域的建构。为了实现这种社会大数量级的公共空间的建构与解构，有大量的工作要做，概括起来主要可以分为四个方面：第一，公民意识的觉醒和公民责任意识的倡导、培训、互动与唤醒。只有当越来越多的公民放弃对一个好皇帝解决所有公共空间问题的不切实际的期盼幻象，放弃幻想的意淫顺民或叛乱式暴民的两极震荡，以公民自由结社之力来履行公民责任，建构巨细的新公共空间，才可能引领和推动新公共空间的构建与社会转型，而这需要个人对自我中心的超越和大量的社会互动与激发，需要大量的公共倡导与培训。第二，基于自由结社DNA的公益组织的发育与成长。只有越来越多的这种公益组织成长起来，才能给公民以足够多的示范、激发与引领，也才能够动员越来越多的社会志愿者，构建越来越多的新公共空间，改变公共空间的结构与功能，反过来激发公民意识的觉醒，形成良性循环的社会转型。第三，政府角色和功能的转变。只有政府意识到这种公共空间的解构与重构对于现代化的重要意义，政府才可能退回到社会管理的角色定位上来，从一些直接经营的社会公共空间解脱出来，并鼓励基于公民自由结社的公共建构。政府应回到构建公益市场的公共角色之上，成为公平正义之市场规则的制定者和裁判者，维护公共构建的市场公平竞争和正义。第四，公益组织之间的共同体构建和公益联盟。只有公益组织间为了自律、透明、公平而形成越来越多的再组织与第三方平台，才可能形成更加健康的公益氛围与环境，分担政府的裁判与监管职能，形成更加有机并相互促进相互制约的公益生态链，从而更加有利于公益组织的发育与成长，更加有利于公益事业的解构与重构，更加有利于社会的平稳转型与现代化。

中国今天正处在传统公共空间解构和新公共空间建构的交替进程中。但正如任何人类文明史上的社会变革过程一样，往回看线条清晰，当下看朦胧一片，中国当下的社会变革也体现出朦胧混沌和进退拉锯的特征。我们期盼着当代的青年和社会精英，拨开这重重迷雾，坚持现代文明史给予我们社会变革的逻辑启示，坚定不移地通过自身行动去追寻上述四方面的逻辑力量，并形成各种角色之间的社会互动默契，去圆我们心中那个中华民族躁动百年的现代化梦想。而《中国第三部门观察报告》，将记录我们成长与转型的脚印，并且陪伴我们这代人的成长和我们这个民族的升华。

何道峰

2015 年 2 月 8 日

于北京奥临小区秋水斋

目录

Contents

第一部分　总报告

第二部分　分报告

第三部分　典型案例

典型机构

第一部分

总报告

第一篇

背景篇

建设公益共同体

以成员认同共同的价值观、拥有统一的行为规范和强烈的归属感为基本特征的“共同体”是社会学中的一个重要概念，它已得到越来越广泛的运用。共同体一词古已有之，亚里士多德曾在《政治学》中描述了共同体的意义。滕尼斯用“共同体”来表示建立在自然情感一致基础上、关系亲密、守望相助、富有人情味、排他的共同生活方式和社会联系。他认为共同体主要是以血缘、感情和伦理团结为纽带自然生长起来的，其基本形式包括亲属（血缘共同体）、邻里（地缘共同体）和友谊（精神共同体）。这一概念强调人与人之间的紧密关系，共同的精神意识以及对共同体的归属感（认同感）。近年来，随着全球化的扩展和通信交通的日益便利，人与人之间、群体与群体之间联系和交往的纽带已经不再受到传统的血缘和地域的局限，原始意义上的共同体概念不断瓦解，但共同体概念不断被嵌入到新的语境中而获得重构。在新的语境下，共同体一般是指一部分人一旦发现他们具备了其他人所不具备的共同的价值观、情感或职业，那么在这种相似性的影响下，他们不可避免地会相互吸引、相互寻觅、相互交往、相互结合，这样一个拥有特定价值观、行为规范和归属感的群体就在社会中慢慢地形成了。这种共同体在社会参与、利益表达、自治能力提升等方面都发挥着重要的作用。

经过30多年的发展，中国公益组织的数量和类型逐渐增多，活动领域逐渐拓展，公益部门内部组织与组织之间开始互动，彼此的交流与合作日益广泛。许多公益活动从最初一家组织的孤军奋战逐步走向多家机构在某个或某些地域，或某个领域内的联合行动。今天，中国公益部门已经越过了“单打独斗”、“一盘散沙”的阶段，进入了建设共同体的阶段。中国公益部门的内部交流、合作、联合呈现“井喷”态势，各式各样的共同体从生根发芽的雏形阶段，走向了欣欣向荣的发展阶段。中国公益部门内的共同体已经在公益组织的专业性、能力，行业自律，行业自治，维护行业利益，表达利益诉求等方面发挥了重要作用。可以预见，未来公益部门共同体可能会越来越多，所发挥的作用将越来越显著。

针对这一现象，以及当前和未来可能产生的巨大影响，我们需要进行总结、分析，梳理其发挥的作用，解读其背后的原因，展示当前以及未来中国公益部门发展的真正面貌。

一 公益共同体及其特征

1. 何谓“公益共同体”?

社会学家对“共同体”提出了多达 90 多种定义，以至一些学者认为从来就没有共同体理论，也没有关于什么是共同体的令人满意的定义，但是，我们仍然可以从各类定义中梳理出有关共同体的一些关键要素，即共同的价值观、共同的行为规范和强烈的归属感。

共同体是一个协作系统，而真正的协作是在追求共同目标中产生的。因此，公益共同体首先要有一个共同的目标。滕尼斯认为共同体特指“一个拥有某种共同的价值、规范和目标的实体，其中每个成员都把共同的目标当作自己的目标。共同体不仅仅是指一群人，它是一个整体”。没有共同的目标，就只能成为松散的偶合人群。偶然地在同一时间同一地方临时聚集起来的一群人不是共同体。滕尼斯强调，共同体内部有一种共同的、有约束的思想信念作为一个共同体自己的意志。

共同的价值观会引导并塑造共同的（与价值观对应的）行为规范。例如，希腊人总是通过各种方式——共同的血统和语言、共同的诸神体系与祭祀，以及共同的政治生活习惯——来有意识地塑造城邦的共同信仰和共同价值下的共同的行为规范。泰勒认为共同体公共生活的实践与制度表现了最重要的规则，这些规则对于成员的同一性来说是最为重要的，并且，成员通过参与公共生活，又承诺了这些制度和规则，并使这些实践的制度得以持续。伊兹欧尼认为，对一组共享的价值、规范和意义以及一个共享的历史和身份认同的一定程度的承诺，是建构共同体的基本要素。[①]

共同体的建立离不开由共同的情感、记忆、历史、传说和习惯形成的归属感。滕尼斯在《共同体与社会》一书中指出：共同体是基于自然意志（如情感、习惯、记忆等）而形成的一种社会有机体，这是一种持久的和真正的共同生活，是“一种生机勃勃的有机体”，这就是共同体的本质。鲍曼指出了对“共同体”的一种感觉：首先，共同体是一个温馨的地方，一个温暖而又舒适的场所，它就像是一个家，在它的下面，可以遮风避雨；它又像是一个壁炉，在严寒的日子里，靠近它，可以暖和我们的手；其次，在共同体里，我们能够互相依靠对方；如果我们跌倒了，其他人会帮助我们重新站起来；如果我们犯了错误，我们可以坦白（解释和道歉）；在我们悲伤失意的时候，总会有人紧紧地握住我们的手。这些都是归属感的体验。[②] 韦伯认为，人与人之间在素质处境或行为上呈现的某种共同性并不能保证共同体的存在，只有在关于共同境况和其后果的简单“感觉”之上“打上同属于某一整体的感觉印记时”才产生了共同体。[③] 个体心理历程上需要经过社会比较、社会类化、社会区隔和社会定位四个阶段，最终得到“我们感”而凝聚成共同体。[④] 从社会定位方面看，社会定位是最终对个体认同的组织所作的逻辑定义，即在回答“我们是谁”问题的同时，将自我归属于“我们”。这也就是社会认同的完成。[⑤]

本文所说的“公益共同体”是指在中国公益部门内部，以公益组织为成员而结成的，认同共同的价值观，遵守共同的行为规范，具有归属感的集体或集体组织。

2. 公益共同体的基本特征

公益共同体的核心特征包括三个方面：一是共同的价值观，二是共同的行为规范，三是归属感。

---

① Amitai Etzioni, “Creating Good Communities and Good Societies,” *Contemporary Sociology*, Vol. 29, No. 1, p. 188.

② 齐格蒙特·鲍曼：《共同体》，欧阳景根译，江苏人民出版社，2007，第4页。

③ 张志旻、赵世奎等：《共同体的界定、内涵及其生成——共同体研究综述》，《科学学与科学技术管理》2010年第10期。

④ H. Tajfel, *Differentiation between Social Groups*, London: Academic Press, 1978.

⑤ http://www.naradafoundation.org/sys/html/lm_25/2007-07-27/152652.htm.

（1）共同的价值观

共同体之所以成为共同体，是因为其具备了共同的价值、共同的精神追求这一关键特征。在公益领域，共同的价值和精神追求的提出一般来自一个组织或几个组织的倡议或号召，然后得到其他组织的响应和支持，进而将单独组织孤立的行为变成群体的行动。目前，这种具备共同的价值、共同的精神追求的群体行动在公益领域已有极为多样的类型。既有相对稳定的网络平台，也有松散的临时组合；既有以一家组织为核心的伞状联盟，又有多家组织形成的网络结构；既有地域性的联合行动，也有全国范围内的联合倡议；既有某领域的共同行动，也有某组织类型的共同行动；既有特定体系内的群体集合，也有整个公益部门的精英领导人结成的盛会。同时，各共同体的目标不同，有的为了提升行业的公信力，有的为了实现资源共享，有的为了互相学习、借鉴经验。无论哪种形式，共同体中的组织彼此间均因认同共同的价值观而走到一起。我们以下面四种情况为例来说明。

第一种是围绕支持性组织形成的伞状联盟，它以支持性组织为核心或结点，为更基层的组织提供支撑。联盟共同的精神追求多是在支持性组织的帮助下，组织间进行行业交流、资源共享及能力建设。例如，支持性组织恩派以“助力社会创新，培育公益人才”为使命，致力于“孵化”处于创业期的草根社会组织，为它们提供信息咨询、业务培训、资金扶持，恩派在其官网中提到，“迄今为止超过 1000 家民间公益机构提供了孵化或成长支持服务，培训公益人才近万人，为数千家公益机构筹措超过 3 亿元人民币的运作资金”。[①]

第二种是以共同参与某项公益活动为契机形成联合行动，这在环保领域和救灾领域体现得最为明显。紧急时刻，一些救灾组织基于合作救灾的目标自然而然地走到一起，形成民间联合救灾行动网络。例如，2008 年 5 月 12 日，汶川特大地震发生后，甘肃文县碧口地区通信中断了 50 多个小时，受灾情况不被外界知晓，几乎没有社会力量参与救援。震后第二天，甘肃省内 4 家民间公益组织开会商议，决定首先组织一支志愿者考察队伍，深入甘肃省灾情最为严重的地区进行灾情考察与评估。会议结束后，

① http：//www. npi. org. cn/.

为了更好地协作并凝聚力量，成立了“甘肃草根联合行动小组”。之后的几个月里，小组开展了紧急评估、发布倡议、筹集资源、开展救援等系列行动，并于当年9月解散。“甘肃草根联合行动小组”是一个临时性的救灾网络，它是民间组织基于共同应对灾害的目标自发形成的共同体。我国现已进入灾害多发期，越来越多的公益组织参与救灾，持续性的救灾共同体开始形成。例如，2014年4月7日，由中国扶贫基金会发起，加多宝集团、英特尔公司等支持，国际美慈组织、蓝天救援队等国内外29家公益组织共同组建了“人道救援网络”，期望通过人道救援网络的搭建，建立开放合作的救灾行动平台，促进民间组织灾害救援能力的提升，持续引导社会各界关注和参与灾害救援和减防灾工作，共同推动人道救援事业的发展，最终目的在于通过“人道救援网络”及时应对灾害，做到紧急响应、评估灾情、找准人群、实施援助，救助处于生命边缘的灾区民众，帮助他们渡过难关。

第三种是相同类型的公益组织形成松散、平等的合作关系的网络结构共同体，它建立有经常性的平等的网状交流机制，如定期或不定期召开交流会议、开展共同行动等。例如，小额信贷联盟就是此类共同体，定期举办的小额信贷行业年会的宗旨和目标是“通过为会员机构提供服务和支持，提高小额信贷机构的覆盖面和可持续性以及行业的整体能力和水平，为没有充分享受金融服务的群体（特别是贫困和低收入人口）提供普惠金融服务，促进和谐社会建设”。又如，中华环保民间组织可持续发展年会聚集了来自全国各大环保组织的代表，自2006年起每年定期举办，目的是为环保组织搭建交流与沟通的平台，凝聚社会力量参与支持、关爱生态环境，发挥政府助手、补充的作用，实现环保组织作为社会第三方力量的支撑作用，促进可持续发展。

第四种是行业自律、问责以及公开透明的联合行动，这是优秀公益组织的共同追求。“郭美美”事件等引发的中国公益组织问责风暴使得整个公益部门陷入一场严重的信任危机，公开透明和问责成为几乎所有公益组织面临的重大议题。越来越多的公益组织认识到只有接受来自各方的制约，传递自身的可信任度，才能应对优胜劣汰的公益市场竞争，从而生存下去，越来越多的行业自律联盟开始出现。而为了推动行业自律，许多优秀公益组织为此孜孜奋斗20余年，如最终成立的致力于行业问责的基金会中心网。

案例：行业自律共同体

——基金会中心网

共同体的诞生

随着基金会的出现，基金会之间的互动和行业自律随之产生，虽然最初透明度建设并未被明确提出，但是中国基金会行业自律萌芽较早就已产生。1990年，第一次中国民间基金会会议在河北承德召开，14家基金会参加。1993年，第二次中国民间基金会会议在北京召开，30多家基金会和学术机构参加。1994年，由10多家全国性基金会联合倡议成立“中华基金会联合会筹备委员会”。

1998年，“中国基金会与NPO信息网”（基金会中心网前身）亮相，这是中华慈善总会和17家基金会联合在互联网上注册的“虚拟”组织，致力于推动基金会等非营利组织的信息交流和公信力建设，基金会中心网的网络域名（www. foundationcenter. org. cn）同时注册（当时未运行），基金会中心网名称及网络域名沿用至今。2001年，“中国基金会与NPO信息网”更名北京恩玖信息咨询中心在北京市工商局登记成立，取得法人资格，商玉生任中心理事长。2002年，北京恩玖信息咨询中心在北京召开“中国NPO诚信国际研讨会”。2003年，在时任中华慈善总会会长阎明复推动和美国麦克里兰基金会资助下，“NPO诚信培训工作会议”召开。2003年，由北京恩玖信息咨询中心与美国麦克里兰基金会主持，国内外专家合作，开发了《公信力系列培训》教材系列，先后为1000多名非营利组织负责人提供了高质量的培训。在“跨国公司和公益组织国际高级论坛”上，由北京恩玖信息咨询中心负责起草的《中国非营利组织（NPO）公信力标准》公布，数十名NPO负责人在上面签名。

2000年之后，互联网的兴起成为公众问责的强大推力，基金会内外部环境发生巨变，公开透明和公信力建设不再是少数几家优秀基金会追求卓越的表现，而是社会对于基金会切切实实的要求。打造基金会信息披露平台，提高基金会透明度，进行基金会公信力建设成为大多数基金会共同的追求，势在必行。基金会追求行业自律的脚步加快。2005年11月，中华慈善大会上，中国青基会、中国扶贫基金会、爱德基金会和北京恩玖信息咨询中心联合主办“NPO自律论坛”并发起“中国NPO自律行动”，遵循“自愿”、“自律”、“自救”的原则，旨在通过建立自律准则，加强NPO行业的行为规范，提高社会公信力，促进我国公益性NPO的健康发展。中国扶贫基金会副会长何道峰担任自律行动指导委员会第一任轮值主席，恩玖中心为执行机构。2007年，由NPO自律行动指导委员会指导、北京恩玖信息咨询中心起草的《中国公益性NPO自律准则》初步定稿。2008年4月，在中国人民大学“NGO问责国际研讨会”上，《中国公益性NPO自律准则》正式发布。2009年1月，北京恩玖非营利组织发展研究中心在北京市民政局注册登记，何道峰任理事长。2009年7月，中国非公募基金会发展论坛召开，发布了《中国非公募基金会自律宣言》。2009年10月，中国非公募基金会高层参访团访美，参访团达成共识：基金会行业自律从信息公开始，成立中国基金会中心势在必行。2009年11月，NPO行业自律行动指导委员会在南京召开会议，同意与中国非公募基金会发展论坛一起联合发起基金会中心网，并将其作为下一步行业自律行动的重要目标来推动。2009年12月，由30多家基金会共同发起、基金会中心网筹建工作正式启动，北京恩玖非营利组织发展研究中心成为基金会中心网所依托的实体。

2010年2月，基金会中心项目筹备小组赴美，与美国基金会中心、哈佛大学豪泽非营利组织研究中心等机构进行了深入的交流和研讨，获得了宝贵的知识和技术支持，为基金会中心网的筹建奠定了坚实的基础。2010年5月31日，受北京恩玖非营利组织发展研究中心理事会委托，南都公益基金会向民政部递交《关于南都公益基金会支持基金会中心网建设的请示报告》，民政部表示积极支持。2010年7月8日，经过近半年紧张而有序的筹备，北京恩玖非营利组织发展研究中心举办“基金会中心网启动暨行业透明大会”，宣布由35家发起机构共同发起的基金会中心网正式启动，徐永光任理事长，“基金会中心网”正式上线。35家业内优秀基金会共同发起基金会中心网，在基金会行业内迅速产生了共鸣，得到了认同。这个以“建立基金会行业信息披露平台，为行业提供能力建设服务”为使命的网站，举基金会问责大旗，凝聚了中国基金会所追求的共同价值。围绕推动基金会问责，基金会中心网从三个方面着手，一方面加强建设信息披露平台，另一方面促进信息丰富，进行专业研究分析，同时建设配套设施——能力建设、行业自律，为行业发展提供能力建设，促进行业自律机制形成。

共同的价值追求

基金会中心网成为基金会共同的价值追求的平台。2012年8月底，基金会中心网正式发布一项衡量基金会运作透明度的中基透明指数 FTI。目前，FTI 已被作为衡量基金会透明度的常规标准。再如，2013 年 4 月 20 日雅安地震后，42 家基金会发起成立了“中国基金会 4.20 救灾行动自律联盟”。联盟对成员的救灾操作流程化和信息披露的内容、渠道、及时性、审计和问责的备查资料，以及成员合作与退出机制等提出要求，联盟成员承诺将全程公布接受、拨付和使用捐款的情况，接受捐款人和社会监督，接受政府监管，承担一切相关的法律责任，用透明度来重振公众对公益慈善组织的信心。2013 年 8 月 29 日，“自律·变革·发展——基金会透明暨基金会中心网三周年大会”在云南昆明举行。大会的一个核心内容是：中国基金会 4.20 救灾行动自律联盟启动暨签约仪式。大会宣布中国扶贫基金会执行会长何道峰为自律联盟首任主席，会上现场宣读了《中国基金会 4.20 救灾行动自律联盟公约》，自律联盟成员在公约上签字，何道峰作了就任报告，回顾了多年来基金会推动自律透明的历程，对自律联盟的意义，对基金会行业及整个公益行业的改革、发展应发挥的作用和影响，以及今后的工作方向作了阐释。基金会自律联盟的正式启动，将推动基金会行业在自律、透明、规范运作上跨入一个新的阶段：从被动披露信息到主动公开透明，从被动接受社会监督到主动自律、引入社会问责，公开披露的信息从笼统到具体、有效，更有利于社会有效监督。今天，基金会中心网已经发展成为国内最具权威的民间的基金会信息披露平台。

案例：环保基金会集结号

——环保资助者联盟

对现实的思考

2013 年 6 月 21 日，第五届中国非公募基金会发展论坛在北京南馆公园公民教育中心举行的名为“寻路美丽中国”的工作坊，公布了基金会中心网统计的一组数据：全国 21 个省和自治区总计有 64 家环保领域基金会，数量规模占全国基金会总数的 2%；净资产总额占全国基金会净资产总额的 3%；捐赠收入占全国基金会捐赠收入的 2%；公益支出占全国基金会公益支出的 3%。在我国基金会最关注的前十个社会问题中没有“环境保护”。环境保护类基金会在应对中国社会问题方面并非占据显著的地位。而环保类基金会各方面都显示出“少”的现实，也使人们意识到民间环保类组织难以得到来自基金会的资金支持。中华环保联合会 2010 年公布的《环境蓝皮书》更加明确地指出了中国境内环保组织的生存状况，“中国境内环境保护组织约有九成都是接受境外和使馆的资金捐款来维持自身组织的发展，但往往这些境外资金并不好拿，环保组织要去申请境外资金，须去国内相关部门进行报备，手续繁琐，而国内对于环保组织的资助又并未形成气候，这对于有发展需求的民间环保组织并非易事”。

各年度公布的统计结果让环保类基金会坐不住了，他们很快协商问题的严峻性，并达成共识，出席工作坊的各基金会将组成“环保资助者联盟筹备小组”，期望采取共同行动改变这一现状。同时，正式启动国内环保领域相关基金会的摸底调查，由 SEE 基金会负责前期设计及实施，中华环境保护基金会提供资金支持。同时，继续吸引更多的合作伙伴加入联盟。

共同展望未来

联盟成立后，SEE 基金会有些担心，不知道能不能找到更多加盟成员，但是这种担心很快被打消。筹备小组迅速得到一批环保类基金会的响应。“这让我很惊喜，行业内的基金会都特别支持成立联盟的想法，一下就聚集过来，说明大家都看到当前环境状况的严重程度，民间环保 NGO 力量薄弱的现实”，SEE 基金会的高天说。2013 年 11 月 15 日，各方经过反复商讨，最终由中华环保基金会、中国绿色碳汇基金会、中国绿化基金会（3 家公募基金会），万科公益基金会、万通公益基金会、阿里巴巴公益基金会、SEE 基金会（4 家企业家基金会），老牛基金会（1 家家族基金会）和广州千禾公益基金会（1 家社区基金会）共 9 家基金会联合组成了“环境资助者联盟”筹备委员会。

“环境资助者联盟”目前仍在筹备期间，聚集了中国环保民间组织的很大希望。大家一致认为，联盟既要共享各方资源，也可共同学习境外经验，又可总结和推广境内基金会的最佳实践，包括公募基金会的募款策略、募款渠道，家族基金会的投资体系和先进理念，这些可以使其他环保组织受益。更重要的是，联盟确立的首要目标是更好地资助中国民间环保组织。其次，基金会之间的信息交流成为当下迫切的需求，环境保护不可能仅靠哪家基金会就能做好，更多要靠机构间信息交流来达到环境保护的共同目标，联盟将为中国环境保护资助机构的交流、协作、能力建设等提供服务平台。这也是联盟成立的动因之一。①

（2）共同的行为规范

实践中，公益共同体成员依照同一套行为规范开展行动。遵守和承诺同一套行为规范也是对自我身份，即“我是谁”的一种追问和确认。这些行为规范渗透到共同体的各个部分、各个环节，成为控制整个共同体状态的关键因素。

具有明确的边界是共同体必备的重要内容，也是共同体得以存在和运行的保障。为了排除并行的共同体以及其他因素可能造成的干扰，在共同体的范围内不允许他者与之共存，从而保证统一的规范有效地遵循。这是共同体对自身的保护。最强烈的共同体感觉体现于确定的文化联结以及身份认同之中，特别是当某个共同体受到外来威胁时尤为明显。在他们眼中，外来者的命运和忠诚明显不同于自己人，他们的区别和差异是不言而喻的。共同体成员对差异化的外来者的防范是公开的。人们把世界缩小到共同体的规模，并依据这一基础行动，对边界之外表现出明显的排他性。② 共同体是一个整体，具有独立和统一的性质，成员之间不存在断层，每一成员都直接或间接地同一切其他成员发生关系，每一成员所扮演的角色以及角色的行为规范都直接或间接地对一切其他角色起作用，并为一切其他角色所普遍认可。作为整体的共同体独立存在并对社会产生影响，无需依靠或依附其他社会因素。

公益共同体所承载的价值观、传统、习惯及依赖的法律规范，形成了我们深深依赖却熟视无睹的行为规范。正是在这一行为规范的引导下，成员获得了典型的共同体的行为特征。每一个人，都被一根看不见的锁链连在一起，这种遵守和承诺同一套行为规范的联结甚至要强于实体上的归依。在公益部门中，每个公益组织都会同时拥有多个共同体的成员资格，归属于不同的共同体，如学习网络、论坛、平台等，这就决定了成员会同时具有多重身份，即处于互嵌的多个共同体中。成员在什么范围、什么程度上相互理解、相互肯定，在什么范围内个体自愿接受并按照特定规则确认名称、权能以及相互间的关系，忠实于共同体所确立的规范，就在什么范围

① http：//www. gongyishibao. com/html/yaowen/5705. html.

② 牟宏峰：《论日常生活共同体及其界域划分》，《浙江社会科学》2010 年第 6 期。

内形成了共同体。

案例：成员对共同体规范的遵守

——USDO 自律吧

1030 参会机构

在 USDO 的发展过程中，成员间的认同体现得非常明显。2009 年 10 月 30 日，“USDO 自律吧”诞生，128 家公益社会组织出席成立会议，经过历时 8 个小时的激烈而有序的动议、辩论和表决，102 家机构最终通过并签署了《USDO 社会组织自律准则》和《USDO 规则》，正式宣告了一个以 NGO 自律为核心价值的虚拟网络社区的诞生。当日参会机构都是“元老”机构，被称为“1030 参会机构”，这一标签给个体带来共同的记忆和体验。“1030 参会机构”以曾经“共同动议”形成认同，它们不仅仅是依赖相似性形成“我们感”。

正式成员需遵守同一套行为规范

当然，“1030 参会机构”并不就是 USDO 的成员机构，在 10 月 30 日会议上通过的决议即“要申请加入 USDO 的机构，须提交证明自己满足五条基础准则的文件，并经 USDO 协调小组确认通过，方正式纳入为 USDO 成员机构”。这进一步强调了成员对共同行为规范的承诺和遵守。

当“USDO 自律吧”发展到一定规模后，后来者很难通过原有的方式获得与元老们相同程度的“我们感”，这就需要引导成员得到一些行为规范指引，从而将自己划入这个共同体。为了达成这一点，“USDO 自律吧”做了很多。第一，打上标签。“USDO 自律吧”规定“USDO 成员机构”可以在自己机构的标识旁边，打上 USDO 的标识，并且欢迎大家这样做，表明自己的 USDO 身份和自律承诺，也等于是在呼吁更多的机构加入自律探索的行列。同时，如果大家发现有非成员机构滥用 USDO 的标识，可以向协调组反映并来阻止，以保证这个标识的公信力。第二，发起共同行动、共同倡议，举办沙龙，让个体在集体行动中融入共同体。例如，2010 年 9 月 27 日，USDO 主办、北京恩友承办的“NGO 财务信息披露暨公信力建设研讨会”在北京召开；针对“郭美美”事件后公益机构遭遇的信任危机，2012 年“USDO 自律吧”在网络上发起“自律壹夏晒公益”的倡议，邀请成员机构和社会组织对各自财务状况开展自查。在活动开展两周时间里，以各种方式参与此次活动的社会组织共有 42 家，百度显示有相关消息 1000 多条，

《南方都市报》公益周刊以《“自律吧”上晒账本草根 NGO 财务“裸身”》为题报道了此次行动。第三，严格遵守自律规则。USDO 正式机构 NGOCN 在 2010 年 3 月主动披露了内部财务出现的问题，组建调查组且对外部参与调查持开放态度。USDO 在征求 NGOCN 同意后委托成员机构北京恩友就其履行《USDO 自律准则》的情况进行了解。2011 年 5 月，USDO 协调组作出决议，高度赞赏 NGOCN 勇于自查自律、及时披露并积极解决的态度，应该为所有 USDO 成员机构所学习；但同时根据“宽进严出”的原则，决议将 NGOCN 调整为预科机构，并愿意提供辅导。NGOCN 对协调组的决议表示理解并接受。①

让新成员拥有“我们感”

截至 2012 年 11 月 6 日，“USDO 自律吧”有 117 家成员机构，其中正式机构 71 家，预科机构 46 家。2014 年 12 月 22 日 USDO 网站显示的数据是，已有成员机构 148 家，其中正式机构 113 家，预科机构 35 家，成员机构数量较 2012 年增加 31 家。

“USDO 自律吧”注重传播 USDO 自律理念。2012 年 3 月，“NPO 财务 3A 培训班”正式开展，项目在北京、广州和成都三地开展，约 150 家机构报名，最终筛选出 72 家机构，为其财务人员及机构负责人提供了系统的 NPO 财务管理培训，共计 224 课时，直接受益 144 人。提升并完善了受助机构的资金管理、账务核算、财务内控等能力，建立健全和运作良好的财务管理体系，并配以其他辅助措施（软硬件支持），改善了财务管理薄弱的现状，提高其财务表现力。2012 年 7 月 12 ~ 13 日，在首届中国公益慈善项目交流展示会上，USDO 开展了由“透明撑公益”艺术行为秀和“公益行业透明化”主题沙龙活动两部分组成的“透明”主题活动，同时得到了前去参展的 28 家成员机构的大力支持与配合。除了举办沙龙和培训，USDO 还通过其他方式帮助成员机构。例如，2012 年 8 月初，通过与新浪微博部门的接洽，USDO 秘书处帮助处理了 21 家成员机构微博大号加 V（新浪机构认证）的申请升级工作。②

USDO 尊重多元化，强调自主性，成员间的讨论和争议以尊重彼此的见解和判断为基础，在工作中发现一个问题就解决一个问题，成员积极地

① 资料引自 USDO 官方网站。

② 资料引自 USDO 官方网站。

建言献策，提动议、谈感想，这些让新进的协调组成员感受到了“我们感”。当区分的边界变得清晰之后，象征符号和情感体验都会强化类别化的过程。

案例：行为规范的形成

——非公募基金会论坛

共同的自律和责任意识

我国政府对非公募基金会采取鼓励和扶持的态度，特别是近年来陆续出台了一系列配套规章，为非公募基金会创造了宽松、有利的发展环境。可以说，目前非公募基金会设立和治理的制度障碍已经突破，政府方面给予了比较好的政策法律环境。广大非公募基金会组织自身越来越有强烈的自律和责任意识，认为要有责任也有能力把这个新兴的行业做好。本着这样一个良好的愿望，十多家非公募基金会经多次交流，就有关非公募基金会发展和治理的各种问题交换意见，逐步形成了共识，决定联合发起举办“中国非公募基金会发展论坛”。这一设想很快得到民政部国家民间组织管理局主要领导的支持，中国社会组织促进会也作为论坛的联合发起主办机构，积极推动论坛活动。

协商建立规范

2008 年 9 月 1 日下午，中国社会组织促进会、南都公益基金会、友成企业家扶贫基金会、北京大学教育基金会、孙冶方经济科学基金会、北京万通公益基金会、北京光彩教育基金会、北京市西部阳光农村发展基金会、北京光华慈善基金会（当天缺席）和北京华夏经济社会发展研究中心的负责人在民政部民间组织管理局会议室召开会议，正式共同发起了首届“中国非公募基金会发展论坛”。这次会议初步确定各发起单位共同为论坛的主办单位，各发起单位的负责人组成论坛组委会，推举中国社会组织促进会秘书长杨岳女士和南都公益基金会副理事长徐永光先生共同担任首届论坛的主席，并邀请民政部民间组织管理局局长孙伟林先生担任论坛顾问。论坛还将设秘书处和专家委员会。论坛不是正式组织，不以营利为目的，活动经费自筹。

2009 年 11 月 20 日下午，论坛组委会召开了第一次会议。各主办单位负责人一致希望将论坛办成非公募基金会之间以及与政府部门、学术机构、新闻媒体、公益服务组织之间相互学习、交流、沟通和合作的高层次的对话平台，为优化非公募基金会的生态环境、提高非公募基金会的自律能力、扩大非公募基金会的社会影响、提升非公募基金会的公信力提供全方位的专业服务，促进行业自律与诚信，引导并推动民间公益慈善事业健康、规范和持续发展。

自首届论坛至2014年第六届论坛，主要开展四个方面的活动，加深非公募基金会之间的共识、价值观，并建立有效公益的行业规范。

- 每年召开一届年会和若干次沙龙，探讨非公募基金会规范发展的策略，建立非公募基金会与其他社会组织进行对话、交流、合作的渠道。例如，2009年年会的主题为“非公募基金会的内部治理、信息披露、项目成效”，2014年年会的主题为“超越·共识——大互联时代非公募基金会的转型与发展”。
- 编辑出版《中国非公募基金会发展年度报告》，展示非公募基金会与民间公益事业的发展成就，推广非公募基金会运作和管理的先进经验，反映非公募基金会的呼声和诉求。
- 发布《中国非公募基金会自律公约》，在此基础上，拟定《中国非公募基金会自律准则》。
- 建立论坛官方网站，为促进非公募基金会规范发展提供信息服务。①

共同体成员为什么会遵守共同的行为规范？我们可以借用“组织承诺”的逻辑来进行分析。在组织承诺里，成员确定了与组织连接的角度和程度，特别是规定了那些正式文本里无法规定的行为规范。从组织承诺的主要取向看，可以将承诺分为三种性质。其一是情感取向，即成员相信组织目标是有意义和有价值的，愿意为组织的利益付出努力，并有强烈地保持组织成员资格的愿望。这种组织承诺的取向强调的是“意愿”，被称为“情感性承诺”。其二是工具取向，即在组织中留任是出于对个人投入（时间、努力、机会等）代价的计算。比如已经获得的地位、将在组织获得的福利待遇以及其他可能的机会等。这种组织承诺的取向强调的是“需要”。由于其主要特征是计算是否在组织内继续留任，因此也被称为“继续性承诺”、“留任性承诺”或“工具性承诺”。其三是规范取向。即在成员所认定应该“以符合组织目标和利益的方式来行动”的规范压力下对组织进行承诺。这

① http：//www.naradafoundation.org/sys/html/lm_23/2008－11－22/104341.htm.

是一种“未必喜欢，也未必需要，但是既然做了，就应该做好”的承诺。这种组织承诺的取向强调的是“应该”，被称为“规范性承诺”。

我国民间救援力量在经历一系列灾害的应对考验之后，其发展的三个阶段也明显地呈现上述三种组织承诺的取向特征：第一阶段，重大灾害发生后，民间力量自发形成临时性联合行动网络，以整合资源并增强行动能力，临时性联合是主要特征，成员对网络更多是继承性承诺，主要采用的是工具性取向。第二阶段，民间救灾力量形成常态化网络，并能够对中小型灾害开展联合救援行动，常态化联合是主要特征，随着常态化网络的形成，联合救援行动形成的默契程度增强，以及形成与政府的机制化互动，这时成员开始认识到网络的意义和价值，并愿意为网络的价值而作出自己的努力，这时对网络就有了情感性承诺。在救灾联合行动中，民间救灾团队对于联合救灾网络形成了高度的认同和承诺，一旦遇到灾害，立即行动起来。2013 年芦山地震救援中，以壹基金联合救灾网络为代表的民间救援力量表现更为成熟。在地震发生后 1 个小时内，壹基金内部即召开紧急会议，启动应急预案。同时，贵州、陕西、四川等多个省份的民间救灾力量起运救灾物资，参与到救灾行动中。26 小时后，芦山地震联合救灾指挥部在雅安成立，负责统一协调指挥联合救灾行动；建立成都和雅安两个备灾仓库，进行救灾物资的协调运转；在芦山县、天全县、宝兴县成立 3 个工作站，负责灾情评估和物资发放工作。此次地震救援，壹基金联合救灾网络非常高效，先后有 51 家公益组织和近千名志愿者参与行动，为灾区筹集发放了 1000 多吨救灾物品，成为重要的救灾力量。此次地震救援中联合救灾行动与灾区市、县政府保持了紧密的合作，政府也高度重视民间力量在灾害应对中的作用。① 第三阶段，民间救灾网络进一步整合，更为专业，形成与政府的机制化互动渠道，民间救灾力量与政府的机制化互动是主要特征，开始出现规范取向。2013 年 5 月 12 日，由四川省和雅安市共建的“雅安抗震救灾社会组织与志愿者服务中心”成立，统筹协调社会力量，在抗震救灾中发挥了积极作用。芦山地震救援开启了民间联合救灾发展的新阶段，即民间公益组织内部的联合更加专业、高效，真正成为救灾行动中的一支重要力量；与政府的互动与合作开始机制化，能更好地发挥各自优势，共同服务于受灾人员。

---

① 李健强：《我国民间联合救灾力量发展的三个阶段》，《中国减灾》2014 年第 4 期。

案例：建立生态信任的共同体
——北京国仁绿色联盟

联盟成立

农业已成为中国第一被污染的产业，危害着自然环境和人类健康。获得健康的食物是每个人的权利，而我们吃的却越来越不安全了。

1987年在日本东京召开的世界环境与发展委员会第八次会议通过的报告《我们共同的未来》中，第一次提出了“可持续发展”的明确定义。即，“在满足当代人需要的同时，不损害后代人满足自身需要的能力”。

在此背景下，发展生态农业成为当务之急。农民专业合作社在引导和组织农民进行生态农业建设方面具有独特的优势，它既是满足农户社会性需要的载体，也是联结消费者的通道。

但是，农民专业合作社的生态产品的市场并不好找，许多从事生态农业的农民专业合作社做起来后发现现实与理想是有距离的。大部分消费者关注的仍然是价格，有些消费者直接说：“我成天吃这些东西，也没见有什么不一样，等到有问题了再说吧。”部分消费者虽然担忧食品安全，但是对于现有的绿色食品却持怀疑态度。

为解决小农绿色经济与大市场对接的普遍困难，推动合作社之间的制度化和组织化联合，共同探索可持续农业所面临的生产、销售经营和资金问题，在中国人民大学乡村建设中心、北京梁漱溟乡村建设中心、河北晏阳初乡村建设学院的支持下，2006年4月27日，来自全国5个省份的7个农民合作社（山西永济寨子村农民协会、山东鱼台姜庄农民合作社、吉林梨树阎家农民合作社、河南兰考胡寨农民合作社、河南兰考南马庄农民合作社、山东济南殷家林合作社、湖北房县三岔农民合作社）为谋求自身的发展，愿意通过农民合作生产的方式为城市消费者提供有机的、健康的农产品，成立了第一家全国性的农民合作组织——北京国仁绿色联盟联合社。

一头是农户的生态种植规则

首先，国仁绿色联盟对参与种植的农户进行每年一次的生态农业与合作培训，培养了一批坚持生态农业种植的骨干，他们大多是合作社的负责人，比如湖北房县种植花菇木耳的向叔，山东莘县种植黑麦的史朝旭，河南兰考种植花生的王猛等。其次，帮助更多的乡村组建农民合作组织，作为绿色联盟的健康农产品生产基地。2005年1月，南马庄合作社成立无公害大米协会，同年以农民自助、合作组织内部监督的方式种植了3000亩优质水稻并生产出700吨无公害大米，用实际行动为城市居民消费安全的、可追溯食品提供了必要的前提基础。农民合作社为农民的联合生产和规范管理提供了社会基础和组织基础，为实现农产品的可追溯、从源头上杜绝有毒食品提供了制度性保障。

除了培训培养农户生态种植的理念，国仁绿色联盟依靠合作社天然的内部监督优势保证生态种植。农村是熟人社会，参与种植的农户形成的合作社具有良好的监督作用，作假需要付出高昂的成本。另外国仁绿色联盟提倡替代式认证体系即参与式保障体系（PGS），通过社会各界力量共同参与监督食物的生产过程，形成城乡互助的良好信任关系。每年有一到两位大学生志愿者到农村驻点一年，与农民同吃同住同劳动，帮助不善记录田间管理的农户做种植记录及其他工作。

另一头是消费者的绿色农业理念

国仁绿色联盟自成立以来，曾多次举办过关于可持续农业发展、城市文明消费的论坛、活动，多次举办了农民合作社与城市消费者社区之间的互访活动，让消费者支持绿色农业的理念能够付诸实际行动。

早期，国仁绿色联盟举办了一系列活动，但是效果不佳。2006年5月20日，中国人民大学乡村建设中心、梁漱溟乡村建设中心、国仁绿色联盟等机构主办了主题为“绿色选择、城乡互动”的第一期绿色论坛。绿色论坛旨在为推动开展绿色农业的生产者、消费者和NGO提供一个系统深入地探讨健康农业和健康消费在中国的理论和实践的公共空间，同时也为对健康消费感兴趣的消费者提供健康信息的平台；2007年4月初，国仁绿色联盟又一次组织城乡互动活动，西二旗社区消费者40余人到河北顺平柴各庄、小水合作社踏青，与合作社社员交流，并团购各种健康农产品；2007年4月，国仁绿色联盟联合中国农业大学校工会、国仁城乡互助合作社等单位发起“北京社区文明消费行动计划”；2007年8月25日，在北京海淀西二旗成立国内首个消费者合作社——“西二旗社区消费合作社”，农民、消费者携手联欢；2007年10月29日，组织北京西二旗消费者去河北顺平县农民专业合作社参观生产基地、实地购买。

两头链接建立生态信任

消费者的直接参与很重要，消费者需要到农村与生产者见面聊天，互相了解，促进双方的信任。2009年后，伴随着“三鹿”事件，越来越多的市民来关注食品、关注农业，在消费者之间做工作更容易了，市民们愿意进入农村和农场体验生活，小毛驴市民农园引起市民关注。也是从2009年起，绿盟和小毛驴市民农园并肩合作，开展一系列消费者活动，通过小毛驴市民农园等机构已经建立的城市消费者网络，推广、销售农产品。2010年1月8日，在第一届全国社区互助农业（CSA）经验交流会上，国仁绿色联盟、小毛驴市民农园联合天福园、德润屋、芳嘉园、耕年华、圣林生态农庄、重庆合初人农耕基地、南马庄农民生产合作联社有机农场共9家单位发起成立“市民农业CSA联盟筹委会”，并发表《发展市民农业、促进城乡和谐——健康农产品生产者联合宣言》和《推动市民农业、促进城乡和谐——文明消费者联合宣言》。同年，在市民农业CSA联盟的基础上，参与推动小市集活动及形成北京有机农夫市集。

国仁绿色联盟以全新的形态展现在公众面前，一头连着生产者，一头连着消费者，通过大学生支农参与、监督农户生产（参与式保障体系PGS），在城市组织购买活动，搭建健康农产品的产销链条。在这条产销链条上，农户、消费者形成了生态信任共同体。三农问题专家李昌平在微博中写道，“食品安全许多年后都依然是问题。原因是农民和消费者都没有共同体（组织），社会没有自治（自我约束和管理）力量和机制”。国仁绿色联盟以农民专业合作社为依托推动可持续农业，成为生产者和消费者之间的桥梁，借助食品安全走入公众，最终目的仍旧是解决三农问题，实现环保农村、健康农业、精神农民，走农业可持续道路。①

（3）归属感

归属感是个体对群体的认同、满意和依恋程度的情感体验。在群体中生活，必然与群体中其他个体具有一定的相似性，包括态度、情感、价值观和行为方式等，相似性高就容易被群体接纳，得到其他个体的认同，这时就会产生对群体的归属感。它与宗教认同、语言认同、地域文化认同、阶级阶层认同、职业认同、性别认同等有着类似的心理机制。这种归属感的特殊性在于，组织本身的吸引力导致了组织凝聚，而不是以组织成员之间个人特性的相似、相互依赖或交换而形成的人际吸引导致组织凝聚，即形成了“我们感”，这是共同体形成的心理基础和维系共同体的纽带。形成

① 资料引自国仁绿色联盟官方网站。

“我们感”意味着个体将自己归属于群体，自我认定是组织中的一员。组织中的成员在“我们”意识的推动下，才能风雨同舟。因为，组织是“我们的”，而不是“他的”、“他们的”。形成归属感的心理机制是完成个人的“自我类化”，形成心理群体，从而达到“群体凝聚”的结果。

公益共同体成员秉承着相似的志愿精神及利他主义价值观，组织与群体之间容易形成一种“家庭”式的归属感。有人认为，共同体的最终目的则是通过平等的公民互助而使各种各样的社会成员在物质、情感和价值观上建立强有力的联系，通过动员和帮助公民自身的成长而最终形成人类社会的大共同体。在各种联合行动中，相似组织之间的交往越来越多，互相之间逐渐熟悉，紧密互动增加，大家感情越深，最后就成一个“圈子”里的伙伴了。在这个圈子里，公益组织们既是事业上的同事，又是情感上的朋友，相互之间存在共同的情感、记忆、历史和习惯，这便成了一个紧密的共同体。即便组织与组织之间没有真正的实际交往，但基于某种相似性，包括相似的身份、相似的活动领域、相似的面临的处境，成员与群体之间也会产生归属感，形成“我们感”。共同的历史、情感、记忆和习惯是塑造这种归属感的途径。

大多数情况下，在某次临时的活动后，相似的组织之间由陌生变得互相熟悉，形成了某些共识，一些历史和习惯被传承下来，向常态化发展，归属感形成。例如，汶川地震以后，民间公益组织联合应对重大自然灾害向常态化发展，这在玉树地震、望谟水灾、彝良地震等灾害救援中都有体现。例如，2011 年冬季的凝冻灾害联合救援行动。11 月 26 日，来自贵州、云南、广西和湖南 4 省（自治区）的 20 多家民间机构在贵阳召开“2011 西南地区凝冻灾害民间救援筹备会”，会议最终促成“壹基金·西南凝冻灾害民间联合行动网络”的形成，确定了提前采购储备救灾物资、跨区域协调行动、重点关注灾区儿童的行动策略。在接下来的 3 个月里，集中开展温暖包发放行动 37 次，参与救援的组织有 50 家，参与的志愿者达 750 人，在 4 个省 26 个县共发放温暖包 8389 个。2012 年 2 月凝冻灾害救援总结会上，与会人员一致同意解散西南凝冻灾害联合行动委员会，成立常态化的壹基金西南联合救灾委员会。西南凝冻灾害联合救援行动对我国民间联合救灾最大的价值在于：以往的联合救援行动，都是针对重大灾害开展的，但此次联合行动则是针对中小型灾害，具有里程碑意义。另外一个重要意义在于：建立常态化的民间联合行动网络成为共识。以往的联合救灾行动组织，都是在灾害发生之后临时成立，救援行动结束之后，则宣布解散，但此次联合行动直接使壹基金联合救灾网络成型，使之成为日后参与灾害救援的一支重要民间力量。

又如，“中国非公募基金会发展论坛”并没有极其严谨、明确的文件约束、要求大家的行为，但是彼此间有着共同的习惯和规则。自从首届非公募基金会论坛开始，每年由十来家非公募基金会共同支持，每家出一部分办会经费。论坛的轮值主席单位由各出资基金会轮流担任，主要负责组织和指导秘书处工作，完成论坛组委会布置的任务。这种轮值制毫无争议，每年年会到时间就进行，各个主办单位根据早期形成的共同的协议，延续前几任的规则，包括论坛的结构、论坛组织环节、联系人的方式，都要移交给本届主办方，然后本届主办方遵守习惯来做。这些规矩都是共同的记忆和习惯，没有上级来要求，但是大家都自觉地去做。这也使得每届主办方都竭尽全力做好工作，因为一旦做不好，就得挨骂，非公募基金会共同体会认为这家机构是差异化的，其权威和影响力会下降，口碑会变坏，这家机构会丢脸、没面子，将来在公益圈子里活动很不方便，而相反做得好的可以赢得加分，增加群体对个体的认同和保护。

案例：事业共同体和利益共同体的统一
——全国青基会系统

中国青基会是全国性公募基金会，于 1989 年 3 月由共青团中央发起成立。在价值上，致力于解决青少年教育公平问题，倡导帮助家庭贫困的青少年接受教育和接受更好的教育，体现了追求社会公平的价值理念；在产品上，打造“希望工程”，由最初的资助助学扩展出“希望工程激励行动”、“圆梦行动”等很有社会影响的产品。中国青基会成立之初，为了有效执行“希望工程”，构建了中国青基会、团中央青农部——省级团委青农部（希望办）——团县委——受益人这种以行政渠道为主体的“嫁接”式社会动员及资源传递系统。1992 年，这个“嫁接”系统发生了演变——省一级青少年发展基金会（简称省级青基会）普遍建立，希望工程的社会动员及资源传递系统演变为中国青基会——省级青基会——团县委——受益人，这种专业渠道与行政渠道混搭的组织链条。这一实施希望工程的全国青基会系统，如今已走过了 25 年的历程。截至 2013 年，全国希望工程累计募集捐款97.57亿元人民币，资助农村家庭经济困难学生（包括小学、中学、大学生）逾490万名，建设希望小学18335所，建设希望工程图书室20604个，配备希望工程快乐体育园地5959套，配备希望工程快乐音乐教室924个，配备快乐美术教室320个，配备希望工程电脑教室926个，配备希望工程快乐电影放映设备565套，建设希望厨房2850个，培训农村小学教师近8万名，建设希望社区5个，建设希望医院22所，建设希望卫生室507个。无论是筹资、资助规模，还是数千万受益人所发生的积极改变，无论是品牌的知名度、参与度，还是对制度、观念的深刻影响，希望工程当之无愧地成为中国社会公益事业一面领军的旗帜。但同时，全国青基会系统的现状由于内外部多种因素的影响，体现为系统仍不完善，整体力量还较薄弱，发展不平衡，专业化程度低，自律机制不健全，信息公开程度不高，系统的公信力不强等现状。其中最为突出的问题，是青基会系统的凝聚力在减弱。《中国青少年发展基金会战略反思报告》中就此指出“全国青基会系统缺乏凝聚力，系统联动不佳，各自为政”。贺军科在全国青基会系统工作会议上的讲话中也提到“我们也必须进一步清晰，青基会想长期保持自身竞争力，仅靠价值、产品两个要素是不够的……扩大到更大范围，网络体系健全的大型机构往往更具成本优势。青基会与共青团有着直接的关系，各级团组织的网络遍布全国、遍布基层，可以帮助青基会用较低的成本，及时、深入、便捷地了解青少年成长发展中遇到的有一定普遍性的困难，将社会各方爱心送到大量急需帮助的困难青少年中间；此外，各地也都有青基会。如果把这几个优势发挥好，我们青基会系统在成本、效用方面就会具有很强的竞争力”。

对青基会系统的再认识

2012年中国青基会提出，基于对青基会系统关系特征的再认识，基于共同使命、共同价值观、共同的道德标准及共同行动，中国青基会与全国38家地方青基会将形成全国青基会共同体，一定程度上它已具备了共同体的特征。

第一，共同的价值观——助人、助人自助。尽管青基会系统至目前还没有一个统一的价值观表述，但在20多年来实施希望工程的实践中，青基会系统已认同了现代社会公益最基本的价值观——助人、助人自助。青基会系统成员可以清楚地感受到自己的机构文化与单位文化的差异，至少在两个方面有显著的不同。首先，在青基会系统，“做事”助人，是成员们选择来此的初衷，也是系统中衡量评价的主要标准；其次，与此同时，中国青基会并不讳言物质利益，而是从共同体的角度来为物质利益定位。每一个人的工作绩效不仅给机构带来活力和发展，也给个人带来物质的、社会的和精神的满足。因此，个人的利益满足不是以对单位的依附为条件，而是以个人的工作绩效为条件，以共同体的健康发展为条件。

第二，共同的行为规范。“我们感”是群体凝聚的基础，也是事业共同体形成的心理基础。青基会系统在激发成员的创造性、成就感、公平感、竞争与合作以及积极的工作预期等方面采用了许多具体办法，在实践中摸索形成了一套相当完整和可行的管理制度，保证了事业的统一。例如，1997年4月，中国青基会向国家工商局商标局申请将希望工程注册为服务商标注册获准，此后，中国青基会按规定的时限定期与各省级青基会签署希望工程服务商标使用许可合同。合同签署后，作为被许可人的省级青基会可在本地使用希望工程服务商标，以希望工程名义从事募集资金、设立基金以及开展各项资助服务活动。同时，省级青基会所接受的希望工程捐赠普遍增多，“自给能力”显著增强，北京、上海等经济发达地区的青基会募集的绝大部分或部分希望工程捐款根据政府中西部对口援助的布局和捐赠资助中西部地区。

第三，通过“做事”实现对青基会系统的归属感。中国青基会系统的归属感是通过“做事”而实现的，即通过对共同事业的认同、参与、投入而形成“我们感”，即“我们青基会人”，进而因目标、精神、情感、兴趣的连带而形成事业共同体。一方面，全国青基会系统都拥有共同的出身——共青团。青基会系统的产生有着中国改革开放后首批基金会产生的显著特征——自上而下源于体制。青基会系统仍然受制于体制，这种受制不仅表现在团委是青基会的业务主管单位，中国青基会和许多省级青基会的理事长及法定代表人就是团委的书记。青基会系统源于共青团母体，有着同一的“血统”，与母体还“脐带”相连。另一方面，虽然衍出于体制内，与共青团有着深厚的血缘连带关系，因为其独特的体制地位和内部结构特性，青基会系统体现出与行政系统机构文化的差异，体现异于官本位的“事本主义”，这使得青基会系统虽然比较缺少体制内的种种好处，如单位中可获得的实际利益、庇护等，却较少因依附关系而造成控制、内耗和对人性的扭曲与压抑，成为一个可以做事的地方。人们为了一个共同的、有意义的事业而聚集到这面旗帜下来，实际上这也正是最初的创业精英们作出选择时的心理过程，以多少带有叛逆色彩的方式，离开已经习惯却又厌恶的传统体制，在一个能够“做事”的地方开始一种全新的事业与人生。这种独特的双重身份使青基会系统成员们具有极强的相似性，而产生互相之间的身份认同。在身份认同的基础上，青基会系统在个体与个体之间、个体与群体之间存在利益关系上的共损共荣：任何成员的价值、功绩和名誉，同时也是其他成员乃至整个群体的财富。前者的增加或减少，意味着后者同时增加或减少。

事业共同体的构建

2012年，中国青基会提出全国青基会共同体建设任务，确定了价值共同体等任务模块。第一，价值共同体建设。所谓“价值共同体”是指作为共同体的青基会系统必须要有所有成员一致认同的价值观。价值观是共同体的灵魂。价值观的建设是青基会共同体建设的核心和基础，如诚信、责任等。而价值观的建立必须取得大家的认同。青基会希望“请”出青基会共同体的价值观，不能自上而下，必须由青基会系统的每一个成员参与按照“简单、恒定、朴素”的原则，大家共同思考、讨论、提炼而成。第二，作为有机体，共同体必须要有一个“领导者”。青基会共同体的领导者应当是中国青基会。各省级青基会和省会城市、计划单列市等青基会是共同体成员。在生命共同体中每个子系统都不可替代，都有独特的功能。没有大小高低之分。它们相互作用相互依存，形成和释放巨大的生存、运动能量。作为共同体领导者，其职责是制定战略规划品牌建设与新产品开发，公信力建设，动员、管理与服务创新，法律保护与支持，维权与利益表达，激励与制约机制建设，能力建设，推动协商委员会的建立并履行职责，研究、交流与社会合作，参与政策制定等。希望工程品牌的被许可人，是青基会共同体的成员。作为共同体成员，其职责是参与制定和执行战略规划，公益产品的统一营销，本地化公益产品的开发营销，公信力建设，品牌建设和法律保护，维权与利益表达，能力建设，参与共同体协商委员会的建设，成员互助，研究、交流与社会合作，参与政策制定等。第三，道德共同体建设。青基会共同体要有高于国家标准和行业标准的标准，共同遵循，非常重要而急迫的是各地运用希望工程资金投资增值行为的规范问题。第四，行动共同体建设，包括统一的形象，统一的大行动，统一的希望工程产品的公益营销等。

总体来看，中国青基会与地方青基会的关系不再确定为上下级之间的领导关系和简单的独立法人之间的平等伙伴关系，而是以共同体来定义，这得到地方青基会的一致认同。中国青基会在创造了“希望工程”的同时，也创建了新的组织形式。它最大限度地发挥了体制的优势和民间化社会化的优势，为成就事业和自身的生存发展创造了空间。它的运作方式既有体制的，又有非体制的；既有单位化的，又是去单位化的；在不同领域相交的边缘地带巧妙运用，取两面之资源、占两面之优势而避双方之弊端和约制，扬长避短，左右逢源，从而获得最优的资源配置和最强大的动力。这既非基于血缘或地缘的联系而形成的群体，亦非仅仅因共同利益、共同信仰和情感而构成的群体。确切地说，这一共同体是基于共同价值观、共同的行为规范和归属感而形成的群体，这种共同体是对一项事业、一种精神和一种创造过程的认同，而这一共同体则是以事业认同为基点，以共同利益为保证的。①②

二 公益共同体的作用

共同体凸显的是个体与个体、个体与群体的有机互动关系。基于这种关系，共同体对公益部门中的成员、对公益部门均会产生积极的作用。

1. 对公益组织的价值

（1）获得学习和成长机会

从总体上看，中国公益部门，尤其是中国的草根公益组织发展还处于起步阶段，存在精英主义色彩浓厚、缺乏相关专业知识和技能、组织能力不强、没有良好的治理结构和机制、管理不规范、社会公信力不高、自身发展能力欠缺等问题。我国草根公益组织所面临的各种问题单靠其自身的努力难以解决。通过共同体的扶持，通过较长时间的系统培育，组织能够在资金、人力资源以及获取信息方面得到迅速提升。

首先，不能公募、缺乏募款权利和能力、不能开具免税票据等，是我

① 《社会认同与事业共同体：中国青基会组织凝聚力研究》，http：//www.naradafoundation.org/sys/html/lm_25/2007－07－27/152652.htm。

② 涂猛在2012年全国青基会系统工作会上的讲话：《加强全国青基会共同体建设，开创希望工程事业新局面》。

们民间 NGO 资金吃紧的关键，而资金问题则困扰 NGO 的生存和发展。在资金和人力资源方面，共同体能够为资源的有效配置提供便利的途径。例如，中国社会福利基金会联合劝募中心就是此类新出现的共同体。中国福基会通过前期调研和了解后，决定成立“联合劝募中心”，降低准入门槛，通过项目合作将全国性公募平台向更多民间公益机构放开，打破民间组织无公募资格的约束。2013 年 5 月 28 日，中国社会福利基金会联合劝募中心宣告成立，并开始招募符合一定条件的公益机构，为其提供全国性公募平台、组织劝募培训、开展劝募活动。中国社会福利基金会天天爱身心障碍服务联合劝募基金负责人高增云，同时也是北京慧灵智障人士社区服务机构的筹款官员，由于慧灵一直是工商注册，它在与企业打交道时，最头疼的就是不能开出免税发票而遭遇募款尴尬。所以，当听说中国社会福利基金会成立联合劝募平台后，即进行双方协商，很快达成协议。慧灵成为第四批入驻联合劝募平台的组织。①

其次，共同体为成员提供了获取信息和信息共享的便利渠道和平台。例如，创建于 2006 年 12 月 5 日的公益慈善论坛采用“网站 + 微博 + 微信 + QQ 群”联动的运营模式，通过发布各类公益慈善资讯，组织话题讨论，向个人、企业和公益团队提供咨询顾问服务等方式，积极传播现代公益慈善文化，普及公益慈善常识，让公益组织在自我反思及相互学习与交流中探寻行善的智慧。经过多年发展，公益慈善论坛已成为国内有影响力的公益传播与交流平台之一。目前，新浪微博@公益慈善论坛有粉丝 13 万多人，曾入选 2011 年中国十大民间组织微博；微信公众号 loongzone2006 有粉丝 2 万多人；同时拥有十多个全国性及区域性的 QQ 群，成员以全国各地公益组织专职人员及志愿者为主。网站的版块包括公益新闻、公益智库、公益专栏几大部分。公益新闻涵盖地方新闻和全国新闻，公益智库涵盖公益智慧、公益资源、公益百科，公益专栏涵盖一起学行善、公益组织专栏、NGO 信息公开平台、DMEL 每周一问。这些丰富的资源均是由论坛的粉丝们贡献并共享的。网名为“草堂闲人”的网友在论坛留言说：“我也是浙江省诸暨的一个 NGO，我们刚成立才几个月，有好多东西要向老师们学习，为了有更多的 NGO 的发展，我们相互帮助，利用资料，谢谢!!”

为了帮助公益组织获得学习和成长的机会，一些先进的海外联盟入驻

① 《解读联合劝募如何着陆中国》，《公益时报》2014 年 3 月 6 日。

中国，发展中国的草根组织学习和成长联盟。

例如，作为对全球消除贫困联盟（GCAP）的呼应，香港乐施会等7家在华国际NGO于2005年在北京发起成立全球消除贫困联盟－中国（简称GCAP－中国）。它是一个国际NGO与本土NGO合作的、跨领域的、与中国各地NGO有着广泛联系的联盟。GCAP中国致力于推动千年发展目标在中国的行动，并特别关注中国在消除贫困关键行动领域中的进展。目前GCAP中国管委会成员包括社会性别与发展网络、《公益时报》、红树林支持组织、北京天下溪教育研究所、富平学校、汇天羽、自然之友、西部阳光行动等本土NGO以及国际行动援助组织、中国办公室香港乐施会、救助儿童会、救世军港澳军区、世界宣明会中国办公室、世界自然基金会中国办公室、英国海外自愿服务组织中国办公室等国际NGO，并由《公益时报》、国际行动援助、红树林、香港乐施会和社会性别网络等5家NGO联合成立秘书处，其中，国际行动援助是全球消除贫困联盟的主席单位。GCAP－中国积极帮助中国草根组织的能力建设。围绕推动千年发展目标实现的总体目标，GCAP－中国致力于通过研究、培训、资助、研讨等形式提升NGO的倡导能力、支持NGO的倡导行动，进而推动公民社会参与消除贫困和不公正。GCAP的总体目标和具体目标鲜明地体现了公益部门共同体通过追求个体能力的发展进而追求社会价值最大化的联系。GCAP－中国的总体目标包括：加快中国消灭贫困的步伐；加强社会团体在促进中国发展过程中的优势协同和合作；提高中国非政府组织的可见度和合法性。具体目标包括：提升非政府组织、其他社会团体、公众、政府部门、媒体和商业部门对全球消除贫困联盟的认知，尤其是在中国国情下与千年发展目标和公平贸易相关的问题；提供一个平台供各种社会部门讨论和思考关键事宜（尤其是贫困人群面临的问题）以及在中国促进持续发展的各种方案，以此带动有关消灭贫困的政策研讨；提供一个平台来展示和交流不同非政府组织在中国开展相关工作的经验教训。

GCAP的工作大致可以分为三个方面。第一，信息交流。通过线上线下平台，发布国内外发展议题和倡导方法的信息，并促进NGO伙伴之间相关的交流与讨论。GCAP－中国管理的“倡导在线学习邮件组”已经拥有700多名成员，主要是各领域的NGO工作者，尤其是倡导者。申请加入此邮件组的方法详见网站“邮件订阅”。第二，能力建设。通过倡导能力建设培训和小额倡导资助等项目提升NGO的倡导能力，尤其是调研和政策分析的能力。GCAP－中国自2007年以来，联合妇女传媒监测网络、香港乐施会等机构在北京、成都等地举办了八期倡导能力建设工作坊，并资助了30余家NGO开展小型调研和倡导行动。GCAP－中国不断对联盟成员、关注议题及工作手法进行本土化的努力，以回应中国反贫困事业的本土需求。第三，联合倡导。通过组织调研和撰写政策建议报告等方式，协调各领域NGO针对国内外政策倡导时机，开展联合发声和倡导行动。2007年，GCAP－中国协调十几家NGO机构撰写了联合国千年发展目标（MDGs）在中国实施状况的影子报告。目前，GCAP－中国主要跟进的倡导时机包括：金砖国家峰会、20国集团（G20）会议，以及联合国2015年后发展议程（Post 2015）。[①]

（2）获得保护和支持

社会合法性是指“正当性”、“合理性”，表征一个行为或者一个事物的存在符合人们某种实体或程序的价值准则，以及其他非强制的原因，而为人们所认可或赞同，进而自愿接受或服从。对公益组织来说，通常需要公开透明和问责来赢得公众的信任、认可和赞同，从而获得社会合法性。许多公益组织依靠自身力量只是具有了有限的社会合法性，在有限的空间、以有限的方式进行活动，不易获得公众的信任，阻碍其公益活动的开展，尤其是一些网络草根公益组织本身还有注册身份的限制。

公益组织要克服有限的社会合法性的约束，需要加入共同体。一方面使自己不再感到“孤单”，另一方面也顶着共同体认证的“帽子”，获得合法性保护和支持。公益组织靠自己的努力加上共同体的帮助，发挥对社会的积极作用，消除政府与社会的疑虑，争取更多的信任和支持，为自己的生存及发展赢得更为有利的条件。我国公益组织在公开透明和问责的道路上走了20年，公众越来越强烈的质疑声却似乎证明了他们的努力还远远不够。少量优秀公益组织的公开透明建设引领行业变革，却很难代表整个行业。伴随着互联网的发展，web 2.0时代的到来，慈善捐赠不透明饱受质疑，公众认为大部分只是表面透明，现有信息通道无法为汹涌的民意提供突破口，公众问责的洪流必然到来，公益组织的社会合法性构建迫在眉睫，致力于自律的共同体为突破公益组织合法性困境提供了一条可行的出路。

① 资料来源：全球消除贫困联盟－中国官方网站。

例如，前文所述的基金会中心网成立本身即是行业自律的体现，其行业自律主要体现为鼓励基金会信息披露。许多人认为基金会公开透明是行业自律，更是行业自救。“民间公益行业自律从基金会开始，基金会行业自律从信息披露开始。”[①] 基金会中心网成立之初即希望借助社会压力来推动行业自律，促进行业的透明，实现问责。徐永光说：“中国基金会中心网的出现，正是这个行业中一批有使命感的领导人、一批优秀基金会，希望这个行业更加健康地发展，希望一个行业的透明和健康发展不只是推动除基金会自身，还会带动整个公益行业的透明，带动社会的透明。通过基金会行业透明推动诚信中国、透明中国的出现。”

基金会中心网推动公开透明的核心业务是信息披露平台，包括建立数据中心和发布中基透明指数。基金会中心网建立的这个信息披露平台有助于各利益相关方了解基金会是否合格、专业、高效，基金会自身也可以借助信息披露平台，展示自我，提升公信力。基金会中心网发布的基金会透明指数（FTI），是基金会中心网信息披露平台的重要组成部分，动态更新排行榜，能够对基金会公开透明产生一定压力，促进基金会管理能力的跨越式发展和基金会问责的实现。“FTI 每天呈现分数，还能够持续不断地影响媒体、公众，很具影响力。”[②]

基金会中心网倡议的《公益与商业合作九大行为准则》自律行动也为基金会提供了很好的支持。2011 年 12 月 17 日《公益与商业合作九大准则》自律会议在北京隆重召开，首批 24 家基金会第一时间响应加入自律行动。会议结束后基金会中心网不断接到各个基金会询问、报名的电话，截至 2012 年 1 月 31 日，共计 39 家基金会报名加入自律行动。九大行为准则包括：基本原则（诚实信用、平等互利、合作共赢、交易公平、不损害公共利益）、恪守公益使命规则、尽职调查规则、公益品牌谨慎使用规则、公益促销规则、商业投资规则、确保公益支出规则、风险控制规则、避免利益冲突规则。[③] 这一行动受到了媒体和社会的广泛关注。

（3）延展自身价值

按卢曼的说法，人是一个偶在的存在，个人不会甘愿自己在尘世间瞬

① http://www.qianhuaweb.com/content/2010-07/08/content_439508.htm.

② 引自南都基金会秘书长刘洲鸿访谈。

③ 《基金会中心网——中国基金会问责推动者》，《中国第三部门观察报告（2013）》，社会科学文献出版社，2013，第 196~225 页。

间流失，他试图通过创造精神文化与自己的生殖繁衍来延续自身，使有限向无限不断延展，从而使个体生命在延展中显现出个体在历史中的价值和意义。①

在公益部门共同体中也是如此。一些公益组织通过贡献自身的价值到共同体上来，通过共同体的持续发展，使自身价值得以延展。

案例：一个公益性小额信贷组织的交流圈

——中和农信发起的“微聚”活动

一个公益性小额信贷组织交流的圈子

一些优秀的公益组织希望通过构建共同体，利用自身的资源和能力将同类组织组织起来，以推动整个行业的发展，从而使个体的精神价值延展开来。中国公益小额信贷领域的领军机构中和农信就在做这件事。中和农信在把握住机遇，取得了良好发展势头的同时，发现国内扶贫小额信贷行业的整体发展情况并不乐观。为了找到解决扶贫小贷发展瓶颈的办法，中和农信发起了“微聚”活动，定位为一个公益小额信贷交流的圈子，搭建行业交流、学习的平台，如“微聚2014”。这不仅是为了中和农信自身的发展，而是为了整个公益小额信贷领域更健康地发展。正如“微聚2014”活动邀请信上的激昂宣言：“小额信贷很不起眼，我们的客户被金融机构忽视，我们的市场广袤分散，我们的工作见缝插针，小额信贷机构就如沙砾一样的弱小，然而，聚沙可以成塔。微聚2014，只为汇聚中国小额信贷的力量，撑起农村金融的半边天。我们致力于将此打造成扶贫小贷的交流圈，让扶贫小贷重回主流舞台！”

常态化的活动

2014年4月23日“微聚2014”第一期召开，历时2天，参与成员为国内长期从事公益小额信贷机构的专家、学者、官员，讨论主题为公益小额信贷的出路。成员们探讨和交流得出的结论为：中国对小额信贷认识比较模糊，公益小额信贷机构应与现在市场上8000家小额信贷公司机构有所不同。

① 杨晓东、马俊峰：《共同体演进的逻辑与自由人联合体的产生》，《理论界》2012年第6期，第29～31页。

制约国内小额信贷发展的瓶颈之一是资金问题。为了解决资金问题，各个扶贫小贷机构各显其能，但其总体发展仍然不乐观。为此，2014 年 5 月 23 日，“微聚 2014” 第二期召开，将目光聚焦在社会影响力投资上，希望能够让更多的小额信贷机构能够通过此次活动受益，也希望引导更多的公益创投关注小额信贷领域。

2014 年 6 月 28 日，“微聚 2014” 第三期召开，主题为“绿色信贷与农村生态环境”。中和农信总经理刘冬文介绍了绿色小额信贷如何改善农村生态：通过提供创新的信贷产品，激励农民使用清洁能源，减少碳排放；通过信贷和技术支持，帮助污染型小微企业实现转型升级；支持小微企业发展清洁生产；支持发展生态农业；建立禁止清单。

更多的志同道合者

2014 年 8 月 20 日，“微聚 2014” 第四期在宁夏召开，主题为小额信贷市场化运作之路。这次活动的独特之处在于不再是中和农信独挑大梁，而由宁夏惠民小额贷款有限公司协办，更多的机构愿意参与进来，愿意将个体的价值与行业分享。2014 年 10 月 27 日，中和农信第五期 “微聚 2014” 活动顺利举办，国内著名的农村经济学家汇聚在中和农信的一层大厅，在并不豪华的会议室内，一场关于中国农村 “合作金融” 领域的高端对话如期进行。中和农信总经理刘冬文也在论坛上透露，中和农信正在内蒙古进行合作金融的试点，旨在充分发挥小额信贷领域优势的同时，也将通过创新互助资金管理模式为广大农村地区的中低收入群体提供更多的金融服务，并形成可复制推广经验，满足日益增长的农户发展生产资金需求，真正实现互助资金项目的可持续发展。①

共同体成员通过共同行动延展自身价值，这在环保领域早有体现，如从 2004 年 7 月到 2005 年底，9 家环保组织联合全国 50 家民间组织，发起了 26 度空调节能行动。在全球气候变化形势日益严峻、世界各国迎来以产业转型和绿色管理为特征的低碳经济革命的时代背景下，基于应对气候变化，资源环境危机，保护生物多样性，建设生态文明，实现人类社会可持续发展等共同社会诉求，世界各地不同领域，不同类型的环保组织与相关方形成在价值互动、资讯传播、信息共享、行动协调、社会公关等方面的跨区

① 资料来源：http：//bank. hexun. com/2014/2014xindai/。

域性的公益行动阵营，即从单枪匹马，到团队作战，环保共同体不仅仅壮大了公益行动的阵容，更改变了环保领域世界不均衡的格局。环保组织个体也得以获得更多话语权、参与权。“让每一个 NGO 都有事情可做，让每一个 NGO 都有展示的舞台，让每一个 NGO 都有成就感，幸福感。”这就是共同体的魅力所在。[①]

又如，GCAP 全球消除贫困联盟来自世界各国的成员不断壮大，包括各种非政府组织、国际网络、工会、宗教团体和其他社会团体，自 2004 年 9 月于约翰内斯堡成立后，联盟成员共同督促世界各地的领导消灭贫困和实现千年发展目标，推动公平贸易；免除债务；大幅增加援助的数量和质量。目前已有 100 多个国家和地区的 NGO 参与到 GCAP 全球联盟中，在国际、区域和国家层面开展丰富多样的活动，受到联合国和各国政府的支持，并与公民社会组织建立了广泛的合作关系。GCAP 通过发挥网络成员的联动优势，提升公民社会的活动空间和倡导的有效性，促成政策和实践的改变。在这里，成员机构的自身能力得到发展，它们在本国的影响力也在提升，如 GCAP－中国。

2. 对公益部门的价值

（1）增强整体力量

人们常用“木桶理论”来形容一个群体，一只木桶能盛多少水恰恰取决于最短的那块，这一规律又称“短板理论”。事实上，木桶装水多少还取决于木板与木板之间箍得是否紧密，这个“箍力”就是团结的力量。我们人类早就深知团结的重要，就像一首歌中唱道：“一根筷子轻轻被折断，十双筷子牢牢抱成团。”一个人，力单势薄，往往无法战胜面临的困难。而一群有着同一价值观和精神追求的人形成了共同体，团结互助，相互支撑，就会筑成坚强的堡垒，赢得胜利。公益共同体也是如此。共同体以集体凝聚力的发展与个体力量的发展协调统一为基础。成员在共同体中通过共享信息、资源和彼此的观点和经历来促进自身发展，在此过程中，个体对集体的依赖和无私奉献使得整体力量得以提升。这种整体力量的提升改变了公益部门与政府的力量对比，提升了公益部门的公信力和影响力。共同体增强了公益部门的整体力量，在与政府交流中也增强了自身的话语权。如

① http://blog.sina.com.cn/s/blog_af6952c101018z6l.html.

2010 年 7 月 7 日，民政部会同五部委发布《青海玉树地震抗震救灾捐赠资金管理使用实施办法》，其中规定，慈善组织募集的善款，需要汇缴拨付到青海省政府、青海省红十字会、青海省慈善总会的专用账户中，由青海省方面统筹安排使用。“汇缴资金”的政策迅速引起十多家全国性慈善基金会的困惑和反对，不少基金会对政府这一纸公文的合法和合理性表示质疑。最终，“汇缴风波”不了了之。2013 年 4 月 20 日芦山地震后，4 月 21 日民政部发出《关于四川芦山 7.0 级强烈地震抗震救灾捐赠活动的公告》，公告在捐赠渠道导向方面规定：个人、单位有向灾区捐赠意愿的，提倡通过依法登记、有救灾宗旨的公益慈善组织和灾区民政部门进行，捐赠以资金为主。曾在“缴汇风波”中质疑态度最激烈的徐永光说：“这是政府首次明确的、不再进行行政主导、指定捐款机构的行为。所以，这次真的要对政府的行为鼓掌！”①

又如，2009 年 11 月，财政部和国家税务总局发布《关于非营利组织企业所得税免税收入问题的通知》和《关于非营利组织免税资格认定管理有关问题的通知》，分别对非营利组织免税收入范围和免税资格认定予以明确。由于其内容对免税收入限定范围过窄，非营利组织免税资格限制过严，侵害非营利组织的合法权益及公共利益。2009 年 12 月 22 日，南都公益基金会、友成企业家扶贫基金会、中国青少年发展基金会等 9 家基金会就此提出质疑，联合签名要求国务院对此进行违法性审查，并同时致函财政部和国家税务总局，提出就相关问题沟通的请求。三天后，另外 15 家公益基金会也参与进来，联署基金会达到 24 家。这不是基金会首次针对税收问题发声，当年 6 月，针对国家税务总局向基金会组织征收企业所得税的问题，包括中国青基会、中国扶贫基金会等在内的 5 家基金会就曾联名上书，提出反对意见。那时财政部、国家税务总局和民政部三部委还正在制定基金会法人资格认定方面的政策文件，待到 11 月“两通知”出台，明确规定捐赠收入可以免税，但各机构需要进行免税资格申报，不申报或申报审核不合格的，照样不能免税，且基金会的营利性收入没有列入两则通知的免税类目。这直接促使面临切实问题的基金会再次大规模携手，联合倡导发声。

据媒体报道，当时徐永光还是中国青少年发展基金会的副理事长，他曾就是否加入联名一事征询青基会秘书长涂猛的意见，涂猛说：“这不仅是

① http：//www. hsjj. org/Article/ShowArticle. asp？ ArticleID = 2354.

为我们机构自身，也是为了这个行业，没有不加入的道理。”作为附议人之一，涂猛本人也在公开声明上签了名。

虽然到目前为止，两通知规定的免税收入范围和免税资格认定尚未有实质性的改变，许多基金会也没得到来自政策层面的回应。但根据 2011 年《公益时报》的采访，后来青基会在 2010 年夏天和北京市财税部门有过接触，在 2010 年两会期间，也曾有政协委员提交提案，就基金会税收问题提出质疑。时任南都公益基金会副秘书长刘洲鸿表示，他后来在各种场合，为基金会的税收问题发声倡导，如在非公募基金会发展论坛举行税收研讨分论坛；参加关于基金会发展的研讨会时，他也会谈及基金会面临的税收困境；在 2010 年的慈善蓝皮书中，他在《非公募基金会在中国的发展》一章中，专门谈了税收问题。[①]

除了与政府“对抗”，公益部门整体力量增强，更多的是引发政府对公益组织的重视，增加合作。例如，近年中国灾害频发，促使民间救援力量迅速成长，经过汶川、玉树、芦山屡次救灾的锻炼，民间救援队伍的数量和质量都有所提高，包括壹基金的救援联盟和联合救灾两个网络、中国扶贫基金会的人道主义救援网络，中国社会福利基金会和友成基金会的救援网络等共同体相继成立。为了对接公益组织的需求，芦山地震后四川政府专门成立社会组织服务中心，为参与救援的社会组织提供办公场地、信息集纳等后方支援，双方初探合作互动模式。但是，这种救灾网络存在各自垄断资源的问题，实现更有效地联手协作、而非资源重复和重复对接成为救灾组织和政府共同面临的问题。2014 年 8 月 3 日鲁甸地震后，已成立的各个救灾联合体、网络在鲁甸地震救援中的人行动更加快速有效，新的联合体也在形成，在与政府对话上也形成了更好的效果。在与共青团云南省委、云南青基会负责人商量之后，在团省委的支持下，8 月 5 日，一个虚拟网络，相当于各救灾联合体联席会议的“民间组织鲁甸抗震救灾协作平台”成立，首次会议邀请了包括壹基金救援联盟、扶贫人道网络、华夏救灾基金等参加，现场手写了一份联合倡议书，在这份倡议书的最后一条，明确“发起机构承诺不以本平台名义募集资源”。联席会首轮主席邢陌对此打了个很形象的比喻，“原来民间救灾是小山头林立，可能有上百个，互不买

① 北京公旻汇咨询中心编《中国公共倡导的多元化发展》，http://www.chinadevelopment-brief.org.cn/upload/userfiles/files/AdvocacyReport-2013.pdf。

账，这次只有六七个大山头，基本把有经验的救援组织都囊括在内了，小山头还有，但不像以前那么零散。大山头并不是不好的称呼，它有它的好处，运作效率高。我们要为这些山头搭建一个桥梁，让大家有对话，因为目前大山头之间的沟通还很少。更重要的是还要有跟政府的交流和对话，让在地救援组织的信息和需求传达到政府部门，这个之前也没有”。平台成立后，民政厅民间组织管理三处处长姜莉，与各救援联合体早前两天组成的“民间组织鲁甸抗震救灾协作平台”的首位轮值主席邢陌（云南协力公益支持中心执行主任）进行了沟通，对于民间平台和政府平台的合作关系，提出了“信息共享、资源共享”八字原则，在这个基础上，民间组织救援力量进入灾区如果遇到困难，不论是最实际的通行证，还是每天的信息共享，政府平台可以提供协助。

另外，公益部门共同体使得公益部门对外发出的声音更加有可信度和影响力，采用的方式包括联名公开信、共同倡议行动等。如 2013 年 6 月 7 日，广东 25 家公益机构联合向广东省教育厅递交了《广东省妇女儿童权益机构关于在全省教育系统建立校园性侵害防治体系的联合建议书》，期望教育部门能够率先采取行动，回应社会的诉求。这 25 家社会组织，既有高校研究中心，也有性别平等和公益倡导组织，还有多家社工专业机构，工作领域都与妇女儿童权益有关。教育厅回应说，这封建议信在很多方面都与教育厅有共识，并且包括了短期、中期和长期计划，“很周全”。[①] 9 月，华南理工大学性别研究中心，广州越秀区思瑾文化研究中心等性别平等和公益倡导组织、社工专业机构等工作领域与妇女儿童权益相关的 27 家公益机构联署将一封名为《广州市未成年人性侵害防治条例》（社会组织建议稿）发送到广州市人大常委会法制工作委员会的邮箱，引发社会舆论广泛关注。广东省妇联权益部部长赞赏地指出，未成年人性侵问题的确已触碰到社会最敏感的一根神经。这次，27 家公益组织自发为未成年人性侵害防治起草立法建议稿、推进地方立法，是建设公民社会最应具备的建设者姿态![②]

近期性侵儿童、伤害儿童事件的频频发生，深深刺痛着每一位国人的心。为进一步推动形成有利于儿童成长的良好社会环境，促进儿童健康成长，由全国妇联主办，中国妇女发展基金会联合中国儿童少年基金会、中

① http：//blog. sina. com. cn/s/blog_5b09f6cd0101eqmt. html.

② http：//gongyi. qq. com/a/20130926/004885_1. htm.

国宋庆龄基金会、中国扶贫基金会、中国青少年发展基金会、中国社会福利基金会、中国人口福利基金会、儿童希望基金会等百家公益组织联合发起，《人民日报》、《中国日报》、《中国青年报》、《中国新闻社》、《中国妇女报》、《农民日报》、《瞭望》新闻周刊、《人民政协报》、《南方都市报》、《当代中国画报》、人民网、光明网、《公益时报》等媒体和企业单位支持的“守护童年”公益行动于2013年9月3日在京启动。又如，2014年9月22日，第三届中国公益慈善项目交流展示会在深圳开幕，首届“社会价值投资国际研讨会”同期举行，在本届慈展会上，友成基金会等机构共同启动国内首个“社会价值投资联盟”的组建。该联盟遵循“共建、共享、共赢”的原则，将成为连接政府、市场、社会跨界合作、协同创新的社会公共服务平台，并遴选具备社会、商业双重价值的项目及资源。该联盟由包括深圳市民政局、友成基金会、清华大学公共管理学院NGO研究所等在内的近40家机构发起，联盟成员包括公益基金会、咨询公司、会计师事务所等。联盟以教育、健康、环境、养老、公共安全等为重点关注领域，优先支持为上述领域公共服务体系提供解决方案的社会创新型企业。

（2）提升行业自治和自律水平

不可否认，现实社会出现了认同危机，目前公众对一切抱有怀疑态度，这从人们对公益部门的质疑态度可见一斑，“郭美美”事件更是让社会审视的目光都转向公益部门。对公益部门来说，这既是挑战，更是机遇。许多公益组织认识到行业自律是中国公益建设的首要问题，公益行业的升级和净化都离不开行业自律，这是中国社会面前的历史机遇。行业自律应该推动行业内组织能力的提升，其核心目的是带动自治水平、经营能力、管理能力、规划与应变能力乃至行业公信力的提升。

与市场机制和理性经济人之追求个人利益最大化形成鲜明对照的是，公益事业的理性目的是公益事业所覆盖的公众利益的最大化，追求社会价值最大化。可以说，公益部门是一种社会承诺，是一种向善的变迁，是一种公平正义社会的实现。因此，公益部门中的共同体具有崇高的价值观追求，其最终目的也在于通过有效地配置公共资源实现公共利益和社会福利的最大化，而非个体公益组织自身利益的最大化，无论是交流学习类的共同体、共同行动类的共同体，还是行业自律类的共同体，无论是提升能力，还是获取信息和资源，这些共同体的最终目的均是指向社会利益最大化。公益部门共同以利他主义价值观为导向，强调公共利益，强调公民的志愿行动。公益的最终目的则是通过平等的公民互助而使各种各样的社会成员在物质、情感和价值观上建立强有力的联系，通过动员和帮助公民自身的成长而最终形成人类社会的大共同体。①

我国的民间组织，尤其是各种自下而上自发形成的民间组织，如各类环保组织权益维护型组织等，在相当程度上并不是为了追求自身的物质利益，其活动目标渗透了关爱他人、实现社会正义等人文精神，它所秉承的这种价值理念和活动宗旨，使成员获得了自我成就，自主和归属感等精神上的满足。这样，公益部门共同体不仅能将组织成员凝聚在一起，还能将相关利益方如受助人吸纳进来，形成一个有着共同家园感、归属感和认同感的现代性共同体。从这个意义上说，民间组织所秉承的价值理念和活动宗旨，以及公益部门共同体对于提升行业自律水平具有很强的意义。

例如，我国教育公益组织是发展较早并且比较蓬勃的领域，但仍存在数量少、规模小、资源匮乏等问题。而随着发展空间、功能的扩展，传统的“单打独斗”愈发艰难，如何整合资源，使教育公益组织在民间形成共同体，互通有无，形成强大的凝聚力共同发展是当前面临的一个非常大的挑战。2011 年开始，中国教育公益组织开始举办年会，第三届会议由 223 家教育公益组织代表和政府部门、研究机构、企业等 500 余人参与。这种基于组织联动的问题解决方案，本身就是共同体的一部分，这种方式也必然会催生更多的“教育公益共同体”。与会者认为目前教育十大工作领域，其中阅读、学前教育已经形成比较明确的支持和发展平台，是值得重视、可资借鉴的发展方向。如果有更多的领域形成 NGO 自身交流、合作、支持的机制，意味着教育 NGO 进入一个比较成熟的发展阶段。② 在会上，几乎与会者都希望建立更紧密的教育 NGO 沟通与交流的平台，形成联盟，搭建一个共同解决问题的发声和行动机制。

在 2011 中国慈善年会上，既有中华慈善总会、中国红十字基金会、中国青少年发展基金会、中民慈善捐助信息中心这样的官办公益慈善机构，也有北京星星雨教育研究所、中国血友病康复联合会等民间草根组织等全国 112 家公益慈善组织共同发起“透明慈善联合行动”，提出通过行业自律，提升整个慈善行业的透明度和公信力。正如其宣言所说，“慈善界的同

① http://news.enorth.com.cn/system/2012/11/07/010243544.shtml.

② http://gongyi.qq.com/a/20131125/015321.htm.

仁们，让我们联合起来，积极探索促进慈善事业发展的新模式、新机制，及时回应社会和公众的新需求、新期盼，在不断提高自身筹资、管理、运作、服务以及宣传能力的过程中，达致透明和高效，给平凡人民的生活搭建一个分享、博爱的精神家园!”

成立于2009年10月30日的USDO自律吧是联合全国100多家公益机构共同发起并支持的独立公益网络行业自律平台。所有参与的公益机构，通过签署遵守《USDO自律准则》，共同促进行业自律、提升公信力。USDO既是一套基于普遍接受的原则的价值观，也是一项推动社会组织自律和问责的自愿行动，又是一个由社会组织和其他利益相关方共同组成的社区。

2013年8月29~30日，由基金会中心网主办的“自律·变革·发展——基金会透明暨基金会中心网三周年大会”在昆明举行。会议上，4.20救灾行动自律联盟启动。中国扶贫基金会执行会长何道峰为自律联盟首任主席，42家基金会自律联盟成员承诺，将全程公布接受、拨付和使用捐款的情况，接受捐款人和社会监督，接受政府监管，承担一切相关的法律责任，用透明度来重拾公众对公益慈善组织的信心。

三　公益共同体形成的原因分析

中国公益共同体的形成是多种因素共同作用的结果，既有来自公益部门的内在追求，也有来自政府和社会的有意无意的推动，还有海外力量有意识的积极影响。

1. 内部原因

（1）建立共同体是公益组织的内在需要

获得集体或社会的认同、拥有明确的归属感是人的内在的基本需求，也是组织的内在的基本需求。这种内在需求，驱使公益组织的从业人员，亦驱使公益组织，克服一切困难，千方百计地建立共同体。共同体满足了人和组织的“社会性需求”。对于人和组织来说，缺失社会性或长期处于孤立无援是极为痛苦的状态，因此仅仅为了成为一个集体的一员，即使没有其他功利性的满足，他或它也要加入一个共同体。如果没有可以加入的已经存在的共同体，那就自己动手建设一个这样的集体。

共同体改变了成员之间的互动结构，共同体的稳定、持久、平等、有序的互动机制，给不同成员在信息沟通、资源共享、功能互补、情感交流、价值实现方面提供了诸多的资源和机会。这种主体结构的开放特性，使得任何一个利益相关者都有机会参与其中，并发挥应该有的功能。同时，在共同的规范之下，之前相互陌生的成员又能形成局部性的社会交往网络，促进了彼此的团结协作。同时现代的公益共同体是一个充分运用现代信息技术构建的社会互动机制，其参与过程具有很大的便易性，其运作体现的是一个信息的流动、分析与提炼的过程，而广播、电视、网络等现代信息传播媒介是最为常用的活动载体。这是一个“去身份化”的平等互动过程，如此使得处于不同时空结构中的社会成员愿意并容易加入进来，彼此协商，讨价还价，妥协退让，既有利于降低信息交流与共享的成本，又有利于不同群体间相对共识的达成。

（2）借助共同体公益组织可以更好地实现自己的目标

共同体是成员利益与集体利益的有机统一。关于“真正的共同体”，马克思也清晰地阐明了其若干主要特征，及其与以往“社会”的质的区别。马克思认为：“在过去的种种冒充的共同体中，如在国家等等中，人格自由只是对那些在统治阶级范围内发展的个体来说是存在的……在真正的共同体条件下，各个个体在自己的联合中并通过这种联合获得自己的自由。”① 在马克思那里，“人格个体”与“真正的共同体”关系的实质集中体现为特殊利益与普遍利益的统一。这种统一通过利己与利他的统一表现出来：利己代表特殊利益，利他代表普遍利益。“真正的共同体”中个体之间的相互关系及其意识，将既不是单纯利己主义，也不是单纯利他主义（如“自我牺牲”、“爱的原则”等）。共同体是一个协作系统，而真正的协作是在人们追求共同目标中产生的。致力于共同目标的协作者之间的积极合作，例如优势互补，可以收获“一加一大于二”的系统效应。也就是说，通过加入共同体，通过集体协同行动，公益组织可以更有效地追求自己的利益，实现自己的目标。

需要说明的是，共同体的目标与个别成员的目标也有不一致的时候。对于成员而言，共同目标的实现是一件公共物品，因此，即便它的实现给整个共同体带来的总收益大于实现过程中花费的总成本，只要有人感到他

① 《马克思恩格斯文集》第1卷，人民出版社，2009，第571页。

获得的收益份额低于他分摊的成本份额，他就可能不参加共同体，而采取“搭便车”的态度。[①]

（3）公益部门发展为共同体形成创造了必要条件

中国公益部门的发展为公益共同体建设创造了必要的条件。

首先，中国公益部门内部的组织越来越多，《慈善蓝皮书：中国慈善发展报告（2014）》指出，截至2013年底，全国共有社会组织54.1万个，比2012年的49.9万个增长了8.4%。社会团体28.6万个，比2012年的27.1万个增长了5.5%。基金会3496个，比2012年的3029个增长了15.4%。民办非企业单位25.1万个，比2012年的22.5万个增长了11.56%。另据测算，2013年度，纳入正式统计的志愿者总量约为7345万人，占全国13亿人口总数的5.65%，志愿服务约8.3亿小时，折算价值83亿元。另有未纳入正式统计、参与草根民间组织志愿服务活动的3000多万名志愿者，其志愿服务约3亿小时，折算价值30亿元。合计全国志愿者捐赠总价值约为113亿元。全国社会捐助总量、慈善组织的数量和规模继续扩大、志愿服务广泛发展。

其次，公益部门内部的专业化和分工持续深化，组织类型多样化。中国公益部门的分工走过了三个阶段。第一阶段，外围合作。公益组织往往出于效率考虑，将合作视为自身的外围活动，最小化自己的时间投入。对于双方来说，这个阶段的操作模式就是尽可能减少沟通与互动，如共同参加出席政府举办的某项会议或者培训。第二阶段，交易合作。这一阶段的关系更多的是一种双向的价值交换，双方都能为彼此提供很明确的好处。这时的合作就会重点围绕某个特定的、明确的活动，如2005年多家环保组织联合起来，为实现环境与经济发展目标共同倡导“26度空调”行动。再如，2010年初，公众环境研究中心、达尔问自然求知社和自然之友等几家环保组织就结成联盟，联合开展了IT品牌供应链重金属污染调查项目，对苹果公司的供应链调查也囊括其中，结果发现苹果的供应商在生产过程中使用有毒溶剂，导致生产线上的员工致伤致残，而苹果公司坚持不回应对其供应链的一系列环境违规问题的质疑，36家环保组织联合推出“为苹果清毒，拯救白雪公主”的行动。面对环保组织联合行动的压力，2011年2月15日，苹果公司首次对事件进行实质回应，公布了2010年“供应商责任

① 张志旻、赵世奎等：《共同体的界定、内涵及其生成——共同体研究综述》，《科学学与科学技术管理》2010年第10期。

进展报告”，首次公开承认其中国供应链的员工因污染致残。目前，我国公益部门已经进入第三阶段，建立公益生态系统。在这个阶段，我们可将公益部门视作一个生态系统。在这个生态系统中，不同的主体扮演着不同的角色，发挥着不同的功能，组织类型逐渐多样化。各个组织各司其职，但又相互独立、相互依赖、共存、共生，形成明确的分工与协作。当分工与协作相对合理时，这种分工与协作就会使各主体充分地发挥各自的优势，规避其劣势。在这种情况下，也就产生了专业化的概念，即不同的主体以其具备的特定的资源、技能、知识、经验等，来承担和胜任其扮演的角色。显然，与其他主体合作的方式更能凸显分工与协作的优势，也更有助于专业化和效率的实现。以基金会为例，我国的基金会的活动领域不断向外扩展。1981～1990 年，有 87 家基金会从事教育领域，占当时基金会总数的 50%。而目前，基金会活动领域已经扩展到包括教育、医疗救助、扶贫助困、创业、公共安全等多个领域，尤其是公共安全领域，动物保护领域等新领域是 10 年前没有涉及的。

随着公益部门规模扩大以及分工的持续深化，对于同类型的公益组织来说，同类的公益组织越来越多。例如，1981～1990 年，有 87 家基金会从事教育领域，占当时基金会总数的 50%，此后 10 年间，涉及该领域的基金会增加了 191 家，2001 年以后，大幅度增加了 1052 家基金会，截止到 2012 年末，已经有 1243 家基金会涉及教育领域，占全国基金会总数 41%。截至 2014 年 12 月 19 日，我国基金会数量已达到 4143 家①。

同类的公益组织越来越多，自然有同样需求和想法的公益组织也就越来越多。随着时间的推移，在越来越多的实践中，大家开始走到一起，采取共同的行动，并在共同行动中不断反思，逐步汇聚共同的目标，建立共同的行为规范，并获得日益明确的归属感，这样一来，共同体就诞生了。例如，1993 年成立的专为孤独症儿童及其家庭提供服务的民办非营利机构北京“星星雨”教育研究所几乎是孤军奋战十年之后，看到了孤独症服务行业发展的势头，同时也看到了行业发展的挑战。为孤独症儿童及其家庭提供服务的组织越来越多，但普遍面临缺乏政策性支援，经济压力（收费标准和成本核算之间的矛盾），技术压力（如何提供以专业技术为基础的优质服务，如何培训教师、获得家长信任等）。为了孤独症服务行业的发展，

① 引自基金会中心网。

2005年，在德国米索尔基金会的资助下，“星星雨”通过一系列行业培训活动倡导、发起了“心盟”孤独症网络，与新起的机构分享自身成长经验和技术资源，同时为孤独症服务组织/机构间相互分享经验和资源搭建平台，促进了孤独症服务行业的建设和发展。另外，行业自律联合行动及行业交流也越来越多，如“中国NPO自律行动”、“基金会中心网”、“512抗震救灾联盟”、“中国非公募基金会发展论坛”等。

（4）出现了思想先知和行动领袖

所有个体都对共同体具有强烈的共同需求。同时，共同目标只是形成共同体的必要条件而非充分条件。共同体需要成员的处境感和领袖人物的权威性形成的契机，带动其他个体的参与。共同体更类似于一个有机体，需要拥有一个“大脑”。影响共同体的决策往往是由少数人提出的，是为“领导者”。该领导者的言论是被共同体的成员们真心诚意地认可的。同时在一定的条件、环境下决策也需要通过民主的方式产生。在人类历史的演进过程中，早期共同体的领导者往往是英雄。

经过一二十年的发展，公益部门内部出现了一批推行团结思想、合作思想的意见领袖，如商玉生、徐永光、何道峰等。徐永光是中国公益慈善的领军人物，现任中国青少年发展基金会副理事长、南都公益基金会理事长。徐永光1988年辞去团中央组织部部长职务，创建中国青少年发展基金会，创立希望工程。2007年发起创办南都公益基金会，以支持民间公益为使命，致力于推动公益行业的发展与社会创新。徐永光20年行业经验的积累、无出其二的行业影响力、人望、号召力、对行业发展的特有的敏感度和前瞻性和创新力、关注行业高于机构和自身的胸怀使得他成为一面旗帜、一个符号。在基金会中心网的建设中，作为基金会问责的关键建造者、总设计师，徐永光坚定的建设基金会中心网、推动问责的决心成为推动基金会中心网建设的核心因素之一。在此期间，徐永光凭借着自身的影响力，进行了行业联盟、行业自律、行业透明等一系列的尝试，并取得了很大成效。徐永光作为一面旗帜在基金会中心网为基金会中心网带来了众多追求者和他们的目光，可以说，没有徐永光，基金会中心网不可能有今天这样的影响力。“早在十几年前，永光和商玉生先生就开始倡导这件事情了，经过将近20年的努力，才有了今天的结果。从他们当初倡导基金会自律，到自律同盟的建立，一直到基金会中心网的建立，可以说在这方面商先生和永光付出了艰辛的努力。当我们今天看到这样一个成果的时候，是我们的前辈前仆后继努力的成果，很不容易，很艰难。我看着这个过程走过来，所以深知其中的艰辛。”① 徐永光自己曾说：“中国基金会中心网的出现，正是这个行业中一批有使命感的领导人、一批优秀基金会，希望这个行业更加健康地发展，希望一个行业的透明和健康发展不只是推动除基金会自身，还会带动整个公益行业的透明，带动社会的透明。通过基金会行业透明推动诚信中国、透明中国的出现。”

此外，公益部门内还出现了一批实践合作、联合、团结思想、有号召力和执行力的领袖。随着网络平台的活跃，一批青年公益领袖们已经开始运用新的传播方式来获得更多的社会理解与资源，这种方式使得青年公益领袖的影响力以及公益理念得到更大范围的传播，也使得共同体更易于产生。例如邓飞，香港《凤凰周刊》记者部主任。在公益界，邓飞开始为人熟知，主要是通过微博“打拐”、“免费午餐”、大病医保，还有中国水安全计划。他说：“我们就是国家的精英，这没错，我们可以联合起来可以做很多事情，可以相互帮助，我们可以照顾好自己，我们心里面不那么苦。”② 2011 年邓飞联合 500 多名记者发起著名的“免费午餐”，为贫困山区的小学生提供免费午餐，帮助孩子们免于饥饿，为民间慈善创新树立了样板。项目开始就选择了与当地政府合作，与项目学校合作，与企业合作，与媒体合作，优势互补。项目在开始的半年时间内已募集资金超过 2500 万元，全国 11 个省共计 158 所学校的 2 万多名贫困山区学童受益于“免费午餐”项目。“免费午餐”公益项目在中国慈善公益行业产生的鲶鱼效应已经远远超过了项目本身的价值。2011 年 7 月 19 日，国家决定从 2011 年秋季学期启动民族县、贫困县农村免费午餐试点工作，并将宁夏确定为首批试点省区。邓飞已经从一个媒体人，转变成为一个具有号召力和执行力的公益领袖人物。他说：“在这些年里，我发现完全靠新闻来推动或促进事情的解决已经越来越难了。某些机制已经越来越固化，光靠调查报道、批评报道已经影响不了他们了。微博的出现能让我可以不通过文字去影响社会，我可以直接行动，可以直接动员和团结志同道合的朋友们行动起来，中国不缺少写字的人，而缺少行动者。现在，我把建设性的监督变为建设性的建设，结

① 引自康晓光在 2012 年 8 月 29 日中基透明指数发布会上的讲话。

② http：//www. infzm. com/content/102541.

果证明，这样效果更好。”[①]

在他们的倡导和领导下，公益共同体建设由无到有，从思想到现实，不断发展壮大。

2. 外部原因

（1）来自政府的影响

改革时代的政府不同于改革前的政府。政府对民间公益组织，从“一刀切式”的禁止转变为有选择地开放和支持。对民间公益组织的联合行动，政府也采取了越来越宽松的策略。

政府对于公益部门的发展已经转变态度，越来越开明、宽松。在十八届三中全会提出的“国家治理体系”蓝图中，政府赋予了社会组织更加广泛、清晰、明确的角色。政府提出，政府需要正确处理政府和社会关系，加快实施政社分开，推进社会组织明确权责、依法自治、发挥作用。适合由社会组织提供的公共服务和解决的事项，交由社会组织承担。支持和发展志愿服务组织。限期实现行业协会商会与行政机关真正脱钩，重点培育和优先发展行业协会商会类、科技类、公益慈善类、城乡社区服务类社会组织，成立时直接依法申请登记。加强对社会组织和在华境外非政府组织的管理，引导它们依法开展活动。在政府各种利好政策的作用下，某些种类的公益组织的注册门槛逐渐降低、公益组织的活动范围不断扩大、公益组织可获得的资源逐步增多、公益组织的功能愈加受到关注，在社会中的地位逐步提升。在政府简政放权的背景下，公益共同体的扩大规模成为可能。

一方面，随着中国公益部门的总量和规模的扩大，公益部门的自主性也在增强，公益部门与政府之间的关系发生了变化。例如，在芦山抗震救灾启动时，2011 年才注册的民间公募基金会——深圳壹基金公益基金会一日募捐总额远超中国红十字总会。截至 2013 年 9 月 30 日，超过 600 万人次向壹基金公益基金会定向捐赠雅安救灾款物高达 3. 5 亿元。民间组织领跑中国公募市场，“国退民进”的迹象首次显现，这在中国公益慈善史上很可能成为一个重要的分界线，对未来产生广泛而深远的社会影响。这一行动也得到民政部的肯定，表现出鼓励民间公益组织在社会市场中成长的开放态

---

① http：//www. eeo. com. cn/2011/1229/218971. shtml.

度。2013 年，也是广州公募权开放一周年，广州的实验说明，公募权开放并没有带来募捐市场的混乱。2013 年 7 月，云南宣布，云南省政府全面退出公益募捐市场，除发生重大灾害外，云南省政府不再参与募捐。这在全国尚属首例。

另一方面，政府对公益组织在某些方面的控制也越来越严。尤其是政治敏感类的民间组织。在政治敏感领域，共同体容易形成，却很难持续。比如曾经的草根组织学习网已经不再运营了。政治敏感类公益组织力量弱，资源有限。又在政府的严格控制下，很难在总量和规模上形成优势，虽然有一些领导人物，但也容易被政府压制，很难持续下去。

致命的威胁反而可以成为某种共同体产生的动力。某个价值与利益体系是个体自我鉴别的标志，这种鉴别伴随着同他者的对比，是每个人日常经验感受与体会的一个重要部分，当个体“鉴定”到来自外界的威胁时，自然而然希望抱团，希望集合其他公益组织的力量建立共同体共同抵抗这种威胁。

但是，当外界的威胁太过强大时，共同体就会被“打散”。

(2) 来自社会的影响

建设行业自律是中国公益共同体发展的初始动机，而行业自律型共同体是公益共同体的初始形式。来自社会的压力推动了行业自律的发展，也推动了公益共同体的发展。

公益组织为了让社会中的捐赠者和潜在捐赠者来认可，只有接受来自社会选择的制约，传递自身可信任的程度，面对优胜劣汰的竞争，获得社会合法性，进而更好地生存下去。但是公益组织不可能一一及时当面向众多的公众汇报，必须采取恰当的公开透明的方式，使公众了解自己确实按照要求帮助了受益人，这是公益组织应尽的义务，即通过透明促进利益相关方问责实现。解决方案是进行信息披露和行业自律，通过行业自律，提高自身的廉洁与效率，进而赢得社会信任，获得生存发展所需要的资源。这是因为对公益组织来说，其自说自话，没有第三方的证明很难赢得公众信任，而且公益组织自身建设信息披露渠道需要耗费大量财力、物力，规模小的组织难以承受。因此期盼获得社会信任的公益组织有着共同的行业自律目标，行业自律型共同体成为公益共同体的初始形式。

当然，我国也存在另一种实际情况，即所有的公益组织自愿进行行业自律仍存在难度。对于我国大部分官办公益组织来说，其采用政府体制，内部治理不完善，筹款压力不大，因此并无提升公信力的迫切要求，对行业自律没有兴趣，反而可能会为了某些团体利益、个人利益而损害社会利益，影响自身的公信力。

来自社会的不全是压力，也有积极的动力。中国贫富差距的持续扩大，使得需要帮助的群体规模高居不下，公益领域日益宽广、福利需求并无止境时，社会因素显然十分有利于公益事业的发展。面对严峻现实，市场经济影响下的社会力量开始壮大，个体权利意识开始觉醒。与此同时，社会氛围正在改良中前进，公众对发展慈善事业的期待日益提升，不仅低收入阶层或弱势群体希望通过慈善公益事业的发展来获得社会帮助，而且先富起来的人们以及有能力帮助他人的人亦需要有回报社会的正常途径。公众有能力并且希望能够在公益事业中自主、自愿地贡献自己的力量。这些社会力量希望看到公益部门形成强大的共同体，不断向政府、向社会争取合法从事公益事业的权利和更多的资源。

同时，来自社会的技术支持则成为推动共同体形成的工具性因素。尤其是互联网在整合公益部门共同体的过程中起到非常巨大的作用，甚至可以说起到了核心的作用。到 2014 年 6 月的时候，中国的网民已经达到了 3.06 亿，中国宽带用户已经达到了 3.2 亿，手机上网用户已经达到了 1.55 亿，这实际上就是说互联网不仅在改变人民的价值观和生活，在公益部门共同体建设的道路上，互联网其实可以成为非常好的整合平台。在动员更多范围公益组织参与共同体方面，网络的互动性和便捷性特点，使得传播和沟通功能可以为公益部门共同体提供非常好的整合作用。首先，互联网交流的功能契合了共同体交流的功能。公益部门共同体的发展史，也就是不断从封闭走向开放的历史。以互联网为基础的信息高速公路的建设，大大加速和强化了这一进程。其次，网络传播是对以地域为基础的共同体的一种超越。互联网上的虚拟社会，超时空地为共同体的产生提供了非常灵活而富有魅力的方式。最后，互联网其迅速崛起的原因在于它本身具有高速度、高效率传输和发展的特征，借助网络技术，跨越各种障碍，瞬间生成，瞬间传播。不同于人类历史发展中的其他文化所采取的缓慢传输、逐渐积淀的方式，它的发展速度之快是令人震惊的。随着网络的普及，虚拟社区正在以惊人的速度增生，并通过多种多样的电子方式把成员以及各个网络共同体“链接”在一起。虽然这是一些组织结构相对松散的临时性群体，成员之间或许从未谋面，但共同的兴趣和爱好、共同关注的社会主题、共同的利益需求，或者仅仅是为了追求斗争的感觉，都足以使他们走到一起。由于表达和聚合更加自由，在网络中进行交流或组织活动显得异常简单。

（3）来自海外的影响

来自海外的影响加速了我国公益共同体建设的进程。海外非政府组织是早期中国公益领域发展的重要助推器。1979 年亚洲基金会、1980 年世界自然基金会等已在中国开展活动，随后世界宣明会、乐施会、救世军等组织以救灾、援助名义进入中国开展项目；1988 年福特基金会等国际组织设立在华办事机构。

来自海外的影响因素包括：第一，无形资产的影响，包括思想、理念、知识、技能、组织形式等。我国公益部门的基础理念基本源自西方。如萨拉蒙所定义的第三部门具备组织性、非政府性、非营利性、自治性、志愿性的特征；公民社会理念，强调政府、企业、社会三足鼎立的理想结构，并把这些理念嵌入到公益组织的治理理念中；还有民主、平等、社会参与等普世理念。第二，有形资产的影响，如资金。为了实现理想蓝图，海外非政府组织不是空有理念，而是注入大量资源，特别是资金支持给中国公益部门。据估计，近几年来海外非政府组织每年投入到中国的资金约在 1 亿至 2 亿美元之间[①]。有的草根组织从成立之初到现在几乎主要依靠国外基金会或者国外 NGO 的支持。第三，组织合作的影响。例如，美国大自然保护协会 1997 年来我国云南，与云南省政府签署了合作备忘录，共同开展“滇西北保护与发展项目”研究，并设立了云南办事处，长期从事滇西北生态与自然的保护。

海外力量对我国公益共同体产生影响的主要原因有以下几个方面：第一，在 20 世纪 80 年代，我国的公益事业主要还是来自政府的力量，社会资源还没有得到很好的利用，包括企业和个人，对于公益还没有一个明确的概念，所以，早期的草根 NGO 组织在起步时期，向国内寻求资金几乎不可能。第二，国外基金会相对比较成熟，在我国进行活动时间比较长，如福特基金会、乐施会、GGF、扶轮社等，对我国的社会环境也相对了解，能够准确判断什么样的组织是真正的非营利组织，所以，我国一些在工商注册的 NGO 也能得到它们的资助。第三，近几年，中国政府对国外的 NGO 有了

① 赵黎青：《中国如何应对外国非政府组织》，《学会》2006 年第 11 期。

一定的了解，对它们的限制和排斥也逐渐缓和，政府和谐社会的提倡使得公益事业越来越受到关注。因此，国外基金会在中国的机构也开始增加，项目不断增多。调查表明，我国绝大部分的草根 NGO 都获得过国外基金会的帮助，有的组织完全靠申请国外基金会的项目维系生存。

海外影响因素对中国公益主要有三种影响方式：自身示范效应，直接培训受助方，介绍国外经验。这些影响方式的具体实现渠道非常多样，包括人员交流、访问、国际会议、培训、派遣留学生、合作办学、能力建设、翻译出版文献和教材。例如，福特基金会、乐施会、温洛克、世界银行（如“中国发展市场项目”）等对中国的草根组织都进行过系统的能力建设。海外力量对中国民间公益的投入，也培育了一批中国民间公益领袖。例如，北京恩玖信息咨询中心借助海外非政府组织的资源推动 NGO 能力建设先行。恩玖自成立以来，就获得了亚洲基金会、美国福特基金会、美国麦克利兰基金会支持开展论坛、培训、工作坊。2002 年，在美国福特基金会、美国麦克利兰基金会的资助下，恩玖启动了中国 NPO 培训与能力建设项目，主要通过引进国际已有经验和自行开发相结合的方法研制了 20 个培训课程和评估工具，开展了 83 场培训和评估活动，累计参与人数达 3380 人次，覆盖全国各省区（除山西省），包括香港特区和台湾地区。[①]

海外力量对行业自律共同体的影响也很显著。例如，它对基金会中心网的建设起到了至关重要的作用。2009 年 10 月，中国非公募基金会考察团赴美访问，在访问美国基金会中心时徐永光感到非常震撼，这个震撼来自于美国公益事业的透明程度。美国有 9 万多家基金会，在基金会中心，这 9 万多家基金会的信息全部都有，并且非常清晰分明。比如在美国基金会中心的网站上一点击“美国对中国的捐款”，从 2003 年到 2009 年，所有美国基金会给中国的捐款信息全部都有，谁捐的、捐给谁、捐多少钱，清清楚楚全部都有。[②] 徐永光几次讲过这样一个故事：“有次，我要给外国记者作报告，所以想了解美国基金会对中国的捐赠情况。找到美国基金会中心，他们给我一个查找特权，一点开，美国基金会给中国的所有捐款，从 2003 年开始，每一笔捐款全部都有，包括什么时候、捐了多少、捐给谁。”建立

---

① 杨宝：《中国第三部门外部环境的结构性变化》，《云南社会科学》2012 年第 1 期。

② 金岩：《徐永光：希望中国的公众有“震撼的透明平台”》，2010 年 11 月 1 日，http://www.gongyishibao.com/News/201011/125678.aspx。

这样一个便于查询、信息全面的基金会资讯平台正是徐永光的目标。[①] 看到美国基金会行业这种高度的透明，在访美考察团汇报会上，徐永光提出成立中国基金会中心势在必行。2010 年 2 月，基金会中心项目筹备小组赴美，与美国基金会中心、哈佛大学豪泽非营利组织研究中心等机构进行了深入的交流和研讨，获得了宝贵的知识和技术支持，为基金会中心网的筹建奠定了坚实的基础。基金会中心网信息披露拥有强大的“外援”支持，“美国基金会中心将为中国基金会中心网提供全力支持，我们愿意把 50 年来的学习经验，包括信息技术、出版物，以及主要的一些数据库等，全都公开地分享给他们，这里面包括至少美国 50000 多家基金会和世界各地的一些基金会的信息供中国的基金会查询”。[②] 福特基金会等对基金会中心网的建立也提供了资金和技术支持。

四　初步评价：公益共同体的发展状况

前文所述的共同体三大特征也是我们考察成熟的共同体形成的三个方面。首先，需要成员认同共同的价值观；其次，需要成员自觉遵守共同的行为规范；最后，需要形成成员对集体的归属感。那么，中国公益共同体是否已经达到这样的要求了呢？

1. 共同的价值观已具雏形

公益部门中各式各样的共同体层出不穷，公益部门也呈现从一盘散沙走向联合行动的趋势。但是，整个公益部门的共同价值观和共同目标尚未形成。现有的公益部门的联合行动的目标大多是追求“小集团”的利益，很少有对整个部门的共同利益的追求。

但是，在公益部门内部，在一定程度上，基本共识还是存在的。例如，“追求公平正义”、“公益”、“非营利性”、“信息公开”、“接受外部问责”，这些理念至少在口头上和理智上被各类公益组织广泛接受。

然而，这种“共识”还是限于“一定程度上的”，也就是说，围绕价值观，分歧广泛存在，而且还很深刻。最严重的分歧来自“身份”差异。这

① http://www.foundationcenter.org.cn/guanli/html/2011-01/17492_1.html.

② http://blog.sina.com.cn/s/blog_6b6baa0d0100mar0.html.

与我国公益部门的结构有直接关系，即官办公益组织和草根公益组织的分野。

改革开放后，公益活动才开始复苏，公益组织开始出现，但此时的公益组织多“形似神不似”，官办色彩浓重，成为计划体制下各级政府部门的延伸，等同于执行行政政策的政府机关的某个部门。多年来政府统领社会主观性强，慈善官办气息浓烈，官办组织定位不清，组织结构、社会功能和行为模式也似政府部门。政府继续沿用计划经济时代下的模式管理社会，设置公益慈善组织，甚至将公益慈善组织的办公室直接设立在政府机关之中。时至今日，一些机构骨子里是地地道道的行政组织。[1] 随着市场经济体制的不断推进，市场部门开始产生，但是，公益部门并未形成，官办组织长期占据公益部门的“有利地形”，将“官场习气”带入慈善行业，效率低下、管理松散、不透明甚至不规矩时有发生，民间公益组织未能顺畅地在公益部门中发展。两股势力至今仍难形成共同的价值观。

除了上述的严重分歧，还有一些次要的分歧。功能分化造成的分歧。例如，倡导型组织与实务型组织的分歧；操作型组织与支持型组织的分歧；专注生存性项目与专注发展性项目的组织的分歧；追求微观目标与追求宏观目标的组织的分歧等。

抛开“身份”，从“做事”角度来说，中国绝大多数的公益组织在公益价值观上目前还处于发展的“初级阶段”，所做大多是扶贫、助学、助残等救助层面的工作。但实际上，中国的公益组织可以做得更多，可以发挥更大的作用。现在已有公益组织行动起来，联合起来，共同去追求公益的价值理念，他们开始认识到追求自身的公开透明固然重要，但更重要的是其本身要通过所提供的社会服务，在社会上起到示范作用和发挥榜样力量的同时，去引导影响和教育公众去尊重公益。要通过媒体在社会上去普及和倡导公益的价值理念，吸引更多的社会精英投身到公益中。正如邓飞“免费午餐”的例子所体现的：在实际执行的过程中，免费午餐行动帮助的是一个个具体的孩子，但组织者更多的时候关注其政策倡导功能，最终是由社会和政府通过制度变革促进了整体公共利益的提升。在这里，公益行为强调的是整体性的改变，而非简单地帮助某个人。

---

① http：//finance. ifeng. com/news/special/caizhidao120/.

2. 行为规范还属于外在的东西

行为规范，可以是白字黑字写出来的法律条文、政府文件、组织章程、行业宣言，也可以是并未见诸文字的风俗习惯，甚至可以是“日用而不知”的潜意识。

有些行为规范被写在纸上，甚至写进了国家颁布的法律，但是它们并没有得到相关主体的认同，也没有被自觉地付诸实施。这样的行为规范就是外在的规范。外在的规范必须依靠外部强制才能实施。而内化的规范则可以在没有外部压力（监督和奖惩）的情况下得到贯彻。

作为“后发国家”，“有先例可循，有成法可依”，因此中国可以借鉴先进国家的经验，直接引进成熟的行为规范“体系”为我所用，而不需要“从头摸索”，逐步建立合理的行为规范体系。这种引进在相关立法上表现得最为明显。

目前，在中国，有关公益组织的最系统的行为规范体现在相关法律条文之中。公益组织的行为规范，主要不是日积月累形成的习惯或习俗，而是通过立法确立的白纸黑字的条文。这些条文虽然已广而告之，但很难得到实实在在的遵循。因此，它们仍然是外在的规范，而不是内化的规范。

一般的共同体中的行为规范表现为习惯或习俗，一旦成员违背这些习俗就会受到严重的“惩罚”。在共同体中，人人都认同行为规范，人人都是“裁判者和法官”，违背规范不仅难逃惩罚，而且会受到千夫所指。

公益部门的行为规范尚没有形成较高的强制力，也没有形成“人人都是法官”的状态。即便是明文规定，有些也形同虚设。例如，《基金会管理条例》规定了我国基金会治理结构采“理事会－监事会”二元结构模式，包括第20条规定基金会设理事会，第21条规定基金会的决策机构，依法行使章程规定的职权，第22条规定基金会设监事，监事列席理事会会议，有权向理事会提出质询和建议，并应当向登记管理机关，业务主管单位以及税务会计主管部门反映情况。但是，这种治理结构并未得到贯彻落实。绝大多数基金会的治理结构还属于典型的“家长制”，或是受到党政机关的过度干预。如《公益事业捐赠法》、《基金会管理条例》、《基金会信息公布办法》、《关于规范基金会行为的若干规定（试行）》、《公益慈善捐助信息披露指引》较为完善地规定了我国基金会的公开透明的要求，但是我国基金会的公开透明并不乐观。以上述法律文件为法律基础开发的中基透明指数

（FTI）反映了我国基金会的整体透明情况，截至2014年12月22日，全部基金会FTI指数为49.26，公募基金会FTI指数为49.84，非公募基金会FTI指数为48.81，距离满分指数107.2差距很大[①]。

财政部制定的非营利组织会计制度也没有得到很好地遵守。据调查，近半数公益组织无专业财务人员，全国44.8%的公益组织中全职工作人员少于3个，大部分情况是机构负责人加项目官员，能有一个兼职的财务人员已是很好的状况。2012年底，中华少年儿童慈善救助基金会（以下简称儿慈会）的“小数点风波”暴露了基金会财务管理能力这块以往不为人关注的短板。更为严峻的是会计教育体系中，都未涉及民间非营利会计制度规则，即使是有“证”的专业人员也未必能适应公益组织的财务工作。2009年10月30日，壹基金联合128家公益机构发起成立了USDO自律吧（我们一起自律吧），该机构希望通过全国举办的信息披露培训班，改善这些公益组织财务管理薄弱的状况。2012年3月，USDO自律吧推出了《USDO财务信息披露模板》。USDO自律吧协调组组长、壹基金公益支持部总监唐艺蕾表示，很多公益组织的财务人员根据模板填写了自己机构的财务信息，并在网上晒账，“错账”不在少数，然而很多机构的财务人员连自己填错了也不知道。不愿具名人士表示，大部分公益组织采取的记账方式仍然是手工记账，而账目的内容填写则是在非财务专业人士的指导下完成的。[②]

公益的本质是满足受益人的基本需求，被尊重应该是受益人的基本需求，因此充分尊重受益人的意愿，把接受捐助的对象看作平等的合作伙伴是公益应有的理念。但是在我国公益文化中，捐赠人与受益人很不平等，捐赠人通常抱着居高临下的施舍者心态捐，受益人难以保守自己的尊严和隐私。2014年1月，14岁的四川女孩玲玲（化名）正因为“被资助”而备受关注。因态度“冷漠”，在她第一次见到资助了自己4年的好心人冯师傅后，冯师傅表示，将拒绝继续资助。媒体继续调查发现，玲玲所谓的“冷漠”，是因为自己纠结的自卑感和自尊心，不知道如何面对资助人。“究竟是玲玲不懂事，还是老冯太虚荣？”此事引发上万网民激辩。[③] 尊重被捐助

① 中基透明指数是一套综合指标、权重、信息披露渠道、完整度等参数，以排行榜单为呈现形式的基金会透明标准评价系统。满分107.2分，其中基本信息总分为18分，财务信息总分为24分，项目信息总分为35分，捐赠及内部建设信息总分为30.2分。

② 《公益机构自诊财务制度求脱困》，《京华时报》2013年2月18日第C02版。

③ 《慈善捐助如何尊重受助者的隐私和感受》，《中国青年报》2014年10月22日。

人并未形成共识。回顾这些年，从陈光标备受争议的“暴力慈善”，到校园里久被诟病的助学金“比惨”评选，再到在有些扶贫活动中，组织者大张旗鼓，到处宣扬，贫困者的名单出现在各种媒体，受助者在得到帮助的同时也受到了严重的心灵伤害。

3. 公益部门还处于分裂状态，无法建立统一的归属感

随着公益部门总量和规模的持续扩大，公益组织之间的联合行动越来越多，这使得某些“局部”开始形成“小集体”和“小集体行动”，相应地，开始形成对“小集体”的归属感。这种归属感的形成，很大程度上得益于在公益部门“以利他主义价值观为导向”的一整套价值观和行为准则。利他主义价值观认为，人会为了其他人的利益而奋斗乃至于自我牺牲。实际上，为种群的延续和某种群体责任感而自我牺牲的行为在自然界和人类社会中屡见不鲜。利他主义的价值观也可被视为作为社会动物和习惯于集体生活的人类的另外一种本能，其所要求的是满足人类的高层次的、在精神层面融入共同体的需求。在公益部门，此种利他主义的价值观基础非常深厚，许多公益从业者和参与者都具有强烈的理想主义情怀，因此更容易形成归属感。

但是，由于公益部门内部官办组织和民间组织之间存在巨大的身份差异，而且两者的行为方式也存在显著差异，所以难以形成覆盖整个公益部门的共同体，因而也难以形成对公益部门的“大一统”的归属感。

公益部门共同体的发展代表着中国公益事业发展的走向。尽管我们很难从公益事业的发展中清晰地剥离出属于公益部门共同体的集体贡献，但毫无疑问，如果舍弃公益部门共同体的智慧与努力，中国公益事业便不会有现在的发展与辉煌。一代接一代的公益组织前仆后继，进行公共倡议，促成共同价值观和行为规范的确立，推动共同体的发展。过去、今天和未来，这些共同体正在而且还将继续发起一场“静悄悄的革命”，通过不断发展和完善共同体的功能，推动整个公益部门的发展和完善，进而促进中国的整体发展。

第二部分

分报告

十八届三中全会以来社会组织管理政策解析

在特定的时代背景下，政府针对社会问题和原有的政策局限，一般会基于现实社会需求和政府利益的双重目的考量而确定政策目的和政策原则。基于此，政府寻找着力点和改进路径，制定具体的政策。所制定的政策将对特定的对象产生积极或消极的影响。政府出台的一系列社会组织管理政策也有如此特点。

随着社会问题明显增多，社会结构复杂多变，阶层群体冲突增加，社会状态活跃，开放，社会诉求不断提升，政府意识到自身面临机构臃肿、职能错位、财政负担过重的压力，面临着社会需求是否能有效满足的压力，这些压力也对中国的政治稳定性和政府自身合法性产生挑战，因此，政府基于社会利益达成和自我利益达成的双重目的，开始考虑构建“党委领导、政府负责、社会协同、公众参与”的社会管理新格局。十八届三中全会以来，政府的社会组织管理政策产生了巨大变化，社会组织被定位为国家治理体系和治理能力现代化的有机组成部分，是社会治理的重要主体和依托。十八届三中全会的《中共中央关于全面深化改革若干重大问题的决定》要求通过深化改革，实现从社会管理转向社会治理的创新。其中，特别指出要改进社会治理方式。坚持系统治理，加强党委领导，发挥政府主导作用，鼓励和支持社会各方面参与，实现政府治理和社会自我调节、居民自治良性互动。坚持依法治理，加强法治保障，运用法治思维和法治方式化解社会矛盾。同时激发社会组织活力。正确处理政府和社会关系，加快实施政社分开，推进社会组织明确权责、依法自治、发挥作用。适合由社会组织提供的公共服务和解决的事项，交由社会组织承担。支持和发展志愿服务组织。限期实现行业协会商会与行政机关真正脱钩，重点培育和优先发展行业协会商会类、科技类、公益慈善类、城乡社区服务类社会组织，成立时直接依法申请登记。加强对社会组织和在华境外非政府组织的管理，引导它们依法开展活动。该决定为中央及地方政府出台社会组织管理政策提供了根本性的指导。

社会组织的生存及发展，既与其自身特质有关，也与其所处的环境息息相关，其中政策环境尤其重要。跨国比较研究显示，各国非营利组织之间的差异主要是由其外部环境的差异造成的。这是因为，相对于政府和企业来说，非营利组织往往处于弱势地位，外部环境对它的影响十分显著。[①]在中国，社会组织的弱势地位更加凸显，外部环境对社会组织生存状态的影响更加显著，特别是政府的态度、策略和行为。社会组织实时观察政府的态度、策略和行为，并随之调整自身战略，是谋得组织健康成长的重中之重。本文将对十八届三中全会以来中央及地方政府出台的社会组织[②]管理政策[③]进行系统的梳理和解析，供社会组织评鉴参考。

一　梳理社会组织管理政策的分类框架

为了能够更加清晰、系统地梳理和分析十八届三中全会以来的社会组织管理政策，本文需建立用于梳理和总结社会组织管理政策的分类框架。

在现有文献中，社会组织管理政策分类方面的研究并不多。其中，蔡礼强结合公共政策工具一般的分类标准以及中国特殊的国情和现实，将政府培育扶持社会组织发展的政策分为九类：政社分开、政府职能转移、政府购买服务、公益招投标和公益创投、资金扶持、凭单制、社会组织孵化、税收优惠、人才建设。[④] 蔡礼强的分类方式仅仅对政策工具进行了列举，并未作系统化的分类。王世强同样也关注政府在管理社会组织方面的政策，但他的研究仅侧重政府对社会组织的培育政策，将培育社会组织的政策工

① 康晓光主编《非营利组织管理》，中国人民大学出版社，2013，第 17 页。

② 本文的“社会组织”是指十六届六中全会正式提出的概念，是对传统的非政府组织、非营利组织、第三部门或者民间组织等称谓的改造，涵盖社会团体、民办非企业单位和基金会管理等类别的机构。

③ 本文所指政策是从广义上理解，包括法律、行政规章、地方性法规及党的规范性文件。

④ 蔡礼强：《培育扶持民间组织的效果与措施：基于政策工具的比较分析》，《中国民间组织报告（2013）》，社会科学文献出版社，2013，第 73 页。

具分为基础型工具、分配型工具、市场化工具、引导型工具四类。[①] 然而，“培育”仅仅是我国社会组织管理政策的其中一个目的。因此，此种分类标准同样不能满足本文梳理社会组织管理政策的需求。

尽管社会组织管理政策分类方面的研究不多，但公共政策工具的分类一直是西方众多学者的研究焦点，例如政治学家罗威、达尔和林德布洛姆等人对政策工具进行了宽泛的分类，认为可以分为规制性工具和非规制性工具两大类；萨拉蒙在前人研究的基础之上又加上了开支性工具和非开支性工具两种类型；胡德将政策工具分为探察性工具与影响性工具；麦克唐纳和艾莫尔则根据工具所要求达到的目标将之分为四类：命令型工具、激励型工具、能力建设型工具和系统变迁型工具……

但将上述政策工具分类方式用于梳理中国的社会组织管理政策时，都存在不适用的情况，例如，对于中国的社会组织而言，政府对其开放的活动空间是影响其生存状态的重要因素，也是社会组织管理政策中的重要部分之一，而上述分类方式无法将此类社会组织管理政策纳入其中。

综上所述，构建一个新的政策分类框架是本文所要完成的工作。

依据康晓光在《非营利组织管理》一书中构建的“第三部门环境”模型（如图1所示），对于非营利组织而言，环境将通过三种“直接变量”——资

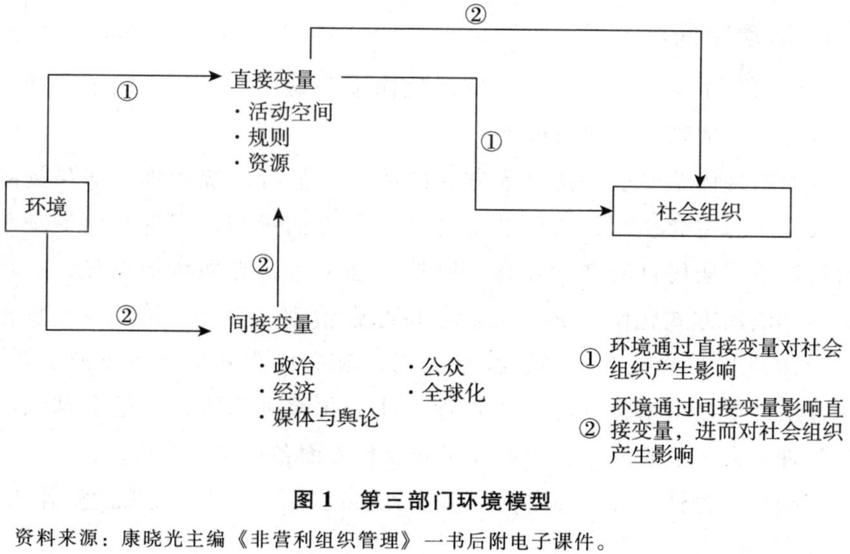

图1　第三部门环境模型

资料来源：康晓光主编《非营利组织管理》一书后附电子课件。

---

① 王世强：《政府培育社会组织政策工具的分类与选择》，《学习与实践》2012年第12期。

源、规则、活动空间——对其发生影响。资源指非营利组织所需的硬的和软的投入，如人员、资金、理念、专业知识、关系网络等；规则指外界强加于非营利组织的行为规则，如法律框架、公认的治理结构、政府的干预、主流价值观和风俗习惯等；活动空间指环境给非营利组织提供的活动空间以及限定的活动范围。同时，环境还通过“间接变量”包括政治、经济、媒体与舆论、公众以及全球化影响上述“直接变量”。①

作为间接变量的“政治”中的重要部分，政府制定的社会组织管理政策也将通过影响三大类直接变量，资源、规则和活动空间，来影响社会组织。因而，将社会组织管理政策所影响的“直接变量”作为分类维度，我们可以把社会组织管理政策分为三大类：通过影响“活动空间”发生作用的社会组织管理政策（简称“活动空间类”）、通过影响“规则”发生作用的社会组织管理政策（简称“规则类”）、通过影响“资源”发生作用的社会组织管理政策（简称“资源类”）。

本文将根据上述分类方式对社会组织管理政策进行梳理。

二　十八届三中全会以来社会组织管理政策梳理

1. 活动空间类政策

十八届三中全会描绘的“国家治理体系”蓝图中，政府赋予了社会组织更加广泛、清晰、明确的角色。

国家治理体系要求社会治理方式的改进。坚持系统治理，加强党委领导，发挥政府主导作用，鼓励和支持社会各方面参与，实现政府治理和社会自我调节、居民自治良性互动。坚持依法治理，加强法治保障，运用法治思维和法治方式化解社会矛盾。坚持综合治理，强化道德约束，规范社会行为，调节利益关系，协调社会关系，解决社会问题。坚持源头治理，标本兼治、重在治本，以网格化管理、社会化服务为方向，健全基层综合服务管理平台，及时反映和协调人民群众各方面各层次利益诉求。②

鼓励和支持社会各方面参与，激发社会组织活力成为重要的工作内容。

---

① 康晓光主编《非营利组织管理》，中国人民大学出版社，2013，第 17 页。

② 《中国共产党第十八届中央委员会第三次全体会议公报》，2013 年 11 月 12 日。

政府需要正确处理政府和社会的关系，加快实施政社分开，推进社会组织明确权责、依法自治、发挥作用。适合由社会组织提供的公共服务和解决的事项，交由社会组织承担。支持和发展志愿服务组织。限期实现行业协会商会与行政机关真正脱钩，重点培育和优先发展行业协会商会类、科技类、公益慈善类、城乡社区服务类社会组织，成立时直接依法申请登记。加强对社会组织和在华境外非政府组织的管理，引导它们依法开展活动。①

十八届三中全会以后，社会组织被定位为国家治理体系和治理能力现代化的有机组成部分，是社会治理的重要主体和依托。社会组织有利于完善社会主义市场经济体制，更好发挥市场在资源配置中的决定性作用；有利于促进社会主义民主政治建设，巩固和扩大党的执政基础；有利于承接政府职能转移，促进政府职能转变；有利于创新预防和化解社会矛盾机制，使社会既充满活力又和谐有序。因而，社会组织是市场经济的重要组成部分，是协商民主的重要渠道，是提供社会服务的重要力量，是社会自治的重要载体。②

综上，在宏观层面，根据政府对社会组织的定位以及对社会组织功能的认识，政府正在根据一定的原则，逐渐扩大社会组织在行业管理和协调，公共事业与服务，如气象、医疗、扶贫、基层社区治理等各类领域的活动空间。以下微观政策能够在一定程度上佐证上述结论。

2014 年 3 月 12 日，深圳市民政局出台《深圳市民政局社区基金会培育发展工作暂行办法》（征求意见稿），推广立足于当地的社区基金会。5 月，深圳光明新区在白花、凤凰、新羌、圳美、玉律五个社区试点全国首批社区基金会，探索创建社区治理新模式。

2013 年 12 月，国务院办公厅下发的《关于创新机制扎实推进农村扶贫开发工作的意见》指出“建立和完善广泛动员社会各方面力量参与扶贫开发制度。充分发挥定点扶贫、东西部扶贫协作在社会扶贫中的引领作用。支持各民主党派中央、全国工商联和无党派人士参与扶贫开发工作，鼓励引导各类企业、社会组织和个人以多种形式参与扶贫开发”。③

2014 年 5 月，国办印发深化医改 2014 年重点工作通知，通知要求积极推进社会办医。重点解决社会办医在准入、人才、土地、投融资、服务能

---

① 《中国共产党第十八届中央委员会第三次全体会议公报》，2013 年 11 月 12 日。

② 李立国：《改革社会组织管理制度　激发和释放社会发展活力》，《求是》2014 年第 5 期。

③ 《关于创新机制扎实推进农村扶贫开发工作的意见》，http：//www. scio. gov. cn/xwfbh/xwbf-bh/wqfbh/2014/20140127/xgzc30358/Document/1362145/1362145. htm。

力等方面政策落实不到位和支持不足的问题。优先支持社会资本举办非营利性医疗机构，努力形成以非营利性医疗机构为主体、营利性医疗机构为补充的社会办医体系。①

2014 年 6 月，中国气象局日前印发的关于全面深化气象改革的意见指出要改进政府提供公共气象服务方式，建立政府购买公共气象服务机制，组织引导社会资源和力量开展公共气象服务。②

除此之外，各地地方政府也纷纷开始制定政府职能转移办法，以温州市为例。十八届三中全会前夕，温州市出台的《关于加快推进社会组织培育发展的意见 1 +7》文件明确规定将政府之前承担的行业管理与协调职能、社会事务服务与管理职能、技术服务性职能转移给“经民政部门注册登记、组织完善、功能完备、运作规范、社会信誉良好、具备承接政府职能事项所必需的设备、专业技术资质和人员、经县级以上民政部门评估，获得 3A 级以上等级的社会组织”。

……

从上述政策示例可以看出，伴随着国家治理体系的建设，政府职能的转变，社会组织的活动领域正在慢慢“侵入”社会的方方面面。但我们也可以看出，政府对承接政府所转移职能的组织的条件规定的也比较严苛。

与此同时，政府对社会组织的某些活动或未注册的社会组织的活动进行严控。例如，2014 年 10 月 16 日，广州市民政局官网公布《广州市取缔非法社会组织工作细则（征求意见稿）》，意见稿中第一章第三条规定：具有下列情形之一的属非法社会组织：“（一）擅自开展社会组织筹备活动的；（二）未经登记，擅自以社会组织名义进行活动的；（三）被撤销登记后继续以社会组织名义进行活动的。”此条款引发广泛社会争议，社会组织、学者专家普遍认为该工作细则对非法社会组织的描述范围太广且模糊不清，会对社会组织形成“误伤”。之后，政府考虑对最具争议的第三条第一款予以废除。

2. 规则类政策

（1）登记注册

双重登记管理制度一直被认为是中国政府制约社会组织发展的关键政

① 《社会组织发挥作用参与深化医疗改革》，http：//www. charityalliance. org. cn/gov/3281. jhtml。

② 《我国将建立政府购买公共气象服务机制》，http：//news. xinmin. cn/domestic/2014/06/12/24515525. html。

策。充分发挥社会组织作用，促进社会组织发展应当从降低社会组织登记门槛降低起步。在民政部的大力推进下，2014 年，商会类、科技类、公益慈善类、城乡社区服务类等四类社会组织在全国范围内实现了直接登记。

2013 年 3 月，《国务院机构改革和职能转变方案》明确规定："重点培育、优先发展行业协会商会类、科技类、公益慈善类、城乡社区服务类社会组织。成立这些社会组织，直接向民政部门依法申请登记，不再需要业务主管单位审查同意。民政部门要依法加强登记审查和监督管理，切实履行责任。"①

2013 年 11 月，十八届三中全会报告再次明确指出："限期实现行业协会商会与行政机关真正脱钩，重点培育和优先发展行业协会商会类、科技类、公益慈善类、城乡社区服务类社会组织，成立时直接依法申请登记。"

2013 年 4 月 1 日，北京市发布的《北京社会组织直接登记管理办法》，2014 年 4 月 1 日，上海市发布的《上海市社会组织直接登记管理若干规定》都明确规定了商会类、科技类、公益慈善类、城乡社区服务类等四类社会组织直接登记的实施办法。

北京、上海之外的天津、浙江、安徽、福建、山东、云南等地域也开始纷纷制定或出台相关政策文件。截至目前，除个别省份外全国其他省份已经开展或试行了直接登记。② 部分地区在直接登记注册政策方面走得更远，例如，温州市政府扩大了直接登记的社会组织的范围，规定"除依据法律法规需前置行政审批及政治类、宗教类、社科类的社会组织外，其他社会团体、民办非企业单位均可直接向登记管理机关申请登记。原承担归口管理职能的业务主管单位改为业务指导单位"。当然，尽管业务主管单位变身为业务指导单位，但实质上仍担负着对社会组织进行规范管理的职责。

为了使登记制度改革过程更加顺畅，民政部研究制订了过渡期社会组织登记工作方案。2013 年至今，共受理 50 多件直接登记申请，直接登记了 22 个全国性社会组织。③

---

① 《国务院机构改革和职能转变方案》，http://www.china.com.cn/news/2013lianghui/2013-03/14/content_28245220_3.htm。

② 《行业协会与行政机关脱钩方案成形》，http://www.legaldaily.com.cn/index_article/content/2014-02/13/content_5272197.htm?node=59551417956230。

③ 《行业协会与行政机关脱钩方案成形》，http://www.legaldaily.com.cn/index_article/content/2014-02/13/content_5272197.htm?node=59551417956230。

此外，针对社会组织还有一些登记注册方面的改进政策。2014 年 6 月 16 日，广州市政府常务会议审议通过《广州市社会组织管理办法》，明确规定对社会团体和民办非企业单位的注册资金由“实缴制”改为“认缴制”，取消了社会团体和民办非企业单位（基金会除外）的注册（开办）资金要求，这意味着 1 元注册资金即可申报社会组织，进一步降低了社会组织的注册门槛。

2014 年 1 月 29 日，《福建省人民政府关于取消、下放和调整一批省级行政审批项目的通知》（闽政〔2014〕6 号）规定，取消省民政厅对全省性社会团体分支机构的成立、变更、注销登记；非公募基金会和异地商会的登记下放到县级以上民政部门，执行分级管理。2014 年 2 月 26 日，《民政部关于贯彻落实国务院取消全国性社会团体分支机构、代表机构登记行政审批项目的决定有关问题的通知》（民发〔2014〕38 号）发布。此后，广东、新疆、山东、天津等地陆续出台文件取消全省性社团分支机构审批。此前，2013 年 11 月 8 日，《国务院关于取消和下放一批行政审批项目的决定》（国发〔2013〕44 号）（以下简称《决定》）取消了民政部对全国性社会团体分支机构、代表机构设立登记、变更登记和注销登记的行政审批项目。

2014 年 3 月 26 日，深圳市民政局就《深圳经济特区慈善事业促进条例（送审稿）》在市法制办官网向各界征求意见，条例将“宽进严管”，规定未成立的慈善组织可以直接向民政部门登记，且规定慈善组织服务场所不受登记地址的限制，慈善组织法定代表人可以兼任，以此解决慈善组织“登记难”问题。

值得我们注意的是，尽管商会类、科技类、公益慈善类、城乡社区服务类等四类社会组织在登记注册方面获得了更大的空间，得到了政府的扶持，而与此同时，政府也在“加强对社会组织和在华境外非政府组织的管理，引导它们依法开展活动”①。即使是在登记政策上放松管制幅度最大的温州市也同时规定要“加强境外非政府组织管理。民政部门对进入本市范围内的境外非政府组织进行备案管理；外事部门对境外非政府组织和市内相关组织开展的合作事项进行备案管理；其他职能部门负责对与其业务范

① 《中国共产党第十八届中央委员会第三次全体会议公报》，2013 年 11 月 12 日。

围有联系的境外非政府组织开展业务指导工作”。[①]

（2）行业协会商会与政府部门脱钩

2014年2月，一项关于行业协会商会与行政机关限期实现真正脱钩的方案《行业协会商会与政府部门脱钩方案》已由民政部和国家发展改革委员会组建的联合工作组完成，并上报国务院。这是民政部在党的十八大后落实《国务院机构改革和职能转变方案》的重要举措之一。[②]

实际上行业协会商会与政府部门脱钩工作早在2004年，深圳就进行了试点工作。至2005年4月，“由于（深圳）市政协举行的一次专题议政以及此后提交的一件建议案，（深圳）市行业协会改革得以启动，并已取得了实质性进展：75家行业协会已摘掉了‘官帽’，超过总数半数以上；196名党政机关和事业单位干部辞去了其在行业协会的兼职，占应脱钩总人数的97%。（深圳）市行业协会改革目前已基本实现组织机构民间化，走在全国前列”。[③]

2009年福建省也启动了“行业协会商会与政府部门脱钩”工作。《福建省民政厅、福建省监察厅关于加快推进行业协会与行政主管部门脱钩工作的通知》[④]对“脱钩”的范围、内容、时间安排以及脱钩后行业协会商会的管理办法进行了规定。

2013年12月25日，深圳通过《深圳经济特区行业协会条例》立法，规定国家机关工作人员不得在行业协会任职，行业协会的会长、副会长、理事、监事应当由会员差额选举产生。

至2014年1月底，已有100个左右的全国性行业协会、商会被确定为脱钩试点单位。试点之后，各层次行业协会、商会，不管是全国性的还是地方的，都力争在2015年底前实现与行政机关脱钩，[⑤]并承接政府部分的

---

① 《温州出台1+7文件推进社会组织培育发展》，http：//news.66wz.com/system/2012/10/31/103417215.shtml。

② 《行业协会商会与政府部门脱钩方案》，http：//www.legaldaily.com.cn/index_article/content/2014-02/13/content_5272197.htm？node=59551417956230。

③ 《市政协建议案力推改革75家行业协会摘掉“官帽”》，http：//news.sohu.com/20050416/n225213418.shtml。

④ 《福建省民政厅、福建省监察厅关于加快推进行业协会与行政主管部门脱钩工作的通知》，http：//www.fjmjzz.com/News/Show.asp？id=3149。

⑤ 《行业协会与行政机关脱钩方案成形》，http：//www.legaldaily.com.cn/index_article/content/2014-02/13/content_5272197.htm？node=59551417956230。

基础公共服务职能。

2014 年 6 月底 7 月初，广东省民政厅、省委组织部等六省级部门联合发文，要求全省各行业协会商会要在 12 月 12 日前与行政机关彻底脱钩。根据文件要求，全省各行业协会商会必须在人员、财务、资产、职能、机构等方面与行政机关彻底脱钩。现职及不担任现职但未办理退（离）休手续的国家机关工作人员在行业协会商会兼职的必须退出；退（离）休的国家机关工作人员在行业协会商会中兼职的，必须符合有关规定，并按要求履行审批手续。行政机关不得长期借调行业协会商会专职工作人员。行业协会商会实行民间非营利组织会计制度，必须设立独立的账号，独立核算，不得与行政机关会计合账或实行财务集中管理。同时，还列出了明确的整治时间表——6 月 21 日至 7 月 31 日是脱钩准备阶段，8 月 1 日至 9 月 30 日是实施阶段。对在规定时间内脱钩不到位的行业协会商会，登记管理机关将对其下发整改通知。经整改无效的行业协会商会可引导其注销，不申请注销登记的，由登记管理机关按有关规定予以撤销登记。

与此同时，四川省也将启动社会组织去行政化试点。按照国家统一部署，四川省将深入推进社会组织“去行政化”改革。四川省相关职能部门正在调研拟定行业协会商会与行政机关脱钩试点工作方案，拟在 2015 年前全面完成行业协会商会与行政机关脱钩，着力解决政社不分、主体不清、职责不明、行政依附性强等问题。同时，引入竞争机制，开展“一业多会”试点，使行业协会真正成为提供服务、反映诉求、规范行为的主体。①

（3）立法、评估、信息透明

截至目前，立法、评估、信息透明等类别的社会组织管理政策与十八届三中全会之前并无大的不同，已经制定的政策，例如 2010 年底讨论通过的《社会组织管理评估办法》，依然持续性地发挥作用，例如社会组织的年检工作，免税资格的认定，信息透明工作的持续开展②等。

年检方面，部分地方对社会组织的年检予以简化。2014 年 6 月 16 日广州市政府常务会议审议通过《广州市社会组织管理办法》对社会组织的年检改为年度报告，放松政府对社会组织的管制和不必要的干预，激发社会

① http：//www. time-weekly. com/html/20140901/26296_1. html.

② 民政部近期下发了《民政部关于开展行业协会行业自律与诚信创建活动的通知》、《民政部关于开展民办非企业单位塑造品牌与服务社会活动的通知》。

组织的活力。

主管单位对社会组织的监管政策持续改进，同时开始借助社会监督手段，以及加强社会组织内部的党建工作。

2013 年 12 月 24 日，民政部下发《关于推广使用中国慈善信息平台的通知》，要求在全国各地结合本地慈善信息化工作，与中民慈善捐助信息中心开展多样化合作，包括政府购买软件和服务、技术指导、数据互联互通等。

2014 年 1 月 1 日施行的《北京市促进慈善事业若干规定》规定公募基金会以外的慈善组织须与公募基金会联合，并以公募基金会的名义开展募捐活动，同时要求慈善组织按捐赠人意愿使用善款，主动公开善款用途等六类信息，未按规定执行的慈善组织将受行政处罚。六类信息包括：组织名称、活动宗旨等组织基本信息；捐赠财产的来源等捐赠信息；募捐方案、联合募捐协议等募捐活动信息；捐赠财产用途等捐赠财产使用信息；年度工作报告、审计报告等专项工作报告；法律、法规、规章规定需要公开的其他信息。

2014 年 3 月公布的《深圳经济特区慈善事业促进条例（送审稿）》拟规定，税务部门会同财政部门、慈善主管部门每年随机抽取 10% 的慈善组织，委托第三方审计机构对上述慈善组织的项目运作、财务收支、资产经营情况等进行独立审计，并将审计结果向社会公布。

2014 年 10 月 28 日，教育部、财政部、民政部印发《关于加强中央部门所属高校教育基金会财务管理的若干意见》，对中央部门所属高校教育基金会在完善治理结构、加强财务管理、加强筹资过程管理、规范投资行为、合理使用捐赠资金以及健全信息公开制度六方面作出明确要求。

2014 年 11 月 6 日，民政部、财政部出台《关于加强社会组织反腐倡廉工作的意见》，从健全社会组织民主机制、加强社会组织财务管理、规范社会组织商业行为、实行社会组织信息公开制度等方面提出具体要求，加强社会组织反腐倡廉工作。

加强社会组织党建工作是各地党建工作的重点，2014 年 5 月，浙江省出台《关于进一步加强社会组织党建工作的意见》，2014 年 7 月深圳出台《关于进一步加强和改进社会组织党的建设工作的实施意见》等，甚至北京市通州区区一级的党组织也发文要求加强社会组织党建工作。

民政部以及司法部门正在加紧推动《社会组织法》[①]、《慈善法》[②] 立法工作的进行，《慈善法》成熟法案会在年底向社会公开，预计明年正式通过。此外，社会组织参与立法工作也开始在沈阳、上海等地开始实施。

3. 资源类政策

（1）人力资源类政策

根据《国务院机构改革和职能转变方案》以及十八届三中全会中对促进社会组织发展，发挥社会组织作用的战略规划，我国各地方政府都纷纷响应中央政府号召，制定优惠政策，在人力、资金、专业能力等方面给予社会组织帮助和扶持。其中，在人力资源方面，中央政府及地方政府通过岗位补贴以及其他人力资源优惠政策，帮助社会组织充实人力资源团队、提升人力资源素质。

A. 政府购买基层公共服务岗位

2014 年 6 月 4 日，山西省财政厅发布消息，当年山西省级财政将筹资 1.8 亿元购买 6800 个基层公共服务岗位，吸引大学毕业生到基层就业。每个乡镇、社区开发 1 个公共管理岗位、1 个社会服务岗位，每个岗位财政补助 2.5 万元。山西省政府办公厅发布的《关于政府购买基层公共服务岗位吸纳高校毕业生就业的意见》指出，政府购买的范围为乡（镇）、社区的基层公共管理和社会服务领域，承接主体为具有公益性、非营利性的服务类社会组织、民办非企业单位和基金会。山西省财政厅将政府购买基层公共服务岗位所需资金列入年度预算，按时拨付给承接方。每年末，根据实际聘用人员情况进行结算，对承接方进行绩效考核，并实行与后续政府购买公共服务挂钩。考核合格的，继续支持开展购买服务合作；考核不合格的，取消一定时期内承接政府购买公共服务资格。山西省创业就业促进会已与山西省人社厅签订合同，作为承接方组织招聘和具体管理。促进会将与符合条件的聘用人员签订《高校毕业生基层公共服务岗位劳动合同》，合同期

---

① 《民政部社会组织法立法工作座谈会在重庆召开》，http：//shaanxi. mca. gov. cn/article/mzbyw/201405/20140500640485. shtml。

② 《慈善法出台时间表：成熟法案年底向社会公开》，http：//www. yicai. com/news/2014/05/3792820. html。

限不超过 3 年。[①]

实际上，政府购买岗位以促进大学生就业，帮助充实社会组织人力资源团队早已不是新的政策，上海、广东[②]、深圳都曾经采用过此种政策，但像此次山西政府如此大规模的政府购买岗位，还属首次。

B. 加强人力资源建设

国务院总理李克强 2014 年 6 月 4 日主持召开国务院常务会议，确定进一步简政放权措施促进创业就业。提出为进一步提高人力资源配置效率，在保持资质资格水平不降的前提下，减少部分职业资格许可和认定。先期取消一批准入类专业技术职业资格。今后，凡没有法律法规依据和各地区、各部门自行设置的各类职业资格，不再实施许可和认定。逐步建立由行业协会、学会等社会组织开展水平评价的职业资格制度。[③]

2014 年 5 月，国务院办公厅印发了《关于做好 2014 年全国普通高等学校毕业生就业创业工作的通知》（国办发〔2014〕22 号），明确规定“充分挖掘社会组织吸纳高校毕业生就业潜力，对到省会及省会以下城市的社会团体、基金会、民办非企业单位就业的高校毕业生，所在地的公共就业人才服务机构要协助办理落户手续，在技术职称评定方面享受与国有企事业单位同类人员同等待遇”。此举对社会组织能力建设及人才队伍建设而言，无疑是重大利好。

此次通知与 2013 年通知的不同之处在于，将社会组织明确作为吸纳大学生就业的主体之一，从国务院的层面对社会组织的地位给予充分认可，也是贯彻落实习总书记提出“尽快把党和国家机关、企事业单位、人民团体、社会组织等工作能力提高起来，国家治理体系才能更有效运转”要求的具体体现。社会组织作为国家治理体系“多轮驱动”模式中的重要一环，得到国务院及有关部门充分重视。[④]

除上述资金支持和优惠政策外，国家民间组织管理局还在加紧制定

---

① 《山西：1.8 亿元购买 6800 个公共服务岗位》，http：//www. chinanpo. gov. cn/3500/77593/newsindex. html。

② 《政府拟自掏腰包购买　超 200 个公共服务岗位》，http：//news. ifeng. com/gundong/detail_2011_04/13/5702352_0. shtml。

③ 《逐步建立由行业协会、学会等社会组织开展水平评价的职业资格制度》，http：//www. ceta. com. cn/webceta/hydetail. aspx？ ArcileD = 15142。

④ 《国务院对高校毕业生到社会组织就业落户和职称评定作出重大利好规定》，http：//mjj. mca. gov. cn/article/xzglxw/201405/20140500641512. shtml。

“完善社会组织人才队伍建设政策体系”。为使政策体系更加科学，2014 年 4 月起，国家民间组织管理局开始就“社会组织在人才人事工作的基本情况、面临的主要困难”、“社会组织人才队伍与企业、事业单位人才的区别”、“社会组织在服务经济社会建设中，可在人才人事领域发挥哪些作用，承担哪些职能”、“社会组织专职工作人员职业化，专业化的建议”等问题向社会广泛征集意见。①

除了上述社会组织专门人才方面的政策，政府还加强志愿者工作推进，增加社会组织的人力资源储备。2014 年 2 月 19 日，中央精神文明建设指导委员会印发《关于推进志愿服务制度化的意见》，强调开展志愿服务，是创新社会治理的有效途径，是加强新形势下精神文明建设的有力抓手。2014 年 4 月 29 日，江苏张家港市发布《张家港市志愿者礼遇办法》，规定志愿者年度服务时间 100 小时以上，可享免费体检、旅游年卡、公交年卡、停车年卡等生活“礼遇”。

（2）资金、资产类政策

A. 免税、资金补贴、公募资格

除政府购买岗位及人力资源优惠政策以外，我国政府还通过免税、资金扶持等财政性政策工具促进特定类别的社会组织的发展。

2008 年，《企业所得税法实施条例》规定了对非营利组织的优惠，规定符合条件的非营利组织的收入免征企业所得税，还进一步明确规定了非营利组织的五类收入为免税收入，即接受其他单位或者个人捐赠的收入。该法规条例一直运行至今。2014 年 1 月 29 日，财政部、国家税务总局发出《关于非营利组织免税资格认定管理有关问题的通知》（财税〔2014〕13 号）。与 2009 年两部门发布的《财政部、国家税务总局关于非营利组织免税资格认定管理有关问题的通知》（财税〔2009〕123 号）相比，新通知将“符合条件的非营利组织活动范围主要在中国境内”这一条款删除，取消了对非营利组织活动范围的限制，即在中国境外开展公益慈善项目的组织，如果符合通知其他方面的规定，也可以获得免税资格，扩大了可获取免税资格的非营利组织的范围。近期，社会组织免税政策再一次成为热门讨论的话题，2014 年 7 月 25 日中国社会组织促进会举办的“基金会双月沙龙”将主题设定为“现行社会组织财税政策的思考与建议”。国家民间组织管理

① 《国家民管局就社会组织人才队伍建设征集意见建议》，社会组织动态微信端。

局刘忠祥副局长表示民政部一直在与有关部门积极沟通协调，努力推进完善社会组织税收政策。

在资金扶持方面，自 2007 年起，全国各地例如深圳、上海、东莞、梅州、虎门、北京等地都开始纷纷建立社会组织专项支持资金支持社会组织发展。但直至目前，中央政府仍未开始设立社会组织专项支持资金。

公募资格是未获公募资格社会组织在资金方面的政策障碍，公募权长期被官办基金会和慈善会等垄断，而成为一种稀缺公益资源，目前已有突破。上海、广州等地方政府出台了募捐条例，释放民间组织的公募资格。2013 年，北京新阳光慈善基金会经过两次申请，终于转型公募成功。《深圳经济特区慈善事业促进条例（送审稿）》拟将募捐主体扩展至所有慈善组织，公募基金会和已有公募资格的社会团体可以直接开展募捐活动，其他慈善组织在办理备案手续后也可以开展捐赠活动。

B. 政府购买服务

政府购买服务是政府利用市场化手段，为社会组织提供资金及活动空间的经典方式，在十八届三中全会之前，政府购买服务就已经成为上海、深圳、重庆等地区解决公共服务供给、扶持社会组织发展的重要方式。2013 年 3 月，《国务院机构改革和职能转变方案》出台后，政府购买服务更加成为政府构建“国家治理体系”的重中之重。

2013 年 3 月，国务院办公厅下达《国务院机构改革和职能转变方案》，要求加大政府购买服务力度。

2013 年 9 月，国务院办公厅印发《关于政府向社会力量购买服务的指导意见》，明确了社会组织承接政府转移职能的重要主体地位，提出到 2020 年要建立比较完善的政府向社会力量购买服务体系。

2014 年初，在大规模政府购买服务项目兴起时，为规范政府购买服务的财务管理工作，指导相关部门做好政府购买服务相关工作，财政部专门制定下发了《中央财政支持社会组织参与社会服务项目财务管理指引》。

随即，相应的全国各地政府都开始制定政府向社会组织购买服务政策并执行。在此，我们选取北京市、北京市海淀区中关村示范区、成都、重庆以及云南为例。

2013 年 11 月，北京市海淀区中关村示范区出台《中关村国家自主创新示范区社会组织发展支持资金管理办法》，资金主要支持为中关村示范区社会组织提供公共服务、发挥桥梁纽带作用并处于业务龙头地位的社会组织开展工作。①

2014 年 2 月，重庆市制订并下发《2014 年重庆市支持社会组织参与社会服务项目实施方案》，并组织重庆市社会组织参与社会服务项目申报。②

2014 年，为激发社会组织活力，充分发挥社会组织参与社会治理和公共事务的积极作用，成都市财政今年首次设立培育发展社会组织专项资金 2000 万元，用于扶持社会组织建设发展。此次专项资金将按照“分类扶持、公开透明、绩效导向”的原则，采取项目实施的方式，重点培育行业协会商会类、科技类、公益慈善类、城乡社区服务四类社会组织，特别是对于社会公共服务、社会公益服务类、社会福利类及慈善服务类、社区便民服务类、社会治理服务类和社会治理决策咨询服务类等服务项目，将以一次性补助或项目扶持的方式，予以重点扶持，从而着重打造一批在特定领域发挥独特作用、具有典型示范作用和良好社会公信力的社会组织。③

2014 年 5 月 7 日北京市委常委会审议通过的《北京市关于政府向社会力量购买服务的实施意见》，北京市积极推动购买服务项目申报工作，目前正在梳理 2014 年部门预算中可以通过政府购买服务方式执行的项目，并确定一批社会影响力大、具有示范性和带动性、市场机制成熟的项目予以重点推进。北京市还明确，到 2017 年建立比较完善的政府购买服务制度，形成与北京市经济社会发展水平相适应、高效合理的公共服务资源配置体系和供给体系，提前三年完成中央提出的任务目标。

2014 年 5 月，云南省财政厅、省民政厅开始就拟订的《云南省政府购买社会工作服务实施办法（征求意见稿）》（以下简称《办法征求意见稿》）广泛征求民意。根据该省的规划，为城市流动人口提供生活扶助、就业援助，帮助农村留守儿童、妇女和老人缓解生活困难，为老年人和残疾人提供生活照料、精神慰藉、代际沟通……这一系列社会工作专业服务将通过政府购买的方式实现。④

---

① 《中关村国家自主创新示范区社会组织发展支持资金管理办法》，http://www.parkchina.org/templates/T_Second_qy/index.aspx? nodeid=80&page=ContentPage&contentid=1020。

② 《2014 年重庆市支持社会组织参与社会服务项目实施方案》，http://jmz.cq.gov.cn/main/mzj/zwgk/mzgw/1_8561/default.shtml。

③ 《成都市设立培育发展社会组织专项资金》，http://www.cdmzj.gov.cn/cdmzj/xxgk/gzdt/8a3e56b6461c6c5f01466489aebf00b4.html。

④ 《云南计划购买八类社会工作服务》，http://www.charity.gov.cn/fsm/sites/newmain/preview1.jsp? ColumnID=273&TID=20140514090909009299999。

以上仅仅罗列了部分地方政府所制定的政府购买服务，为社会组织提供资金支持的政策。目前，在中央政府政策的指导下，政府通过购买社会组织服务，从而发挥社会组织在公共服务提供等方面的作用，为社会组织提供发展资金和活动经费，拓宽社会组织的活动空间的政策已经在全国范围内普及开来。例如，2012 年广州市本级政府向社会组织购买服务共计支出 29319.3 万元，涉及 254 个项目，平均每个项目获得资金 115.4 万元。其中项目金额在 100 万元以上的共 17 个，单个项目最高支出金额为 12810 万元（政府委托社工服务项目的组织实施），最低的为 9500 元（展览活动组展设计和实施）。2013 年广州市本级政府向社会组织购买服务共安排资金额度上浮至 36129 万元，共 260 个项目，平均每个项目获得资金额为 138.96 万元。其中金额超过 100 万元以上的项目共 24 个，单个项目最高支出金额为 14450 万元（政府委托社工服务项目的组织实施），最低的为 5000 元（重大事项的第三方监督）。

政府购买服务不仅规模在扩大，政府购买服务还有两大特点不容忽视。第一，政府购买服务领域的限定。仔细阅读上述中央及各地方政府出台的有关政府购买的政策，我们即可发现无论是中央政府还是地方政府都对政府购买服务的领域进行了严格的限定，例如成都市将领域限定在“社会公共服务、社会公益服务类、社会福利类及慈善服务类、社区便民服务类、社会治理服务类和社会治理决策咨询服务类等服务项目”；云南省将领域限定在“城市流动人口提供生活扶助、就业援助，帮助农村留守儿童、妇女和老人缓解生活困难，为老年人和残疾人提供生活照料、精神慰藉、代际沟通……这一系列社会工作专业服务”。第二，政府对合作对象的限定。以北京市为例，为方便政府购买服务资金的管理，北京市政府首先规定只有经民政部门注册的、信誉良好的社会组织才能参与政府购买服务。除此之外，北京市政府在政府购买服务的执行方面，还充分发挥了“枢纽型组织”的功能。截至 7 月 28 日，北京共认定了市级社会组织 36 家，在部分政府购买服务工作中，北京市会选择通过枢纽型组织与社会组织合作以便于与资金和社会组织的管理。①

C. 推进股权捐赠、慈善信托试点

2014 年 10 月 29 日，国务院总理李克强召开国务院常务会议，确定发

① 资料来源：笔者在北京市社会建设工作办公室的实地调研。

展慈善事业措施，汇聚更多爱心扶贫济困。一要落实和完善公益性捐赠减免税政策，推出更多鼓励慈善的措施。以扶贫济困为重点，引导公众捐款捐物、开展志愿服务，推进股权捐赠、慈善信托等试点。

2014年1月20日，民政部和全国工商联印发《关于鼓励支持民营企业积极投身公益慈善事业的意见》，强调鼓励支持民营企业通过捐赠资金、产权、物资和服务等方式参与公益慈善事业，鼓励民营企业通过开展社会捐赠、与慈善组织合作、设立慈善组织等方式支持参与公益慈善事业，要求各级民政部门和工商联组织引导民营企业参与公益慈善事业应本着自觉自愿、合法合规、诚信公正等原则，同时支持民营企业依法设立公益慈善组织、协助落实优惠政策。

D. 资产所有权的明确

除通常使用的免税、资金补贴、政府购买服务方式外，部分地方政府还通过“资产所有权的明确”的方式降低社会资本进入社会组织的壁垒，吸引更多的社会资本进入社会组织。

温州市出台的《关于加快推进社会组织培育发展的意见1+7》文件明确指出：“对登记为民办非企业单位的学校、医疗机构、养老机构，明确出资财产属出资人所有；投入满5年后，在保证不撤资、不影响法人财产稳定的前提下，出资人产（股）权份额经单位决策机构和行业主管部门同意，可以转让、继承、赠与；在扣除举办成本、预留单位发展基金以及提取其他有关费用后，尚有结余的，允许出资人取得一定的合理回报。”

（3）专业能力类政策

除上述作用于人力资源、资金等资源的社会组织管理政策外，政府还制定了通过作用于社会组织的专业能力的政策。民政部一方面大力开展理论研究和经验总结工作，一方面设立“社会组织参与社会服务项目人员培训示范项目”。该项目目标为“通过社会组织能力建设项目，向社会组织负责人和业务工作人员，宣传党和政府的政策，普及社会组织法规政策，引导和团结社会组织围绕党和国家工作中心，参与社会服务，履行社会责任，发挥积极作用”；培训对象为社会组织负责人和业务工作人员；培训课程包括社会组织管理制度改革；社会组织政策法规体系；社会组织登记制度；社会组织管理制度；社会组织行政执法制度；政府向社会组织购买服务制度；社会组织人才队伍建设；社会组织党的建设等。培训由民政部提供资金，由民政部合作的承办单位提供培训课程。①

目前，“社会组织参与社会服务项目人员培训示范项目”已经启动，根据网络信息，项目已经在天津、甘肃、安徽等地进行了5次不同主题的示范培训。

除能力建设外，我国中央及各级政府仍采用“孵化”的方式引导社会组织的发展，但政府在“孵化”这一政策工具的利用方面，相较以前，十八届三中全会后并未发展大的变化，因此本文不再赘述。

三　社会组织管理政策解析

本文第二部分在已建立的社会组织分类框架的基础上，对十八届三中全会以来中央以及各地方政府出台的各类社会组织管理政策进行了梳理，下面将从十八届三中全会以来社会组织管理政策中归纳出其背后的重要趋势和规律，特别是政策原则以及政策对作用对象——社会组织——所产生的影响。

1. 原则

（1）政府仍然是社会组织命运的主导者

尽管十八届三中全会提出了“国家治理体系”这一概念，并开始全面着手构建“国家治理体系”，但“国家治理体系”中的“治理”并不同于西方的“治理”概念，我国的治理仍是以“党委领导、政府负责”为前提。这也意味着，尽管政府已经开始理性看待社会组织的作用和价值，并允许社会组织作为一股新生力量成为“国家治理体系”中的重要组成部分，但社会组织与政府的关系并没有走向平等合作的伙伴关系。

综观上述政策，哪些社会组织可以直接登记注册、何时可以直接登记注册，哪些社会组织可以参与社会建设和国家治理，在哪个领域内参与社会建设和国家治理均由政府决定。政府根据自身的需要，通过颁布法规（例如直接登记注册）、制定激励政策（例如政府购买服务）等方式或强制、

① 《2014年中央财政支持社会组织参与社会服务项目人员培训示范项目管理办法》，http://www.chinanpo.gov.cn/showsfxmBulltetin.do?netTypeId=1&websitId=100&id=72134&dictionid=4500。

或引导社会组织根据自己的需求活动和发展。社会组织作为政府的一类有力工具在社会建设和国家治理中活跃着。

(2) 仍然采用“分类管理”原则

康晓光、韩恒 2005 年在《分类控制：当前中国大陆国家与社会关系研究》一文中指出：“对权威主义政府而言，社会组织具有‘双重属性’：一方面，它是一种挑战力量，因为社会组织是最有力的集体行动的载体之一；另一方面，它又是一种辅助力量，因为社会组织可以为社会提供公共物品，而这也正是政府应尽的职责。同时，不同的社会组织应对政府权威的能力不同，而且为社会提供的公共物品也不同。所以，一个追求自身利益最大化的政府，必然会根据各类社会组织的挑战能力和提供公共物品的种类对它们实施不同的管理方式。”①

政府对社会组织的实际监管力度并未放松。民政部部长李立国在接受采访时明确表示：“取消双重管理体制，不仅不放弃而且还要加强政府的监管责任和能力。”② 且从十八届三中全会以来的社会组织管理政策可以看出，政府也并不是全面取消双重管理体制，全面放开活动领域，而是有理性、有选择地支持部分社会组织发展，挤压部分社会组织的活动空间。

从具体的政策内容中，我们可以发现“分类控制”的原则已经体现在登记、政府购买、政府转移职能、能力培训等各类政策中。

第一，直接登记政策仅仅适用于商会类、科技类、公益慈善类、城乡社区服务类等四类社会组织。而对于其他类的社会组织和在华境外非政府组织的管理，政府非但没有放松，反而要继续加强，并引导它们依法开展活动。各个地方政府在各自的管理区域制定直接登记详细执行办法时，也对可直接登记社会组织范围进行了精确界定，对四类组织的定义进行了具体描述。

第二，在政府购买社会组织人力资源岗位方面，“分类”原则也有体现。2014 年公布的山西省财政厅购买社会组织岗位办法明确规定资金仅仅用于购买公益性、非营利性的服务类社会组织、民办非企业单位和基金会中的基层的公共管理岗位和社会服务岗位，对其他岗位不予支持。可见，

① 康晓光、韩恒：《分类控制：当前中国大陆国家与社会关系研究》，《社会学研究》2005 年第 6 期。

② 《广州“非法组织”风波》，财新《新世纪》2014 年第 43 期，2014 年 11 月 10 日，http://chuansongme.com/n/886902。

政府在对社会组织的资金支持方面，也是具有选择性的。

第三，在政府简政放权，充分发挥社会组织作用大原则的指导下，政府购买服务逐渐在全国范围内普及。仔细分析各地方政府出台的政府购买社会组织服务政策，可以发现每个地方政府的政策都明确规定了政府购买服务的类别和范围，例如，成都市明确指出“分类扶持”是社会组织扶持资金使用的首要原则。成都市的社会组织扶持资金重点培育行业协会商会类、科技类、公益慈善类、城乡社区服务四类社会组织，特别是对于社会公共服务、社会公益服务类、社会福利类及慈善服务类、社区便民服务类、社会治理服务类和社会治理决策咨询服务类等服务项目。

第四，政府职能转移更加体现了“分类”原则。转移哪些职能，选择哪些机构承接这些职能，都是政府在职能转移，拓宽社会组织活动空间时需要考虑的重要问题。根据目前本文搜集到的信息，政府转移的职能更多集中于社会服务领域，例如医疗、扶贫、气象服务等。

综上所述，在社会组织活动范围扩大，社会资本进入社会组织成本减低的背后，政府对社会组织监管一如既往地重视，以及“分类”原则在管理政策中的体现。然而，在政策执行过程中，中国政府拥有最大程度的自由决策权，很多时候中国政府手中还握着未被写进政策之内的隐形原则，正如现实中，即使是政策中包含的四类社会组织的登记注册过程绝不会像政策文本中那样清晰简单。

2. 对社会组织的影响

（1）四类社会组织活动空间扩大，可利用资源增多

政府赋予社会组织在部分领域不可或缺的地位和资源。社会组织作为新的社会成员，已经成为中国社会一股不可忽视的力量。截至 2014 年 6 月，全国共有社会组织 56.1 个，其中社会团体 29.4 万个，基金会 3736 个，民办非企业单位 26.4 个。① 正如民政部民间组织管理局局长孙伟林所说，我国已经形成了遍布城乡、门类齐全、覆盖经济社会生活各个领域的社会组织体系。②

伴随着社会组织力量的壮大，政府不再能够回避社会组织这一新生的

---

① 数据来源：民政部门户网站。

② 孙伟林：《深入学习贯彻十七大精神——推动社会组织建设和管理工作稳步前进》。

社会主体，只能选择积极的、理性的对待社会组织，给予其在社会建设和国家治理中的地位和角色。十六字方针“党委领导、政府负责、社会协同、公众参与”和国家治理体系大格局都决定了社会组织在社会中的地位和角色逐渐明确。“国家治理体系”和《国务院机构改革和职能转变方案》都将社会组织定位为“国家治理体系和治理能力现代化的有机组成部分，社会治理的重要主体和依托”；国务院办公厅印发《关于政府向社会力量购买服务的指导意见》，明确了社会组织承接政府转移职能的重要主体地位，提出到2020年要建立比较完善的政府向社会力量购买服务体系。2014年2月14日，湖南省委办公厅、省政府办公厅联合下发《关于加强和创新社会组织建设与管理的意见》，其中明文规定，“将社会组织培育发展和规范管理列入各级党委、政府社会建设绩效考核内容”。

政府职能的转变，伴随着中央政府政策的出台，国家各职能部门以及各个地方政府纷纷在日常工作以及区域治理中引入社会组织的力量，主要的方式为政府购买社会组织服务，使得社会组织拥有更多的发挥作用的空间，在行业管理和协调，公共事业与服务，如气象、医疗、扶贫，基层社区治理等领域社会组织正在成为社会不可缺少的力量。例如社会组织在基层社区治理领域的不可或缺使得国家放开了社区服务类社会组织的登记注册；政协在民主协商中引入社会组织力量；气象部门建立政府购买公共气象服务机制，组织引导社会资源和力量开展公共气象服务；新的医疗改革方案优先支持社会资本举办非营利性医疗机构，努力形成以非营利性医疗机构为主体、营利性医疗机构为补充的社会办医体系……

如此，一方面社会组织可以结合自身的活动领域和优势参与到承接政府转移职能的工作中，从而扩宽组织的活动范围；另一方面通过参加政府购买项目，社会组织获得的资金支持同样有助于自身的发展和专业能力的提升，自身竞争力的增加也有助于社会组织扩展活动范围，扩大活动量。

除通过简政放权扩大社会组织的活动空间外，社会组织可以利用的资源也不断增多。除政府方面通过资金补贴、人力资源补贴等方式为社会组织提供必要的资源外，一些地方政府还制定相关政策吸引社会资源进入社会组织，例如上文提到的温州市出台的《关于加快推进社会组织培育发展的意见1+7》文件。

然而，值得注意的是社会组织在上述部分领域不可或缺是政府职能转移的结果，一切都在政府的规划之中，因此部分社会组织功能的不可或缺并不意味着社会组织整体活动空间的扩大。我们可以看到活动空间的扩大、可利用资源的增多仅仅局限在四类社会组织，四类社会组织之外的社会组织的活动空间是否扩大并不明朗，甚至有所收紧。

（2）激发草根组织活力不足

我国社会组织活力不足主要体现在草根组织身上，而非财大气粗的官办组织身上。草根组织活力不足的原因主要是资源匮乏：运作资金的匮乏、人力资源的匮乏和运营项目的匮乏等。其中，运作资金的匮乏可谓草根组织难以发展壮大的第一难题。从国际上来看社会组织的运作资金来源主要是三大块：提供服务的收费、政府财政投入和慈善捐赠。提供服务的收费取决于有一个好的项目（当然，不少公益慈善类的社会组织提供的是免费服务，其资金来源更严重依赖于财政投入与慈善捐赠）；政府的财政投入则以政府购买公共服务或政府直接定向资助的方式给予；慈善捐款则是广泛地来源于企业和民众。因此，相应的，政府能够采取的激发社会组织活力的做法在于：（1）增加社会组织能够参与的服务项目，让渡自身权力为社会组织提供资源保障；（2）增加对社会组织的财政投入及投入方式；和（3）提振企业界和社会公众的捐赠热情。

对照上述三个方面来说，首先我们可以看出，尽管不少地方政府及职能部门在2014年明确提出了政府购买公共服务的预算和任务，但是对于草根组织的政策倾斜并不明显。如何让草根组织、官办组织和有能力从事相应服务提供的事业单位共同参与服务项目的竞争，使各类社会组织获得平等参与的机会仍旧没有答案。

其次，政府对于草根组织的财政投入结构性不足，政府的主要财政拨款均投向社会公共服务、社会公益服务类、社会福利类及慈善服务类、社区便民服务类、社会治理服务类和社会治理决策咨询服务类等扶贫济困类社会组织，而大量的初创期的其他类别草根组织，如环保组织、人权组织等并没有得到财政支持。

最后，提振企业界和社会公众的捐赠热情不仅仅是文化的问题。在西方国家，人们的捐赠热情受宗教影响，但是也有可获税收减免的考虑。以税法这一调节手段促使人们愿意将一部分收入捐赠至社会组织中，对于社会组织的发展和其社会关注度都是非常重要的。然而当前捐赠人要获得免税，所需履行的程序复杂，获得的相关规定的模糊，社会组织公益性捐赠税前扣除资格的获取的困难使得真正享受税收减免并非易事。①

(3) 促使社会组织专业、合规运营和问责

近年来社会组织频频遭遇公信力危机，如“郭美美”事件、“卢美美”事件、河南省宋庆龄基金会事件等在社会上引起了轩然大波，集中暴露了社会组织的公益性问题，很大程度上消解了正在建立但还非常脆弱的社会信任，社会组织专业、合规运营和问责日益引发社会广泛关注，也引发了社会对政府监管社会组织能力的质疑。同时，随着直接注册制的实施，社会组织的数量不断攀升，但日常活动疏于管理，政府对社会组织的监督管理日益提上议事日程。健全监管体制，使之有一个宽松活跃而又有序规范的发展环境，也是社会组织的热切期盼。在此背景下，政府逐渐完善健全我国的社会组织监督体制机制，促使社会组织专业、合规运营和问责显得尤为必要。

在社会组织专业性方面，政府出台了系列社会组织人力资源激励政策，包括通过岗位补贴以及其他人力资源优惠政策，帮助社会组织充实人力资源团队，提升人力资源素质，并“社会组织参与社会服务项目人员培训示范项目”，开展“孵化”培育社会组织工作等。

在合规运营方面，政府出台了一些政策，从健全社会组织民主机制、加强社会组织财务管理、规范社会组织商业行为、实行社会组织信息公开制度、重大活动开展等方面提出具体要求，如 2014 年 11 月 6 日，民政部、财政部出台《关于加强社会组织反腐倡廉工作的意见》，2014 年 2 月 11 日前，青海省民政厅出台《青海省社会组织行为规范和活动准则》，要求社会组织在举办大型论坛、研讨或能力培训、开展涉外项目合作与交流、面向社会开展评比表彰、达标等活动时须事前报经相关部门审核批准。另外，涉及社会组织的三个重要行政法规《社会团体登记管理条例》、《民办非企业单位登记管理暂行条例》以及《基金会管理条例》已列入 2013 年国务院立法计划②，法规修订出台后将把社会组织的资金、活动、行为都纳入监管之中。

在问责方面，政府从促进社会组织活动的公开透明，增强行业自律，增强透明度和公信力入手，加强了信息平台建设，把民政部门实行的登记、

---

① http：//hn. rednet. cn/c/2014/07/09/3399166. htm.

② http：//epaper. jinghua. cn/html/2014 –01/13/content_55819. htm.

年度检查、执法、评估的情况和社会各方面对社会组织的反映、评价及时反映在信息平台上，以利于加强社会监督、舆论监督，共同促进社会组织健康有序发展，发挥积极作用。

(4) 官办社会组织“去行政化”进展不明

十八大报告在论及“社会建设”时，有这样一段话：“加快形成政社分开、权责明确、依法自治的现代社会组织体制。”十八届三中全会中同样提到“正确处理政府和社会关系，加快实施政社分开，推进社会组织明确权责、依法自治、发挥作用”。党的最高纲领性文件反复提及“政社分开”，主要影响对象是官办社会组织、事业单位改革中转型的社会组织等。“去行政化”其实是社会组织改革“最难啃的骨头”之一，尤其是一些带有“中字头”的社会组织，它们更像是政府机构的延伸，往往具有强烈的行政化色彩，因而也被称为“二政府”。这些“二政府”其实与政府部门就是一套人马两块牌子，对外说是社会组织，对内就是政府部门的一个科室。这些官办组织在体制内，是造成“政社不分”的根本原因，也使得整个社会组织领域缺乏发展的动力与活力。

2014 年 8 月 27 日，十二届全国人大常委会第十次会议第二次全体会议上，国务委员兼国务院秘书长杨晶作了国务院关于深化行政审批制度改革加快政府职能转变工作情况的报告。报告特别指出，将加快培育规范社会组织，推进行业协会商会与行政机关脱钩，探索一业多会，着力去除行政化。但是，行业协会商会与政府部门脱钩全国范围内方案至今仍未正式出台，地方对此也仅是进行脱钩试点，全国范围内大规模行业协会商会与政府部门脱钩仍然不确定具体时间。

而从现有政策来看，除了行业协会之外的官办组织及事业单位转型的社会组织的“去行政化”也遥遥无期。而慈善会、红十字会等官办社会组织仍被政府予以高度信任和支持。例如，2014 年 11 月 4 日，国务院印发《国务院关于支持鲁甸地震灾后恢复重建政策措施的意见》，其中指出各类捐赠资金要统一纳入灾后恢复重建规划，由云南省统筹安排用于灾后恢复重建。引导红十字会和慈善会等公益性社会团体将所接受的捐赠资金认建或承建重建规划内项目。

(5) 仍然严控在华境外非政府组织

中国政府一直严控在华境外非政府组织，在当前政治环境下仍然是如此。除了在各级政策上反复强调，在实际政府行动中政策被贯彻执行。如

《参考消息》2014年6月24日援引外媒报道：外媒称，据悉中国已经指示地方政府，对有境外援助背景的非政府组织（NGO）在中国的活动情况进行调查。日本《朝日新闻》6月23日报道，山西省运城市垣曲县长直乡的有关部门已经发出通知，根据中央指示，在2014年4月至7月间对有境外资金和人员援助背景的NGO进行摸底调查。据中国媒体报道，安徽、福建、山东、广东等地的一些地方政府也发出了同样的通知。报道称，一些被视为对国家安全构成威胁的NGO貌似已经被取缔。

有学者认为，在工作层面上，我们应进一步加强和深化对境外非政府组织在华活动的调查工作，全面掌握境外非政府组织在华活动的基本情况。要本着“区别对待、依法管理”的原则做好对境外非政府组织的调查和管理。既要保护正当交往与合作，又要坚决抵制和防范境外非政府组织以各种方式对我国进行渗透与破坏。对那些真正从事对华友好的组织，应给予必要的支持；对那些政治上危害严重的组织，要坚决依法予以取缔和打击，而对那些既有利又有弊的，则要加强监管，为我所用。①

在中国，政府对社会组织的管理政策在很大程度上决定了社会组织生存发展的外部环境的优劣。

无论政府制定社会组织管理政策的出发点如何，无论“分类”原则如何深入渗透在社会组织管理政策体系中，无论政府如何精细化地对社会组织进行分类控制，不容置疑的是，相较于之前，部分社会组织的注册门槛逐渐降低，社会组织的活动范围不断扩大，社会组织可获得的资源逐步增多，社会组织的功能愈加受到关注，在社会中的地位逐步提升。上述判断成立的前提是本文所搜集的政府公布的社会组织管理政策能够得到良好的执行。在政府简政放权的背景下，社会组织应当抓住发展机遇，有效利用政府的优惠政策，获得更多资源和机会，最大限度地发挥自身价值。除了通过倡导等方式影响政府制定政策的过程，推动已有的社会组织管理政策得到有效执行也是社会组织应当努力的方向。

总而言之，十八届三中全会中“国家治理体系”的提出切实为社会组织提供了宝贵的发展机遇，如何知己知彼，制定发展战略，赢得新一轮的成长是社会组织亟须思考的问题。

---

① 王存奎：《辩证看待境外非政府组织》，《中国社会科学报》2014年5月14日第595期。

手机 APP 改变中国公益

互联网浪潮方兴未艾，另一场以智能手机及智能手机中的 APP 为代表的移动互联网革命之火已成燎原之势，手机 APP 改变这个世界的同时，也在改变着中国的公益。

APP 是英文 Application 的简称，由于智能手机的流行，APP 多指智能手机的第三方应用程序，可以满足人们咨询、购物、社交、娱乐、搜索等一系列需求。2008 年 7 月，苹果公司创始人乔布斯宣布 App Store 正式上线，打破原来的纯封闭模式，向第三方开发者敞开一扇半掩的大门，通过集成优质 APP，推出 App Store。如今 APP 已经渗透到人们生活的方方面面：打电话不用拨号，用微信可直接语音对讲，还没有通话费，流量费也极低；手机社交也变了，不只是用 QQ、微博；饭店、加油站、银行、便利店秒秒钟就能找到；阅读变得很容易；打车也异常方便；随时随地可进行购物、支付；水果忍者、会说话的 TOM 猫，短时间内能聚起大量用户……随着智能手机的普及，手机 APP 呈爆发式增长，以苹果手机的 App Store 为例，苹果公司于 2008 年推出 App Store，最初只有不到 500 个 APP 应用，但在随后的三年时间里，这个数字增长到 500000，累计下载次数高达 15 亿次，而该数字仍在以几何级数增长着。目前比较著名的 App 营运平台有苹果的 App Store，谷歌的 Google Play，诺基亚的 Ovi Store，微软的 Windows Store，黑莓的 App World 等。人们称，APP 时代的到来正在改变一切。传媒学者麦克卢汉曾说："在这个世界里，空间和时间的差异在电视、喷气飞机和电脑的作用下已经不复存在。这是一个同步的、'瞬息传播'的世界，一个完全重新部落化的深度卷入的世界。此间的一切东西都像置身于电力场中一样互相共鸣在这个世界上。"移动互联网是互联网的延伸，APP 的兴起让这种深度卷入更加彻底、碎片化，每个人的思维、行为方式都随之发生巨变。据通信世界网讯（CWW）全球技术研究和咨询公司 Gartner 最新调查报告显示，中国手机用户总数在 2013 年首次超过 10 亿。Gartner 分析师预测，2014 年，中国市场上将销售 4.435 亿部手机，而使用中的手机将超过 10.75 亿部。[①] 这意味着智能手机和 ipad 等移动终端设备在人群中普及，人们逐渐习惯使用 APP，甚至依赖 APP。

“得移动互联网者得天下”、“APP 是移动互联网时代的入场券”成为商业圈中的共识，对中国公益来说，APP 的重要性更是如此。随着社会生活的发展变化，人们的思维和行为模式不断变化，公益也随之发生变化。公益组织、企业和公众在参与公益时有意无意地开发、运用了各类 APP，遍及公益领域的各个方面。较早可追溯到 2008 年“5.12 汶川地震”，不仅网络捐赠进入“爆发期”，使至今超过 5 亿人次的网民参与网络捐赠，更让上亿用户在“5.12 汶川地震”这一突发重大社会公共事件的报道中通过博客、论坛、QQ、贴吧和新闻点评等上传和传播灾区最新报道，有文字、数字、图片和视频。一时间，透过央视直播看现场，互联网在线参与讨论成为一种景观。互联网和移动互联网特有的瞬时传播和深度卷入，很快在网上产生了巨大的场效应。这些都深刻地凸显了移动互联时代 APP 的特点。APP 的公益用途使得整个公益领域向移动互联网靠拢，各类具有公益功能的 APP 使普通人在任何时间、任何地点置身公益，新的公益思维、公益前景对传统公益产生了颠覆性的影响。

一 APP 的多重公益用途

形式上，APP 可分为游戏和工具两大类。游戏类 APP 侧重为用户提供游戏服务，工具类 APP 侧重为用户提供咨询、信息、社交等服务。从公益机构的日常运作来说，APP 在公益领域的用途可分为五大方面。

1. 筹资

APP 使被动的捐赠者成为主动的参与者。APP 出现之前，公益组织既是

---

① http://news.zol.com.cn/article/251688.html.

筹资活动的主要设计者，也是主要执行者，被筹资的对象——企业和公众相对被动地参与捐赠。而在 APP 上，企业和公众参与筹资的角色多样化，他们可以单纯作为捐赠者，也可以成为主动的参与者，甚至是设计者和执行者，参与、组织筹资活动的门槛大大降低，微公益迅速发展起来。例如，个人可以在社交类 APP 上为某个公益项目或公益目的进行募款，也可以在购物类 APP 上售卖“虚拟物品”进行募款。2011 年 4 月，邓飞等 500 多名记者和国内数十家媒体联合中国社会福利基金会在微博上发起“免费午餐”行动，倡议人们每天捐赠 3 元为贫困地区学童提供免费午餐，帮助因家庭贫困而没有钱享受营养午餐的学生，同时呼吁更多爱心企业和人士加入到活动中，通过社会捐助的力量，对一些贫困山区学校简陋的厨房条件予以改善。项目正是借助了微博传播、淘宝上售卖虚拟产品“3 元钱的免费午餐”的便利，进行倡议与募捐。这将以前绝不可能的事情变成了现实，仅 2012 年 1 月 1 日 ~12 月 31 日，免费午餐基金收入总额就达25 438 705. 59元人民币。

APP 为公益领域提供了极为便捷的筹资渠道，任何人随时随地可进行一键式捐赠。过去，公众捐款的方式单一，或者将捐款放入“捐款箱”，或者去银行或邮局汇款转账，需要时间，需要特殊场所，甚至还有可能遇上排队等堵心事，即便是较为方便的网上转账也并非人人都会。而许多具备支付功能的手机 APP 除了保有上述捐赠渠道外，还增加了便捷的“一键式”按钮，支持公益捐赠。只要公众对公益项目感兴趣，实现捐赠是随时随地的事情，轻松、易行。例如，支付宝钱包多年的信誉及快捷的操作体验早已使其成为用户网络购物的主流支付平台，用户仅需通过支付宝账号登录支付宝钱包，安装对应的爱心捐助功能，即可对感兴趣的项目实现一键式捐款，如果支付宝中有足够的捐款金额，则 APP 会弹出捐款成功的选项，用户也可以通过支付宝查看及关注善款到账及使用情况。微信、微博、微善 APP 等都有类似的筹资、捐赠功能。在“微博救助鲁若晴”事件中，微博 APP 产生了重大影响。1989 年出生的山东青岛人鲁若晴，身患白血病，患病期间坚持通过微博记录自己的点滴心情，积极求生。因其微博被@ 作业本支持并转发，引起众多名人关注。前期有网友质疑是团队炒作，后经媒体证实确有其人其事被广大网友熟知。2012 年 5 月 20 日，@ 西藏昌都人韩红发布微博号召网友说出“@ 鲁若晴，我爱你。为她加油打气”。知名微博@ 急诊科女超人于莺、@ 作业本、@ 黄渤、@ 黄奕、@ 杨紫等人均转发此微博并鼓励，@ 范玮琪及@ 黑人陈建州更录制视频为她加油。鲁若晴从发出求救信息后的 24 个小时之内得到了 8 万多微博网友的支持，并迅速募集到善款。从信息的传播到最后演变成由众多参与者加入的公益行动，每个参与者通过微博用户的互动，随手转发，最后为鲁若晴筹得善款。

APP 使筹资方式多种多样，增加了捐赠者的体验感和选择余地，并使捐赠过程变得轻松、有趣、低成本。APP 展现的筹资方式层出不穷。有的 APP 展示项目详情打动捐赠者从而获得捐赠；有的 APP 通过鼓励捐赠者参与游戏进行捐赠；有的 APP 鼓励捐赠者运动而进行捐赠。例如，免费午餐在微博上通过图片和文字展现行动的意义和价值进而打动捐赠者行动起来。免费午餐项目传播有一张黑白图片，小朋友吃到了免费午餐，纯洁地笑着，图片下配有这样一段文字"湖南横拉坪小学的学生吃上了第一顿免费午餐"，将图片和文字所具有的震撼力表现得淋漓尽致。项目把孩子面临饥饿困境的图片传出来，迅速地引起大家的共鸣。微信通过"爱心捐赠"，参与者可选择自己喜爱的公益项目，进行捐赠。

除了上述吸引捐赠者直接捐赠的方式外，参与者通过活动转发或者关注，获得"积分"、"米"、"步"等虚拟"收入"，企业按照一定比例兑换企业捐赠的方式越来越多，简单捐赠变成了深度参与，捐赠者的选择余地也很大。例如，在新公益 APP、微博等平台上，参与者可选择自己喜爱的公益项目，只要爱心转发一次就可以获得相应的企业捐赠资金，并为相应的公益项目筹得资金。此时，公众只需参与活动，甚至不用捐赠，而由企业捐赠。例如，"米公益"APP 邀请参与者参与简单的"米有氧"、"米伸展"、"米扭扭"游戏，完成 APP 规定的健康任务，积累虚拟"大米"，最后选择感兴趣的公益活动，将"大米"兑换成企业买单的真实物资捐给米公益的合作公益组织。让公众在简单有趣的应用中，碎片化的时间与健康行为结合，既有利于用户身心健康，又降低公益成本帮助他人，积小善而为大善。而行善 APP 能够记录参与者的活动路程，只要走到 1000 步以上，就可以将自己的 1000 步转化为企业捐赠的 1 元，捐给感兴趣的公益项目。

行善 APP

行善 APP 由爱盟公益开发，核心是"让走路也成为行善"，让普通人在上下班、约会、逛街的过程中积累"公益步伐"。该款 APP 锁定的用户是喜欢散步、旅行的人。用户每走一步，它就会为此附上公益价值。行善 APP

主要分为“行”、“善”、“能量圈”、“团队”和“排行”五大模块。

“行”和“善”是行善APP的核心模块，用户只要打开手机软件，随身携带手机行走就可以在“行”模块中累计“正能量”点数，积攒超过1000点，“正能量”就可以在“善”模块中以“虚拟的”1000点=“真实的”1元的比例，兑换捐赠金额并选择自己认可的公益项目进行捐赠，该兑换捐赠将由爱心企业对应买单。在“善”模块中，用户捐赠完成后还可以实时追踪公益项目进展，也可以进行直接现金捐赠。日常生活中，人们每天行走约在2000步至6000步，喜欢运动的人会有更多积累，这样平均一天基本可以捐赠3元钱。对公众来说，这是一种贴近生活的公益方式，人每天都在揣着手机走路，“行善”只是给最平常不过的“走路”添加了附加值，这种附加值由企业买单。参与者可以在“善”中查看自己的捐赠证书，查看捐赠排行，了解最新资讯和行善有礼公示，让自己的爱心明澈可见。

有三个模块对用户的“行善”行为进行激励。“能力圈”模块类似微信朋友圈，用户可以在此分享自己的行善心情和记录，其他用户可以对所发布的记录进行评论或点赞，加强了参与者之间的互动与交流；“团队”模块让用户的个人行动成为集体行动，用户行动更有凝聚力和竞争性，“排行”模块既可以看到个人排名，也可以看到团队排名。

设置“一步一xx”的乘法。公益组织可以宣传推广组织或项目获得捐款，如大爱清尘以“一步一呼吸”为主题将公益项目推介出来，得到了众多支持。“免费午餐”、“同心互惠”、“爱心衣橱”、“幸福厨房”等多个项目也先后加入。相较于企业直接捐款给公益组织，“行善”的方式为企业增加了宣传效应，也更便于公众亲自参与和监督公益活动。该APP还将公益组织、企业和公众，甚至政府多方资源整合在一起，如《东南商报》联合镇海人口计生局发起“一步一魔法”，内容为“您走20000步，我们将为镇海的务工妈妈筹一个健康魔盒，提升外来务工妈妈对自身健康的关注，并树立正确的健康理念”。此行善活动获得了当地百姓的支持。年过五旬的孙女士了解到活动后很乐意参与这个活动，她退休之后正想锻炼锻炼、减减肥，但跑步太激烈，跳舞要学习，这几个月一直在散步，刚巧看到这个公益项目，想想自己的运动刚好合适，而且还能帮助人，更有了锻炼的动力。“走路也能做公益，帮助了他人，健康了自己，何乐而不为呢?”

APP 让企业“名利双收”。企业利用手机 APP 可以在公益筹资方面大有作为，如强生公司推出了一款名为“捐张照片”（Donate a Photo）公益APP，通过这款 APP，用户可为心仪的公益组织宣传、募款。值得称道的是，整个操作流程简单易行。第一步建立账号：在 APP 中建立账号，可清楚记录捐赠照片数量和评价，为用户增加成就感；第二步选择公益组织：在清单中选择自己要捐助的公益组织；第三步上传照片：上传一张拍摄或手机里的照片，并标注捐赠理由；第四步社交分享：将照片分享至 Facebook、twitter 等社交账号；第五步 1 美元到位：完成以上四步强生公司便捐出 1 美元至用户指定的公益组织。类似这种低门槛的参与方式，加上移动互联网的便捷，让整个活动异常成功，由于每张照片都带有强生 logo，强生品牌曝光及美誉度远远超过预期。[①]

2. 宣传推广

APP 使公益推广由粗放式向精细化转变，由点对面向点对点转变，由单向宣传向互动宣传转变。例如，由青少年梦想基金推出的梦想微公益APP，网友在 APP 上看到的不仅是公益项目信息，还有其他网友对此的评论以及公益活动的整个动态过程。又如，佛山市禅城区支持教育志愿者协会之前的支教宣传都是以海报或报纸的形式进行，开发了好友营支教手机 APP 宣传推广的方式，对支教感兴趣的公众只需要注册并报名就可获取相关支教信息。

APP 使公益推广无障碍。移动互联网络时代的传播形式和传播渠道都有了很大变化，公益组织或个人利用 APP 以低成本进行更广泛、迅速的推广，起到了病毒式传播效果。很多民间公益组织可自发拍摄公益广告，也能引发话题效应。传播渠道也变得更为多样，如微信设有公众平台这一功能模块，企业、组织机构或个人都可以申请开通公众号推送消息或提供服务，以最低的传播成本赢得好的传播效果。曾经在微博上创造了无数热点话题与惊喜的公益组织纷纷开通了微信公共账号，定期更新活动资讯，披露项目财务细节，以期获得良性、持久的发展空间，充分实现了口碑传播和病毒式传播。不仅是利用社交 APP，一些组织还自己设计了专门的 APP。例如，深圳市慈善会联手移动 APP 云服务提供商云来在 2012 年 6 月发布了深圳慈善会 APP，每一个募捐者都可以随时、随地下载这一 APP，了解慈善

---

① http：//hope. huanqiu. com/exclusivetopic/2014 - 07/5044627. html.

总会的即时动态和捐款详情，感受到更公开、更透明的慈善公益活动，从而增加对深圳慈善会的信任。

好友营支教 APP

好友营支教成立于2006年10月1日，于2011年12月28日正式注册为“佛山市禅城区支教志愿者协会”，属佛山市民间公益组织，专注于长期支教，为贫穷闭塞的边远山区及内地“留守”问题的农村孩子提供持续稳定的高质量志愿师资力量，帮助他们脱盲，提高文化水平，提高他们在经济社会冲击下的生存和适应能力，自发自强地逐步减少愚昧落后，提高生活质量。2013年，好友营支教联合与云来推出好友营支教 APP，为想了解支教、关注农村教育的爱心人士提供便捷的平台，参与者可以直接通过 APP 了解好友营支教的最新动态，加入到支教活动中去。好友营支教 APP 分为“热点”、“好友营”、“服务”、“社区”四大模块，在“热点”里面可以看到最新活动，可以进行支教报名，了解支教一线的信息；在“好友营”里可以看到各个支教团队的支教故事，感受支教的乐趣；在“服务”中可以找到组织的联系方式，方便支教信息的沟通；在“社区”里可以看到与好友营支教有关的各种各样的“圈子”，也可以创建自己的“圈子”，进行内部的交流。

告诉潜在目标群体机构在做什么，增加对机构的熟悉和信任感。APP 都是用户主动下载的，至少说明下载者对公益组织有兴趣，因此 APP 聚集了大量好友营支教的潜在志愿者队伍。这些潜在志愿者只要点击可以在好友营支教 APP“热点”中的“最新活动”和“支教一线”中了解支教的详细信息，了解支教故事，并且可以进行讨论互动，增强对好友营的印象和信任感。

我们也发现，大多数公益组织在宣传推广方面对 APP 的利用不足。公益组织在利用 APP 进行自身宣传推广的时候，需要考虑自身特点，也要做到准确、精炼和信息的可识别性。不管是图形还是文字，都需精确提炼便于传播的组织或项目信息，在设计上考虑公众接收信息后，能够迅速准确地分解出所要表达的内涵。公益组织与商业组织不同，并没有固定的实物或产品作为承载品牌符号的媒介，一般都是在具体的活动或媒体宣传时才会出现品牌标志或广告语，受众接收信息的时间较短，所以传播设计更需要简单直观。目前中国很多权威公益基金会基本没有突出自己的 logo 设计和公益理念，例如中国宋庆龄基金会的 logo 就是“宋庆龄”的拼音缩写，并没有体现该基金会的主旨和公益理念，记忆度较低，区分度不够。

3. 搭建协作平台

APP 不只是一个简单的通话工具，而是一个开展社交活动的平台。用户可以通过社交应用开展更多形式的沟通和互动，一起玩游戏、共同分享彼此感兴趣的内容、查看对方的状态和评论等，人们可以利用社交手机在家里或任何地方开展工作，例如与客户联系，查看他们对产品和服务的评论，甚至一起玩游戏拉近关系。

APP 增强公益部门内和跨部门分工协作。 APP 为公益参与者搭建了协同工作的平台，人们借助 APP 社交功能，实现基本的内部自动化办公和远程办公。许多公益组织的项目执行地与公益组织的所在地不同。之前，机构成员之间的沟通通过打电话，或者出差见面，费时费力，但是运用 APP 可以随时随地、几乎无成本地沟通。同时，手机 APP 使公益项目的开展不受资源和工作时间及内容的限制，让各参与者各司其职，同时又将所有的参与者联结起来。例如，公益组织利用微信建立起组织内部的微信聊天群，组织成员通过发送微信开展工作，实现成员之间的交流，在外实施项目的组织成员也可以参与到组织的工作交流中。

善缘 APP

北京青少年发展基金会从成立到 2013 年，基金会的影响不断地扩大，2008 年以排名第一的成绩被北京市民政局评定为 5A 级基金会。基金会的发展需要不断与现代社会接轨，基金会借助移动互联网技术开始新的尝试，2013 年 9 月推出了基金会专属的手机 APP——善缘 APP。参与者只需要通过手机网络登陆基金会官方网站，或者在苹果的“App store”下载这款应用，就能实现指尖上的公益。此款 APP 分为“善缘”、“善导”、“善行”、“善薪”四大板块，再加一个“OA 系统”。“善缘”主要是用一些文字故事宣传和推广有关青少年健康发展的善行善事，为青少年筹资的捐款箱；“善导”为参与者提供各种有关青少年发展的公益项目信息；“善行”中参与者可以选择自己喜爱的公益项目进行了解和捐赠；“善薪”是北京青少年发展基金会品牌项目“月捐计划”，包括了项目的简介、参与方式、相关新闻以及捐赠联系方式。“OA 系统”则是基金会内部成员的办公交流平台。善缘 APP 有自己的 OA 系统，这成为组织内部成员进行网上办公的平台，公益组织内部成员随时随地可实现协同办公。

借助 APP 的多样化功能，公益组织的工作开展变得更为便利。例如，公益组织可以利用 APP 进行各类需求调研、满意度调查，并轻松实现匿名调查等。

而专门的 APP 则搭建了更专业的协同工作平台。有的在公益部门内，有的跨部门。随着这类 APP 的出现，公众不再仅仅是参与者，可以成为项目的发起者和受益者，由被动变为主动。例如，用户只需注册益云信号弹 APP，便可以主动在地图上发出求救信息，其他参与者就能看到求救信息并定位救援地点，联合参与救援行动，快速完成救援任务。在这个平台的作用下，参与者形成良好的互动。又如，云南鲁甸救灾地图。8 月 3 日 16 时 30 分，云南省昭通市鲁甸县发生 6.5 级地震，造成当地人民生命和财产的重大损失。根据黄金救援 72 小时的援救规则，人们迫切需要了解灾区信息，但由于灾区通信中断、道路受阻等原因，致使物资需求、人员财产受损情况等重要信息无法第一时间传达给后方。为给灾区救援提供切实有效的支持，百度地图工程师连夜开发，第一时间在 PC 端和移动端同步推出“百度救灾地图”（map.baidu.com/zt/ludianjiayoupc/）。这是百度利用自身技术和产品优势，搭建的首个技术救灾信息平台。对于心系灾区的广大用户来说，只需通过百度搜索“地震”、“鲁甸地震”等关键词，或在手机端打开百度地图 APP 查看搜索热词，即可看到救灾地图，直观了解到目前灾区各地的物资紧缺情况，让真正缺少物资的地方得到更多关注并获得最快速的帮助；同时，还可通过专题页面设置的捐助通道，直接向灾区捐款。除此之外，用户还会看到灾区献血站点、现场捐助点、地震信息等重要信息，后续更可看到国内主要救援队在灾区的救援轨迹图。

益云信号弹 APP

2013 年雅安地震后，IBM 志愿者团队与益云联合开发出国内救灾地图的一款益云信号弹 APP。用户可以通过官网或者安卓应用市场进行下载安装，目前只支持安卓系统。可以用新浪微博账号进行注册也可以单独注册。注册成功后可以看到“个人信息”、“接受者信息”“SOS 设置”以及“定时发送设置”在完成个人设置后，在益云信号弹 APP 启动界面点击 SOS 样式图标按钮即可根据个人设置发送求救信息。当你身陷困境时，不知自己所处的具体位置，无法发出准确的求救信息时，不要慌张，启动“益云信号弹”可以立即显示你的准确地理位置，在最短时间内让大家知道你在哪里等待救援。没有网络信号也能用，用户可以实现无网状态下进行路线导航和目标地点确认。① “益云信号弹”基于云计算和网络地图，与智能手机结合，搜集和发布救援需求，让救援需求能够第一时间得到及时响应。

4. 为受益者提供服务

APP 使受益者实现自助。以往，公益信息一般需要通过公益组织或志愿者传递出来，而 APP 使受助人自己能够传递需要帮助的信息。例如，鲁若晴在身患白血病后通过微博记录自己的点滴心情，积极求生，详尽地表达了自己的求生愿望，后得到中国青少年发展基金会的支持，号召网友进行募捐，为自己的白血病治疗筹得资金。又如上面提及的益云信号弹 APP，每个用户可以在短时间内通过益云信号弹发出带有地理坐标的求救信息，缩短求救信息发出的时间。只要其他用户安装了益云信号弹 APP，便可以随时随地接收到求救信息，增加了获得帮助的概率。

APP 改变公益供给模式，为受益者提供个性化、低成本、高效率的服务。多数情况下，公益组织需要面对面、一对一地为受益者提供服务，手机 APP 使公益组织实现一对 N 的服务。例如，过去大多数的自闭症儿童的学前辅助教育及沟通指导需要面对面地进行，而现在用户只需在手机下载安装星星雨 APP，就可学习掌握与自闭症儿童相处的简单常识和注意事项。而不同年龄段的小孩可以通过北京乐平公益基金会的千千树听故事 APP 满足自己听故事的愿望，该款 APP 为不同年龄段的孩子量身定做合适的故事，并且针对各年龄段有进阶功能，帮助孩子稳步提升语言表达和理解能力。又如，下载公益搭顺风车 APP 的公众可以通过手机 APP 找到司机联络方式以及搭车时间和可搭乘人数等服务。

① http：//news. ynxxb. com/content/2013 - 5/7/N10554795379. aspx.

又如，2011 年 10 月国庆长假，微博上发起了“帮山区校长发条爱心微博”的线上活动，号召网友在假期出行期间“带着任务去旅行”，帮山区校长发条爱心微博。活动期间，千万名网友在旅行途中用微博记录了自己的所见所闻，将需要帮助的学校信息拍下照片发微博并@万能的微博，希望这些贫困的孩子们得到资助。一周时间内，大量通过@万能的微博接受到的求助信息被转发关注，直接资助到了有需求的山区小学。长假过后，微博上的各地微博同城会积极响应活动，先后组织了 23 场线下活动，第一个周末已经有 17 所学校收到了所需物资，第二周仍将有大量物资直接送达有需求的学校和福利院。①

5. 公众倡导

移动互联网强调大众的参与和人与人之间的互动，它已经成为越来越多人的精神家园，人们制造和使用各种信息资源平等地交流、沟通。例如，科学松鼠会的谣言粉碎机小组，各学科“大神”们粉碎了日常生活常识非科学解释的谣言，改变了公众对日常生活常识的认识。

APP 扩大公益组织的公众倡导范围，提升公众倡导的效率和效果。APP 的出现，使得公益组织的公众倡导范围明显扩大、倡导成本明显下降。腾讯公益微信作为腾讯公益网的官方平台，每天为用户推送精选的公益热点资讯，推荐可参加的公益项目。此外，包括 NGOCN、《公益时报》、《公益慈善周刊》在内的多家公益微信公众号在传播公益理念、培育公益土壤、强化公益行动力方面效果良好。野生救援（Wild Aid）组织 2012 年 5 月 21 由微博发起“拒食鱼翅，万人签名活动”公益活动，号召广大微博网友点击支持并转发，承诺拒食鱼翅，项目发起当日，便有近 4 万名网友参与支持。

传统公众倡导活动多为线下活动，有的需提前申请活动场地，有的需印发大量宣传资料，招募并培训志愿者，意味着大量的投入。但现在变得轻松简单、可持续。例如，自然之友公益组织通过自然之友野鸟会 BBS、官方微博持续发布全国各地的观鸟信息，吸引了全国各地感兴趣的公众持续关注，公众可以通过所发布的观鸟信息加入到观鸟行动中去。而现在几乎所有手机 APP 都具备分享功能，鼓励参与者行动并转发给朋友，朋友受激励和启发会参与进来，并进一步转发，形成“病毒式营销”链条。许多时

---

① http：//huati. weibo. com/z/weigongyihelp/1a3. html.

候，借助 APP，公益组织一次开展的倡议行动，往往在几个月，甚至几年之后，还能持续发挥作用。例如，2011 年 1 月 25 日，于建嵘教授在微博上开设的“随手拍解救乞讨儿童”微博，倡导公众关注流浪儿童，引起了全国各地微博用户的响应，在微博上线当日就有 50 多流浪儿童受到公众关注。日行一善 APP 注册用户可在“心晋榜”里面，表扬发布善行善事的好人，鼓舞人心，倡导更多的公众日行善事。

公众倡导不仅可以通过“说教”来进行，还可以通过激励改变公众的习惯。比如，爱盟公益通过行善 APP 为每人每天平常不过的“走路”赋予公益意义，这种附加值由个人创造，企业来买单，以此倡导人们追求健康的生活方式。米公益 APP 通过米扭扭、米有氧、米伸展倡导每天坚持简单运动的健康生活方式，在工作繁忙之余娱乐身心，同时也贡献自己的爱心。当然，并不是说 APP 是公益组织获得好的公众倡导效果的万灵药，随着公益领域竞争的激烈，公益组织之间需比拼创意，给公众以想象和发挥的空间。

二　APP 的公益特性

1. 庞大、多样的用户群

随着移动互联网技术的发展，目前我国有近 12 亿的手机用户，截止到 2014 年第二季度，我国智能手机用户数达到 6.7 亿。① APP 拥有庞大的用户群，中国四分之三的 IOS 和安卓系统用户当月使用手机 APP 个数达 6 个以上，其中 27% 的用户使用 APP 数量多于 21 个。② 我国已迈入移动互联网的高速发展阶段。

过去，手机 APP 的用户主要集中在高收入、高素质人群，现在随着移动互联网技术的发展和低价智能手机的普及，APP 不再仅仅是富人的专利，APP 对低学历、低年龄、低收入的人群有非常高的传染性和粘着度。众多的手机用户以及 APP 的使用者为公益 APP 奠定了公众基础，公益组织、公益组织员工、受益人、筹资对象、公众、志愿者等都可以通过 APP 参与到

① http：//www.100ec.cn/detail—6189688.html.

② http：//www.100ec.cn/detail—6107505.html.

公益中。例如，腾讯公司就微信使用者情况发布了一组数据：微信注册用户以 18～35 岁的年轻人为主体，大学生是微信的主要使用者。从学历方面看，本科及以上学历在微信用户中占比高达 70%。由此可见，微信是一个基数庞大、充满着各种可能性的互动平台。在这里，人们重视私人化的信息交流，也乐于就某一热点事件展开群体讨论。在这里，人们关心社会，关注公共议题，对社会公平与公益话题有着敏锐的感知和浓厚的兴趣。

基于手机 APP 庞大的用户群，其注意力资源及支持者将十分可观。公益组织可以在 APP 上做很多超乎人们想象的事情，获取大量资源。公益组织可以利用有庞大用户群的微信、微博等社交类手机 APP 进行宣传和预热，可以利用媒体类 APP 进行持续的跟踪报道；可以通过 APP 进行筹资；人们可以利用 APP 发布救助需求；公众可以通过 APP 了解公益活动，加入公益行动等……公益供需之间的对接少了很多麻烦。

2. 个性化服务

APP 将“以客户需求为导向”提升到了新的发展阶段，更强调个性化服务。克里斯·安德森 2004 年提出的长尾理论是网络时代兴起的一种新理论：只要存量和流通的渠道足够大，需求不旺或销售不佳的产品所共同占据的市场份额可以和那些少数热销产品所占据的市场份额相匹配甚至更大，即众多小市场汇聚可以与主流大市场相匹敌的市场能量。长尾理论认为，由于成本和效率的因素，过去人们只能关注重要的人或重要的事，如果用正态分布曲线来描绘这些人或事，人们只能关注曲线的头部，而将处于曲线尾部需要更多的精力和成本才能关注到的大多数人或事忽略。网络时代正是关注长尾，发挥长尾效益的时代。APP 是用户主动下载的，至少说明下载者对所下载信息感兴趣。因此，这些用户是潜在的或已有的产品目标群体。目前推出的 APP 具备对用户需求和行为信息进行更精确的反映和提取的功能，比如通过识别手机的型号辨别是商务机还是音乐机等，能估计用户的收入水平和兴趣偏好；通过识别用户经常浏览的页面，分析其习惯，再向其推送感兴趣的信息，这摆脱了公益广告高成本的束缚，同时保持了与客户的密切互动沟通，使个性化服务效应极大释放。

借助手机 APP，可以将公益与日常生活交融，满足用户的个性化需求。例如，行善 APP 为热衷健身、运动的用户提供了随时公益的契机；米公益 APP 为喜欢游戏的用户提供了参与公益的方式，用户只需完成游戏，便可获得虚拟米粒，用户在娱乐身心的同时也奉献了自己的爱心。

手机 APP 除了满足普通用户的个性化需求外，也满足了公益项目运作的个性化需求。借助数据库技术、网络通信技术等手段，APP 可以让捐赠者、受益者、志愿者等相互进行个性化沟通。例如，梦想微公益 APP 将几大社交类 APP，包括微博、微信中有关公益的信息进行整合，推送给用户，用户不需要一个一个去找分布在各处的公益信息，节省用户的时间。再如，针对自闭症儿童话语障碍的应用软件星星语 APP，为自闭症儿童提供个性化的日常用语沟通服务，针对自闭症儿童语言能力弱的特点，该款 APP 使用户只需通过手指点击漫画就可以了解自闭症儿童的内心世界，将自闭症儿童的特点与漫画和声音相融合，既生动又有趣。又如，2012 年春节期间，赵普、郎永淳、陈伟鸿、邓飞、王永发起的“春节回家顺风车”活动，为了方便各类人群使用顺风车，团队通过微博、微信等其他 APP 搭建一个民间春运信息交流平台，包含“搭顺风车”和发布“顺风车”的微博超过百万条，成功搭载了上千人次回家。

3. 利用碎片化时间

APP 为用户提供了丰富的应用场景，用户可随时随地方便接入无线网络，无论你是在上班、上学，还是在城市、农村，只要随时随地携带智能手机，就可以随时随地使用。曾经清晨第一件事情是打开电视机，而现在第一件事是看手机，人们上班，吃饭，甚至坐在马桶上都在使用智能手机，坐公交、地铁随处可以看到用智能手机在发微博，用微信交流，玩游戏，看电子书。而凌晨 2 点在微博里不难找到失眠的人。移动互联网的使用时间呈现碎片化的倾向。差不多在任何时间都可以看到用户在使用，把用户的闲暇时间都占满了。APP 的简单易操作特性，更加吸引着人们用碎片化的时间去关注身边所发生的事情，参与自己感兴趣的活动。利用上班路上的时间、学习休息的时间，用户只需要手指轻轻一点，就能找到自己感兴趣的公益信息。

在电视时代，公益组织宣传使用的时间非常集中，黄金时间宣传会带来高昂的成本，普通时间宣传会影响宣传的效果，而其余时段宣传会是无效的传播，因此，用户时间和关注成为公益组织宣传电视争夺的最核心的资源。然而，移动互联网时代的用户随时随地携带着智能手机，也可以随时随地使用，公益组织的宣传也就可以无缝不入。

但“完整的时间”似乎也已经不存在了。手机让转移注意力的成本很低，别看那些手机新闻只占用你一分钟时间，但一分钟后你很可能马上又进入下一个“一分钟”。因此，公益组织需要不断创新打造“吸引眼球”之处，维持自身生命力。

4. 高便捷性

APP 在满足用户需求的同时，减少了用户捐赠和参与公益活动的成本，提高了捐赠和参与公益活动的便捷程度。大多数公益 APP 的捐赠额度不设置下限，对于资金有限的捐赠者来说是相当大的好处，他们可以不考虑捐多少，只要捐了，就可获得捐赠的荣誉感和满足感，比如捐 3 元钱一顿的免费午餐。如果有捐赠者愿意进行周期性捐赠，APP 还为他们设计了“月捐”平台，方便捐赠者捐赠，培养捐赠者的捐赠习惯。

APP 还能减少公众参与公益的时间和精力投入。公众参与公益，如支教往往需要花费大量的时间和精力，对于学生来说，支教一个月时间很长，有的 APP 则简化了支教的方式，增加在线支教的功能。目前有很多 APP 将公益与日常生活结合，降低人们做公益的门槛。比如米公益 APP 中设定了五个简单功能：（1）米·妈妈：提醒用户和亲人通话沟通，放下忙碌的工作，拿起电话，拨出亲人熟悉的号码；（2）米·有氧：利用 GPS 定位记录运动距离等数据，鼓励用户每天进行有氧运动；（3）米·伸展：利用传感器进行检测，提醒用户定时进行肩部放松；（4）米·扭扭：应用人脸识别对用户行为进行检测，提醒用户经常扭动脖子放松颈椎；（5）米·知：每天向用户推送一条有趣的科学冷知识，让用户边学习边帮助别人。当用户手持手机按照“米·伸展”设定功能进行伸展手臂肩部放松运动后，App 监测到用户的运动会用传感器进行检测，用户就会赢取 10 粒“米”。“米”相当于虚拟货币，可以用来兑换由企业提供的捐赠物品。用户连续 1 天完成自己设定的伸展运动，就可以让贫困山区的孩子们得到一支铅笔；连续 7 天进行阅读，可以向儿童收容所的小朋友捐出一个电池……

5. 高强制性

无论你是否智能手机用户，你都在被影响着，改变着。无论你是否愿意，手机 APP 的影响也已走入了你的生活和工作中，你无力抗拒。移动互联网时代，手机远不是一个通信工具，它已经从通信工具转变为社会关系。

今天，手机携带着我们的体温，使 APP 成为了我们身体的一个“器官”，成为我们身体的组成部分。每时每刻，我们都携带着手机，我们依赖它，我们被它带来的各种各样的东西强制着，我们被迫接收着信息，时时刻刻地被各种信息包裹着。智能手机及 APP 应用，已经彻底改变了人们的生活方式和状态。QQ 再强，它不能让用户关了电脑还能接收到信息。然而，手机 APP 的出现化解了一切难题，通过微信，用户可以 24 小时接收到信息。因此，公益用途的 APP，只要不是用户主动去删除传来的信息，用户就会一直持有这些信息，它们会一直待在用户的手机里，此时，公益组织的品牌就有了对用户不断重复、不断加深其印象的机会，从而形成用户黏性。

6. 信息互动性和病毒式传播

APP 使信息传播变得不再是单向传递，而是信息发出者与接收者之间的双向互动。在互动过程中，每一位参与者会加入自己的个性化需求，赋予传播新的内涵，如同病毒被赋予新生命一般。这种双向互动性，使得公益的参与者拥有了更多的发言权，他们通过手机 APP 发表自己的看法，以自己的方式参与公益。无论身处偏远的小山村，还是喧闹的大城市，无论是家庭主妇，还是职场人，只要有手机 APP，他们几乎可以同时接收到公益信息，并成为公益信息的传播者。

三　APP 改变中国公益

“得移动互联网者得天下”，对于公益事业的发展来说，更是如此。

APP 为公益提供了创新、即时反馈、互动、平等合作的载体，它是公益的新载体。时代正在改变公益的思维，改变公益组织的面貌，也形成了新的竞争机制，要求公益组织迅速反应、积极创新、推动公众参与和问责，获得强的公信力和社会合法性。在这个过程中，未跟上时代步伐的机构被抛在后面，而积极拥抱移动互联网的组织却成为时代的追赶者，成为公益领域的领军者。可以说，手机 APP 正在并且对中国的公益产生显著的影响。

1. 提升公益效率

APP 的核心是准确捕捉用户的需求，围绕用户的需求将服务做到极致。

雾霾笼罩下的中国，蓝天是人们的巨大需求。发布 PM2.5 指数、揪出污染企业、进行政策倡导是好的客户服务内容。如公众环境研究中心通过污染地图 APP 发布各地每日环境信息，包括空气质量、谁在排放、绿色品牌、环保百科等板块，用户可以实时查询各地空气质量和污染物排放信息，关注所处周围环境的 PM2.5 指数，同时了解环境保护知识。

APP 拓展了公益组织的资源动员渠道。过去，公益组织通过报纸、广告、电视等传统媒体进行传播和动员，现在，APP 使公益可用的渠道增多，也使信息传递速度加快，传递范围变广，且不受时空限制。APP 用户覆盖各社会成员，通过它，信息被无限制地推广开来。

APP 使公益获得大量小额捐赠，积少成多，降低筹资成本，提高筹资效率。更重要的是，筹资的过程也是进行机构或项目推广的过程，“一举两得”。2013 年 4 月 20 日 8 时 02 分，四川省雅安市芦山县发生 7.0 级地震。面对又一次突如其来的灾难，各公益组织反应迅速，纷纷向灾区伸出援手。其中，深圳壹基金公益基金会截至 4 月 22 日凌晨，两天的时间，就募集超过 4100 万元。截至 5 月 3 日凌晨，壹基金对外公布，收到爱心公众、企业单位 1661 万人次的捐款，其中捐赠资金 22202 万元，捐赠物资 1220 万元，捐赠总额高达 23422 万元。15 天时间，壹基金筹款超过 2.4 亿元。在其官网的捐赠人服务指南上可以发现，壹基金为公众提供了新浪微公益、支付宝、天猫公益店、腾讯乐捐、易宝、银行、电话语音捐款、银联易办事手机捐款等多种捐赠方式，其中大部分捐赠方式都包括对应的 APP。据了解，截止到 5 月 1 日，壹基金通过新浪微公益收入捐款 2800 万元（含企业），捐赠人次 7.3 万；通过腾讯乐捐筹款金额 1531 万元，捐赠人次 34.8 万；通过支付宝和天猫筹款金额 4050 万元，捐赠人次 115 万。

APP 使得公益组织的工作模式发生变化，工作效率提高，降低工作成本。许多公众倡导类项目可以通过事件营销的方式进行操作，而不需开展大量线下活动，例如“饥饿挑战”。APP 降低了公益组织或项目的宣传推广成本。只要肯动脑筋、动动手，最大程度找到有创意的引爆点，公益活动即可执行。以往，公益组织的工作模式是单调的、统一的，有固定的工作场所，固定的员工和工作时段，有明确的组织构架和规章制度。APP 使公益组织的工作模式呈现扁平化、网络化趋势，工作不受时间和地点的限制，甚至可以没有固定的人员，每一位参与者都可以直接与组织的领导者汇报、沟通，完成工作。例如，自然大学通过手机 APP 招募和联络每一位参与者，进行实地走访。

手机APP改变了公益组织内部的沟通方式。过去，公益组织内部交流大多通过召开面对面例会或沟通会展开，而现在公益组织可通过手机APP利用碎片化的时间随时进行交流互动。例如，通过建立微信讨论组形成组织的内部交流圈，每一位成员都可以加入，无论团队成员身处何处。

手机APP改变了人们的捐赠模式。例如，“米公益”由大学生发起，他们通过手机APP客户端进行公益募捐，由企业来买单，大大提高了募捐的效率，产生显著的社会价值和影响力，提高了“米公益”团队的工作效率。

2. 增强公益领域内的竞争与协作

过去民间组织向大众及企业筹款，非常艰难，而现在不再那么难了。以往的捐赠渠道或筹资渠道被垄断、被控制，现在每个人有机会捕捉和占据一些蕴含着大量资源的渠道，比如“免费午餐”，比如善行者，比如一元捐，而企业也开始主动贡献自己的资源给民间组织。当然，在此过程中，组织之间的竞争加剧。

激烈的竞争有助于更有活力、更专业化、更有创新性和公信力的公益领域的产生。在如今纷繁众多的公益APP里面，我们能不断地发现一些“惊喜”，这些都代表着未来公益APP的发展潮流。

无论公益组织是否愿意，APP愈加推动公益组织的透明、公信力，建立起各个利益相关方之间的信任。APP信息传播的双向互动性以及透明化，促使公益组织的信息透明公开化，接受所有参与者的监督，将公益组织整个运作流程展现给公众，公众可以通过手机APP对组织运作的各个环节进行监督，如深圳慈善会通过开发自己的APP，将组织的信息、项目，以及组织的发展历史项目捐助资金的来源与去向都展示给公众，接受公众的监督，树立组织的公信力。“第三届中国公益慈善项目交流展示会”上，壹基金秘书长李劲、免费午餐发起人邓飞等公益人士与合作伙伴共同发布了透明公益手机平台——“爱你”APP公益平台，借助阿里平台孵化，通过公开求助、在线发募、在线捐款、实名评价、月度反馈等方式，实现“需求透明、模式透明、财务透明、过程透明、结果透明”的公益模式。“爱你”APP首席技术顾问表示，该款产品的特点是去中介化、优胜劣汰。通过此平台关注或捐赠该项目的网友，都会收到每月的定时反馈与上月财务报表，了解自己捐赠的善款去向，以及公益组织的执行状况。南都公益基金会理事长徐永光在听了“爱你”APP 的产品理念后，感慨“爱你”一夜间完成其 14 年的公益夙愿。

当然，APP 本身所具有的特性使得公益领域内的合作也越来越多。过去由组织发起的公益活动只能在一定范围内进行，受到一定条件的限制，但 APP 出现之后，全国范围内，甚至全世界范围内的公益组织可在不同领域、就不同事件或就不同议题联合起来。

同时，我们也会发现，APP 在为公益领域带来新鲜血液的同时，也带来了风险，网络的隐蔽性导致网络慈善欺诈频频出现，使普通民众蒙受损失。作为新的慈善平台，由于网络本身的隐蔽性和不确定性，从而导致它的公信力和可信度大打折扣。如此一来，捐赠人在热心资助他人的同时，也害怕充满了道德陷阱的环境。红十字会网站被攻击骗赈灾捐款等事件与网络慈善诈骗相关的欺骗行为的出现，既伤害了普通民众的慈爱心，也使众多真正从事公益的组织受到影响。因此，如果没有相关部门的严格规范，仅靠网友们自己甄别网络慈善组织的良莠真伪，公益事业不可避免会遭遇风险，影响民众的公益热情。

3. 改变企业的公益模式

手机 APP 改变了企业参与公益的模式，促进了企业之间的合作与竞争。

APP 为企业深度参与公益，而不是简单捐赠提供了机会。例如，一些 APP 增加了消费者与企业之间的互动。此外，企业不仅单方面开展公益活动和公益项目，还与其他企业合作，优势互补，资源共享，特别是在自然灾害发生的时候，各种公益信息在微博上传播出来，得到了很多企业的共同关注和支持。

同时，企业更加注重社会责任的履行，企业之间产生激烈的竞争，通过各种途径赢得社会和消费者的认可。例如，新浪微博为企业寻找新的公益目标提供了方向，有利于企业整合各种公益资源，在体现企业社会价值的同时，实现企业的经济目标，达成企业愿景。

手机 APP 也降低了企业参与公益的成本。过去，企业参与公益需要组织大量的人力和物力来进行，参与公益的门槛高，而现在企业只需通过手机 APP 就可以参与到公益中去，这样一来减少了企业履行社会责任的成本，同时也提高了企业的工作效率，使企业参与公益的成本大大降低。

手机 APP 改变了企业参与公益的方式。企业作为社会中重要的成员，既是我们财富的创造者，同时也是我们财富的保存和传承者，然而在当今社会发展的形势下，企业为了保持财富传承者的角色，需要不断提高它的社会责任，而在过去企业主要是直接捐款给公益项目，但现在企业也开始积极参与到整个公益项目运行中，不再仅仅局限于捐款，由捐赠人的角色转变为公益的参与者。例如，过去腾讯公司为许多公益项目直接捐赠现金，而现在腾讯开发出来的微信 APP 软件，通过微信用户对微信公众号的关注以及信息的转发为公益项目进行筹资，腾讯也成为公益项目的参与者。

4. 改变政府态度

客观上，APP 使得政府对公益领域更加难以控制，对公益领域的发展难以预料。从“郭美美事件”到“免费午餐”行动，民间公益组织不断发展壮大，公众参与越来越广泛、深入，政府不得不转变自己对社会组织以及对社会的管理思维。同时，由于一系列事件的发生，公众对政府的监督能力产生质疑，这也促使政府改变对社会的监督方式。

政府一方面积极回应这种变化，利用 APP 进行社会组织管理，比如设立“民政微语”官方微博，各地民政也纷纷设立民政官方微博，与 NGO、公众进行互动和知识普及。这增加了政府与社会领域的互动，减少了由于缺乏了解而产生的摩擦，拉近了政府与 NGO 的关系。另一方面，政府在某些方面采取消极的方式，着力抑制和控制非公益慈善类民间组织的发展。

5. 使公益融入人们的生活

自由、开放、共享的互联网精神与现代公民意识有着天然的契合。自由精神促进网民自觉公民的主体身份，开放精神促进网民感知公民的权利义务，共享精神促进网民体验公民的公共精神。总之，互联网精神促进公民意识的生成和发育，网络生活事实上已成为公民生活的准备和演练。[①] 超越时间、跨越国界的移动互联网使得人们可以几乎不受限制地接受世界各地的信息，既可以传播自己期望与人交流的观点，还可以从事各种在现实社会里难以想象、无法企及的超越时空的活动。APP 上的公众是自由、开放和共享的。如成都爱有戏社区发展中心的坊间 APP，通过招募水井坊辖区居民，组建小组团队，让他们用 APP 作为呈现载体，记录、发掘当下辖区

① 冯恩大：《互联网精神与公民意识的天然契合》，《青年记者》2013 年第 26 期。

内发生的大大小小的事情。其核心理念在于通过移动互联网平台，带动社区居民去参与社区公共事务，培养社区社会组织，提升居民对公共事务的关注度、参与度，促进社区的发展和建设。

APP 清除了公众参与公益活动的障碍，任何个人都可以随时随地地参与公益。大规模的业余化打破职业类别界限，任何人都可以发布公益信息，对公益活动进行评论、监督和支持。过去公众参与公益活动都是纯粹的参与者，而现在公众是公益活动真正的主体，既参与，又监督，又“转发”，至少还有“围观”，贡献注意力。

在过去，公众参与公益活动更多的是表达同情心，但现在参与公益不仅仅是感情的表达，更是一种开发和共享的精神，甚至可以在娱乐中进行公益活动。每位公益参与者可以选择自己喜好或偏爱的公益活动，体验公益所带来的乐趣，参与者可以通过一些具有公益功能的游戏 APP 来娱乐自己，同时又将娱乐活动转化成参与者的爱心。

四　写在最后

如果我们仅仅把 APP 当成新工具，就低估了它作为互联网和公益连接点的价值。传播的功能是传统公益对互联网粗浅的理解。APP 有什么奥秘？“网聚人的力量”的理念或许是关键，利用这种无限大众人的力量，形成“注意力实现”，具备互联网精神的公益行为因透明、分享、参与会走得更远。微小的心愿，持久地坚持，最后成为影响众人的重要力量。比如，壹基金梦想就是一人一天捐一元，有了支付宝搭建的月捐平台，让这个梦想越来越实在。

APP 为公益事业的发展提供了重要机遇。但是，正如博客、微博等迅速崛起、流行，又迅速走上衰落之路一样，在这个瞬息万变的网络世界，APP 到底能走多远，是个未知数。对于现代公益人而言，唯有不断提高学习能力，力图走在时代前面，让不断涌现的新技术为公益服务，才是以不变应万变之道。

中国环境公益诉讼之困

中国的环境问题正日益成为阻碍我国经济社会发展的重要矛盾，空气污染、水污染、噪声污染等环境问题，不仅对人们的生活造成影响，也已成为整个社会需面对的问题。为了维护公共利益而提起的环境公益诉讼不断涌现。环境公益诉讼利用法律武器保护环境，一方面能够针对具体的环境问题进行事后救济，另一方面借助公益诉讼的过程以及法律的示范效应形成舆论导向，对破坏环境的行为形成压力，在破坏发生前进行预防。

近期发生的兰州自来水苯含量超标事件即是一例。2014 年 4 月 10 日兰州市威立雅水务集团公司检测显示，当日 17 时出厂水苯含量、10 日 22 时自流沟苯含量、11 日 2 时自流沟苯含量均远超国家限值的 10 微克/升。事件造成兰州市西固区停水，全市自来水长达 24 小时不宜饮用，各类矿泉水、瓶装水、液体饮料遭到疯抢。据报道，从检测出污染到公布这一消息经过 18 个小时，这一时间段内居民已经饮用污染水源。4 月 14 日，兰州 5 名市民向兰州市中级法院提起环境公益诉讼，要求威立雅公司对自来水苯污染事故进行民事赔偿并公开道歉。事件引起社会的广泛关注。然而，令人遗憾的是，这起诉讼最终因诉讼主体不符合法律规定而被法院拒绝立案。

近几年中国环境公益诉讼获得了巨大进步。实践中，不同的环境公益诉讼主体进行了许多有益的探索。在很多重大环境公共事件中，司法部门、环境主管单位、公益律师和环保组织等越来越频繁而迅速地介入。例如，近几年来贵阳、昆明、无锡等地法院成立了环保法庭，所在省也先后出台了办理环境公益诉讼的文件，规定社会组织可以提起公益诉讼；2011 年 8 月 9 日，渤海湾溢油事件持续近三个月后，北京华城律师事务所律师贾方义以个人名义向海南省高院、天津和青岛海事法院同时提出对康菲石油和中海油的环境公益诉讼；2011 年 9 月 27 日，自然之友和重庆绿联作为共同原告，曲靖市环保局被列为第三人，共同起诉因铬渣污染而被媒体持续曝光的云南省陆良化工实业有限公司和其关联企业云南省陆良和平科技有限公司，案件于 2011 年 10 月 19 日在云南曲靖中级人民法院立案。

除环境保护外，环境公益诉讼的更大价值还在于完善中国的法律体系，促进中国法治建设的进程，推动公众参与，增强公民权利和责任意识，促进社会公平和正义。环境公益诉讼的发展和落实也同时体现了该国公民权利的实现程度和法治的成熟程度。在国际上，尤其是多数发达国家，环境公益诉讼在维护公共利益和保护公民的环境权方面扮演了重要角色。

实际上，环境公益诉讼在我国的进展并非表面所显示得那么顺利，它面临着诸多困境，如立案难、高额取证费、判决难、执行难，从立案到审理等整个诉讼环节中政府和污染企业干扰的身影随时、随处可见。据中国环境统计年报显示，2005 年至 2012 年，我国环境信访量年均约 77 万件。而据中华环保联合会的统计，这些环境纠纷进入司法程序的不足 1%，绝大多数都是通过行政部门处理。环境纠纷量持续增加，而环境公益诉讼量少之又少，彼此间形成巨大反差。

2012 年，新修订的民事诉讼法第五十五条确立了公益诉讼制度，但只有“法律规定的机关和有关组织”才能提起公益诉讼；2014 年，历经四次审议最终通过的新修订的环境保护法明确规定了环境公益诉讼的主体资格。有专家据此断言，环境公益诉讼迎来了最好的发展时机。但是，我们可否乐观地看我国的环境公益诉讼走势，它面临着怎样的困境？本文将尝试回答上述问题。

一　环境公益诉讼的价值

公益诉讼概念古已有之。古罗马规定：“我们称那些为维护公共利益而设置的罚金诉讼为民众诉讼，任何市民均有权提出它。”[①] 广义的公益诉讼泛指一切为维护公共利益而提起的诉讼，它既包括国家机关代表国家以自己的名义提起的为维护公共利益的诉讼，也包括公民、法人和一切非法人

① 〔意〕彼德罗·彭梵：《罗马法教科书》，黄风译，中共政法大学出版社，1992，第 92 页。

组织以自己的名义提起的为维护公共利益的诉讼。而狭义的公益诉讼则仅指国家机关代表国家以国家名义提起的为维护公共利益的诉讼。[①] 我国学术界对公益诉讼的理解有多种观点，其中，较为普遍的为我国学术界所接受的一种观点认为，公益诉讼是相对于私益诉讼而言的，它指“特定的国家机关和相关团队和个人，根据法律的授权，对侵犯国家利益、社会公共利益或不特定的他人利益的行为，向法院起诉，由法院依法追究相对人法律责任的诉讼活动”。[②] 本文认同这一观点。

公益诉讼理论上可以涉及社会生活的各个领域，但实际上，公益诉讼目前多集中于环境、消费、人权、国有资产等几个方面，其中以环境公益诉讼最为突出。环境公益诉讼是指自然人、法人、政府组织、非政府非营利组织和其他组织认为其环境权即环境公益权受到侵犯时向法院提起的诉讼，或者说是因为法律保护的公共环境利益受到侵犯时向法院提起的诉讼。[③] 与其他领域的公益诉讼相比，环境公益诉讼中的“公益”更具代表性。首先，环境资源是个体生存所必不可少的条件。自然环境资源对于个体具有被动性、共享性和非排他性，每个人都有保护环境的权利和义务。其次，环境侵害一般影响范围较大，但对个体的影响较小，个体很难就环境侵害与自身利益受损提出明确的因果关系，这也使得环境问题侵害的是更为抽象的公共利益，而非具体的个人利益。最后，环境侵害由于其不可逆转性，往往需要预防性的措施，而非事后的补救。这就需要一种更为积极的措施来阻止破坏环境的行为，法律的强制性无疑满足这一要求。

现有的制度规范和行政手段难以从根本上扭转日益严峻的环境形势和不断恶化的环境问题，环境公益诉讼作为弥补行政不力的司法手段，借助社会和司法的力量维护公共利益，对社会发展具有重要意义。

1. 推动社会公平和正义

理论上讲，社会中各方利益只有在持续而有效地参与到政府的各项决策中时才能得到有效的保护，所有公民应该拥有参加共同生活的充足机会，但大多情况下公共决策为组织化的利益集团所垄断。环境公益诉讼能够在

---

① 宋朝武：《论公益诉讼的十大基本问题》，《中国政法大学学报》2010 年第 1 期，第 64 页。

② 徐卉：《通向社会正义之路——公益诉讼理论研究》，法律出版社，2009，第 322 页。

③ 蔡守秋：《论环境公益诉讼的几个问题》，《昆明理工大学学报》（社会科学版）2009 年第 9 期，第 1 页。

环境领域中确保那些组织化利益集团所不能代表的利益群体利用诉讼来获取充分而平等的参加共同领域的机会，从而获取诉讼正义，进而获取社会公平和正义。

也就是说，公益诉讼制度着眼于维护公共利益，是人们维护公共利益的一条渠道。我国经济制度的基础是生产资料公有制，政府代表人民管理公共财产、维护公共利益，但它并不意味着剥夺人们维护公共利益的权利。个体利益实现的自由应以不损害公共利益为限。当一些行为损害公共利益时，人们有权与这种行为作斗争。

在市场失灵和政府失灵的双重困境下，公民和社会组织行使共同利益的代表机制，将有效地缓减公民对政府的失望和冷淡，有助于实现政策的合法化，从而能够以群体的力量处理普遍的共同利益问题。[①] 公民能够根据法律的授权，就侵犯国家利益、社会公益的行为提起诉讼的最大优点在于能够在最大的范围内迅速、及时地发现侵犯公益的违法行为，并启动诉讼程序予以监督。而赋予特定社会组织以公益诉讼原告资格，即将具有共同利益的众多法律主体提起诉讼的权利"信托"给具有公益性质的社会组织，由该组织提起符合其章程、设立目的的诉讼，这将从一定程度上弥补单个公民提起公益诉讼时可能会承担过高成本风险的不足，有利于发挥社会组织在维护公共利益方面的整体优势。

环境公益诉讼，一方面可以针对具体违法行为作出有拘束力的裁判，达到给纠纷当事人以外的社会一般人或准司法机关提供类似立法规范的效果。另一方面，公益诉讼的裁判内容通常可以作为已经获得公认的社会价值，而对现实的政治机关造成某种压力，或促使发动立法权、行政权，以形成公共政策。[②] 这种形成政策的过程超越了仅仅针对个案的事后解决。

2. 推动法治建设的进程

从立法层面来说，公益诉讼推动了我国诉讼模式的发展。在我国传统诉讼模式中，个体或民间组织作为原告起诉只能以与自己具有法律上的直接利害关系为限，即以私益诉讼为基础。在社会公共利益遭受侵害的情况

① 徐卉：《通向社会正义之路——公益诉讼理论研究》，法律出版社，2009，第79页。

② 江伟、苏文抑：《公益诉讼社会功能论》，《政法学刊》2009年第1期。

下，与违法行为有直接利害关系的人所损失的利益往往很有限，而违法行为造成的不利影响却由全社会来承担。这些利害关系人也可能基于种种考虑，不愿或者不敢提起诉讼。此外，实践中更多的情况则是，大多数损害国家、社会公共利益的行为，往往不存在直接利害关系人，因而无法提起诉讼来维护公共利益，这就导致大量损害公共利益的行为得不到纠正。公益诉讼制度是一种特殊的、非传统性的诉讼制度，它在一定程度上弥补传统诉讼模式在解决纠纷方面的不足，丰富新形势下诉讼机制的内涵，如新民诉法和新环保法对于环境公益诉讼的规定，突破了私益的限制，为公共利益的保护提供了明确的法律支持，推动法律制度层面的发展。另外，法制建设离不开法律制度的完善，环境公益诉讼在实践上的成功或失败的经验为法律修改提供了依据和借鉴。

从法治化进程来说，环境公益诉讼推动社会依法解决社会矛盾。以往人们对一个理想社会制度的追求要么诉之于疾风暴雨式的革命，要么求助于游行、示威等对抗性强的街头运动或群体性事件和大众文化式的抵制行动，破坏性有余，建构性不足。现代社会以法治作为基础，稳定和完善的法治能够保障社会发展，维护社会和谐。诉讼作为一种对社会冲突进行司法控制的基本手段，它在解决纠纷中所体现的合法性、公正性及效率性是其他手段所无可比拟的，理应在利益的平衡协调中发挥重要作用。公益诉讼正是将维权运动从大规模的游行、上访引入到法庭上，用多数人（包括反对者）更愿意看到的方式解决社会矛盾。这种转换至少避免了游行、示威等较为暴力的方法，也有效地使维权活动在法治的轨道上运行，也为其他类型的社会冲突的解决提供了范例。

3. 增强公民的权利和责任意识

在我国，公民的权利意识和责任意识淡薄。这通常表现为两个方面：人们或者意识不到自己的权利，或者即便意识到也不清楚如何维护；或者，当公共利益受损、自身利益被间接侵害时，却缺乏权利和责任意识去维护公共利益和自我利益。

各个环境公益诉讼案件的跟踪报道不仅起到了对公共利益宣传的作用，也使每个人认识到，想要拥有享受美好环境的权利，就需尽到保护环境的义务。一些公民或社会组织提起环境公益诉讼，无论结果如何都赢得了广泛的社会关注。有了环境公益诉讼，平民百姓的利益不被忽视，违规操作的生产不被漠视，违反法律的规定不被“小视”，“法律面前人人平等”的主张得以实践。当普通百姓与垄断行业、垄断企业或违法者，或政府部门对簿公堂时，其意义已经超出了输赢本身，它使弱势群体的维权行为得到了起码的尊重，唤起人们为维护自身权益而战的意识。借助法律武器，人们也有了为维护公共利益和自身利益而战的能力。

二　环境公益诉讼发展的两大基础

法理学在研究法律和法律现象的过程中，依据不同的标准，将法律分为不同的种类。根据法律规定内容的不同来进行划分，可以分为实体法和程序法。实体法是指规定具体权利义务内容或者法律保护的具体情况的法律，如民法、水污染防治法、环境保护法等。程序法是规定以保证权利和职权得以实现或行使、义务和责任得以履行的有关程序为主要内容的法律，如行政诉讼法、民事诉讼法、刑事诉讼法等。环境公益诉讼发展取决于实体法和程序法两方面的基础。

1. 实体法

实体法是环境公益诉讼中确定责任和义务的依据。我国法律奉行“实定法确定”的原则，要先有实体法律规范，法院才能进行裁判。所以，当具体案件没有可以依据的实体法律规范时，法院往往不予受理。实体法的主要功能在于规定和确认权利和职权以及义务和责任。在环境公益诉讼中，依据实体法进行判决，一般不存在无法可依的现象。公共利益的损害一般表现较为明显，范围广泛，同时被告方的违法行为在证据充足的情况下也较容易依法定罪。因此，在公益诉讼领域，实体法一般并不作为研究的重点。并且，随着法学的发展，实体法和程序法的分界已经具有合流的趋势。尤其在大陆法系国家，人们越来越认识到完美的实体法是难以达到的理想状态，通过程序法来完善法律体系是解决问题的根本方式，这也进一步削弱了实体法的作用。但对于环境公益诉讼来说，实体法的完善无疑极大地推动了这一领域问题的解决。专门的法律规定不仅为解决环境问题提供了法律上的依据，更展现出政府和国家对这一领域问题的关注，对问题的解决具有重要的促进作用。

2. 程序法

程序法是保障环境公益诉讼明确、合理、完备地实现的途径。程序法的主要功能在于及时、恰当地为实现权利和行使职权提供必要的规则、方式和秩序。没有明确、合理、完备的实施方式和途径，实体法内容便不能落实，实体法的效力便无保证，实体法规定的权利、义务便成为空中楼阁。程序法是为保证实体法所规定的权利义务关系的实现而制定的诉讼程序的法律，程序法的不完备，意味着这些方法方式和途径的短缺和受到阻碍。对于环境公益诉讼来说，程序法是能否进入法律框架解决环境问题的关键。其中，主体资格、诉讼费用、举证责任和受案范围四个方面尤为重要。

（1）主体资格

主体资格是启动诉讼的必备要件。它是指能成为民事主体的条件，该主体享有完全民事权利能力和民事行为能力，能独立承担民事义务。原告是引起诉讼程序发生的人，一般来说，没有原告也就不会形成诉讼。原告资格解决的是特定的人是否为将特定事项诉诸法院裁决的适格当事人问题。例如，美国最高法院曾指出："原告资格问题本质上是起诉人是否有权要求法院对特定事项的争议的是非曲直进行裁决的问题。"① 因此，在民事诉讼法中，原告资格又被称为原告适格，一般将其放在当事人适格理论中研究。而依照《布莱克法律大辞典》的解释，原告资格是指某人在司法性争端中所享有的将该争端诉诸司法程序的足够的利益，其中心课题是确定司法争端对起诉人的影响是否充分，从而使起诉人成为本案诉讼的正当原告。② 美国最高法院布伦南大法官曾指出，原告资格是请求司法复审的特定原告是否能得到复审的问题。也有学者认为，原告资格原理追问的是，"某当事人是否与某一可诉的争议具有充分的利害关系，以使该争议获取司法解决"。③

依传统的诉讼主体理论，只有自身合法权益受到违法侵害的人才具有原告资格，除此以外的任何个人、机关、组织和团体都不具备原告资格。如我国行政诉讼法规定，只有行政相对人认为具体行政行为侵犯其利益时，

① 沈黎红：《行政诉讼原告资格及其判断》硕士学位论文，上海华东政法大学法学院，2006，第3页。

② 高家伟：《论行政诉讼原告资格》，《法商研究》1997年第2期，第65页。

③ 沈黎红：《行政诉讼原告资格及其判断》，硕士学位论文，上海华东政法大学法学院，2006，第3页。

才具备提起行政诉讼的主体资格；我国民事诉讼法规定，原告须是与本案有直接利害关系的公民、法人或其他组织。而公益诉讼的主体是不确定的多数人，其所受到的侵害多数情况下也很难确定为直接利害关系。在这种情况下，这些当事人适格制度导致大量国家利益和社会公共利益受侵害而得不到救济，涉及公共利益的纠纷和矛盾无法纳入现行法律所规定的框架内解决。

（2）诉讼费用

诉讼费用是进行诉讼所需的必要成本。狭义的诉讼费用是指当事人进行民事诉讼依法应当向人民法院交纳和支出的费用，包括案件的受理费、申请费和其他诉讼费用。广义的诉讼费用还包括因诉讼所产生的一切费用，如律师费、取证费等。法律是维系社会正常运转的规范，也是处理社会中矛盾纠纷的终极手段。诉讼需要一定的司法资源作为保障，如果司法资源可以任意使用，势必造成大量滥诉，使社会陷入人为的混乱之中。诉讼费用制度的设立，一方面保护了司法资源，使有限的司法资源用以解决更重要的社会纠纷问题；另一方面，国家建立司法体系并保持其运转需要一定的支出，合理的收费是维持法律系统正常运转的物质保障。

就诉讼费用而言，公益诉讼涉及的是多数人的利益，而非个人私益，个人缺乏提起公益诉讼的动机。一般情况下，成本是个人是否提起诉讼的主要考量因素。传统诉讼模式是建立在私益基础上的，原告因个人利益受损提起诉讼，向被告索取赔偿，这一过程中个人投入符合成本－效益的经济分析，并有收益（起码是补偿损失）的可能。而公益诉讼所损害的是公共利益，即便胜诉，所得赔偿也由受损公众共享。对单一个人或组织来说，提起公益诉讼并不会带来个人收益，即使个人能够从中获得一定收益，与需要付出大量时间和金钱相比，这一行为也不符合理性人的经济预期。[①] 因此，在面对公共利益受损时，个体因成本因素往往缺乏提起公益诉讼的意愿，相关组织在没有其他财力支撑的前提下，也很难独自承担诉讼和举证所需的费用，经济原因也就成了阻碍公益诉讼发展的一大障碍。

（3）举证责任

举证责任是诉讼过程中分配证据提供的标准。现代诉讼以证据裁判主

---

① 张文玲：《浅谈公益诉讼的诉讼费用》，《西南政法大学学报》2005 年第 6 期，第 121 页。

义作为裁决案件的基础。[①] 当事人对自己提出的主张有收集或提供证据的义务，并有运用该证据证明主张的案件事实成立或有利于自己的主张的责任，否则将承担其主张不能成立的危险。在法院审理过程中，依据案件性质和内容不同，会有不同的举证责任分配。例如，我国民事诉讼法规定了“谁主张谁举证”的一般原则，还设置了举证责任倒置原则。因此，由谁提供证据和提供什么证据，是关系诉讼胜败与否的重要因素。

环境公益诉讼针对的对象一般是公害，这些侵害公益的行为主体大多是强势企业或政府机关，而提起公益诉讼的原告多为个人或组织，在经济、人力、技术等方面均有悬殊的差距。如果让原本就处于弱势地位的个人或组织承担举证责任，无异于难上加难。这也是许多公益诉讼的起诉尝试虽然引起媒体和公众的广泛关注却终究很难获得法院支持的根本原因。

（4）受案范围

受案范围是诉讼能否进入法律程序的标准。法院作为国家司法机关，并不对全部社会纠纷作出裁决。我国民事诉讼法第 3 条对法院的受案范围作出规定，即人民法院受理公民之间、法人之间、其他组织之间以及它们相互之间因财产关系和人身关系提起的民事诉讼。这一规定从原则上限制了法院的受案范围，但在实际司法过程中，法院具有极高的裁量权，对于一些法院难以解决的问题，最高法院会通过司法解释等方式对具体问题进行具体规定。因此，即便一些案件原则上属于法院受理范围，但法院仍需依具体情况决定是否受理。

就受案范围而言，对诉讼主体来说，受案范围可以明确权利范围，对政府来说，可以节约司法资源，预防滥诉。由于目前并没有专门的环境公益诉讼制度，环境公益诉讼仍在传统的民事诉讼和行政诉讼框架内进行。而传统诉讼中，事实上的损害作为诉讼要件，往往限制了公益诉讼的提起。并且，环境损害具有不可逆转性，环境公益诉讼应体现出预防性功能，也与上述规定不符。

三 中国环境公益诉讼的实体法基础已较完备

环境公益诉讼是环保法体系的一部分，而我国环保法体系中围绕环境

① 李汉昌，刘田玉：《统一的诉讼举证责任》，《法学研究》2005 年第 2 期，第 99 页。

公益诉讼的实体法基础已较完备。我国环保法体系主要分为四个层次，一是宪法中有关环境保护的条款；二是作为环保法体系基本法的环境保护法；三是环境资源保护类法律、污染防治类法律、其他法律中环保条款和环境保护国际公约；四是环境保护行政法规，包括地方法规、管理制度和部门章程。

自1989年颁布实施《中华人民共和国环境保护法》以来，全国人民代表大会及其常务委员会制定了污染防治类法律、自然资源保护法律各十余部，国务院有关部门、地方人民代表大会和地方人民政府制定和颁布了规章和地方法规几百件，缔结和参加的国际环境保护公约数十件，基本形成了完备的环境保护法律框架体系。

1. 宪法明确纳入环境保护条款，为环境公益诉讼奠定了立法基础

宪法中关于环境保护的规定是环境法体系的基础，是各种环境法律、法规、制度的立法依据。

新中国成立以前，环境保护意识尚未萌发，环境保护法律欠缺，宪法文本中几乎没有关于环境保护的宪法条款。新中国成立到1973年全国第一次环境保护会议召开，这一时期没有形成完整的环境保护概念，国家制定了一些与环境保护有关的法律法规，但较为零散。1954年颁布的《中华人民共和国宪法》规定："矿藏、水流、由法律规定为国有的森林、荒地和其他资源、都属于全民所有。"第一次把重要自然资源和环境要素规定为全民所有即国家所有，从所有权方面确立了全民所有的宪法原则，其他与环境保护有关的规定大多散布于政府颁布的法律、法规之中，也多以行政法规的形式规范保护自然资源为主。

1978年第五届全国人民代表第一次会议通过了《中华人民共和国宪法》第11条第3款规定："国家保护环境和自然资源，防治污染和其它公害。"这为我国的环境保护和环境立法提供了宪法基础。1982年制定的宪法是我国的现行宪法，现行宪法中的环境保护主要体现在三个方面。一是国家对于自然资源的保护。宪法第9条规定："国家保障自然资源的合理利用，保护珍贵的动物和植物。禁止任何组织或者个人用任何手段侵占或者破坏自然资源。"二是国家对于土地资源的保护。宪法第10条规定："一切使用土地的组织和个人必须合理地利用土地。"三是国家对于环境的保护。宪法第26条规定："国家保护和改善生活环境和生态环境，防治污染和其他公害。

国家组织和鼓励植树造林，保护林木。”对环境保护工作提出更高的要求，不但要保护环境，还要改善环境；不但要改善生活环境，还要保护和改善生态环境。并明确提出了环境保护任务、内容和国家的职责，是我国现行环境保护立法的根据。

我国有关环境的宪法保护逐渐建立起来，但随着经济和社会发展，现有的环境的宪法保护也暴露出了一些问题，尤其是我国宪法没有明确规定“环境权”作为公民的基本权利，也没有规定环境权的权利和义务。我国的传统宪法观念突出强调的是宪法的工具性和政治性，核心理念是国家本位、权力本位，即使从现行宪法关于环境保护的第 9 条、第 22 条、第 26 条规定也不难看出，强调国家的环境保护，没有提及环境权和环境保护义务。尽管现有的权利可以为环境保护提供许多有益的帮助，但是它们还是间接且不够明确的，对于日益严重的环境问题还显得力量不足。正如有学者指出：“人权的方式是一种有力的主张，是一种在理论上不受以游说和交易为特点的官僚决策过程影响的权利。它的力量在于它超越个人贪欲和短期性的思考的能力。”①

环境与人权的关系密切。2011 年联合国人权公约在有关《人权与环境的报告》中将人权与环境之间的关系作了如下界定：第一，环境是享受人权的前提条件。第二，人权是从实体和程序上解决环境问题的有效工具。第三，无论是人权还是环境都是实现可持续发展所必不可少的内容。一方面，环境对很多人权的实现都会直接产生影响，如环境不好就会直接威胁到生命权、健康权、财产权等人权的实现，在国际人权法上，国家也有义务采取措施控制可能影响健康权实现的污染；另一方面，人权的保障有助于促进公众对环境决策的参与、获得环境政府信息以及获得司法保障，从更深层的角度说，只有在人权得到充分尊重和保障的社会，政府才更可能有效地处理环境方面的问题。欧洲是最早制定区域性环境公约的地区。1998 年在丹麦奥胡斯通过的目前在全球范围内最具开创性的区域性国际公约《奥胡斯公约》（其全称为《在环境问题上获得信息、公众参与、决策和诉诸法律的公约》），主要落实 1992 年联合国《关于环境和发展的里约宣言》第 10 条原则的规定。该原则确认，“环境问题最好在所有有关公民在有关层次参加下加以处理。在国家一级，每个人应有适当的途径获得有关公共

① 国际人权法教程项目组：《国际人权法教程》，中国政法大学出版社，2002，第 480 页。

机构掌握的环境问题的信息，其中包括关于他们的社区内有害物质和活动的信息，而且每个人应有机会参加决策过程。各国应广泛地提供信息，从而促进和鼓励公众的了解和参与。应提供采用司法和行政程序的有效途径，其中包括赔偿和补救措施”。其中最重要的途径就是环境公益诉讼。

2.《环境保护法》为环境公益诉讼作出了基本、全面和综合的规定

我国环境基本法对环境保护作出了最基本的、最全面的、最综合的规定。1979 年，全国人民代表大会常务委员会通过并颁布了《中华人民共和国环境保护法（试行）》。1982 年以后，全国人民代表大会常务委员会先后通过了《中华人民共和国海洋环境保护法》、《中华人民共和国水污染防治法》和《中华人民共和国大气污染防治法》。1989 年 12 月 26 日第七届全国人民代表大会常务委员会第十一次会议通过了《中华人民共和国环境保护法》。2014 年 4 月 24 日第十二届全国人民代表大会常务委员会第八次会议修订了新的《环境保护法修订案》。《环境保护法》是将环境作为一个有机的整体加以保护和改善的综合实体法，在环境法体系中处于中心地位，是其他单项环境法的依据。该法对环境保护的重大问题作出规定：一是规定了环境法的基本任务是保护和改善生活环境与生态环境，防治污染和其他公害，保障人体健康，促进社会主义现代化建设的发展。二是规定环境保护的对象是那些直接或间接地影响人类生存和发展的环境要素的总体，包括大气、水、海洋、土地、矿藏、森林、草原、野生生物、自然遗迹、自然保护区、风景名胜区、城市和乡村等。三是规定了环境保护的基本原则和要求。如将环境保护纳入经济和社会发展计划，实行经济发展与环境保护相协调的原则，以防为主、防治结合、综合治理的原则，以及环境影响评价制度、“三同时”制度、排污收费制度等。四是规定了保护自然环境、防治环境污染的基本要求和相应的法律义务。如加强对农业环境的保护，防止土壤污染、沙化和水土流失，建立环境保护责任制等。五是规定了环境管理机构对环境监督管理的权限、任务以及单位和个人保护环境的义务和法律责任。①

环境保护法在实体法层面为环境保护工作提供法律保证，为国家执行

① 周珂：《环境法》，中国人民大学出版社，2000，第 25 页。

环境监督管理职能提供法律依据，为保护和改善环境、防治环境污染和其他公害提供法律保障，为提高我国公民的环境意识、维护自己的环境权益提供法津知识和武器。环境保护法的颁布、修改和实施，从法律上告知公民，什么行为被环境保护法所禁止，什么行为被环境保护法所鼓励，哪些环境为法律所保护，从而指导自己的行为。国家保护环境，就意味着公民们都应该有在良好的环境中生活的权利，使自己的财产和健康不受污染损害的权利。因此，我国环境保护法明确宣告：一切单位和个人都有保护环境的义务，并有权对污染和破坏环境的单位和个人进行检举和控告。造成环境污染危害的应负法律责任，应排除危害，并对直接受到损害的单位或者个人赔偿损失。

3. 环境保护单行法针对环境公益诉讼中的特定保护对象有专门规定

环境保护单行法是以宪法和环境保护基本法为依据，针对特定的保护对象或特定的污染防治对象而制定的单项法律和国务院制定的有关法规。在法律层次上，单行法可分为法律、法规、部门规章、地方法规和规章，在内容上可分为以下几个组成部分。

（1）有关污染防治的立法

污染防治法是环境法中非常重要的一个组成部分，它是指国家对产生或可能产生环境污染和其他公害的活动实施控制，达到保护生活环境和生态环境，进而保护人体健康和财产安全目的而制定的同类法律规范的总称。目前，我国制定的污染防治法的涵盖范围已经相当广泛，包括：大气污染防治法（2000 年）、水污染防治法（2008 年）、海洋环境保护法（1999 年）、环境噪声污染防治法（1996 年）、放射性污染防治法（2003 年）、固体废物污染环境防治法（2004 年）等，其他在污染防治方面较为重要的立法还有针对化学品安全、农药使用、电磁辐射等控制和管理的行政法规和部门规章以及相关的环境标准。上述这些法律、法规、规章和标准分别适用于恶臭、振动、土壤污染、地面沉降、有害物质控制等领域。此外，我国还制定了环境噪声污染防治法、放射性污染防治法、电磁辐射环境保护管理办法等法律、法规。

（2）有关生态保护的立法

一般认为，生态保护立法所确立的保护对象，应当包括自然区域和生物多样性的保护。因此，我国生态保护法律也主要包括自然区域的法律保护和生物多样性的法律保护方面，主要内容涉及地域环境保护（如自然保护区、风景名胜区、国家森林公园、河流湖泊、自然文化遗迹以及景观舒适度保护等）和野生生物保护。这方面的立法自20世纪90年代得到迅速发展，陆续颁布了野生动物保护法及其两个实施条例、森林和野生动物类型自然保护区管理办法、自然保护区条例、水土保持法及其实施条例、野生植物保护条例、植物新品种保护条例、农业转基因生物安全管理条例、病原微生物实验室生物安全管理条例、风景名胜区条例、濒危野生动植物进出口管理条例等法律、法规。①

（3）其他部门法中的环境保护规范

环境保护作为一个综合性行为，在法律上也不仅属于环保法体系，在其他部门法中也有关于环境保护的相关规范。

A. 民法

民法中的许多原理和制度与环境法有着重要的渊源关系，如物权法对自然资源法或自然保育法的渊源关系；相邻关系与环境侵权的渊源关系；损害赔偿与公害救济的渊源关系；民事责任原则与环境民事责任的渊源关系；合同法与排污权交易及自然资源财产权交易等。我国现行民法中与环境法的相关规范主要有《民法通则》规定国家和集体对自然资源的所有权、使用权、经营权、收益权受法律保护，同时也规定了使用单位或个人有对自然资源管理、保护和合理利用的义务。关于承担民事责任的原则，《民法通则》第124条规定，违反国家保护环境防止污染的规定，污染环境造成他人损害的，应当依法承担民事责任。我国《物权法》的许多规定从不同角度实现环境资源保护的功能。《物权法》第7条规定："物权的取得和行使，应当遵守法律，尊重社会公德，不得损害公共利益和他人合法权益。"这完全适用于污染环境和破坏自然资源的行为。

B. 刑法

我国于1997年修订的新刑法第六章妨害社会管理秩序罪的第六节专门规定了"破坏环境资源保护罪"，其中破坏环境资源的具体犯罪包括：重大环境污染事故罪非法处置进口的固体废物罪，擅自进口固体废物罪，非法捕捞水产品罪，非法猎捕、杀害珍贵、濒危野生动物罪，非法收购、运输、

① 王灿发：《环境法的辉煌，挑战及前瞻》，《政法论坛：中国政法大学学报》2010年第3期，第109页。

出售珍贵、濒危野生动物及珍贵、濒危野生动物制品罪，非法狩猎罪，非法占用耕地罪，非法采矿罪，非法采伐、毁坏珍贵树木罪，盗伐林木罪，滥伐林木罪，非法收购盗伐、滥伐的林木罪等；此外，在走私罪、渎职罪等篇章中也有涉及环境资源保护的规定。

2009 年，盐城市盐都区人民法院首次以“投放危险物质罪”判决环境污染者。2007 年 11 月底至 2009 年 2 月 16 日期间，被告人胡文标、丁月生在明知该公司生产过程中所产生的废水含有苯、酚类有毒物质的情况下，仍将大量废水排放至该公司北侧的五支河内，任其流经蟒蛇河污染盐城市区城西、越河自来水厂取水口，致盐城市区 20 多万居民饮用水停水长达 66 小时 40 分钟，造成直接经济损失人民币 543.21 万元。法院最终依据刑法判决被告人胡文标犯投放危险物质罪，判处有期徒刑十年；被告人丁月生犯投放危险物质罪，判处有期徒刑六年。① 此前，此类案件一般依据重大环境污染事故罪判决，处五年以上十年以下有期徒刑，并处罚金。但本案由于被告人主观故意明显，因此依据投放危险物质罪判决，刑期更长，体现了刑法对环境保护力度的加强。

C. **行政法**

我国《治安管理处罚法》中也有对尚不构成犯罪的环境违法行为给予行政处罚的规定。例如，第 30 条规定：“违反国家规定，制造、买卖、储存、运输、邮寄、携带、使用、提供、处置爆炸性、毒害性、放射性、腐蚀性物质或者传染病病原体等危险物质的，处十日以上十五日以下拘留；情节较轻的，处五日以上十日以下拘留。”第 58 条规定：“违反关于社会生活噪声污染防治的法律规定，制造噪声干扰他人正常生活的，处警告；警告后不改正的，处二百元以上五百元以下罚款。”

此外，我国经济行政、文化行政、卫生行政、海关行政等行政法中也包含大量环境保护的规范。

（4）国际公约中的环境保护规范

由于环境问题具有全球性，环境保护的国际法规范越来越为各国所重视。我国参加并已对我国生效的一般性国际条约中的环境保护规范和专门性国际环境保护条约中的环境保护规范，包括我国参加或缔结的有关环境资源保护的双边、多边协定和国际条约及履行这些协定和条约的国内法律

① http：//gongyi. sina. com. cn/greenlife/2013 －06 －21/100243609. html.

等，也是我环境法体系的重要组成部分。我国宪法规定，经过我国批准和加入的国际条约、公约和议定书，与国内法同具法律效力。我国《环境保护法》第46条规定，如遇国际条约与国内环境法有不同规定时，应优先适用国际条约的规定，但我国声明保留的条款除外。我国参加的重要的环境保护国际条约有《联合国海洋法公约》、《控制危险废物越境转移及其处置巴塞尔公约》、《保护臭氧层维也纳公约》、《气候变化框架公约》、《生物多样性公约》、《南极环境保护议定书》等。

2002年11月23日凌晨4时08分，一艘满载8万吨原油的马耳他籍油轮"塔斯曼海"轮与中国大连"顺凯一号"轮在天津大沽锚地东部海域23海里处发生碰撞，导致该轮右舷第三舱破损，大量原油从破损处溢出流入海中，随后几小时，发现该轮所泄漏的原油在海风作用下已形成大约长2.5海里、宽1.4海里的溢油漂流带。据介绍，自2002年11月26日起，有关专家在事故附近海域不同地点进行7次调查与监测，采用卫星遥感、现场调查、油指纹鉴别等多项技术，对溢油量、范围及多项技术性指标进行了确定。根据卸货量检验报告和卫星遥感技术进行估算表明："塔斯曼海"轮所溢原油量在200吨以上。经确定，此次油污事故造成油污染较严重的海水面积为359.6平方千米，受此次油污影响严重的沉积物面积为82179平方千米和影响滩涂范围为290平方千米。

2004年6月24~26日，中国最大的一起民事索赔案——"塔斯曼海"轮油污损害赔偿纠纷案在天津海事法院开庭审理。天津海洋局、渔政渔港监督管理处，以及天津、河北等地渔民协会等诉讼主体，向因原油泄漏造成渤海污染的马耳他籍油轮"塔斯曼海"号索赔共计1.17亿元。该案是中国加入《1992年国际油污损害民事责任公约》后，首例根据该公约向外国船公司保险人进行索赔的案件，也是我国海洋行政管理部门在法律框架内提出污染海洋生态环境涉外索赔第一案，开创了维护我国海洋生态环境权益的先河。该案不仅是中国最大的一起民事索赔案，也是最大一起由于生态破坏引起的索赔案，涉及自然人1600人。[①]

2004年12月30日，天津海事法院对"塔斯曼海"轮油污损害赔偿纠纷案中最后两个案件依法作出判决，判令被告"塔斯曼海"轮船东及伦敦

① 李树华、田庆林：《"塔斯曼海"溢油事故索赔案及其深远意义》，《交通环保》2004年第4期，第45页。

汽船船东互保协会连带赔偿原告天津市海洋局海洋生态损失近千万元；赔偿天津市渔政渔港监督管理处渔业资源损失 1500 余万元。加上先期判令二被告赔偿遭受损失的 1490 名渔民和养殖户的 1700 余万元，此次索赔案的最终数额共计 4200 余万元。①

4. 环境保护行政法规使环境公益诉讼的法律依据具体化

为保证上述法律规定能够具体落实，便于操作，我国在环境保护方面还制定了数量众多的行政法规。这些法律法规主要包括四部分。第一，环境管理标准，为国家制订环境计划和环境法提供依据；第二，环境质量标准，衡量环境是否受到污染的尺度，是环境规划、环境管理和制定污染物排放标准的依据；第三，环境排放标准，对人为污染源排入环境的污染物的浓度或总量所作的限量规定，其目的是通过控制污染源排污量的途径来实现环境质量标准或环境目标；第四，地方环境保护法规，根据本行政区域的具体情况和实际需要，在不与宪法、法律、行政法规相抵触的前提下制定的环保法规。

目前我国已初步形成较为完备的环境法体系。1978 年，环境保护首次被写入宪法，此后一直作为一项基本国策，被列入国民经济和社会发展计划中，实行国家宏观调控与指导，纳入依法治国方略中。随着《环境保护法》、《海洋环境保护法》、《水污染防治法》、《大气污染防治法》《环境影响评价法》、《放射性污染防治法》等一系列环境保护法律法规的颁行，国家先后颁布了环保方面的法律，加上以前制定的一些相关的环境法律法规，目前为止，我们已经初步形成了国家的环境法规体系。

当然，我国环境保护实体法也存在一些问题，包括回避重大问题、明显缺乏针对性、规范力度不够、违法成本低、表述不清楚、缺乏可操作性等。总的看来，我国环境法体系的形成过程采取了先污染防治后自然资源保护的途径，存在重实体规定、程序规范欠缺，重行政主导、公众参与欠缺，重立法数量、执法和司法滞后，不同部门和层次的环境立法缺乏统一规划，地方立法特色性不强等问题。②

---

① http：//news. enorth. com. cn/system/2005/01/04/000937583. shtml.

② 周珂：《环境法》，中国人民大学出版社，2000，第 30 页。

四　中国环境公益诉讼在程序法方面阻力甚大

由于实体法基础较完备，中国环境公益诉讼发展的阻力主要来自程序法方面。由于环境公益诉讼未单独立法，环境公益诉讼在程序法上分属于民事诉讼、行政诉讼和刑事诉讼，在实际应用中，主要集中于前两者。由于传统的法律制度建立在私益诉讼基础上，因此，对公共利益的侵害主要依赖于行政手段进行解决。而在现实中，行政方式不仅难以有效解决公共利益问题，有时甚至直接造成对公共利益的侵害。这时，法律作为维持社会秩序的底线，却未发挥应有的作用。中国环境公益诉讼在程序法方面的阻力主要表现在以下四个方面。

1. 主体资格受限，难以进入法律大门

我国环境公益诉讼的发展，首先面临的是主体资格受限的问题。目前法律规定和实践中，环境公益诉讼主体仍以国家机关为主，社会组织作为环境公益诉讼主体的资格有待进一步明确。

（1）个人不具有环境公益诉讼的主体资格

根据新民诉法的规定，公益诉讼的主体只有“机关”和“有关组织”，而最广大的人民群众被排除在外。兰州自来水污染事件发生后，五位市民提起的公益诉讼直接被法院以主体不适格为由拒绝了。并且，在新民诉法颁布之前，个人也没有以主体资格成功提起环境民事公益诉讼的先例。

而根据行政诉讼法的规定，个人虽有诉权，但在司法实践中，个人诉权也难以实现。2002 年 6 月，杭州农民陈法庆认为余杭区环保局没有对制造粉尘、噪音等污染的石子加工企业作出处理，以行政不作为为由将其告上了法庭，而法院则以环保局已作出处理为由，判决驳回起诉。[①] 2001 年 10 月 17 日，东南大学施建辉、顾大松两位教师针对南京各界强烈关注的中山陵风景区紫金山兴建“南京市紫金山观景台”一事，以南京市规划局违规对观景台建设进行审批，致使紫金山的自然风景遭破坏为由，向南京市中级人民法院提起行政诉讼，要求撤销对紫金山观景台的规划许可，法院

① 黄金荣：《一场方兴未艾的公益法实践运动》，《中国改革》2006 年第 10 期，第 47 页。

未受理此案。[①]

可见，无论是法律规定还是司法实践，个人在环境公益诉讼中都不具备提起诉讼的主体资格。

（2）国家机关作为环境公益诉讼主体开展实践

目前，由国家机关提起的公益诉讼主要是相关行政机关和检察机关。在新民诉法颁布实施之前，民诉法只规定“机关、社会团体、企业事业单位对损害国家、集体或者个人民事权益的行为，可以支持受损害的单位或者个人向人民法院起诉”，并没有赋予国家机关诉讼主体资格。但在实践中，由于环境损害问题缺乏相关利益主体，行政机关和检察机关作为国家公权力的代表，只能“临危受命”，承担起维护公益的责任。

2007年12月10日，贵州省贵阳市人民政府所属“两湖一库”管理局作为原告，向清镇市人民法院环保法庭提起环境污染损害诉讼，要求天峰化工公司停止排污侵权。法庭经审理查明，被告公司的生产厂区位于红枫湖饮用水源保护区范围内，但没有采取必要的防水、防渗及相应的废水处理措施，尾矿库的渣场渗滤液均通过地表、地下排入红枫湖上游的羊昌河。贵州省环境监测中心站监测显示，被告公司尾矿库的渣场渗滤液对羊昌河水质影响较大。

法院经审理认为，原告是政府依法设立的环境行政管理机构。红枫湖是贵阳市百万市民的主要饮用水源。在不特定的多数人群遭受环境污染侵害的情况下，为了维护公众利益，政府行政部门有权以原告身份提起环境公益诉讼，制止环境违法行为。据此，清镇市人民法院环保法庭当庭判决：被告天峰化工公司应在判决生效之日起立即停止使用尾矿废渣场，停止尾矿废渣场对环境的侵害，并于2008年3月31日前消除对环境的影响。

此案判决确认了行政机构在环境公益诉讼中的原告资格，突破了在普通诉讼中原告必须是“直接利害关系人”的限制，因而扩大了原告范围。此案因此被评为2007年全国最有影响的公益诉讼案件之一。[②]

（3）社会组织作为环境公益诉讼主体资格有待进一步明确

2014年4月24日，十二届全国人大常委会第八次会议表决通过了《环保法修订案》，新法将于2015年1月1日施行。最终通过的环保法修订案第

① 黄金荣：《一场方兴未艾的公益法实践运动》，《中国改革》2006年第10期，第47页。

② http：//www. eedu. org. cn/Article/es/envir/e_law/200812/32510. html.

五十八条规定，公益诉讼的符合条件扩大为社会组织“依法在设区的市级以上人民政府民政部门登记”和“专门从事环境保护公益活动连续五年以上且无违法记录”，且“提起诉讼的社会组织不得通过诉讼牟取经济利益”。按照新修订的环保法划定的范围，现在基本符合条件的社会组织将超过300余家。新环保法作为新民诉法施行后修订的重要部门法，在公益诉讼规定上起到了补充说明的作用。但由于新环保法还未实行，社会组织的公益诉讼主体地位还有待进一步观察。

根据以往的经验，社会组织在公益诉讼实践中鲜有主体资格，仅有两类成功案例。一类是具有官办背景的中华环保联合会提起的诉讼受到法院受理。2009年，中华环保联合会接居民举报，江阴港集装箱有限公司在江阴市黄田港口从事铁矿石（粉）作业过程中产生铁矿粉粉尘污染，严重影响了周围的空气质量和居民的生活环境，并将含有铁矿粉的红色废水未经处理直接冲洗排入下水道，经黄田港排入长江，影响附近居民饮用水安全。同时，江阴港集装箱有限公司在作业过程中产生的噪声影响了周围居民生活。朱正茂代表周边居民与中华环保联合会作为共同原告于2009年7月3日向无锡市中院提起环境民事公益诉讼，请求法院判令被告江苏江阴港集装箱有限公司立即停止侵害，消除污染威胁，此案最终以原告胜诉告终。另一类是环保组织与行政机关共同作为诉讼主体。云南铬矿污染案件中，两个民间环保组织和当地环保局共同作为原告提起诉讼。案件起因是云南省陆良化工实业有限公司和其关联企业云南省陆良和平科技有限公司因非法处理和堆放铬渣造成严重环境污染，不仅周边村庄癌症患者逐年增加，更直接造成家畜因饮用被污染水源而大量死亡。“自然之友”和重庆市绿色志愿者联合会对两家公司提起了环境公益诉讼。但因环境公益诉讼的赔偿金不能支付给原告，因此，将曲靖市环保局列为第三方参与诉讼。但递交诉状不久，曲靖市中院致电“自然之友”建议将曲靖市环保局列为共同原告。实际上，这一由民间组织提起的环境公益诉讼，最终还是和行政机关作为共同原告提起的诉讼，公益诉讼主体资格实际上也并未因这一个案而“破例”。

国际上，“主体资格”也是环境公益诉讼发展的关键因素，各国根据自身情况制定了不同的政策。德国作为大陆法系国家，对环境公益诉讼的主体资格限制较为严格。因《胡奥斯公约》要求签约国保障公民对于环境问题的诉讼权利，德国于2002年修改《联邦自然保护法》时，在该法中赋予了环境团体行政公益诉权，联邦层面的环境公益诉讼制度由此诞生。[①] 而在实际情况中，德国政府更多的是赋予环保团体以参与权，在政策制定和执行过程中允许环保团体参与。如果环保团体没有积极履行参与权，其诉权原则上也会被剥夺。[②] 相比之下，美国作为判例法国家，对环境公益诉讼的主体资格的限制则更为宽松。美国 1970 年颁布实施的《清洁空气法》规定，任何人都可以以自己的名义对包括美国政府、行政机关、公司企业、各类社会组织以及个人按照该法的规定提起诉讼。[③] 根据该法规定，个人、团体、企业、政府等，可以在不证明有任何法律上的利害关系或利益遭到了侵犯的情况下，提起公益诉讼。这一规定极大地拓展了环境公益诉讼的主体资格。但这一规定并未在之后的法律中得到延续。1972 年制定的《清洁水法》对原告的资格进行了一定的限制，其中将"公民"限定为"其利益受到严重影响或者存在受到严重影响的可能性者"。[④] 这就类似于其他诉讼中所要求的原告具有"实际损害"的条件，但损害条件的规定十分宽泛，除经济损失外，还包括美学、环境舒适度等方面的非经济损害。[⑤]

2. 诉讼费用高，难以负担

现行法律规定的诉讼费用制度对公益诉讼提起主体来说成本过高。依据现行《诉讼费用交纳办法》的规定，诉讼费用包括：（1）案件受理费；（2）申请费；（3）证人、鉴定人、翻译人员、理算人员在人民法院指定日期出庭发生的交通费、住宿费、生活费和误工补贴。实际上，这还只是狭义上的诉讼费用。诉讼的律师费、取证费，以及为准备诉讼所花费的时间和精力，从广义上来说都属于诉讼费用。

（1）案件受理时便会压垮原告

根据《诉讼费用交纳办法》第 13 条第 1 款，"财产案件根据诉讼请求

---

① 陶建国：《德国环境行政公益诉讼制度及其对我国的启示》，《德国研究》2013 年第 2 期，第 72 页。

② 于莹：《环境公益诉讼之适格原告之德国经验》，《中国外资》2013 年第 18 期，第 284 页。

③ 夏云娇、王国飞：《国外环境行政公益诉讼相关立法对我国的启示——以美国，日本为例》，《湖北社会科学》2007 年第 9 期，第 135 页。

④ 贾志民、王敏：《从美国环境公益诉讼制度谈中国环境保护问题的法律对策》，《华北电力大学学报》（社会科学版）2007 年第 4 期，第 29 页。

⑤ 李劲：《国外环境公益诉讼主体资格的确定及其借鉴》，《法学杂志》2011 年第 10 期，第 91 页。

的金额或者价额，按照比例分段累计交纳”。环境公益诉讼所涉及的环境污染、破坏等问题，涉及范围广，危害程度大，如果以货币方式进行衡量，涉及金额巨大，远非普通个人和环境公益组织所能承受。环境公益诉讼标的少则几万元，多则千万甚至上亿元。根据财产案件的收费标准，如果请求一千万的赔偿款，则仅受案费就将近10万元，这笔费用对社会组织和个人来说不菲，对政府行政部门来说从预算上也难以找出这笔费用。并且，原告还要承担败诉的风险。如此一来，环境公益诉讼反而成了为保护环境而进行的赌博。

（2）律师费用亦可拖垮原告

环境公益诉讼有较强的技术性和专业性，所涉专业知识广泛，取证复杂，因此，必须在职业律师的帮助下才可能实现。而在漫长的诉讼过程中，代理费是当事人的主要诉讼成本之一。各地对于律师的收费标准虽略有不同，但基本上少则几万，多则几十万。由于我国实行律师费用当事人负担原则，律师费不属于狭义上的诉讼费用，法院不会对该部分费用进行判决，胜诉方无法从败诉方获得补偿，只能由原告自行负担。如果原告无力支付律师费，则胜诉机会非常渺茫。

（3）其他费用也会使原告望而却步

在环境公益诉讼中，取证费用对原告来说，是十分沉重的负担。要弄清污染和破坏行为与具体的损害事实之间有无因果关系，以及具体损害额程度，往往需要经过繁杂的调查取证、鉴定，所需鉴定费用会使当事人难以承受，有时甚至不得不放弃官司。前述云南铬矿污染一案中，社会组织就面临着取证费用不足的问题。“自然之友”提出的诉讼请求中，其中一项是要求被告赔偿因铬渣污染造成的环境损失。但是，污染范围、污染程度，以及污染造成的经济损失的具体金额，需要由具备评估能力和司法鉴定资质的第三方机构作出鉴定。如果没有生态环境损害评估鉴定，即便“自然之友”能胜诉，法院也无法判定被告需要赔偿的金额。

生态环境损害评估是一个多学科、综合性和技术性很强的工作，国内既具备评估能力，又有司法鉴定资质的机构少之又少。而且，鉴定费用非常之高。“自然之友”曾向一家具有司法评估资质的机构提出过鉴定请求。对方的报价是700万元，这完全超过了“自然之友”的承受能力。而且一旦官司没有获胜，该评估费用如何落实，也将成为难题。“自然之友”一度寄希望于原告之一的曲靖市环保局提供帮助。但环保局表示，部门预算有限，无法分担这笔鉴定费用。“自然之友”难以找到一家既有评估能力、鉴定资质，而费用又在可接受范围之内的机构，它只能呼吁具备评估能力、鉴定资质的机构，出于公益考虑，减免部分费用。

然而，这一困境并非没有解决的办法。美国环境公益诉讼的各类费用往往不需要原告承担。在美国的各项环境法规中，所有的公民诉讼条款均特别地授权法院斟酌判定律师费用及其他诉讼费用（即广义上的诉讼费用）与任何一方当事人，只要法院认为该决定是合适的。因此，在美国的环境公益诉讼中，本该由原告承担的诉讼费用，包括律师费，法院均可以判决由被告承担，这样就大大减轻了原告的诉讼成本。

除了法律规定，一些现代公益基金会也会将大量的资金投入支持环境公益诉讼中。1987 年美国成立了环境保护捐赠者协会，筹措资金约 800 亿美元用于环境保护事业，大量的支出包括了为提起环境公益诉讼所进行的环境污染调查。不仅有公益基金会的捐助可以帮助环境公益诉讼，美国全国律师协会和地方律师协会也对环境公益诉讼提供资金帮助，如哥伦比亚特区律师协会实行 10 美元会费制度，利用收取的会费为公益事业包括环境公益诉讼提供资金。①

此外，针对公益诉讼美国还设立有一定的激励机制。一是建立风险报酬制度。如果公益诉讼原告胜诉，律师的报酬是赔偿数额的一定百分比，律师不会因无法获得报酬而放弃代理。此机制为很多本来无法支付律师费从而放弃诉讼的人提供了进行诉讼的机会。二是颁布费用转移法规。1976 年民权律师费补偿法案规定，国家为金钱补偿较少、被告通常是政府机关的公益诉讼提供合理的律师费。这些法规使以前一些被放弃的案件有机会得以审理。三是奖励告发人诉讼。这是联邦民事欺诈索赔法案中的一项条款，该条款允许个人代表美国政府起诉任何收到或使用政府资金并从中获利的个人或实体（包括州和地方政府）的欺诈行为，并规定个人可以从赔偿金额中抽取一定比例的金额。② 例如，个人或组织发现政府机关以欺诈行为保护污染企业，即可以提起该类诉讼。这些制度为公益诉讼的提起提供了费用上的支持，也使更多人可以投身公共利益的保护。

---

① 胡中华：《论美国环境公益诉讼制度之基础》，《宁波职业技术学院学报》2006 年第 4 期，第 19 页。

② 蔡巍：《美国个人提起公益诉讼的程序和制度保障》，《当代法学》2007 年第 4 期，第 137 页。

3. 举证责任重，难以证明因果关系

环境公益诉讼原告在举证责任上负担过重。依据我国现行《民事诉讼法》，举证责任的分配原则是“谁主张，谁举证”。而在环境公益诉讼中，由于原告与被告在社会地位、财力状况、信息掌握等各方面实力悬殊，要收集涉及被告的商业秘密或高度专业化技术等方面的证据十分困难，而认定环境污染所需具备的复杂的科学技术知识，更是原告自身所缺乏的。

(1) 法律规定未最大程度利于原告

在因环境污染纠纷提起的诉讼中，实行举证责任倒置已有相关的司法解释。从2002年4月1日起施行的《关于民事诉讼证据的若干规定》的第4条第一款第（三）项明确规定了关于特殊侵权案件中的证明责任分配，其中有关“环境污染”等规定可供公益诉讼借鉴。具体规定是：“因环境污染引起的损害赔偿诉讼，由加害人就法律规定的免责事由及其行为与损害结果之间不存在因果关系承担举证责任。”这一规定是有利于减轻原告的举证责任，但是原告仍旧需要依靠自身力量证明损害事实。有时污染物对人体等的影响是长期缓慢的过程，当在人体中积累的有害物质尚未达到致人损害的程度即未发生损害时，或需较长时间才能显示时，受害者或者原告依然较难举出损害事实的证据。

在国际上，印度作为新兴开展公益诉讼的国家，其举证方面的制度建设较为先进。印度公益诉讼实行调查委员会制度。公益诉讼制度建立后，为获得案件完整、详细和真实的资料，在事实复杂或专业性技术性很强的案件中接受专家意见，回应对法院专业性不足的批判，更为了确保对判决实施的监督，印度最高法院根据宪法第32、第226条的引申含义创立了调查委员会制度。即在特定案件中成立由地方法官、法学专家、记者、司法官、律师、相关领域的专家，以及社会学家组成的调查委员会。调查委员会负责调查案件事实，向法院出具详细的调查报告，并在报告中提出如何处理案件的建议。调查委员会的报告是公益诉讼案件的初步证据。报告提出后，法院会将其副本分送双方当事人，如对报告内容有异议，可以在申诉书或答辩状中载明，法院将根据申诉和答辩对报告内容进行审查，并最终对案件作出判决。调查委员会的报告只能对案件涉及的事实和证据进行客观描述，并对事实问题的解决办法提出建议，不得对案件进行主观评论，更不得对涉及的法律问题进行评论，如果涉及，法官在认定时将对该部分

内容予以否定。①

(2) 实际取证时多遇阻碍

实践中，环境公益诉讼在举证时屡屡受挫。由于环境公益诉讼中原告与被告地位和能力上的悬殊，原告在搜集证据的过程中通常会遭受到各种各样的阻碍，如涉事单位不配合、政府部门不支持等。而难以取得证据，诉讼就会被拖延下去，对原告就越为不利。

华清嘉园小区绿地案被认为是一例成功的环境公益诉讼。案件起因是该小区绿地率与广告宣传不符，绿地面积严重缩水，业主因此诉诸法律。第一次诉讼在 2002 年 8 月，业主委托律师起诉小区绿地不足，但海淀法院以业主方证据不足判决其败诉。由于北京市规划委员会审核通过了华清嘉园小区的《规划许可证》，业主希望他们出具华清嘉园的绿地面积检测报告，但遭到拒绝。第二次诉讼在 2004 年 5 月，业主将北京市规划委告上了北京西城区法庭，要求其履行法定职责，对华清嘉园小区绿地率是否达到规划许可标准进行监督验收并出具证明单。北京市规划委据《北京市建设工程规划监督若干规定》认为，工程规划验收的确是他们的职责，但是在绿地这一块，他们只负责绿化用地的腾退情况验收，并不负责测量工作。法院再次判决华清嘉园小区业主败诉。通过大量调查，陈岳琴律师在《北京市城市绿化条例》上找到了突破口。根据《北京市城市绿化条例》中的规定，城市绿化的主管部门是北京市园林局。因此，她向北京市园林局申请出具华清嘉园小区绿地验收报告，但北京市园林局也没有答复。第三次诉讼在 2005 年 4 月 25 日，华清嘉园小区的业主们又向北京市西城区法院起诉北京市园林局，要求其履行法定职责，在一个月内对华清嘉园小区实际绿地进行测量并出具绿化证明单。2005 年 6 月 17 日，北京市园林局与业主达成庭外和解。2005 年 7 月，北京市园林局实际测量并出具了华清嘉园绿地证明。该证明显示，华清嘉园实际绿地率只有 16.265%。

在云南铬矿污染案中，民间组织曾去曲靖市工商局查肇事企业档案，但令人啼笑皆非的是，工商局要求他们自备复印机和打印机，后经过协商，对方最终答应为他们复印资料。而在前往铬渣堆放地的取证过程中则更加惊险。起初企业负责人答应带领民间组织去实地调查，但在企业负责人屡次爽约后，民间组织不得不自行前往取证。在他们经过拍照、录音等留证，

---

① 何兵、王轩：《印度的公益诉讼制度》，《行政法学研究》2007 年第 3 期，第 137～138 页。

准备离开时，却被企业保卫科的人强行拦住，抢夺了他们的取证设备。最后，警察赶到现场，经过调解，民间组织取回了相关设备，但其中证据已被删除。

日本的环境公益诉讼举证原则对中国环境公益诉讼举证原则有借鉴意义。其环境公益诉讼举证原则包括：① 第一，在公害司法审判中所要求的对因果关系的举证并不需要对原因与结果之间存在的自然因果关系整个链条全部予以证明，而是对是否应该将发生危害的责任归咎于企业作出判断时作必要的举证，即现今侵权行为领域内所确立的法律因果关系理论。第二，根据深入受害居民实际生活中所掌握的具体事实，灵活运用特定构成公害原因的环境因素的流行病学调查方法，证明其因果关系的举证理论和方法，即流行病学性的因果关系理论。律师同仁们不仅构筑了这一理论，还在司法诉讼实践中得到了法院的认可。第三，无过失责任。这一规定主要针对企业而言，是指企业即使在符合环境标准或已经安装相关设备的情况下，其排放的污染物依旧造成公害事件，企业仍应当负责。这一原则明确了人的生命、身体健康的最优地位。企业对于确保安全负有高度注意义务得以确立，并为以后的公害诉讼所继承。第四，预见可能性的前提——加害企业调查研究义务的强化。侵权行为的成立以加害人存在“故意或者过失”为前提条件，在公害诉讼中，要成功追究企业的责任，受害之发生当初可否预见，即是否存在预见的可能性，往往成为诉讼的重要争论点。经过熊本水俣病诉讼，最终确定了广泛意义上的预见可能性，即企业了解所排出的污染物对人体有害，则就要对由其引起的公害事件负责。

4. 受案范围不明确，实践中屡遭拒绝

我国诉讼法虽没有对环境公益诉讼受案范围的规定，但在实际司法过程中，环境公益诉讼却屡遭拒绝。环境公益诉讼并不是专业的法律术语，在法律实践上分属于环境民事公益诉讼和环境行政公益诉讼。

（1）民事诉讼受案范围规定

目前，从我国普通环境民事诉讼来看，受案范围主要是因环境污染和破坏引起的人身权、财产权的侵害，是在损害结果发生之后采用的一种被

① 日本律师协会编《日本公害环境诉讼典型案例与评析》，中国政法大学出版社，2010，第10～13页。

动的救济方式。环境公益诉讼应体现出预防性，因此受案范围还要将对环境有侵害之虞的污染、破坏行为包括进来，要求法院判令排除侵害，消除影响，恢复原状。由于具有明显的预防性质，这也是环境民事公益诉讼不同于一般环境诉讼的原因之一。

（2）行政诉讼受案范围规定

环境行政诉讼受案范围包括行政机关、公共权力机构通过行政不作为的方式可能侵害环境公共利益的案件；通过积极行政行为的方式可能侵害环境公共利益的案件，通过受益性行政行为、公益行政行为可能侵害环境公益的案件。根据《行政诉讼法》第 2 条的规定，只有具体行政行为才有可能进入司法审查的范围，而抽象行政行为不具有可诉性。如此一来，大量的抽象行政行为引发的环境公共利益的侵害却被排除在环境行政诉讼之外。①

由于环境公益诉讼的受案范围不明确，在实践中人们只能判断哪些行为违法，却不清楚哪些行为可以提起诉讼。在一些违法行为已经受到行政处罚或正在协商解决时，提起诉讼反而不利于问题的解决。例如，2005 年 12 月 7 日，北京大学法学院三位教授及三位研究生向黑龙江省高级人民法院提起了国内第一起以自然物（鲟鳇鱼、松花江、太阳岛）作为共同原告的环境民事公益诉讼，要求法院判决被告中石油赔偿 100 亿元人民币用于设立松花江流域污染治理基金，以恢复松花江流域的生态平衡，保障鲟鳇鱼的生存权利、松花江和太阳岛的环境清洁的权利以及自然人原告旅游、欣赏美景和美好想象的权利。黑龙江省高级人民法院立案庭以“本案与你们无关、目前本案不属于人民法院的受案范围以及一切听从国务院决定”等为由拒绝接受本案，而这一理由与原告代表事前预料的“原告不适格”的理由大相径庭。对此，原告代表坚持向立案庭提出了应当依法接受诉状、如果审查不符合起诉条件可以再裁定不予受理的建议。但是，此举也被法官婉言拒绝。② 对于这类法院不宜受理的案件，理应通过法律法规进行相关规范，如此依据个案分散处理，不仅有损于司法的权威性，对于司法公信

① 张书玉：《环境公益诉讼类型及受案范围研究》，《法制与社会》2012 年第 14 期，第 104 ~ 105 页。

② 赵旻：《松花江污染案对我国现行民事诉讼法的拷问——由北大师生以自然物作为共同原告提起民事诉讼一事引发的程序法上的思考》，《河北经贸大学学报》（综合版）2007 年第 1 期，第 24 页。

力也会造成损害。

美国在公益诉讼方面设置了前置程序，一方面可以通过规定确定诉讼范围，鼓励公民对相关范围内的环境问题提起诉讼，维护公共利益；另一方面，通过前置程序可以预防滥诉，节约司法资源，提高司法效率。前置程序包括三个方面，一是行政机关的自由裁量行为除外，以免影响行政机关合理运用有限资源以争取最大公益的能力。但是，如果法院认为行政机关的执法行为的确过于松散，以至于有滥用行政自由裁量权的行为时，仍可能会接受该环境公益诉讼。二是行政机关已经开始执法的行为除外。三是60日前事先告知义务，为避免毫无节制的公民诉讼干扰主管机关的正常执法活动，立法者在通过公民诉讼条款时特别加入了60日前事先告知义务。即在公民提出诉讼后60日内，如果环保机关对被诉客体采取了行动，可以有效阻止其侵害继续进行或者消除侵害隐患的，法院对公民的诉讼不得受理。

以环境公益诉讼为例，在美国联邦环境公民诉讼条款中，可诉范围是受到法律严格界定的。首先，只有授权了环境公民诉讼条款的联邦环境法律才存在环境公民诉讼的可诉范围问题。其次，在这十四部联邦环境法律中，公民诉讼条款一般都明确了各法的可诉范围。第一，涉嫌违反授予公民诉讼条款的联邦环境法律的任何条款和依据该法授权颁布的任何行政规章的行为。第二，涉嫌违反授予公民诉讼条款的联邦环境法律特定法律条款和内容的行为。（1）违反该法特别规定的排污标准、限制、排污许可证及其条款，以及行政执法机关根据上述标准、限制、许可证所做出的行政命令、要求以及行政规章等具有明确含义的事项。（2）违反授予公民诉讼条款的联邦环境法律特定内容的行为。这种违反相比较违反上述排污标准、限制、许可证等而言，内容较特定。第三，联邦环境法律的行政执法机关的不作为违法行为属于公民诉讼的可诉范围。[①]

五　中国环境公益诉讼难以推进的原因

环境公益诉讼在中国难以推进，虽然表现在程序法上阻碍甚多，实际

① 陈冬：《美国环境公民诉讼管窥》，《郑州大学学报》（哲学社会科学版）2004年第1期，第107～110页。

上是多种因素综合作用的结果。

1. 法制建设不完善

我国环境法制度的不完善，是环境公益诉讼发展受阻的直接原因。我国环境法体系虽然已经建立，但目前面临发展失衡的问题：程序法亟待发展，实体法仍需完善。法制建设的缺失，是环境公益诉讼在程序法面临诸多阻碍的主要原因。改革开放至2010年底，我国初步建成具有中国特色的社会主义法律体系。如何有效地发挥实体法的作用，进一步实现“有法必依”是下一步法治发展的目标和方向。

（1）法律制定不明确，主体身份难以确定

以新民诉法第五十五条为例，“对污染环境、侵害众多消费者合法权益等损害社会公共利益的行为，法律规定的机关和有关组织可以向人民法院提起诉讼”。该法虽然提到了公益诉讼主体问题，但由于表达不明确，并未说明哪些机关和政府可以成为诉讼主体。而且，在司法实践中，新环境法颁布以前，这一法条反而成为法院拒绝受理环保组织提起环境公益诉讼的法律依据。新民诉法被视为为环境公益诉讼开启了新纪元，这种情况下却成为环境公益诉讼发展的“里程悲”。新环境法颁布后，统计显示约有300余家社会组织获得了环境公益诉讼资格，但是环境法学专家却不乐观，他们认为接下来最关键的是法院如何“接招”了。

（2）法律制定不健全，受案范围过于狭窄

前文提到行政诉讼对于抽象行政行为的诉讼限制，实际上并不利于完善我国法律体系的建设。行政规定的制定并不能保证先验的合理性，而对于不合理的行政规定，又缺乏可以纠正的法律机制，使得这一行为完全脱离法律体系之外。在环境行政上，如果长时期制定宽松标准，自欺欺人，不仅是对法治进程的拖累，更是对环境破坏的纵容。保障环境公益诉讼可诉范围的广泛性，是实现其环境保护功能的前提和基础。

（3）司法能动性不积极，环境权利难以得到保护

传统的私益法律制度强调消极的司法能动性，遵循“不告不理”原则。这是因为，个人对自身的私益有充分的保护动机，法律制度为了节约司法资源，因而遵循此原则。但公益诉讼保护的是公共利益。个体对于公共利益缺乏保护动机，会产生“搭便车”、“公用地悲剧”等问题。如果对公益诉讼依旧遵循消极的司法能动性原则，则会使公益诉讼发展受阻，公共利益难以得到保护。立法中，新民诉法仍未赋予个人提起公益诉讼的权利，实践中，法院对于公益诉讼主体资格严格认定，这些体现出的依旧是消极的司法能动性。尽管这样杜绝了滥诉的可能，却也使得众多涉及公共利益的矛盾纠纷难以进入法律框架内得到解决。死板的法律规定未免因噎废食，并没有起到维护社会公平正义的作用。

2. 诉讼资源缺乏

社会资源投入不足是环境公益诉讼发展受阻的主要原因。环境公益诉讼发展面临资金、专业律师、环境鉴定等多方面资源匮乏。“法律面前人人平等”实际上只是一个我们不断追求的美好愿望，在实际生活中，想要“平等”地站在法律面前，需要巨大的成本。本就面临制度失衡的公益诉讼，加之资源投入不足，在发展过程中更是举步维艰。而且，这种局面使得相关部门内无改革动力，外无改革压力，环境公益诉讼难以取得实质性地的发展。

（1）财力资源不足，诉讼费用难以落实

司法资源的使用不是免费的，诉讼费用制度为避免滥诉和维护法律系统的正常运转提供了保障。提起诉讼需要诉讼费、律师费、取证费等一系列花销，这使得人们不到万不得已不会求助于法律的援助。对公益诉讼来说更是如此。为了维护公共利益而提起的诉讼，即使得到原告的赔偿，个人或组织也不会从中受益，这使得公益诉讼对个体而言是一个“费力不讨好”的行为。

（2）人力资源不足，缺乏提起主体

法律作为维护社会正常运转的保障机制，已经形成了一套专业的知识体系，也超越普通人所能驾驭的常识范围。想要诉诸法律解决问题，没有专业律师的帮助是难以成功的。环境公益诉讼因其复杂性、专业性，对相关专业知识的需求更为必要和苛刻，再加上职业律师对于这种缺乏明确收益性的公益诉讼缺乏热心，导致日常生活中存在着的大量环境问题，很难凭借个人能力将其纳入法律制度中加以解决。

（3）资源不足，评估取证困难重重

环境公益诉讼所针对的环境污染，需要专业的设备和人员进行评估和取证。一般个人和组织无疑是不具备相关设施和资格的。而具有相关能力的政府部门或单位，又往往不予配合，或干脆通过虚高报价予以拒绝。这使得环境公益诉讼在举证过程中，原告难以证明自己的主张。即使在举证责任倒置的环境侵权案中，也需要环境评估提供索赔依据。缺乏相关的取证手段，使得一些组织和个人面对环境公益诉讼“心有余而力不足”。

3. 政府支持不足

政府对环境公益诉讼的态度较为冷淡，这是环境公益诉讼发展受阻的重要原因。我国政府的态度往往对问题解决的程度和速度起着关键性的作用。政府作为社会的管理者，保护环境的健康可持续发展是其不可推卸的责任。但现实中，政府在环保上往往“口惠而实不至”。大量经济、政治资源优先保障的依旧是经济发展速度和 GDP。加之“官本位”思想的残留，政府并不愿过多借助司法力量解决社会问题。这使得本应成为政府治理环境方面的有力助手的环境公益诉讼，并未得到政府的青睐。环境公益诉讼在程序法上阻碍重重，实践中也孤立无援。

（1）政府回避司法，环境司法救济难以落实

我国行政、司法、立法之间的微妙关系，使得政府在行政过程中极力避免诉诸公堂。一方面，政府认为诉诸公堂意味着政府行政能力不足，是政府弱势的表现；另一方面，就环境问题而言，有时行政力量解决不了的问题，法院即便判决也难以有效执行。因此，政府面对环境问题时，既不愿自己提起环境公益诉讼，对各类组织和个人提起的环境公益诉讼也持消极态度。政府即使提起诉讼，也仅将其作为实现行政处罚的手段。而对于其他主体在诉讼过程中需要政府提供相应材料、证据等帮助时，政府往往置身事外，甚至横加阻拦。

（2）政府保护企业，司法独立难以实现

经济发展始终是政府的第一要务。当经济发展与环境保护发生矛盾时，后者往往被迫让路于前者。对于企业的环境污染行为，只要不引起重大的环境污染事件，政府一般睁一只眼闭一只眼。双方有时甚至形成一定的默契，企业排污，政府罚款，违法成本远低于守法成本，双方各取所需。因为这种利益上的纠缠，企业在面临诉讼时有时也会得到政府的庇护。政府与司法机构错综复杂的关系，使得司法过程难以摆脱政府的影响，许多案件最终不了了之。这也使得环境公益诉讼主体资格一直难以突破，政府行政机关和检察院一定程度上独占环境公益诉讼主体资格，法院实际上则成了政府行政手段的补充和实现工具。

（3）政府消极对待民间组织，主体资格难以推进

政府为了维护社会稳定，往往对民间自发的社会组织敬而远之，甚至消极打压。在环境保护方面，政府扶植了中华环保联合会作为非政府组织参与环保事业，其他民间自发的环保组织则鲜有与政府合作的机会。即便上文提到的云南铬矿污染案中，民间环保组织与环保局作为共同原告，也是在法院的牵线下实现的，环保局起初对此并未表现出热情。如果政府能够积极引导，制定相关政策，民间力量可以成为政府的有力帮手。但现实中，政府缺乏对民间环保组织的认可和帮助，使得法院在自由裁量主体资格时，往往将它们拒之门外。

4. 社会文化桎梏

我国转型时期对诉讼和环境问题的漠视，是环境公益诉讼难以取得发展的重要原因。一方面，我国传统的“非讼”文化和现代社会公共问题的“搭便车”现象阻碍了环境公益诉讼的发展。另一方面，“经济为本”的自由市场观念，也使得环境问题始终从属于经济问题，没有得到社会足够的重视。

（1）传统的“非讼”文化，民众排斥通过法律解决问题

传统文化的“中庸”思想使人们对诉讼产生抵触情绪，认为诉讼是破坏社会关系、激化社会矛盾的方式。现代社会虽然强调依法治国，但同时提倡以德治国，从某种程度上也是“非讼”文化的遗留。现代社会人们依旧回避通过司法途径解决矛盾纠纷。传统的人情关系在维持现代社会运转中，依旧具有重要作用。通过司法途径解决问题，也意味着双方放弃了情感的约束，单纯依据法律解决问题。而事实上，许多纠纷都居于合情不合法与合法不合情之间，难以单纯依靠法律解决。

（2）现代社会的理性困境使得公共利益缺乏有效保护机制

现代社会强调理性，但个体的理性却不等同于整体的理性，个体在追求理性的过程中，并不必然形成对公共利益的保护。例如，企业为了追求自身利益，会节省开支排放污染物，造成对环境的污染，损害多数人的利益。而群体面对公共利益的损害时，也缺乏维护的动机。个体因维权成本等问题，面对公益受损，最理性的方式是等待他人出面处理，而自己只需要“搭便车”享受成果即可。这也造成了虽然人人都认识到公共利益受到损害，却鲜有人站出来维护公共利益的情形。

(3) 环境问题在社会矛盾中始终处于从属地位

虽然舆论一直在宣传环境问题的重要性，但实际上环境问题并未切实引起每个人的重视。这是由多方面原因造成的。一是经济本位思想仍然根深蒂固。虽然人们意识到环境问题的严重性，但谁都不愿牺牲现有的物质生活去换取环境改善。这也是为什么北京即使有沙尘暴、雾霾等诸多环境问题，却依旧吸引着成千上万的外来人口来此淘金。二是发达国家“先污染后治理”的“成功经验”使人们认为环境问题可以随着经济发展得到解决，随着污染产业的转移和淘汰，自然环境的自我修复功能能够解决环境问题。环境保护越来越口号化，而如环境公益诉讼一类的实际行动，也成了“和者众，参与者寡”的象征性行动。

六　中国环境公益诉讼的未来探讨

面对日益严峻的环境形势和不断恶化的环境问题，现有的制度规范和行政手段已经难以从根本上扭转现在的环境局面。环境公益诉讼作为弥补行政不力的司法手段，借助公众的力量维护公共的利益，对社会发展具有重要的意义。

环境公益诉讼的发展需要社会各方共同努力。目前，环境公益诉讼主要面临法律程序不健全、社会资源不充足、政府机构不支持、社会文化不适应四方面的问题。因此，促进环境公益诉讼的发展主要是解决这四个方面的问题。

1. 法律制度方面

公益诉讼发展需要完善相关法律法规，切实保障公民环境权利。完善相关法律规定，是促进环境公益诉讼发展的前提。前文已经论述了程序法对于环境公益诉讼的限制，法律制度可从四个方面加以完善。

一是在主体资格方面。新民诉法和新环保法已经有了较为明确的规定，全国约 300 余家环保组织可以在新环境法实施后提起环境公益诉讼，社会各界对此充满了期待。但实际上，个人被排除于诉讼主体之外令人遗憾，环境公益诉讼还未完全允许公众力量参与其中。无论如何，此次法律修改还是从法律上确定了环境公益诉讼的地位。2015 年作为环境公益诉讼“合法化”元年，其实际效果还有待实践检验。

二是在诉讼费用方面。现有的法律规定下，原告难以负担环境公益诉讼费用，这极大地阻碍了环境公益诉讼的发展。对此，法律规定上可以借鉴国外经验。对于公益诉讼，法官在判决时可以裁定被告承担全部诉讼费用，或者减免原告诉讼费用，以此来保证环境公益诉讼不会因资金原因而被迫放弃。

三是举证责任方面。传统的“谁主张，谁举证”原则，对于环境公益诉讼原告来说，举证责任过重。目前，“举证责任倒置”原则仅涉及环境侵权赔偿案件，并未涵盖所有环境公益诉讼案件范围。环境公益诉讼的举证责任应根据控诉双方实力进行划分。一般情况下，被告的实力要远超原告实力，因此，应由被告承担因果联系不成立的证据，原告只需要证明二者存在联系即可。

四是受案范围方面。就受案范围而言，目前规定的范围过于模糊和狭窄。民事诉讼中并没有对环境公益诉讼的具体规定，行政诉讼中规定对于抽象行政行为不能作为可诉内容。这使得环境公益诉讼的诉讼内容方面“无法可依”。解决环境公益诉讼的受案范围，既可以在环境法内作出规定，也可以在诉讼法内作出规定。此外，还可以通过诉前程序限制滥诉行为。

2. 社会资源方面

社会资源的投入是环境公益诉讼的推动力和重要保障。环境公益诉讼由于专业性强且高度复杂，诉讼过程中所需要的资源支持是保证其发展的重要条件。

在资金方面，可成立专门的环境公益诉讼基金，保障环境公益诉讼费用和其他费用的支出。2014 年 5 月，广东省环保基金会发起成立环境公益维权法律服务中心，并设立国内首个环境公益维权专项基金，将为环境公益诉讼、污染鉴定、法律咨询等提供法律、经费等支持。基金经费来源于社会募捐、参政拨款，未来希望能在污染企业赔偿款中按比例返还基金。成立基金资助环境公益诉讼的方式在国外已经较为成熟，目前国内开始尝试，有助于为环境公益诉讼提供资金保障，避免环保组织因自身资源不足，影响环境公益诉讼进展。也可以由政府或社会组织成立相关环境损害评估中心，对环境公益诉讼免费提供评估，其运营费用则可以涵盖在对被告方的索赔之中。

此外，还可以设立一定的奖励机制，对提起公益诉讼的团体进行一定的奖励。欠缺激励机制是公共利益难以得到保护的原因之一。国外经验也多对维护公共利益的诉讼给予一定奖励。我国在制度设计上可以对此进行借鉴和参照，以此鼓励社会力量积极参与环境公共利益的维护。

在人力方面，可以从经济和行政两个方面鼓励相关人才参与环境公益诉讼。环境公益诉讼因其费时费力，并不受律师群体的青睐。对此，一方面可以进行经济补偿，允许其从巨额的赔款中按比例提取律师费；另一方面，可以设置行政规定，以律师事务所为单位分派环境公益诉讼案件。

3. 政府机构方面

政府应转变治理思路，落实以人为本的科学发展观念。随着社会的发展，人们越来越认识到政府的局限性，尤其在社会治理方面，应充分发挥社会组织和个人的力量，使其成为环境治理的有效合作伙伴。

一是政府转变治理思路，充分鼓励社会力量的独立性和作用发挥。我国自改革开放以来，政府开始由全能型向服务型转变。目前，政府在经济领域转型较快，而在社会领域，政府还未摆脱“大包大揽”的治理模式。实际上，政府由于人员、时间、经费有限，难以对社会进行全方位的监管，这就需要社会自身根据不同的需要进行自我监管，也就是依靠社会组织和个人的力量。具体到环境方面，政府需要做的就是环境监测和日常行政检查，对于环境污染破坏，应赋权于社会力量通过法律途径进行解决的权利和能力。

二是政府可以与民间机构合作，共同作为诉讼提起主体，在取证和费用上给予帮助。政府在环境公益诉讼中最大的优势就是获取证据的能力。因环境问题的复杂性和专业性，民间组织往往难以进行证据搜集。由于政府在监管、监测方面拥有强大的行政权力，在证据获取上较为便利，以此来支持环境公益诉讼，将极大地促进环境公益诉讼的发展。

4. 社会文化方面

应进一步培养公民意识，培育公民社会发展。公共利益只有依靠公共的力量才能得到更好的维护；公共的问题，只有发动公共的能力才能得到更好的解决。环境是每个人的环境，只有赋予每个人保护环境的权利，才能从根本上解决环境问题。而环境公益诉讼，正应该成为民众手中的“尚方宝剑”，在面对环境公益遭到侵害时，能够上惩公权枉法，下治私利侵权，体现维护社会公平正义的积极作用。而环境公益诉讼作用的发挥，根本上在于转变社会文化。

一是要提高公民的法律意识，普及依法维权。公民的法律意识既要靠传统的学校教育培养，更要靠日常的社会舆论宣传。在学校教育中，应设置基本的法律常识课程，培养公民意识，明确公民的权利和义务；在舆论宣传中，应鼓励公民的法律维权行为，发动社会力量声援通过法律手段对侵害公益行为进行处罚。环境问题由于受害主体的广泛性和不确定性，需要公民具有强烈的维权意识，来提起公益诉讼维护公共利益。如何解决传统文化中的人治与现代社会中的法治的矛盾，是促进法制观念发展的重要问题。

二是要提高环境保护意识，树立可持续发展观念。可持续发展观作为我国科学社会主义理论体系的重要组成部分，近年来得到了大力的宣传和推广，在各级政府报告和新闻媒体中也频频现身。但理论的宣传并未改变现实自然环境，雾霾、沙尘的肆虐反而表明环境质量每况愈下。这说明，环境意识和可持续发展理念还未真正摆脱口号的阶段，并没有真正对人们的生活产生明显的实质影响。这需要政府鼓励民众行驶监督权，让民众意识到自己的行为能够对社会产生影响，让每个人都真正参与到环境保护的行动之中。政府对于环境问题的责任，需超越部门利益，而从公共利益和长远利益的角度出发，平衡发展的收益与代价。经济优先论将使政府过分追求企业的纳税能力而放纵其对环境的破坏。在政府和市场都难以妥善解决环境问题的情况下，第三部门自然成为有效的问题解决者。

各环保组织和环保斗士为了维护公众环境利益舍身奋战，法律是他们手中最有力的武器。环境公益诉讼的发展虽然道路曲折，面临着重重困难，但已取得了一定的成绩。公益诉讼的理念和价值也逐渐被公众所接受和推广，越来越受到重视和关注。新民诉法和新环保法中对于公益诉讼的规定，为环境公益诉讼的发展带来了新的曙光。在法律规定日臻完善的情况下，司法实践和各诉讼主体的表现，决定着环境公益诉讼未来的发展。

时间银行的三种形态

一　引言

时间银行最早由美国哥伦比亚特区大学教授埃德加·卡恩提出。1980年，卡恩突发重病，在朋友和医护人员的帮助下，他渡过了生死难关。卡恩注意到，有些病人并不像他这样幸运，可以拥有那么多热心的朋友。因此，他构思出一种“时间回报”的模式：如果别人帮助了你，那么这个人就可以用帮助你的时间去换取另一个人同等时长的帮助，以此循环下去，将使很多人得到帮助。基于这一设想，卡恩提出了“时间银行”（Time Banks）和“时间美元”（Time Dollar）的概念。[①] “时间美元”是以时间作为计量标准的社区货币，在社区或者一个组织内流通，成员通过提供服务赚取时间美元，然后用这些时间美元去购买服务，所有交易都遵循“1小时=1时间美元”的标准。服务者既是时间的储存者，也是时间提取者，即他们“既存也取”。而“时间银行”是时间美元的发行和管理机构。“时间银行”的具体定义是，以社会弱势群体为主要参与者，以其时间作为媒介和价值尺度，每个人为他人提供服务，赚取时间货币（例如这里的时间美元），然后利用时间货币向其他参与者购买同等时长服务的一类公益组织。随后，卡恩在美国一些社区和单位推行时间银行模式，参与者以“成员”的形式加入。1995年，美国时间银行联盟（Timebanks USA）成立，致力于在全美范围内建立时间银行。截至2014年，美国全国范围内有569个时间

① http：//baike. baidu. com/view/3623405. htm？ fr = aladdin.

银行加入该联盟，成员总人数约 17000 余人。卡恩的时间银行还被推广到 30 多个国家和地区，在重建社区文化、恢复社区活力、改善弱势群体的生存状况等方面发挥了一定的作用。

但是，时间银行的发展并非一帆风顺，许多时间银行的持续性和活力非常有限。因为，卡恩的时间银行如要持续运作，需要同时满足三个条件：第一，满足成员被服务的需求，即物质需求；第二，满足成员的平等、尊严、帮助他人的荣誉感的需求，即精神需求；第三，较低的房租、人员等成本，即低运营成本。前两个条件有助于吸引成员加入，因为它既能平衡成员的物质需求和精神需求，也能平衡其利己和利他心理；后一个条件有助于维持时间银行的长期运作。但在实际运行中，同时满足这三个条件并非易事，面临着一定的挑战。由于不同的成员基于自身能力所能提供的服务类型不同，成员的需求也有较大差异，而相关的专业程度差异性也很大，使得所提供的服务与所需求的服务之间不一定能够实现较好的匹配。比如，低龄服务者可以提供诸如清洁卫生，帮助老人买东西、讲故事的服务，但有些高龄老人则需要临床护理这样专业的服务。此时，仅靠时间等值交换是不够的。这是来自物质需求难以满足的挑战。另一种挑战是来自管理和运营成本的挑战，因为不同的服务类型，意味着不同的人员、房租等运营成本，不一定总能做到低成本运营。由此可见，时间银行模式本身存在一定的缺陷。这种情况下，时间银行可能会出现模式分化，我们称之为升级版的时间银行和退化版的时间银行，未分化前的模式我们称之为标准版的时间银行。所谓升级版的时间银行是指，当时间银行难以满足成员的物质需求时，需引入（购买）外部服务或者商品来满足成员的物质需求，即成员“既存也取”，且需“另取”，此时，容易造成高运营成本；而退化版的时间银行指，当时间银行难以满足成员的物质需求时，外部资源供给又不足，无法满足成员的物质需求，此时，只能通过精神激励等方式维持运作，这种情况下，时间银行实质上成为志愿者服务站，即成员“只存不取”。

20 世纪 90 年代末，我国大陆也出现了类似于卡恩的时间银行的组织。1998 年初，上海虹口区提篮桥街道晋阳居委会推出“时间储蓄式为老服务”，由社区居委会组织低龄健康老人向高龄非健康老人提供生活照料服务，服务者的服务时间会被记录存档，未来有被服务的需要时，其他低龄老人向其提供类似的服务。以上海经验为基础，山西省太原、北京市朝阳区朝外街道、广州寿星大厦（养老机构）等地区（单位）也先后推出了“时间储蓄”和“时间银行”。[①] 这是国内组织最早使用“时间银行”这一名称。[②]

时间银行在我国主要被用于解决社区养老问题。近年来，我国的老龄化形势日趋严峻，时间银行在解决养老问题方面的潜力得到重视，各地也在努力探索和推动时间银行模式。例如，2012 年，河南省郑州市在《郑州市人民政府关于加快推进居家养老服务工作的意见》中提出，要“建立公益服务‘时间储蓄’制度。本着自愿和量力而行的原则，鼓励低龄老年人采取自愿结合的方式，开展家庭式互助养老；组织社区人员为老年人开展各种公益服务，采取时间或劳务储蓄的方式，对其服务时间和内容予以记录，作为今后为自己开展免费居家养老服务的依据”。[③] 安徽省在《社会养老服务体系建设规划（2011－2015 年）（征求意见稿）》中，提出“积极探索‘爱心时间银行’和义工服务等自助互助服务制度，促进志愿者服务的经常化、制度化”。[④] 浙江省在《浙江省老龄事业发展“十二五”规划》中也明确指出，要“广泛建立‘时间银行’制度，进行志愿服务储蓄，促进为老志愿服务持续健康发展”。[⑤]

这些政策的出台为时间银行的发展提供了政策保障和制度空间，但是政策制定者却忽略了时间银行自身的特征与局限。标准版的时间银行并不适合于解决养老问题，这意味着我国的绝大多数时间银行可能会出现分化，要么成为升级版的时间银行，要么成为退化版的时间银行。

本文将从概念、参与群体、功能、运作机制（运营方式及媒介）、成本、效果等方面对标准版时间银行、升级版时间银行及退化版时间银行逐一描述。

---

① 陈功、杜鹏、陈谊：《关于养老“时间储蓄”的问题与思考》，《人口与经济》2001 年第 6 期，第 68～69 页。

② 在随后的发展中，类似组织还被称为“爱心银行”、“时间储蓄银行”或“义工银行”，为便于行文，下文统一称“时间银行”。

③ 《郑州市人民政府关于加快推进居家养老服务工作的意见》，河南省郑州市人民政府郑政〔2012〕13 号，2012 年 3 月 12 日。

④ http：//www. ahmz. gov. cn/thread－12497－1. html.

⑤ 《浙江省老龄事业发展“十二五”规划》，浙江省人民政府浙政发〔2011〕59 号，2011 年 8 月 5 日。

二　标准版时间银行

1. 概念

自 20 世纪 80 年代初提出时间银行的概念至今，埃德加·卡恩一直在积极推动时间银行的实践。1995 年，美国时间银行联盟成立，卡恩担任董事长兼总裁。

美国时间银行联盟对时间银行的定义为："时间银行是一种通过成员间相互给予和接受服务，来建立支持网络、强化社区关系的途径。成员帮助他人一小时，就可以赚取一个时间美元（也称为时间积分、服务积分）。通过这种'递进式支付'（Pay it forward），时间银行得以持续运转。我们每做一件善事，都可以带动一连串的善事。"① 这一定义符合埃德加·卡恩的设计理念，即时间银行以时间货币作为唯一交易媒介，严格遵循"1 小时 = 1 单位时间货币"的规则，只进行内部服务交换。成员加入时间银行后，为其他成员提供服务，赚取时间货币，然后用赚取的时间货币购买其他成员的服务。

为了推动时间银行的发展，卡恩提出时间银行的五项核心原则，作为时间银行应该坚持的基本理念：

- 资产：受助者也是资产。
- 重新定义工作：不是所有的工作都有一个价格。他人的奉献也是一种工作，要懂得珍惜并给出回报。
- 互惠：双向互助比单纯的救助更有效。
- 社会网络：我们彼此需要。奉献者和受助者共同建立起相互支持的网络。
- 互相尊重：要尊重他人以及他们所做的事情。

2. 参与群体

时间银行的主要参与群体是社区中的弱势群体。这是由时间银行的功能决定的。卡恩认为，社区中的弱势群体有自己的能力和优势，只是得不

① http://timebanks.org/what-is-timebanking/.

到市场的认可，无法转化为传统货币（钱）；由于没有钱，他们自身的需求就得不到满足。在市场经济中，传统货币是资源交换的媒介，而这个群体普遍缺乏传统货币，无法实现资源交换，于是就出现了“未利用的资源”和“未满足的需求”。时间银行的出现，就是要以时间货币来弥补传统货币的不足，参与者通过服务他人，赚取时间货币，然后再用时间货币购买自己需要的服务。在整个社区中，弱势群体拥有相对更多的“未利用的资源”，同时由于经济条件的限制，又有大量需求得不到满足，在弱势群体中，时间银行更能充分发挥桥梁作用。

此外，时间银行的参与群体也可以是非弱势群体。他们的参与能够实现时间银行服务类型的丰富与多元，有助于满足不同类型的参与者，特别是弱势群体参与者的物质需求。一般而言，弱势群体提供的服务主要是简单的体力劳动服务，如打扫卫生等，而他们可能用钱购买不起高端服务，如法律咨询或医疗保健等。通过时间银行这一平等的交易机制，弱势群体利用自己的劳动获得了自己无法或难以买到的服务，体现了平等和尊严。而非弱势群体也能从中获得一定的物质服务和更多的精神满足。

（1）功能

时间银行的主要功能在于挖掘社区中未利用的资源，满足未满足的需求，在资源和需求之间架起桥梁。在社区中，许多人具有过剩的时间和精力，我们称之为“未利用的资源”，这些资源很难通过市场化的手段转化为直接的收益，造成一定的资源闲置和浪费。同时，社区中许多人需要获得照护或者其他帮助，社区公共服务也需要大量的人力投入，这些需求很难以市场化的手段得到满足。时间银行在这些资源和需求之间架起了桥梁，使得这些资源转化为可购买他人服务的时间货币，同时低成本地解决一些问题。

（2）运作机制

时间银行模式的运营，大概有以下几种方法：

- 认同时间银行的个人自发组织成立一个时间银行，通过内部选举或者外部聘任的方式任命一位“协调员”，负责成员信息的更新、服务交换信息的记录和服务供需的协调。

- 某一组织在内部开展时间银行，以组织已有的成员作为时间银行成员，由独立的项目部门运作。

- 社会组织主导建立一个独立的时间银行，通过成员提名和选举成立管理委员会，负责时间银行的决策和管理。

要加入时间银行，成员不但要能够提供一定的服务，而且还要提出需求，以消费自己赚取的时间货币，保证时间货币的流通。成员在加入时间银行之前，需要了解并认可时间银行的运行规则，加入时间银行后还需要参加相应的培训，以熟悉组织的规章制度。在激励制度方面，时间银行的成员并不是无偿提供服务，他们可以通过提供服务换取时间货币。成员提供的服务时间越长，能够享受的服务时间也就越长。

成员加入时间银行后，为其他成员提供服务，赚取时间货币，然后用赚取的时间货币购买其他成员的服务。为了保证公平，所有的交易都遵循“1 小时 =1 单位时间货币”的规则。在这里，时间是唯一的交易媒介。不同成员即使具有不同的专业背景和能力，其提供的服务也都一视同仁，均按时间来“折算”。

（3）成本

时间银行的运作成本低，主要表现在两个方面。一是参与者以低成本提供服务。时间银行的参与者所提供的服务，都是其力所能及的事情，而且一般不需要额外的物资投入，时间银行以时间作为唯一的价值标准，服务的价值只由服务时间长短来决定。二是时间银行本身的运作是低成本的。在卡恩的设计中，时间银行需要至少一名协调员，主要成本是协调者的薪酬。为了减少开支，协调者还可以由成员轮流担任，成员担任协调者时也赚取时间货币。这种方式进一步减少了时间银行的运营成本。

此外，时间银行也筹集资金。其筹资方式有以下几种：

• 会费制。成员在加入时间银行时，一次性缴纳一定的费用；或者定期缴纳一定的会费。自发成立的时间银行由于往往规模较小，难以获得外部资金，通常采用这种方法。

• 由主办组织负担。在我国，大多数时间银行由社区居委会或者街道办事处筹建，并提供相应的资金。

• 第三方赞助。即时间银行向第三方争取赞助。

（4）效果

时间银行能同时满足成员的精神需求和物质需求。

首先，成员通过劳动换取自己所需要的服务，满足物质需求。时间银行能满足成员的物质需求，主要是指无法通过市场手段得到满足的服务类需求。弱势群体由于收入有限，没有足够的钱从市场中购买服务，通过参与时间银行，他们以虚拟的时间货币为媒介，通过服务交换的模式，使得自身的需求得到满足。

其次，时间银行的公平规则让参与者感受到平等的快乐，这是精神需求的满足。这表现为两个方面：第一，时间银行严格遵循“1小时=1单位时间货币”的规则，参与者的时间具有同等的价值，不分贵贱，所有参与者都是平等的。这在各类群体之间树立了一种价值观：劳动不分贵贱，在金钱之外人与人之间可以进行平等、有尊严的交流。第二，在传统的志愿模式中，参与者往往存在明显的“志愿者”和“受助者”的身份差别，“受助者”群体被动地参与活动，接受他人的帮助，“志愿者”和“受助者”之间的地位有时显得并不平等。而在时间银行中，参与者之间进行平等交易，互惠互利。

最后，弱势群体自力更生解决自身问题，自尊自爱，这也是精神需求的满足。时间银行为弱势群体提供了一种自力更生解决自身问题的途径。通常，弱势群体中的一小部分人，能够通过社会救济等方式解决所面临的问题，但同时也扮演着“受助者”的角色；而弱势群体中的其他人，有时可能无缘获得社会救济。时间银行对弱势群体内部的互助行为进行规范，在这里每个人都能够利用自身有限的资源，换取所需要的服务，这实际上是通过个人努力，集合整个弱势群体的资源来解决自身的问题和大家的问题，弱势群体的生存状况将能够得到一定的改善。更重要的是，这种改善是个人努力的结果，是个人价值的实现。时间银行让参与者更加自尊自爱，这对于弱势群体来说，尤为重要。

台湾弘道老人福利基金会的“全国互助连线”项目有助于我们对时间银行有更深的体会。

案例一：台湾弘道老人福利基金会“全国互助连线”项目

弘道老人福利基金会是台湾地区一个致力于老人服务的非营利组织。1995年，该基金会推动“全国志工连线计划”，后来先后更名为“志工人力时间银行”、“全国连线互助计划”。这是“缘自于美日等国的时间货币、时间银行等观念，并融合当地习惯与观念延伸发展而来的‘互助’方案”。[①]

① http：//www. hondao. org. tw/article. php? article_cid = 100&article_id = 2184.

通过联合大众的力量共同来推动老人福利，志工在服务老人时可储存服务时数，供自己年老时提领使用或立即交换服务远地亲人。该项目由弘道老人福利基金会下的“全国互助连线推动委员会”负责，参与者是基金会中的志工。

该时间银行以时间作为唯一交易媒介，发行“互助券”作为交易凭证，“互助券”面额分为三种，为“60分钟”、“30分钟”与“10分钟”，互助券背面印有记录空格，以记录会员之间的交换状况。

在参与条件上，有意加入者需要向时间银行负责人申请，并缴交100元会费、填写会员申请书。实行双向会员制，会员必须提出需求，亦提供服务，促成“受助（你帮我）、助人（我帮你）”，发扬“互助”精神，货币才能流通。即“既存也取”。考虑到会员新加入时还没有时间货币购买自己需要的服务，会员入会时可获得包括60分钟3张、30分钟3张、10分钟3张在内的300分钟的互助券。

当会员行使服务交换时，需要在互助券上留下记录，包括服务时间、服务项目、收券人、付券人。交换以服务的时间为计算方式，例如60分钟服务换取60分钟互助券。当会员为非会员提供公共服务时，活动的时数可由会员自行讨论认定，互助券由负责人发出。互助券背面之登录栏满格后，持券的会员送回发给单位，兑换新券。

该项目的筹资方式为会费制。成员每年要缴纳100元会费，会费中3成作为互助券的行政成本；7成作为申请单位推广互助券之支出，由负责人保管。①

在这一项目中，参与者通过提供服务，储存服务时间，在自己年老时提领使用，也可以赠送给远方的亲人使用，这种回报方式能在一定程度上满足参与者的物质需求。成员通过劳动换取别人的帮助，在一定程度上实现精神满足。

3. 难以回避的天然缺陷

时间银行的运作模式虽然看起来简单，但在实践中时间银行的可持续

① 陈权荣：《我国推动时间银行现况与困境之研究——创新扩散观点》，博士学位论文，（台湾）铭传大学公共事务学系，2011，第27～29页。

性面临着极大的挑战。这与时间银行自身的缺陷有关。

(1) 物质需求和精神需求得不到充分满足

在时间银行中，任何成员的时间都是同等价值的，都按照“1 小时 = 1 单位时间货币”的标准计算。其优势在于成员间的关系不受个人知识水平和教育背景的限制，有助于相互帮助和合作。但是这一优势也给时间银行带来了一些问题。

首先，成员的精神需求得不到充分满足。在时间银行中，平等的时间交换消除了个体之间的能力差异，弱化一部分成员的能力优势。例如，成员 A 是一名汽车修理工，在时间银行中提供汽车维修服务，成员 B 是一名保洁员，提供家庭保洁服务。在市场上，A 的服务的价值可能高于 B 的服务价值，但是在时间银行中，两人的服务具有同等的价值。当交易在 A 和 B 之间发生时，A 会下意识地感觉自己的时间被贬值了，参与的积极性会受打击，而 B 则具有强烈的积极性。在 A 看来，时间银行的公平规则本质上可能是不平等的，其个人价值在时间银行似乎没有得到充分体现。因此，在精神层面上，时间银行会让一些参与者感到其精神需求未得到充分的满足。

其次，成员的物质需求得不到充分满足。在这种情况下，时间银行中市场价值较高的服务供给相对较少，有时可能会越来越少，而市场价值低的服务供给则相对较多，有时也会越来越多。这样，造成时间银行里的服务种类不均衡，参与者的物质需求难以得到充分满足，一定程度上会挫伤成员参与活动的积极性，造成恶性循环。

(2) 低成本运营较难实现

时间银行的低成本运营，在实践中也面临问题。

一是由于部分服务伴随有物资消耗和工具磨损，会提高运营成本，当服务只以时间为唯一的价值衡量标准时，人们潜在的意识中会倾向于逃避提供这类服务。为了鼓励成员提供这类服务，就得由时间银行来承担相应的物资和工具费用，这会增加时间银行的运营成本。

二是时间银行的技术更新较慢，有些未运用先进的计算机管理系统，人力投入成本高。在卡恩的设计中，时间银行的信息维护与更新、服务的匹配和协调都由计算机系统完成，这样就减少了人力投入，降低了成本。为此，美国时间银行开发了相关的软件，并低价提供给加盟的时间银行。但是对于其他国家和地区的时间银行来说，却需要自己开发相关软件并配置计算机系统，这就增加了时间银行的成本；而如果不使用计算机系统，时间银行的日常运营就需要更多的人力投入，仍然会增加时间银行的运营成本。所以，时间银行的低成本运营其实较难实现。当然，这些成本也是时间银行的必要成本。

时间银行无法充分满足参与者的精神需求和物质需求，这会降低时间银行的活力；而低成本运营困难则限制了时间银行的扩张和推广。按照卡恩的理论，如果成员充分理解并认可时间银行的五项核心原则，时间银行内部的服务供给与需求是有可能达到平衡状态的，不会出现个体差异化需求难以满足的问题。但是这只是一种理想状态。一些时间银行在达到这一理想状态之前，就因为时间银行自身的缺陷而失去了活力，甚至难以为继。这时就出现了时间银行的分化。

三　升级版时间银行

1. 概念

标准版时间银行由于自身存在缺陷，无法充分满足参与者的物质需求和精神需求。为了解决这一问题，在现实中出现了升级版的时间银行，即在标准版时间银行的基础上，用传统货币购买外部服务（商品）以补充服务（商品）供给，优先满足参与者的物质需求。

2. 参与群体

在升级版的时间银行中，参与者除了弱势群体成员外，还包括医院、保健中心、律师事务所、商店等外部服务提供者，我们称之为时间银行的法人成员。随着这些组织的参与，时间银行的个人成员可以从具有合作关系的法人成员那里，用时间货币购买同等时长的服务，或者按照一定的标准购买商品。当个人成员用时间货币购买同等时长的服务时，表面上符合“1 单位时间货币 =1 小时”的标准，但实际上这种交换已经不是单纯的时间交换，交换媒介还增加了传统货币。此时，由时间银行承担传统货币的支出，资金可以自筹或者对外募集，也可能来源于政府的财政拨款。当用时间货币按照一定标准购买商品时，则不存在时间交换，而只是把时间货币当作传统货币的替代物来使用。这两种情况的本质是一样的，即时间银行用市场手段，从外部购买服务提供给参与者。

（1）功能

升级版的时间银行，不仅仅是弱势群体内部资源与其需求之前的桥梁，同时还是一个交易平台。随着参与群体的扩大，交易不仅发生在弱势群体之间，还拓展到与外部服务提供者之间。也就是说，时间银行不只是弱势群体间的互助平台，还是市场经济和非市场经济之间的互动平台；交易的对象除了“未利用的资源”，还包括市场中已经得到开发利用的资源；时间银行既满足了“未满足的需求”，还帮助外部服务提供者（主要是法人成员）获得利益：通过参与时间银行，外部服务者的营业额扩大，利润增加，社区经济得到进一步发展；同时，其知名度提高，社会声誉也会逐步改善。升级版的时间银行，是一个与外界的交易平台。

（2）运作机制

升级版的时间银行的组织形态必须是法人。由于它需要与法人成员协商与合作，就需要有独立的法人身份和较为完善的组织架构；时间银行的管理和运营，也需要有专门的管理层和执行部门。自发成立的时间银行往往比较松散，也缺乏必要的人员和资金支持，很难满足这些要求。所以，升级版的时间银行，一般都是由既有的组织在内部成立，或者在较大的公益组织、行政单位支持下独立组建。

与标准版的时间银行相比，升级版的时间银行增加了法人成员。法人成员加入时间银行，通常要提出一定的申请，由时间银行进行必要的资格审查和筛选。法人成员与时间银行的关系，既是组织与成员关系，也是服务（商品）的供需关系。

升级版的时间银行中，一部分时间货币作为内部服务交换的媒介，遵循“1 小时 =1 单位时间货币”的规则，在成员内部流通，这与标准版时间银行的交易模式是一致的。与标准版时间银行不同的是，升级版时间银行中另一部分时间货币不参与内部流通，而是被用于购买外部服务：成员通过提供帮扶救助、照顾孤寡老人等力所能及的服务，赚取时间货币；时间银行用传统货币向外部服务提供者购买法律咨询、医疗保健等服务，或者食用油、大米、洗衣粉等日常用品；这些服务或者物品被提供给时间银行的成员，收取成员所持有的时间货币。在表面上看，时间银行的成员可以使用时间货币直接购买外部服务，但实际上这一过程还有传统货币的参与。在升级版时间银行中，时间货币和传统货币共同扮演交易媒介的角色。

（3）成本

升级版时间银行的协调员角色由管理层和执行部门来完成，人力资源成本增加；随着参与群体的扩大，以及交易的增加与复杂化，纳入计算机系统就显得尤为必要。因此，升级版的时间银行的行政成本大大增加。

升级版时间银行由于要从外部购买服务，也需要更多的资金投入。通过会费筹资已难以负担运营成本，需要由主办组织承担或者争取政府拨款、第三方赞助。利用自身掌握的客户资源，时间银行能给外部服务提供者带来利润增长和社会声誉的提升，所以在合作过程中具有一定的议价优势，这可以减少一部分成本支出。

（4）效果

A. 物质需求得到更充分的满足

升级版的时间银行，是对标准版时间银行的补充和改进。如上文所述，标准版时间银行无法充分满足参与者的物质需求，而升级版的时间银行则利用传统货币从市场购买一定的服务（商品），作为时间银行内部服务的补充。升级版的时间银行不再是一个可以实现自给自足的独立体，它需要依赖市场；市场提供的多样化服务，丰富了时间银行提供的服务类型，相比于成员间提供的服务，也有更高的价值。当时间货币可以按照一定的比率购买商品时，则进一步扩大了参与者的选择范围。

B. 精神需求得到有限的满足

在满足参与者的精神需求方面，升级版的时间银行的改善作用比较有限。一方面，时间银行本身的公平规则没有改变，部分成员的能力优势被弱化的问题仍然存在，这是“时间银行无法充分满足参与者的精神需求”的根源。另一方面，用时间兑换物品，本质上是按照一定的标准，给参与者的服务时间赋予了固定的价值，提供服务和获得收益之间的关系更加明确，参与者提供服务的过程显得更加功利化，这反而不利于激发那些具有奉献精神的参与者的积极性，不利于其获得精神满足。

下面我们通过两个案例进一步了解升级版的时间银行。

案例二：洛阳天元社区时间银行

2011年9月，河南洛阳天元社区“时间银行”成立，储户将参与公益服务的时间存进“时间银行”，当自己遇到困难需要帮助时，可以从该“时间银行”支取相应的“被服务时间”。时间银行由天元社区居委会筹建和管理，设立总行，由社区居委会主任担任总行行长；在社区内的勤政苑、在水一方、民馨苑等8个小区设立分行，各分行由行长、副行长、其他组织成员构成。各分行统一受总行领导监督。行长拥有全部的使用权和认定权，并负责标准的制定和副行长的选管；副行长负责日常具体业务工作，主要对时间银行储户的时间储蓄情况进行审核认定。同时时间银行下辖各社区时间银行储户分队，分队由大队长、副队长、志愿者构成。

在参与机制上，按照天元社区时间银行制度，参与者必须在社区登记注册成为储户，并领取与银行储蓄存折类似的“时间银行”存折，作为“储蓄”和“支取”时间的记录凭证。存折上印有服务人、鉴定人、服务内容、服务时间。

天元时间银行的时间货币称为“时间币”。为了赚取“时间币”，参与者可以为特殊群体（社区孤老、“空巢”老人、病、残、军、烈属对象及其他有特殊困难者）提供服务，也可以为社区提供公共服务，服务内容包括爱心家教、心理辅导、环境保护、社区巡逻、帮扶救助、科普宣传人、家政服务、水电维修、绿化认养、文体辅导、医疗保健、维权服务。提供服务后，由服务者自报服务时间、对象，社区干部调查核实记入储蓄台账，标准为“1小时=1时间货币”。此时，参与者完成了时间银行流程的第一个环节：提供服务，赚取时间货币。此外，该时间银行还规定，参与者在服务中提供（或者捐赠）的有形物资可以按市场价格折算为时间币，这也是赚取“时间币”的一个途径。

赚到时间币以后，当储户自己遇到困难需要帮助时，可以从自己的存折上支取相应的被服务时间，购买他人的服务。同时，时间银行广泛联系社会公益事业、企业单位，建立了专项医疗服务制度、专项法律咨询制度，由专业医师、知名律师在社区时间银行办公室，每周定期为社区居民提供医疗问诊服务和法律咨询服务。储户通过支取个人“时间银行”存折上的时间享受这些服务，不需要支付其他费用。后一种情况，就是时间银行通过采购外部服务，来满足时间银行内部服务供给不足的问题。此时，时间银行的个体参与者“既存也取”且需“另取”。[①]

天元社区时间银行，是我国目前运转较好的时间银行之一。截至2013

① 何丹凤、李铜山：《洛阳“时间银行”的调查与分析》，《经济生活文摘》2012年第21期。

年9月，先后有1200多人在“时间银行”开户，占社区总人口的6%。

在成本方面，天元社区时间银行规模大，参与群众多，日常运营需要耗费一定的人力资源；同时为了满足参与者的物质需求，时间银行还引入了大量外部服务，进一步增加了成本。天元社区时间银行由社区居委会筹办，其成本来源于财政拨款，为其提供了较为充足的资金保障。

在这一时间银行中，参与者不但可以利用自己赚取的时间货币购买其他成员的服务，还能够购买外部服务，这就保证其物质需求得到充分的满足。

案例三：广州市南沙时间银行

在广州市南沙区，民政部门在2013年启动了时间银行项目。南沙国际技术合作服务中心承接项目建设，并负责“南沙时间银行运营管理中心”（简称为南沙时间银行）的日常运营管理工作。南沙时间银行的会员把参与志愿服务的时间存储在时间银行中，等将来自己需要帮助的时候可提取所存储的时间，获得相应的服务；也可以通过时间银行兑换系统，以其服务时间换取自己所需要的物品。

2014年7月，南沙时间银行（http：//www. nstimebank. org. cn）完成测试正式上线。与金沙街的“社区时间券”一样，它也使用了一种介质——时间币。目前，南沙时间银行实名注册会员超过2万人，发布超过百个公益服务需求，已有40个服务完成“交易”，服务范围涉及老人陪护、家政清洁、小孩托管、家教培训、心理咨询、法律援助、健康咨询、购物接送、专业技能等多个领域。作为管理方的南沙时间银行运营管理中心还会定期为空巢老人、残疾人士、贫困家庭等特殊困难群体等重点帮扶对象发放时间币，让困难群体也有能力“买”服务①。

南沙时间银行是典型的升级版的时间银行，会员可以用自己的服务时间交换相应的服务，也可以兑换自己所需要的物品。当会员提取的服务由时间银行的其他成员提供时，这种交易发生在时间银行内部，是成员间的服务交换；当提取的服务由市场提供时，实际上是时间银行通过购买外部

① 陈晓颖：《公益项目吸引邻里做公益　激发社区民众互助热情》，http：//gdgz. wenming. cn/zyfw/201407/t20140723_2078306. html，2014年7月28日。

服务，满足会员的差异化需求。此时，不存在服务交换，而是相当于把服务时间按照一定比率兑换成了传统货币。

在运行机制上，南沙时间银行由政府部门启动和支持，但是日常运营管理工作则委托给了专业性较强的第三方机构，这保证了时间银行管理的专业化，同时也减少了政府部门对时间银行的介入，有利于时间银行的独立发展。在管理机制上，南沙时间银行引入了网络管理系统，这既减少了人力资源的成本，又提高了时间银行的效率。

但是，管理职能外包和网络管理系统的开发，都增加了时间银行的运营成本。而且，购买外部服务提供者提供的服务和商品，也是一笔不小的开支。升级版的时间银行的运营成本大大增加，由民政部门推动建设，则提供了稳定的资金保障。

与天元时间银行不同的是，尽管都是通过外部采购的方式满足参与者的物质需求，天元时间银行引入的是外部服务，仍然遵循“1 小时 =1 单位时间货币”的规则，而南沙时间银行则选择引入外部商品，成员可以用服务时间兑换自己所需要的物品，这就突破了标准版时间银行的基本规则。

四　退化版时间银行

如上文所述，时间银行由于其自身缺陷，无法充分满足参与者的物质需求和精神需求，因此面临两个选择，一是由时间银行通过采购外部服务带动消费，保障有效互动，即向升级版的时间银行发展；但是这种转变，要求时间银行在组织结构上要逐步完善，要有良好的执行团队，最主要的，要有充足的资金从外部购买服务。二是当时间银行因为条件限制而无法转向升级版时，就有可能变成退化版的时间银行。

1. 概念

当时间银行由于其自身缺陷失去活力，而又没有引入外部服务加以改善时，时间银行就会走向退化，其主要特征是参与者少，交易频率低，只强调精神满足而忽略物质满足。

2. 参与群体

退化版的时间银行，首先表现为实际参与者的减少。由于不能提供充分多样的服务满足参与者的需求，时间银行的回报机制出现问题，意味着时间银行参与者的积极性将受挫。由于绝大多数时间银行没有退出机制，这些参与者在名义上仍然是时间银行的储户，但实际上很少参与活动，不再提供服务。其次，在现实中，许多时间银行在进入退化状态后，并不会很快消亡，反而会存续较长时间。原因在于一部分具有强烈奉献精神的参与者的存在，他们参与活动主要是为了获得精神上的满足，实际上他们是志愿者。

（1）功能

退化版的时间银行其实已经不是真正的时间银行，本质是实行“注册志愿者服务时间储蓄制度”的志愿者服务站，即成员“只存不取”。因为在退化状态，参与者不强调物质需求的满足，他们提供服务是单纯的奉献。

（2）运作机制

由于参与人数和活动数量的减少，时间银行的管理机构也会相应萎缩，管理职能相对简单。资源与需求间的协调将更加简洁，协调员的主要任务是记录成员的服务。

退化版的时间银行的参与者，其参与时间银行的主要目的不是为了获得回报，而是因为时间银行能够对他们的服务行为进行量化，并以时间货币的形式予以认可。尽管时间银行的回报机制出现了问题，但是时间货币的量化和认可机制还存在，所以他们还是会积极参与时间银行的活动。由于他们只强调付出，不求回报，而且事实上时间银行也没有能力提供他们需要的服务，所以他们会持有大量的时间货币。这些时间货币无法兑现成服务，此时的时间货币并不是一种交易媒介，它本质上是一种计量单位，只用于计数。

（3）成本

由于参与人数和活动数量的减少，时间银行的管理机构也会相应萎缩，人力资源成本下降；同时也没有必要纳入计算机系统。时间银行的行政成本会降到较低水平，这反而有助于延长退化版的时间银行的寿命。

（4）效果

当时间货币只是作为计量单位存在时，所谓的赚取时间货币，其实就是志愿服务的时间累计。在退化版的时间银行中，一些具有强烈奉献精神的参与者不求物质回报，而是通过这种时间累积来获得精神满足。在一些时间银行，当储户的时间货币达到既定的标准时，会得到一定的物质或者精神奖励，或者资格认证，但是这些并不是时间银行的回报机制，它只是志愿服务的激励机制。因此，退化版时间银行的参与者只能够获得精神上的满足，其物质需求却难以得到满足。

下面我们通过一个案例来了解退化版的时间银行。

案例四：江苏省苏州市葑门街道杨枝社区时间银行

2008 年，苏州市杨枝社区成立“时间银行”（我们称之为杨枝时间银行）。该“时间银行”的最初设计是将志愿者为老人提供服务的时间储存起来，当志愿者进入老年或生活难以自理时，再获得由其他志愿者提供的同等时间的服务。杨枝时间银行由社区居委会主办。

在参与条件上，该时间银行要求志愿者“年服务时间不少于 180 小时”。到 2010 年，时间银行吸纳了 12 位志愿者，以退休的中老年为主。志愿者与社区中的空巢老人结成互助对子，开展上门服务，并且全部超额完成了志愿者章程中“年服务时间不少于 180 小时”的“存款任务”。12 名“储户”已存下几千小时的服务时间，可他们的支取额度却为零。到 2014 年 1 月，有些储户的服务时间已经超过 4000 小时。

为了维持时间银行的运转，从 2010 年起，杨枝时间银行更改了章程和管理办法，增加了激励和表彰内容，为年度“存款”大户颁发荣誉证书。这实际上是以精神奖励的方式作为激励，但并不能解决时间银行的回报问题，其本质是实行“注册志愿者服务时间储蓄”制度的志愿者服务站。

杨枝时间银行的成员只有存储、没有支取的原因有两个。一是有些储户出于奉献精神提供服务，不求回报，认为“存时间只是一种记录工作的形式，支取时间并不是志愿服务的最终目的”。① 二是时间银行无法提供储户所需要的服务，“杨枝社区时间银行的 12 位储户，以退休后的中老年人为主，即使有人来支取，也会遇到谁来提供服务的问题”。②

杨枝社区时间银行，就是典型的退化版的时间银行。其参与者较少，且都具有强烈的奉献精神，只求付出不求回报；在这里，时间银行的作用，只是记录参与者提供服务的时间和内容等，也不需要额外的资金投入，运

① http://news.2500sz.com/news/94667.shtml.

② http://bjrb.bjd.com.cn/html/2013-08/06/content_96783.htm.

营成本很低。

如上所述，在该时间银行中，参与者只能获得精神满足，无法获得物质回报，他们主观上不要求回报，客观上时间银行也没有能力提供回报。这是退化版时间银行的主要特征。问题是，如果只有精神满足而没有物质回报，时间银行就没有发挥其功能，优势也难以体现。

2014年6月，为了解决该时间银行存在的“只存不取”的问题，让爱心流动起来，杨枝社区在原来的时间银行的基础上，又成立了“时间银行客服中心”。其主要职能有：

- 由党团员、大学生和公益社团“蜂花汇”等组成客服队伍，针对时间银行贵宾（指时间银行的12位储户）提供上门服务。比如说，定期上门，看看“储户”们是否需要帮助。
- 同时，汇集社会公益资源，印制健身、足浴、影视、糕点、餐饮、花卉、盆景等爱心企业和门店的定额优惠券（企业和门店免费赠送给街道办事处，或者由街道办事处购买），随时按需支付。
- 按每小时“支付”2元钱的标准，将“时间银行”爱心储户的超额贡献时间（每年约定美德基数，即最短服务时间为180小时，超过180小时的服务时间即为超额贡献时间）折合成有价证券，随时享受专业服务。
- 对于一些“金卡”储户，“时间银行客服中心”还将组织生日庆祝活动，并考虑组织创作班子，根据他们的故事编写、拍摄微电影。①

“时间银行客服中心”的成立，实际上是对时间银行的改进，是退化版的时间银行向升级版的时间银行转变。首先，传统货币的介入，即投入资金从外部购买服务，以补充时间银行无法供给充足服务的弊端。其次，由于该时间银行由社区居委会主办，在采购外部服务时议价能力更强，获得的优惠多。最后，社区居委会的行政背景，也使其有能力整合和利用其他公益组织的资源，应用于时间银行这一平台，既降低了提供服务的成本，也加强了时间银行与外部组织的合作。

五 结语

时间银行创造了一种特殊的公益模式，它强调物质和精神的双重满足，

① http：//jsnews. jschina. com. cn/system/2014/06/17/021196000. shtml.

以区别于传统志愿模式中参与者的无私奉献，它强调明确而直接的双向互惠而不是单向给予，以求公益参与的长久持续。时间银行不是社会精英对弱势群体的救济，而是弱势群体内部自发的互助模式。在时间银行中，弱势群体不再是往日的“救助对象”，他们以平等身份主动参与到公益事业中，帮助他人解决难题，并获得自我救助的资本。同时，他们还发现了自身的价值，在自力更生中自尊自爱，自信自强。而时间银行的低成本运作，是其充分发挥这些优势的保障。

虽然标准版时间银行在发展的过程中容易发生分化，但是它以时间作为价值尺度和交易媒介的特征没有改变，它平衡个人精神需求和物质需求、促进爱心流动和循环的使命没有改变。时间银行虽然由于自身的缺陷，在实践中会遭遇到一定的挑战，但是如果参与者能够严格遵循时间银行的五个基本原则参与活动，并且时间银行能够募集到充足的运营资金，卡恩设计的时间银行的理想状态是有可能达到的。升级版的时间银行一定程度上克服了时间银行的缺陷，在有充分资金保障的条件下，能够较大程度地发挥时间银行的优势。退化版的时间银行虽然缺乏活力，但是运营成本很低，也是有可能持续存在的。

在我国，时间银行长期被应用于社区养老领域，时间银行的参与者多为社区中的低龄退休老人，这进一步增强了时间银行内部服务的同质化，参与者的差异化需求难以满足。同时，由于缺乏科学指导，参与者往往并不了解时间银行的基本理念和原则，只是盲目跟风，往往造成时间银行的报名者很多，增加了时间银行的管理成本；成员实际参与率低，互动不够，很难达到时间银行的理想状态。因此，时间银行的分化有其必然性。在这种情况下，如果因为改革滞后或者资金不足，时间银行没有及时转变为升级版的时间银行，就会转变为退化版的时间银行。这是我国的时间银行运营者应该注意的问题。

大学教育基金会治理畸形

在种类繁多的第三部门中，有一类较为特殊的组织形式，它依托于大学，又具有基金会的外在形式，肩负着为大学筹资募款的重要使命。2004年新的《基金会管理条例》出台后，大学基金会如雨后春笋般在各地高校兴办，大学基金会资金总量也已占据了非公募基金会的半壁江山。这一新兴事物在拓宽大学资金渠道，提高办学质量，改善大学办学条件，推动高等教育事业方面作出了有益的探索，对大学的健康、可持续发展发挥着越来越重要的作用，已经成为面向社会筹资、补充大学教育经费的重要平台。然而，从整体上看，我国的大学基金会目前还处于起步阶段，捐赠资金整体规模与国外反差巨大，管理体制不规范、理事会弱化、行政隶属关系不明确、监管机制缺失等问题始终制约着大学教育基金会的健康发展。尤其是由于体制原因，大学长期对其发起创办的基金会进行部门化管理，对基金会有着深刻的行政化影响，行政化思维、逻辑贯穿了基金会治理的全过程，形成了大学基金会组织自主治理能力不足，依附发展的局面，难以适应形势的快速发展。本文将立足于对大学基金会运作情况的近距离观察，尽可能全面细致地观察封闭式管理之下的大学基金会，阐述大学对其进行的部门化管理与《基金会管理条例》的不符之处，关注由此引发的治理问题，存在的组织风险，最后试图勾勒出大学基金会的发展蓝图。

一　中国大学基金会虽为舶来品却发展迅速

有着鲜明西方基因的大学基金会，自从在中国生根的那一天起，就迸发出巨大的制度活力，深刻影响着中国高等教育的发展进程。经过近30

年的发展，教育基金规模逐渐增大，大学基金会这一新生事物的制度优势逐渐显现。在此之前，新中国成立后沿用近30年的传统高等教育管理模式观念落后、机制僵化在新形势下日益暴露出弊端，很难调动社会、个人投资教育的积极性，成为长期困扰我国教育可持续发展的一个重大障碍。党的十一届三中全会以后，社会主义经济体制改革不断推进，为基金会事业繁荣与发展提供了广阔的空间，推动了我国现代历史上第一批公益性基金会的产生。伴随着基金会事业的大发展，教育捐赠、大学基金会事业在这一阶段也取得了长足的发展。1994年，经中国人民银行批准，民政部核准登记成立了清华大学教育基金会。清华大学教育基金会是大陆首家高校教育基金会，它的成立揭开了我国高校教育基金会的序幕，具有标志性意义。此后各个大学纷纷设立自己的基金会机构，特别是1999年前后，随着大学扩招步伐的加快，很多大学办学经费不足，各高校纷纷成立筹资管理机构，利用大学基金会平台，积极争取国内外企事业单位、社会团体和个人的支持，积极筹措办学资金，汇聚社会资源，促进大学教育事业的发展。

2004年2月11日国务院第39次常务会议通过，自2004年6月1日起施行《基金会管理条例》，条例的出台为非公募教育基金会的兴起和发展奠定了政策基础，给包括大学基金会在内的基金会的发展带来了重大机遇，此后，我国大学基金会进入了快速发展期，呈现大笔净资产、大额捐赠和年捐赠总量不断上升的势头。2006年9月，浙江大学收到了约合人民币3.2亿元（总额4000万美元）的最大两笔捐赠；2006年11月，北京大学收到一笔建校以来一次性捐赠数额最大的捐款，高达1.733亿元人民币。2009年，财政部、教育部制定的《中央级普通高等学校捐赠收入财政配比资金管理暂行办法》，极大地鼓舞了高等学校设立教育基金会的热情，进一步加快了大学建立教育基金会的步伐，我国大学教育基金会如雨后春笋般地涌现，目前“985工程”和“211工程”院校基本上都在民政部或省级民政局正式注册成立了教育基金，一部分有实力的地方高校也相继成立了教育基金会。截至目前，共有214家大学基金会承担着面向社会筹资、补充大学教育经费的作用，在近年来的高等教育办学实践中，它们充分利用自然人、法人或其他社会组织捐赠的财产，以推动大学教育事业发展为目的，发挥资金输送、增值职能，对所在大学的可持续发展发挥着越来越重要的作用。根据基金会中心网数据，2011年大学基金会的总资产已经占到全国非公募基金会资产总量的45%。

经过近20年的快速发展，中国的大学基金会数量、规模得到提升，筹资能力得到加强，在近年来的高等教育实践中已经彰显了其独特的作用，特别是在大力拓展社会筹资渠道，吸引社会力量投资高等教育，保证高等教育的持续快速发展方面作出了积极贡献，已成为教育领域的一支重要社会力量。然而与西方发达国家数百年的大学基金会的生动实践相比，我国大学基金会刚刚起步，在筹资、投资等诸多方面差距明显。2013年财年美国大学基金会市值超过百亿美元的有六家，其中哈佛大学基金会市值越过300亿美元，耶鲁大学市值接近200亿美元，为大学发展提供了强劲动力，教育捐赠已成为美国大学的主要经费来源。而我国清华北大两所大学基金会资金规模总和也不超过10亿美元，与美国大学基金会相比可谓天壤之别。国内大学基金会在拓展社会筹资渠道，为我国教育事业更好更快发展提供强大资金支持和财力保障，推动高等教育持续发展方面还有很长的路要走。

二 大学基金会治理畸形

在214家大学基金会中，每所大学的基金会都有自己的特色，机构名称各有不同，或称教育（发展）基金会、发展委员会，或称发展联络办公室，有的大学甚至没有独立的大学基金会机构，只是通过类似机构与组织，与其他部门一道整合起来从事捐赠基金会募集、投资及后续管理工作，管理模式迥异。我国大学基金会的组织机构基本上是由理事会（为区别于公司治理中的董事会，一般非营利组织治理中，类似的组织称为理事会）、监事会、秘书处组成的，其中理事会属于基金会的决策机构，是基金会内部治理的核心部分；监事会属于监督机构，对大学基金会的运行和管理实行监督；秘书处是具体的执行机构，负责大学基金会的日常工作，根据理事会的授权，具体负责资金募集、项目管理、监督检查、信息整理、人事档案、对外宣传等工作。就大学基金会内部治理而言，有效的组织架构形成了大学基金会的重要骨架和支撑，是其有效治理的前提条件。然而，当大学基金会这种制度形式遭遇中国特殊的高等教育模式时，就产生了诸多治理异化现象、治理畸形问题。

1. 封闭式环境下的基金会治理

(1) 理事会弱化困境

大学基金会在治理过程中，理事会是最高决策机构，处于组织权力的中枢位置，承担着组织的决策和监督职能，拥有整个组织的控制权。在理事会的角色与职责方面，大学基金会理事会的使命包括制定政策、战略计划、财务与筹款、项目监控和评价、人力资源管理、协调与环境的关系等。理事会作用能否有效发挥、有效履行自己的职责，直接关系到大学基金会的治理状况以及组织绩效，最终影响基金会使命的完成。

A 大学基金会在章程中对理事会的职权及理事会会议规则进行了明确。章程中明确，本基金会的决策机构是理事会。理事会行使重大业务活动策划、制定或修改章程；选举、罢免理事长秘书长等职权。从 A 大学基金会章程规定来看，理事会作为基金会的权力核心，享有最高的决策权，这也是《基金会管理条例》的一种制度安排。然而在实际运作中，理事会作用并未得到有效发挥，该制度设计因基金会对大学的高度依赖性而遭稀释，没能体现出理事会的制度优势，形成理事会治理弱化的格局，具体表现在理事会成员来源单一、理事长角色被吸收、理事会文化异化等方面。

(2) 大学管理层垄断理事会

当前我国大学基金会理事会构成的主要问题在于大学管理层在基金会理事会成员中所占比例过大，成员来源单一，构成比例不均衡。这种情况在 A 大学基金会理事会成员构成上得到了充分体现。A 大学基金会章程明确规定基金会由 12 名理事组成理事会，依据《基金会管理条例》和《A 大学教育基金会章程》规定，A 大学基金会于 2009 年底选举产生了第二届理事会，此届理事会构成情况见表 1。

表 1　A 大学基金会理事来源构成

序号	理事会内角色	来源	校内职务
1	理事长	校内	党委书记
2	副理事长	校内	校长
3	副理事长	校内	党委常务副书记、副校长
4	副理事长	校内	副书记（增选）
5	副理事长	校内	常务副校长

续表

序号	理事会内角色	来源	校内职务
6	副理事长	校外	捐赠人代表
7	理事（秘书长）	校内	副校长
8	理事	校内	副校长
9	理事	校内	财务处长
10	理事	校内	产业处长
11	理事	校内	校办主任
12	理事	校内	资产与后勤管理处处长

该基金会第一届理事会 11 名理事会成员中有 10 名来自所在大学，而从表 1 可以看出，第二届理事会 12 名理事中有 11 名来自所在大学，理事会成员单一化程度极高，仅有一名是捐赠了大额资金的捐赠者代表，理事会缺乏应有的代表性，并且这种情况在换届后没有得到改善。此外，按照基金会的相关规定，理事会另设顾问两名，名誉理事长两名，名誉理事 70 余名。凡向基金会捐赠 100 万元（实际到账）的捐赠人经本人同意都可聘为基金会的名誉理事。基金会成立时有 6 名名誉理事。此外经过历次理事会会议增加，目前基金会名誉理事共计 79 名。然而，不管是顾问、名誉理事长还是名誉理事，实际上均不享有基金会决策权，重大事项决策形式上仍在理事会框架内进行，而理事会框架往往又被大学管理层替代。

这种现象在国内其他高校基金会中也不同程度地存在着，基金会理事基本上全部来自于学校领导，有少数大学基金会也邀请了部分对学校有重大贡献或在某一领域取得特别成就的校友或专业人士，但学校领导占绝大多数是普遍现象。换句话说，学校领导垄断了大学基金会理事会，形成了理事会成员构成单一化，大学与其基金会管理高度重合的格局。这种理事会构成特点似乎成了国内各大学成立基金会过程中约定俗成的规则，体现了大学对其基金会的深度控制。这种理事会成员单一化特征客观上为理事会决策的一元化埋下了伏笔，不利于理事会决策机制的有效构建，无法发挥理事会在选举、决策、监督、审议等方面的重要作用。

（3）理事角色错位

由于 A 大学基金会理事会成员单一化特征，导致理事、理事会原始职能及先天角色未能有效行使，许多理事及理事会责权角色事实上由大学管理层、大学机关部处领导行使，相应的理事角色发生偏移，被行政角色吸收，伴随着这种角色吸收，理事会职能也逐渐转移至大学管理层。A 基金会章程上规定，本基金会的决策机构是理事会。理事会行使制定、修改章程等重要职权。然而，通过对 A 大学基金会的观察，发现许多本应由理事会行使的核心职权转移到了大学管理层，其理事会出现了角色异化问题。A 基金会理事会在通过重大决议，特别是争取大额捐赠资金过程中，理事长大多以学校领导的身份出现，便于利用学校资源形成合力争取社会捐赠。对捐赠人来说，与其打交道的首先是掌握学校资源、代表学校形象的校领导，基金会的理事长、副理事长角色从属于校领导身份，特别是在重大款项筹集过程中。

在基金会人事安排方面，包括秘书长、副秘书长在内的基金会管理人员的任免与使用，从任职资格、班子配备到职数配置，大多按照学校党政干部的管理规则进行安排，学校党委组织部在此过程中会发挥重要作用。最终决定基金会秘书长及高级管理职员任免的是校领导的大学行政职务，而非《基金会管理条例》中所述的秘书长从理事中选举产生。而 A 大学基金会日常运行过程中，理事长的角色往往被其所担任的校内职务所吸收，无论是召集和主持理事会会议，还是拟定基金的筹集、管理和使用计划，大多是通过理事长的校内职务完成的，在学校行政体制框架内完成工作目标，理事角色错位在程序上与实质上表现得都很明显。

由此形成大学基金会理事会角色异化的情况，主要体现在决策权转移至大学管理层，理事会难以真正发挥内部决策机关的作用。主要原因在于，绝大部分 A 大学基金会理事是 A 大学管理层的一员，遵循的行事理念是大学的行政规则而不是基金会章程，追求的是大学利益而不是基金会的利益（尽管很多时候二者是重合的），影响因素往往是领导意志而不是公益责任，理事的职责往往让位于大学行政职务的职责，因此理事注意义务难以落实。

（4）理事会文化让位于行政思维

理事会文化不可避免地受到大学以及大学文化的深刻影响。在当今大学中，行政化是其中的重要方面，长此以往，这种行事风格固化为一种组织文化，潜移默化地影响着大学校领导等体制内成员。A 大学基金会在管理上几乎等同于校内其他部处，相应的大学组织文化也自然转移到大学基金会当中，这种形式文化转移主要是通过工作人员特别是基金会管理者的人事流动实现的。随着工作的调整，基金会也相应地浸染了行政化办事规则。

对工作人员个人来讲，维持这种行政化思维，对个人后续在校内的流动与发展都具有重要意义。

大学基金会组织文化中蕴含的官僚式文化，源于大学管理体制本身的行政化行事规则，这种行政化通过大学对其基金会的部门式管理，自然而然地传输到大学基金会的管理当中，使其运行规则不可避免地带有行政化基因。这种官僚式文化强调规章制度、授权、等级和控制，注重组织的等级结构和职权划分，这种管理理念在给组织带来稳定性与持久性的同时，也暴露出组织活力不足，与外界环境资源交流能力不强的问题，突出表现为大学基金会对外界潜在捐赠资源的感知不敏感，基金会员工创新意识不足，以及对专业性的忽视。

（5）监事虚化困境

构建运作高效、监督有力的监督机制是完善大学基金会组织运行机制的基本前提，也是大学基金会有序发展的必要制度保障。按照大学基金会治理模式的制度设计，监事会作为基金会的法定专门监督机构，其基本职能是以决策、财务活动为重点，监督理事会遵守法律和章程的情况。对于违反法律法规、组织章程的行为，监事会有权要求纠正。通过监事会及其监事的职能行使，可以对大学基金会理事会的行为进行有效监督和控制，确保理事会和基金会行为符合法律和组织使命的要求。与公司治理中监事会监督乏力类似，目前我国大学基金会监事制度也不同程度地存在监督不力、监管不到位的问题，主要体现在监事缺乏独立性、专业不匹配方面。

（6）独立性不足

由于基金会与大学的深度关联附属关系以及基金会单向服务于大学的特征，监事监督不力现象更为严重，造成监督机制缺失乃至失效。具体来讲，我国大学基金会的监事制度存在的问题主要表现在监事的产生机制不合理方面，监事大多产生自大学管理干部，缺乏起码的独立性。许多基金会的理事、监事在高校内部具有行政上的直接隶属关系。这使得基金会作出决策的过程易流于形式，监事制度的作用没能很好发挥出来。

2004 年 A 大学基金会成立后，由学校党委副书记兼纪委书记任监事，在理事会召开时列席会议，2008 年因其工作调整，原监事调出 A 大学，随即由学校审计处处长出任监事。A 大学基金会的监事由于任职于所在 A 大学，没有从基金会获取报酬，但薪酬由大学按照编制内待遇发放。由于其在学校担任职务在级别上从属于理事长所担任的校内职务，在行政隶属上受制于学校领导，而基金会理事会与学校党委常委会或校长办公会的与会人员高度重合，几乎成了两者的翻版。在基金会的决策权转移至大学的情况下，基金会重大决策一般根源于学校层面，对大学基金会的监督事实上等同于对大学自己管理层、管理体系的监督，监督基金会的决策意味着监督学校领导的决策。

（7）有效性不足

本应是监管主力军的监事会，也存在监督动力与能力双重不足的困境，难以发挥有效监督作用。首先，基金会监事监督乏力源于监事监督动力的不足。基金会监事大多由于身处大学的纪检、监审部门负责人岗位而成为监事，大多把监事职责作为学校本职工作的附加内容之一，属于职务行为的延伸，而不是使命感指引下的自发监督行为，监督意愿不强烈。其次，监事监督能力的不足也制约了监督机制的有效发挥。大部分大学基金会监事是由高校党政干部兼任，其本职工作于监事职权涉及的领域关联性不强，也没有经过专门培训，难以胜任监事职权范围内要求的专业性工作①。

（8）秘书处部门化困境

秘书处是在理事会领导下执行既定方案与政策、开展具体业务的实际操作部门，是大学教育基金会的日常办事机构，是联系基金会与社会、校友之间的重要纽带，秘书处工作“承上启下”，其成效直接影响基金会的整体工作。秘书处管理机构往往是基金会机构设置最具裁量权之处，也是更体现大学特色与特点之处。相应的，大学基金会秘书长在基金会日常管理中起着承上启下的重要作用。当前，大学基金会秘书处在产生与行事方式上也体现着若干治理问题。

（9）秘书长产生方式

A 大学基金会在校内行政级别上与学校办公室、宣传部、招生处等部门同属正处级单位，其秘书长等基金会领导调整也遵循着与其他部处相同的路径，大多先由党委组织部门物色人选，再交由校领导讨论酝酿，最后由党委常委会通过。A 大学在确定基金会秘书长人选时，也是先经过组织部门对初步符合条件的人选进行筛选，交由主要校领导（当然也是基金会理事会主要领导）与分管校领导提前酝酿与沟通，在达成共识后，经过大学常委会讨论通过，最后再放到理事会上任命。从 A 大学基金会秘书长历次人

① 戴志敏、石毅铭、蒋绍忠：《大学教育基金会管理研究》，浙江大学出版社，2010。

事调整可以看出，秘书长人选并没有简单按照相关的基金会规定纯粹由理事会选定，而是由学校管理层甄选恰当人选后作出决定，再由理事会形式上走程序进行确认。

（10）秘书长行事方式

A大学基金会秘书长产生方式决定了他在获得任命后，先要对大学管理层负责，然后再对由校领导组成的理事会负责，实质上对大学管理层负责，形式上对理事会负责。副秘书长、各部门主管等其他大学基金会核心管理层也多为大学方面派驻，相应地对学校负责。这种任命方式决定了学校行政体系对基金会具有的天然影响力，使相应的行政思维随之传导至大学基金会，形成“基金会行政化”的管理格局，致使大学行政化思维在基金会得以延伸。这种行政化固化为大学基金会管理者的思维模式，进而深刻影响着秘书长、秘书处普通工作人员的行事方式。不仅如此，这种行政思维还起到了联系纽带的作用，使大学与其基金会的关系更加紧密，加剧了业已存在的大学基金会对大学的依附。这种影响主要表现在以下几个方面。

首先，A大学基金会工作人员中，有相当部分属于学校事业编制，除工资外，还享受学校医疗、养老等各种福利待遇，这种管理体制一方面使工作人员具有较强的工作稳定性，另一方面它也束缚了员工的主动性和创造性，很难有充分动员社会资源的冲动，有为基金会本身发展而倾力的庄重使命。此外，现行A大学人力资源制度也决定了大学基金会在年度考核时，大多采用与其他机关部处相当的考核评价标准，缺乏具有基金会特点的、针对性强的评价体系。其次，当前大学基金会面临人才困境，招不来、留不下懂得基金会运作规律、乐于创新的专业人才，基金会难以占领人才高地。最后，内部管理对大学体制的依附使基金会自主权缺失。伴随着诸多行政化规则对大学基金会的影响，基金会形成了一种资源依赖的惯性思维，没有行政化的指令，大学基金会难以自主开展工作。

2. 治理现状与基金会条例不符之处

在A大学基金会实际运作中，大学与其基金会的职权存在相互混淆的情况，大学管理层的管理职权事实上替代了大学基金会本身的职权，产生了管理权转移的现象。这种管理模式之下的大学基金会，虽然在形式上都满足诸如基金会的理事和监事数量构成、原始基金规模、基金会每年用于从事章程规定的公益事业的支出最低比例、办公人员的工资福利等硬性指标，然而大学基金会形式独立、实质依附的现状使制度约束打了折扣。换句话说，大学基金会组织治理是为了满足法规要求而设立并运作的，是一种象征性作用，其治理现状与现行基金会条例存在若干不协调之处，大体表现在以下几个方面。

• 基金会条例规定，用私人财产设立的非公募基金会，允许捐赠人的亲属在理事会中担任理事，但对比例进行了限定：相互间有近亲属关系的基金会理事，总数不得超过理事总人数的1/3；其他基金会，具有近亲属关系的不得同时在理事会任职。对亲属关系进行必要限制，出发点在于减少理事会的裙带关系，确保理事会决策的公益属性，最大限度地减少关联决策。虽然大学基金会理事中极少发生这种情况，然而理事会中校内理事占据绝大多位席位，且具有上下级关系，事实上会产生类似于亲属关系的关联决策行为，不利于大学基金会理事会职能的有效发挥。此外，基金会条例还规定，基金会理事遇有个人利益与基金会利益关联时，不得参与相关事宜的决策。在大学基金会治理过程中，部分理事担任大学党政领导职务，在理事会领导层同时兼任学校领导角色的前提下，这部分理事很难不顾及个人发展独立地参与基金会理事会决策过程，事实上存在个人利益与基金会利益相关联的情形。

• 2004年实施的《基金会管理条例》以法规的形式规定基金会必须建立理事会作为组织的决策机构，明确了理事会在基金会治理结构中的核心地位。然而，很多具有大学背景的党政领导占据了理事长等领导岗位，秘书长这种需要业务背景的职位也由大学组织部门一并考虑人选。相应的理事会重大事项决策权也随着这种特殊的理事会人事安排产生了变化，一些原本属于大学基金会内部决策的权力，如基金会内部的财务权、人事调配权，也随着理事会单一的组成来源被纳入大学的整体运作体系中，基金会失去了对组织内部事务的管理权。由此，大学基金会所在大学作为发起人以及基金会资源提供者，在理事会决策体系之外，搭建了新的决策平台，形成了另一套决策机制，使理事会未能成为基金会内部决策机制的核心。

• 基金会条例规定，基金会设监事，监事任期与理事任期相同。理事、理事的近亲属和基金会财会人员不得兼任监事。这一规定旨在将监事与理事关系进行限定，最大可能地减少二者的关联关系，确保监事行使职权时的相对独立性。然而，在大学基金会治理过程中，基金会监事大多是大学的审计、纪检部门领导，虽不是理事、理事的近亲属，也不是基金会财会人员，但与理事、理事会有着直接的上下级或平行业务关系，监事独立地位在大学基金会未能得以体现。

- 基金会条例规定，监事和未在基金会担任专职工作的理事不得从基金会获取报酬。在基金会领取报酬的理事不得超过理事总人数的1/3。大学基金会理事直接从基金会领取报酬的较少。然而，这些理事由于大部分来自大学管理团队，其工资福利往往由大学方面发，表面看来，基金会大部分理事没有从基金会领取报酬，降低了基金会运营成本，能使更多的教育捐赠用在刀刃上。事实上这一情况一方面容易造成捐赠与财政资金的相互混淆；另一方面造成大学基金会不能真实反映自身的财务状况，公益事业支出、工作人员工资福利和行政办公支出均可能产生不符之处。

- 捐赠资金统计口径不同造成的财务信息不准问题。由于自身能力建设的不足以及社会慈善氛围的缺乏，大学基金会在运营实践过程中处于较为尴尬的处境。以A大学基金会为例，除了特大金额的教育捐赠由校领导出面协调之处，针对大学的社会捐赠，大多事先由院系一级直接与潜在捐赠方沟通，项目谈妥后签署捐赠方、院系、基金会三方见证的捐赠协议书，捐赠方将捐赠资金汇至基金会账户完成捐赠过程。在捐赠资金使用过程中，先由院系向基金会提出资金使用申请，基金会同意后将所需款项转至学校财务处相关院系对应账户中。大学基金会在此过程中担负着捐赠资金接收、转移平台的作用。平台作用背后掩盖了捐赠资金使用信息统计的偏差，基金会转出至院系的捐赠款项，尽管不一定全部使用，事实上都已在基金会方面体现为捐赠支出，这种捐赠款项统计方面存在不能真实反映捐赠资金流向的问题。同时，基金会较少对院系及其下属研究机构施以必要的监督，对其使用方式、使用效果等合法合规性内容审查不足。

3. 治理畸形引发的若干风险

首先，治理畸形导致大学基金会公益使命偏离的风险。将大学基金会置于大学的一亩三分地之中进行行政化管理，容易导致对基金会公益价值的漠视，引发为了筹款而筹款的怪象，大学基金会成为筹款机的同时，不能发挥公益放大器的作用，很难从提升整体社会教育品质，改善教育质量的角度去更加宏观地思考基金会职能发挥的问题。特别是就大学基金会内部管理而言，由于大学的无序控制，使非营利组织、基金会规律很难体现在大学基金会当中，由过度控制引发的治理规则错位致使基金会发展运作限定在制度窠臼内，无法发挥出大学基金会应有的制度优势。这一管理模式长远来看不利于大学基金会公益使命的有效履行，容易产生公益使命偏离的风险。

其次，容易使大学基金会产生管理依赖的风险。在当前大学基金会治理畸形的背后，是大学对其基金会的过度行政干预现象，这种潜移默化的干预手段客观上影响了基金会自治能力的提升。从大学基金会角度来看，目前的这种依附式管理格局产生了基金会的“搭便车”现象，借助大学的管理资源实现基金会的发展，然而，在决策权等重要管理权转移至大学管理层的同时，自身的管理能力不能得到实质性提高，资源依赖程度越来越高，无论从捐赠资金、人力资源、公共关系等各方面管理都依托大学平台进行，自身能力难以提升，产生管理依赖的风险。

最后，这种治理模式容易导致由于外部监督缺失造成的道德风险。大学对其基金会的全方位控制使大学基金会的治理环境产生了异化，本应开放的基金会治理环境，由于大学管理层的行政干预，在基金会外围形成了一道管理屏障。它在吸引外界捐赠资源时发挥着积极作用，然而在外界意图了解基金会信息，掌握其运行动态时，大学这道管理屏障形成黑箱，起到了阻拦作用，使大学基金会长期处于类似托管状态下的封闭式管理中，不利于与外界进行全方位的资源交换，不利于实现有效的外部监督，这种外部监督的缺失引发了大学基金会的道德风险，对持续吸引外来教育捐赠产生负面作用。

三　治理问题分析：大学与其基金会的微妙关系

1. 基金会对大学的多重资源依赖

大学基金会对大学的依附关系，部分源于其对大学资源的深度依赖。大学对其基金会的影响与支持是全方位、全过程的，体现在人力资源、财务等方面以及筹资、项目运行、投资等诸多环节，基本上涵盖了大学基金会组织发展所需的所有资源，影响了大学基金会运作的各个环节。正是这种全方位影响的特征，影响了大学基金会自身的组织自主性，是基金会独立性缺失的根源。这些资源当中，有些如人事、财务资源可以归为显性管理资源，大学内部形成并传承的校友资源、捐赠资源、声誉资源及其他资源等可归为大学非显性资源（见表2）。

表2 大学基金会对所在大学的资源依赖关系

资源类别		具体内容
显性资源	资金支持	预算经费
	人力资源	工作人员归属
	硬件设施	办公用房、仪器设备等
隐性资源	校友资源	潜在捐赠资源
	回馈资源	捐赠回馈机制
	声誉资源	大学社会资本
	其他资源	大学支持等

2. 显性资源支持

资金的依赖程度直接影响了基金会的组织结构与运行体系，造成大学基金会内部决策、重大事项被所在大学主导。大学基金会资金需求包括两部分，一部分是指发起成立时的注册资金，另一部分是日常运作经费。基金会注册资金的来源大多是发起者直接提供。大学基金会的发起者大多是基金会所依托的大学，利用原有社会捐赠资金或自身经费成立大学基金会。大学对其基金会的资金支持始自原始资金的注入，根据我国有关规定和现有的高校教育基金会的做法，一定规模的原始基金是成立大学基金会的前提条件，这些原始资金或是来源于学校自身可支配资金，或来源于校友、企业对大学的捐赠。发起资金成了联结大学及其资金关系的最初纽带。

除了发起资金以外，大学基金会在常规管理过程中离不开日常运作经费的支持。目前，除了少数几家相对独立运作的大学基金会之外，大学一直以来将基金会等同为大学内设部门，每年做部门预算时也会将其纳入预算单位之一，其基金会的日常运作经费或多或少地通过年度预算拨款的形式从所在大学获得补充，由大学拨款承担其运转经费，这也给予了基金会一定的财务支持，这种财务支持提高了两者既有的关联程度，有时也加深了基金会对所在大学的依赖程度。此外，由于基金会工作人员中一部分人拥有事业编制，相应的这部分人的工资、资金、各种保险、公积金等也是由大学承担，不在基金会财务中体现，减轻了基金会的财务压力。

人力资源也是大学对其基金会影响的重要途径。除了领导层面之外，在普通工作人员层面，骨干力量大多来自校方投入的管理干部，尤其是富有财务管理经验的财会人员，其中包括一些过去从事财务等相关工作的返聘人员。这部分人员大多具有高校事业编制，由于编制的紧张，不能为基金会配备过多的专职工作人员，决定了该类人员不能成为今后大学基金会的主体。从理事长到理事，从秘书长到一般工作人员，都与大学密不可分，有着深厚的渊源。大学基金会在举办重大活动过程中，大学方面会进行相应的人力配合。大学还为基金会提供办公用房、仪器设备等物质保障，这些资源也有力支持了大学基金会日常工作的开展。

3. 隐性资源支持

隐性资源支持指大学对其基金会除了资金、人员支持以外的资源支持类别，隐性资源虽然不及资金等资源直接、显性，但它对大学基金会的运行发挥着潜在的重要作用。

首先，校友资源是最值得大学管理者珍惜的稀缺资源。在外界诸多资源当中，校友募捐是高校自筹资金中一条重要且可挖掘潜力巨大的渠道，建设大学基金会更是少不了广大校友的多方支持，世界一流大学都很重视校友资源维系工作，视校友群体为大学的宝贵财富，捐赠资源的源泉。对这些校友资源的合理公关与开发，可以拓宽大学基金会的办学经费渠道，为学校事业发展提供坚实的资金保障。

其次，从互利视角看大学掌握的回馈资源。当前，对教育事业捐赠的动机各式各样，捐赠者复杂的动机背后有着深刻的利益需求。大学基金会捐赠实践中，根据捐赠者的需求类别与大学掌握的资源多寡，对捐赠者的回馈机制多种多样。有的赋予捐赠者以冠名权，常见的以各种奖励基金及教学楼、校内景点、道路等。有的给予捐赠者在业务工作中一定优先权，包括优惠获得大学提供的各种人才或智力支持，或者推荐职工子女优先进入大学就学等。因此，大学应充分利用自身掌握的各种有形或无形的回馈资源，尽最大可能满足捐赠者的潜在需求，即使捐赠者充分体会到捐资助学的光彩，又能享有相应的福利与待遇。

再次，大学社会资本对社会捐赠的获得有着至关重要的作用。大学的社会关系资本，对大学的发展意义重大，主要包括：帮助和谐大学建设获取更多的办学资金、为和谐大学建设获取和传播更多的信息提供方便、确保大学合作研究职能的发挥等①。在大学外部利益关系主体日益多元化的今天，增创大学的社会资本成为大学管理者不得不面对的重要主题。大学的社会资本在本质上是一种关系资源，也是大学争取捐赠的主要对象，盘活校友社会资本有助于推动大学各项事业的可持续发展。良好的大学外部关系，会使大学与政府部门、企事业组织保持良好关系，为获得社会捐赠打下良好的基础。

最后，配比资金的争取离不开大学的支持。在对大学教育基金会施行反向推动、使其尽早断奶的同时，教育行政管理部门通过捐赠配比的方式对高校开展的捐赠活动进行财政激励，使大学管理层意识到筹资平台的重要作用，促使其尽早搭建、逐步完善基金会管理框架。这种配比机制形成一个无形的指挥棒，可以在大学基金会发展的初期发挥积极的引导作用，现今大学基金会管理体制下，仅凭基金会自身能力很难统筹各种资源去争取捐赠资金的财政配比，只能借助于大学力量，必要时还要请相关校领导出面，争取到更多部门的配合，由其协调学校各方力量，形成合力获取配比资金。

4. 行政化主旋律之下的中国大学教育基金会

如上所述，大学基金会自成立伊始就对其所在大学形成了多方位的依赖关系。从成立时发起资金到日常经费，从校友资源到大学声誉，无不需要大学的鼎力支持。可以说，在当前大学基金会没能构建自主筹资体系的情况下，离开大学支持的基金会寸步难行。同时，在大学管理实践中，大学内部借鉴行政管理机制的做法，用明确的行政级别构建了一套层级分明、权威统一的内部行政管理体系，强调行政权力的支配地位。事无巨细均应遵循行政逻辑，形成一种上下级组织之间的命令—服从关系。在行政化习气、行政化方式的长期影响下，大学内部便会逐渐形成一种等级鲜明、权力至上的行政文化。这种大学行政化的趋势也随着资源传导逐步蔓延到大学对其基金会的管理上，相应的也体现在基金会本身的行政管理实践中。

首先，资源依赖的惯性使大学行政思维传导至大学基金会。大学行政化在我国大学管理中产生了深远的影响，这种影响不仅体现在大学内部行政管理的体制与方式上，更多地固化为大学行政者的思维模式。由于大学基金会核心管理层多为大学方面派驻，相应的行政思维模式也随着管理团队传导至大学基金会，是行政化思维在基金会的延伸，形成“基金会行政

① 胡钦晓：《高校社会资本论》，《高等教育研究》2005 年第 9 期。

化”的管理格局。这种格局体现为基金会管理中管理体制官僚化，等级概念强灵活性弱，服务意识不足。

其次，在行政思维蔓延至大学基金会的情况下，大学的行政规则也不可避免地在基金会当中有所体现。管理人员官僚化突出表现为上下级之间仅靠等级关系维系，缺乏互动，沟通与交流不足。对于体制内的下级工作人员来说，服务领导意志成了他们的唯一选择。相应的，应该由专业人士占主流的专家治会模式替代为行政化治会模式。由此，中国大学特有的行政化、官僚化、等级化行事规则沿着大学对其基金会的控制脉络，全盘灌输到基金会当中，替代了本应主流的专业化治理方式。这种行政化规则使大学基金会不是按照基金会的组织规律进行组织治理，而是按照大学业已存在的行政化规则行事。

最后，行政化规则的影响还体现在基金会同质性方面。由于大学管理制度、管理机构的高度同质化，大学基金会也难出其窠臼，基本上套用一种机构框架，较少体现学校、学科特点，缺乏针对性。基金会的机构设置原则就是要与大学对口，而不是与市场对口、与潜在捐赠方无缝衔接，这也是大学组织的科层化在基金会当中的体现，这种行政化影响之下的潜在规则影响了大学基金会的竞争力。

在大学基金会对其所在大学产生深度资源需求的情况下，大学凭借着行政化思维与行政化规则两种重要影响手段，通过行政力量对大学基金会进行诸多方面的深度控制。基金会的自主运作受到重要影响，使得基金会脱离社会化运作的既定轨道，无法真正地关注社会需求，甚至基金会员工本身对自己的定位也很难准确把握，无法脱离行政化控制力量获得自主运作空间，进而缺少实现专业化、社会化的外在环境。这种由资源依赖导致的行政化干预，直接产生了大学基金会依附式发展的作用效果。

四　双重制度同形：深入解读大学基金会治理问题

在目前国内社会组织的权利和义务有待明确，政府部门对社会组织的监管行为尚未规范，政府与社会组织的良性互动仍未实现的情况下，社会组织的发展势必要受到以政府为主的外界力量的干预，对决策的干预是其中的重要方面。康晓光等在《行政吸纳社会》一书中，分别从组织的成立环节、治理环节、资源获取环节以及活动开展环节描述了第三部门受到政府控制的情况，并考察了政府的控制手段。① 大学基金会作为一种特殊的社会组织，在其发展过程中，也受到了所在大学的深度控制，但在这种控制背后，体现的是教育主管部门对大学的行政化控制，大学基金会发展过程中出现的行政干预问题，实际上是这种行政化控制的习惯性传导。

因此，在大学对其基金会进行行政化控制，剥夺其自主决策权的表象背后，是大学自身自主决策权被剥夺、大学自治难以落实，教育行政主管部门对大学进行行政化控制的问题。具体来看大学行政化是大学和政府之间关系的显著特征，行政化体现在教育行政管理部门将大学作为行政机构的延伸来严格控制，使大学办学自主权越来越小。② 高校的设置及管理严格按照行政级别划分，学校领导由上级主管部门指定并直接干预高校的岗位设置。突出表现为政府部门对大学办学自主权的剥夺与干预，由此形成行政权力与行政逻辑在大学管理中全面主导的格局。③

20 世纪 70 年代末，制度同形理论作为新制度流派之一，曾被用来解释组织在制度结构上的趋同现象。这一学派试图解释的中心问题是：现代社会中为什么各种组织的正式结构和组织内的规章制度越来越相似？这就是所谓的“组织的趋同性问题”。制度同形理论的核心思想是，为达到与制度环境融合的效果，获得社会合法性和组织生存所依赖的资源，组织通过设置与外部制度环境要求相“同构”的组织形式。根据制度学派的理解，组织在一定的技术环境中运作的同时，也在一定的制度环境中求生存，组织结构在很大程度上受到这种复杂环境因素的影响。这一理论有助于我们更好地观察当代中国教育体制下的大学发展问题，对大学发展的趋同、大学行政化管理模式的广泛应用进行解释，这些解释又使大学基金会的相关研究更加明朗，尤其是有助于理解大学基金会在发展过程中存在的治理、大学基金会自身的同质性问题，特别是治理问题背后存在的深层次体制、机制障碍。

依据制度同形理论的观点，置身于高等教育系统中的大学组织饱受高度行政化的制度环境影响，集权型高教行政体制从根本上塑造了政府与大

① 康晓光、韩恒、卢宪英：《行政吸纳社会——当代中国大陆国家与社会关系研究》，八方文化创作室，2010。

② 孙和义：《克服行政化倾向，推进现代大学制度建设》，《中国高等教育》2012 年第 1 期。

③ 卢荻秋：《“民选校长”是大学去行政化的突破口》，《中国青年报》2010 年 3 月 16 日第 2 版。

学之间的支配—服从关系并使行政干预合法化。相应的，考察我国的大学行政化问题，就应置于整个“泛行政化”的社会背景下分析行政化背景下的多重关系。高教管理政策因素深刻地制约着大学组织的结构、运作，大学领导与管理体制的“媒介”作用，将这种“主从型”关系复制到大学内部管理层面。[①] 此外，陈金圣认为，政府在公共权威和资源掌控方面较之高校拥有绝对的优势，通过将行政化的组织形式和结构整合到学校组织中，高校获得了场域中心组织—政府部门的合法性认可及资源供给，增强了自身的生存能力与稳定性，最终导致了高校趋近于政府的制度性同形。[②] 大学基金会作为大学中事实上的内部组织，也难免会受到这种管理模式的影响，由于对大学的资源依赖，理论上相对独立的治理地位很难得以保证，依附式发展的局面由此形成。综上所述，高等教育场域内高度行政化的制度环境的结构化、大学内外部文化生态的恶性发展和不当利益博弈的泛滥态势分别为大学行政化的“制度同形”提供了制度压力、文化诱因和利益驱动。[③] 在这种影响下，大学在组织结构、机构文化、利益分配规则等方面进行“行政化”同形，对自己“所属”的基金会形成了行政控制的格局。大学管理层及其内设机构为了便利对教育主管部门的对接，设置了诸多行政化职位与部门，这些职位、部门在对上承接职能的同时，也在想方设法扩大自己内部管理权限，这也就不难理解大学基金会承受的多元行政化控制了。因此，从根本上讲，我国的大学行政化实际上是大学组织在特定教育制度下被多种因素共同形塑的结果，其本质是大学的一种制度性同形，大学基金会的行政化管理模式是这种制度性同形的表现之一。

在教育主管部门长期的行政化干预模式下，大学的管理也逐渐趋同于行政组织，实行行政化的管理模式，遵循行政逻辑与思维。这种大学内部的行政化思维催生了行政化手段，而这种行政化手段促成了大学管理层对包括大学基金会在内的诸多机构的行政化结果。这种行政化思维 - 手段 - 结果的关系模式源于教育行政部门对大学的行政化管理方式，是这种套路

① 陈金圣、龚怡祖：《去制度化：大学行政化的新制度主义救赎》，《高教探索》2011 年第 4 期。

② 陈金圣：《脱耦机制与信心逻辑：高校内部管理“去行政化”的新制度主义策略》，《当代教育科学》2011 年第 21 期。

③ 陈金圣、龚怡祖：《去制度化：大学行政化的新制度主义救赎》，《高教探索》2011 年第 4 期。

的沿用与复制。因此，大学管理层对大学基金会的干预表面上看是一种惯性的、部门化的管理方式，是大学对其基金会施加影响的最佳手段，背后是一种大学行政化理念与手段的作用，进而产生了基金会行政化的结果。

然而，现实中的大学基金会组织面临着不止一个制度环境。沈原、孙五三在运用“形同质异”（即制度同形理论）分析中国青基会制度环境时提出“二重制度空间”的概念，他们认为在同一时点上存在的“二重制度空间”，使得所有正式组织的组织发展轨迹发生了偏离，是体制和市场这两个坐标，而不是只有一个体制坐标指引着它们的航程，使正式组织顺应不同制度环境的压力而发生分化或裂变，产生一个组织戴上两副不同面具的效果。①

康晓光在论述社团合法性时认为，中国社团必须同时争取两种合法性，官方合法性与社团合法性，得到两方面的承认与信任。② 同样，大学基金会当前的合法秩序是多样性和多元性并存的，事实上来自教育行政部门与非营利组织的制度环境同时作用于大学基金会组织。制度冲突造成了大学基金会治理扭曲的结果。迪马乔和鲍威尔认为某一组织与其他组织在结构与实践上的相似性有三种基本形式：强制同形、模仿同形与规范同形。大学基金会的特殊之处就在于它在两种制度环境下，同时经历着不同的制度同形过程，是一种双重制度同形（如图 1 所示）。

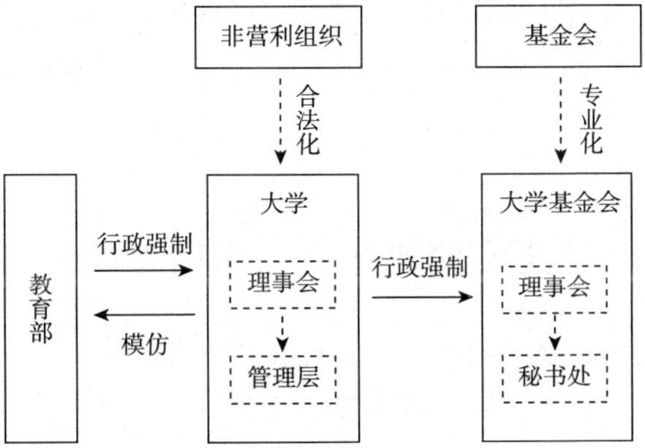

图 1　大学基金会双重制度同形示意

① 沈原、孙五三：《“制度的形同质异”与社会团体的发育——以中国青基会及其对外交往活动为例》，载中国青少年发展基金会编《处于十字路口的中国社团》，天津人民出版社，2000，第 186 页。

② 康晓光：《创造希望——中国青少年发展基金会研究》，漓江出版社、广西师范大学出版社，1997，第 636 页。

在第一种双重制度同形中，强制性的行政控制是主导因素。如图 1 中实线所示，教育部通过正式或非正式压力，以及指标、拨款等措施，对大学施以重要影响，迫使大学对行政化管理模式进行制度同形；大学在对这种模式进行复制与模仿的同时，也对其基金会进行强制同形，这也是大学行政化模式传导、同形的必然结果。由此，行政强制同形模式成为贯穿于教育部、大学、大学基金会三者之间，主导着这种由上至下的管理模式。同时，如图 1 中虚线所示，大学作为一种特殊的准非营利组织、大学基金会作为更为纯粹意义上的非营利组织，必须要具备非营利组织应有的各种规范和要求，以使具有最起码的非营利组织群体资格，具有组织合法性。因此，在第二种制度同形过程中，专业化的逻辑主导了大学与其基金会的同形进程，大学基金会按照基金会管理条例设置了理事会、监事会等组织机构，组织运作也严格符合一系列基金会管理制度的期望与要求。

因此，大学基金会同时处于行政式强制与非营利组织治理两种完全不同的逻辑之中，然而这两种同时进行的制度同形并不是均衡地作用于大学基金会之上。由于隶属关系、资源依赖程度、管理体制的不断调适，这种双重制度同形过程经历了不同的发展阶段，由单纯的行政依附过渡到两种兼有，体现了一种进步，是一种大学基金会基本公益属性的回归。当前，两种逻辑相互较量，在一定程度上互相冲突但仍是以行政控制为主，大学基金会治理过程当中出现的问题，正是行政控制与基金会逻辑相互扭曲的结果，形成了双重制度同形。

五 中国大学基金会向何处去：重构与优化

与校办企业管理模式类似，大学对其基金会的深度影响伴随着基金会的成立与发展的全过程，大学行政权替代基金会理事会决策权，资源的过度依赖产生了基金会对大学的依附现象。这种依附状态严重阻碍了我国大学教育基金会的独立自主进程，不利于基金会事业的可持续发展。但这种依附状态有其特殊的背景，不能否认这种依附对大学基金会事业发展初期的特有作用，这是我国高等教育发展现有阶段的必然表现。没有大学的资源扶持与共建，大学基金会举步维艰，建设大学基金会也离不开大学的深度参与，二者关系的核心并不在于基金会要不要对大学控制与干预，而在于控制与干预的程度以及进行干预的方式。因此，应认识到基金会对大学的依附与自身的自主性建设并不矛盾，二者是相辅相成的统一体，基金会的独立是建立在大学多方面支持的基础之上的，大学对其基金会的控制应充分考虑到基金会的独立特性，在必要的自主性与适当依附性之间寻找最佳结合点，通过对两者功能定位认识的逐渐清晰，进而形成一种深度合作关系、工具性互惠关系，维系两者之间的动态平衡。

因此，正确处理大学与其基金会关系，构建有效的治理格局，成为解决当前大学基金会发展面临突出问题的关键环节。两者关系的理顺，将会对大学基金会长远发展起到极大的推动作用，将会使筹资、投资、内部管理等诸多问题在更加专业、纯粹的平台上得到解决，使大学基金会沿着自主治理、协同治理的路径进行升级，打造体现大学特点同时又富含基金会特质的组织体系，更好地实现组织的公益使命。

1. 大学与其基金会关系的重构

在大学与其基金会之间建立新型关系是一个渐进的过程，需要考虑大学基金会特殊的背景与发展环境。在此基础上，建立共同发展的价值理念，最大限度地发挥大学、大学基金会的积极性，整合好社会领域教育、市场等诸多资源，共同为大学发展服务，增进社会教育事业。同时，这种关系的构建，至少在当前来讲，仍要以大学为主导，在大学的影响下进行关系构建。接下来将从大学、大学基金会两个方面看待这种理想模式的构建。

（1）大学视角

国内大学大多将其基金会看成内设的管理部门，未能体现出大学基金会应有的独立性与自主性，专业化、市场化的程度不足，大学基金会正是在这种情况下形成自己的结构，发挥基金会功能的。因此，要真正规划好大学基金会的发展路径，必须重新理解其母体—大学对其的影响，重建大学与其基金会的关系，从大学、基金会角度重新反思两者的定位，重新审视和界定与基金会的关系，为基金会发展提供足够的发展空间与专业环境，这是能否建立两者新型合作伙伴关系、形成基金会与大学之间互动的前提条件。因此，为解决大学面临的资金难题，需要两者之间建立一种新型的伙伴关系。在大学的主导下，充分发挥两个治理主体的优势，协调一致开展筹资活动，既各司其职，发挥各自的独特作用，又密切配合，形成治理的强大合力，以达到预期目的。共同策划捐助项目，统筹利用好现有社会捐赠资源，最大限度地用好现有捐赠基金，形成协同治理的良好局面。

塑造两者“伙伴关系”治理模式的关键在于一种边界厘清，从制度层面合理规约大学与其基金会的治理边界与关系模式，将两者的合作伙伴关系建立在制度化保障的基础之上。具体来看，上述协同治理模式的构建，需要在大学的主导下，对两者关系进行重新设计与调适，作出新的制度安排，避免出现部门化管理与放任自流两种极端。

从图 2 可以看出，从大学角度看，在基金会资源大多掌握在大学方面的情况下，大学对其基金会处于高控制、低伙伴状态，很难形成推动大学基金会自主发展的整体氛围，无法按照大学基金会自身发展的规律进行内部治理与外部关系维护。因此，要将当前两者的控制与被控制关系，逐步过渡到一种伙伴关系，在此过程中降低大学对其行政化的干预程度，提高基金会的自治能力。通过对大学高控制程度、低伙伴关系的格局进行重构，逐步进行完善，最终过渡到大学对基金会低控制、高伙伴关系的最终目标上，为建设科学有效的基金会管理体系打下良好基础。

在向合作伙伴关系过渡的过程中，要区别好权力类型，在应该自主、独立的领域实行大学基金会去行政化，逐步减少管制和控制色彩，在需要加强与大学关联之处要形成制度加强联系，对既有关联进行规范，形成合作伙伴关系。要适应形势变化，摈弃对基金会放权意味着失去对其控制的观念，大力培育和扶持发展大学基金会，促进其健康成长，激发大学基金会筹资募款的组织活力。随着大学对其基金会的不断放权以及基金会自身的不断发展，将会有更多的专业性管理权从大学转移到大学基金会，两者将相互依赖，彼此形成“伙伴关系”，实现一种持续、良性的互动，更好地完成基金会使命。

（2）基金会视角

大学基金会因其特殊的组织特征，承接了许多来自大学的管理资源，盲目抛开大学去追求基金会的所谓自治，并不能使大学基金会发展壮大。这一特定发展模式要求两者在管理上实现衔接与互动，将来自大学的控制与大学基金会自身的组织自治两种逻辑进行融合，进而形成共同治理的模式，特别是在当前我国的教育体制下，理想的基金会管理类型不是不要大学对其的影响，而是去除这种影响包含的行政化思维。当前需要厘清的并不是要不要基金会对所在大学依附，而是依附的程度以及依附的内容，是否具有选择性依附能力也是大学基金会成熟的标志之一。搞清楚哪些层面是不能依附的，哪些层面又是必然要依附的对基金会十分关键，这也是组织自主性的表现方式之一。当前的方向应是把大学基金会对大学的无限依附转变为有限依附，变被动依附为主动依附，在道的层面由大学实施无形管理，在术的层面提高基金会组织自主性，形成分工合作的治理模式，提升大学基金会的治理水平。

如图 3 所示，当前大学基金会管理呈现弱自治、强依附的格局，最终目标是逐步提高大学基金会自治程度，同时利用好大学方面的若干资源。在依附式发展方面，大学基金会成立时大多是在政府行政体制改革过程中某种政府或事业组织职能的延伸或分化，实际上承担了一部分属于政府或事业组织的筹资或公益职能，这种情况使基金会缺乏自主性，没有一套自己的管理模式，事实上形成了对旧有管理体制的路径依赖。大学基金会更是如此，在实际运作当中无论在制度规范还是在运作模式上都以大学指令为方向，自主性明显不足。

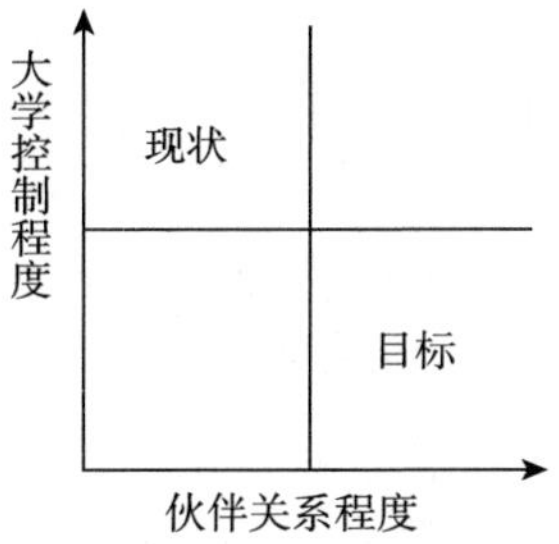

图 2　大学视角

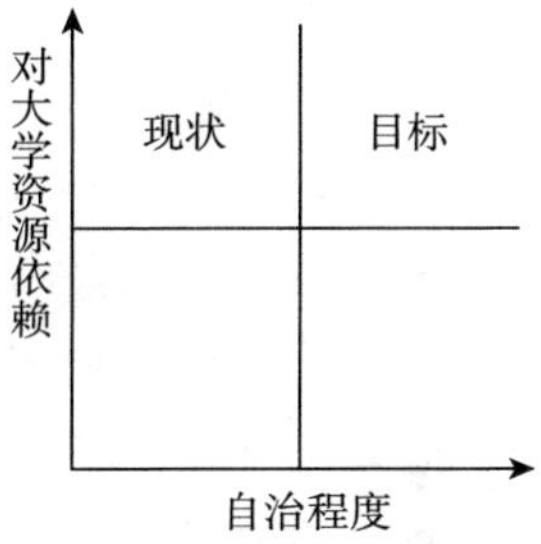

图 3　大学基金会视角

为改善大学基金会自治能力不足的问题，要在维持、规范基金会对大学依附程度的基础上，着重提升基金会的自治能力，提高其专业化管理水平。尤其是在税收服务、投资、财产计划与财务管理领域，大学基金会应在决策、财务、人事等方面跳出一直以来遵循着的、习惯性的行政逻辑，创建灵活、高效的管理模式，加强内部治理，提高捐赠资金运作的水平，形成独具特色的大学基金会语言与风格，以此为基础形成专业化，打造基金会特有的自身管理模式。进而在筹款运动的策划与布置、捐赠关系维护、年度捐赠与筹款计划、信托服务与项目管理等方面充分发挥基金会的专业优势，与学校有关部门一道，形成合力筹集到更多社会捐赠。因此，在大学基金会发展的路径选择上，首先要明确的就是基金会的发展很难也不应脱离大学，促进和维护与大学之间的合作关系是常态化管理措施。大学基金会要明确自己的定位，摆正自身的位置，按照章程积极服务于大学的发展，特别是要把工作重心放在那些大学不方便做，专业性不强的领域，使基金会有所作为。这就需要对大学基金会的使命、愿景与任务进行重构，使大学基金会不仅仅作为大学的财务工具出现，而是成为一种成长道路上的伙伴。

2. 大学基金会发展环境的优化

（1）大学外部去行政化

如前所述，当前大学对其基金会进行深度行政化控制的根源在于大学受到的行政化干预。这些行政干预措施沿袭了计划经济时代旧有的高等教育管理体制，而不是按照高等教育的规律去进行大学管理，造成了大学治理结构失衡。因此，大学基金会回归专业管理，必须扩大大学办学自主权，建立符合大学组织特征与学校特点的治理模式，在大学内营造自主办学、自治管理的整体氛围。

在去行政化、扩大大学办学自主权进程中，首先要厘清政府的职能定位。具体来讲就是政府要改变对大学的管理体制机制，运用规划、信息服务、政策指导等方法，来替代之前惯用的干预、审批手段，更多地关注大学发展的宏观导向问题，而不是拘泥于细枝末节。

其次，应建立良性、合理的政府与大学的关系，对政府与大学的关系进行重构。政府应率先发挥主导作用，站在全局高度整合、重组、统筹教育资源，对大学依法进行宏观监督，而不是事无巨细地微观管理。

再次，以大学章程制订为契机，在制度层面推进政校分开、管办分离。大学章程从大学的独立精神出发，以回归学术本位的视角，明确了大学办学的核心与灵魂，它是一所大学的办学指南，是其他制度体系的核心，是推动学校内部治理结构和管理体制改革的根本动力。章程出台的本身就是"去行政化"的有益尝试。

最后，有选择地借鉴西方大学的成功经验，构建中国特色的现代大学制度。西方大学基金会之所以能较好地发挥使命，关键在于其建立在现代大学制度基础上，大学能够充分自治且较少受到外界干预，相应地对其基金会也少了很多羁绊。

（2）内部去行政化

大学对其基金会行政化管理具体表现为上下级之间仅靠等级关系维系，

缺乏互动，沟通与交流不足。对于体制内的下级工作人员来说，服务领导意志成了他们的唯一选择。这种官僚化的行政规则又通过对工作人员等级化制度得到了有效强化，组织当中每个人都有等级标签，相关的福利待遇均以等级为准备进行区别，级别的升迁意味着一系列的资源增长，这些制度安排从一定程度上强化了组织唯上是从的官僚属性。相应的应该由专业人士占主流的专家治会模式替代为行政化治会模式。基金会自主运行环境的回归，也应按照去行政化的原则，实现基于大学自治的大学基金会有限自治。具体要在以下几个方面实现突破。

首先，重新认识大学基金会的社会公益属性，在更大范围内发挥其公益效果。尽管大学基金会与大学具有与生俱来的“亲缘”关系，但就其本质上讲，大学基金会属于社会公益组织的一种，它具有一般公益组织所蕴含的诸如非政府性、非营利性的特点，并且并不把利润最大化当作首要目标，而是以社会公益事业为主要追求目标的社会组织。因此，整体上看，大学基金会通过各种筹款项目资助师生与学校发展项目，为大学缓解财务压力，其实质是基金会社会公益属性在微观层面的体现，而不是最终目标。因此，要深刻理解目标与手段的关系，不能简单地将大学基金会当作所在大学的自留地，而应站在更宏观的视角，转变观念，更全面地把握其社会公益属性。

其次，在大学管理框架内对基金会去行政化过程中，要注重专业精神的回归，形成氛围，使基金会管理充分体现专业性。专业化管理区别于其他管理，其管理对象专业性强，常规的行政化手段往往难以契合其管理特质。因此，在大学管理中倡导学术性、行政性、专业性的分离，按照事物本来的规律去进行针对性管理，将现在针对基金会的行政化管理模式，逐步过渡到由专业性决定基金会运行，进而替代行政权，促使专业性的发挥，这是基金会组织健康运行和良性发展的根本保证。

再次，在大学基金会管理过程中，要重新认识非营利组织、基金会管理相关法律法规的约束作用，深刻领会其中的相关条款，充分发挥其规范作用。现有法律法规虽然在一定程度上缺乏大学基金会的具体适用性，但其中的诸多条款对基金会的构成、运行都有较为明确的规定。严格按照基金会管理条例进行大学基金会治理，尊崇基金会的法治化路径，至少在一定程度上可以保证自治性，确保其良性运转，同时将大学与其基金会关系予以恰当规范。

最后，大学基金会的特殊性，决定了大学应对其采用不同于其他下属单位的管理模式，在现有政策框架内赋予其一定的自主权，尝试构建基金会管理特区。在这种新型管理模式下，大学管理层罗列基金会权力清单，把有关基金会的一般性日常事务授权给基金会理事会去处理，学校只保留对例外事项的决策权和监督权，培养锻炼基金会的自主决策能力，使基金会能够按照自身规律行事，同时确保资金安全。

随着我国教育事业的不断发展，大学基金会站在了新的发展起点上，面临新的、更大的机遇和挑战。提升内部治理、项目管理水平，提高筹款能力成为下一阶段大学基金会发展的重点。立足中国国情，同时将眼光放在更广阔视野中去，向世界一流大学看齐，不断提高基金会的公信力，为我国教育事业发展提供强大资金支持和财力保障。

第三部分

典型案例

国家经典

由“我好”到“大家好”：英特尔中国 CSR 进程与中国反思

时代造就优秀的企业，也淘汰落后的企业。跟不上时代的企业必然被淘汰。21 世纪的优秀企业，既是一个“我好”的企业也是一个“大家好”的企业。也就是说，它既能实现自己的收益又能兼顾他人的收益，乃至社会的收益。企业需超越自身发展，着眼于整个社会的发展。追求利润最大化是企业的生存之本，也是企业享有的基本权利，但同时，企业需将自己视作社会的一个有机组成部分，它需将发展眼光集中于社会的发展，而不单纯是企业的发展。

在过去中国经济崛起的 30 多年里，许多企业片面地追求经济利益而忽视和刻意逃避自己应承担的社会责任，不仅不是一个优秀的企业，甚至不是一个合格的企业。事实证明，大量不合格的企业已被淘汰，从 2008 年轰动一时、波及整个乳制品行业的三聚氰胺事件中倒下的三鹿到 2013 年北京整退涉及建材、化工、家具、铸锻造等 11 个行业的 288 家污染企业①。不仅是整退，国家正对重点环境污染企业进行严惩，环保部于 2014 年 2 月 12 日通报了 2013 年第四季度 27 起案件重点环境污染案件的查处情况，其中吉林省中国石油天然气股份有限公司吉林油田分公司松原采气厂采油污水未经处理直排水坑，废水废油随处倾倒在路边，污染土地和地下水，环保部对该企业处以 50 万元罚款，并责令限期改正违法行为；责令该企业对环境污染进行生态修复；将案件移送前郭县公安局追究刑事责任。②

相反，一些走在时代前沿的企业不仅赢得了市场，还为企业创造了良

---

① http：//sqjt. beijing. cn/bmts/n214160554. shtml.

② http：//gongyi. ifeng. com/gundong/detail_2014_02/12/33744668_0. shtml.

好的发展前景。

英特尔中国就是一个时代的优秀企业。1985 年进入中国的英特尔，当时在中国只设立了一个代表处，1994 年 1 月在上海开设第一家软件实验室，截至 2012 年底，英特尔（中国）有限公司设立了 17 个附属公司和办事处，收入达到了 83 亿美元，现已成为在华最大的外国投资企业之一，是英特尔全球部署最全面的第二大机构。是什么造就了英特尔中国如此快速的发展？除了其自身的技术实力之外，英特尔中国的 CSR 也为它带来了超值的收益和价值。它在中国的发展得到了中国消费者的支持以及中国政府的帮助。在英特尔中国 CSR 官网上，英特尔中国对自己的 CSR 有如此描述：英特尔进入中国的实践证明，我们的“中国梦”，就是和中国的发展同呼吸、共命运。引领技术创新、促进产业创新、催化社会创新一直是公司战略发展的核心。英特尔始终以创新作为履行社会责任的根本，不断将自身融入中国社会发展的根本，利用自己的技术、产业优势，引领技术创新、促进产业创新，助力于经济基础设施建设；同时以教育创新、公益创新、环境创新、医疗、社区建设以及公共服务等方面的社会创新助力于社会基础设施建设，共创价值、圆梦中国。

一　国际 CSR 发展的五个阶段

企业社会责任是指关注企业价值和社会价值双重价值在内的责任。也就是说，企业在履行社会责任的过程中既创造社会价值的增长，又实现企业价值的增长。其中，企业价值通常包括短期经济利润、降低经营风险、企业商业形象、长期竞争优势以及长期发展潜力等；社会价值通常包括满足人们生活对产品的第一需求、提供就业、消减企业自身活动产生的外部影响（如环境污染的影响）、公益捐赠、关注社会利益增长以及回应社会需求等。企业价值和社会价值并不是割裂的，也不是此消彼长的关系，增加社会价值并不是让企业让渡自己的企业价值，在某种程度上两者相伴而生、相辅相成。

从 19 世纪企业 CSR 缘起到今天，企业由核心关注企业价值，转向关注企业价值与社会价值并重，再到重点关注社会价值，国际 CSR 的发展经历了企业价值与社会价值“孰重孰轻”的阶段。从 CSR 具体实践以及理论总结的角度看，企业 CSR 的进程体现了"我好"到"大家好"的进程，体现了企业对自我角色的超越。由此，全球 CSR 大致经历了五个阶段（见图 1）。在时代不断发展的过程中，企业社会责任的内涵和外延随之发生变化和升级。

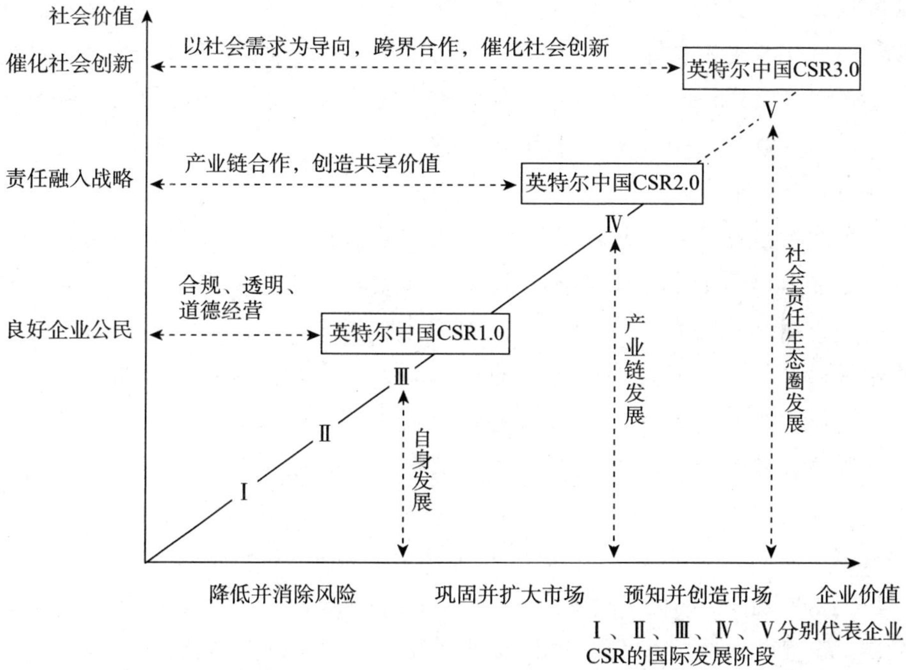

图 1　英特尔中国 CSR 的三阶段变迁

18 世纪中后期英国完成第一次工业革命后，现代意义上的企业责任论坛已有发展，但企业社会责任的概念还未出现。18 世纪末期，一些小企业的业主们经常捐助学校、教堂和穷人，但此时的企业行为局限于业主个人的道德行为。

企业社会责任第Ⅰ阶段开始于 19 世纪，当时全球经济不稳定，经济目标是首要的社会发展目标，企业存在的意义和价值就是为社会提供产品和就业，促进社会经济的增长。[①] 企业价值以经济利润为绝对追求。社会价值是企业生产的产品对社会需求的满足以及伴随着企业利润的追逐而产生的就业和经济增长，它们是当时"良好企业公民"的核心内容。不过，此时

① 段文，《国外企业社会责任研究述评》，《华南理工大学学报》（社会科学版）2007 年第 9 卷第 3 期，第 50 页。

还未有严格意义上的企业社会责任的概念出现，也没有相关的成熟理论提出。

企业社会责任概念的出现是在 20 世纪初。1916 年美国学者克拉克（J. Maurice Clark）指出，迄今为止大家并没有认识到社会责任中有很大一部分是企业的责任。1923 年英国学者谢尔顿（Olive Sheldon）在美国进行企业管理考察时提出“企业社会责任”的概念，在其《管理的哲学》一书中，他将企业社会责任与企业经营者满足产业内外各种人类需要的责任联系起来，认为企业社会责任有道德因素在内。企业 CSR 在企业的运营中发酵、萌芽。

企业社会责任的第Ⅱ阶段为 20 世纪初至 20 世纪 80 年代末。在这一阶段，企业追求的企业价值从经济利益扩大到降低经营风险，进而消除企业自身经营活动产生的外部负影响，如环境污染的影响、工人运动的影响、法律诉讼等，减少来自外界各方的压力。为了实现这样的企业价值，企业开始关注股东以外的如员工、供应商、经销商、消费者等产业链利益相关者的利益，社会价值的内涵也因此得到扩展。企业不但满足社会的产品需求和就业需求，还使产业链上下游的利益相关者的利益纳入企业考虑保障的范围，从而保障企业的正常、安全运营，该社会价值内容构成了当时“良好企业公民”的内容。社会价值的意义进一步提高。19 世纪末、20 世纪初，工业化大规模增长，现代企业制度形成并不断发展壮大，美国各州陆续修订公司法，要求企业合法经营，在经济责任基础上增加了法律责任。同时，“企业自身的生产经营活动带来越来越多的社会问题，如工伤、产品质量、环境污染等，这些社会问题使得企业不得不面临此起彼伏的劳工运动和无休止的法律诉讼，企业不得不更多地投入资源以解决这些社会问题，缓解来自各方面的压力”。[①] 这个阶段理论的发展突飞猛进，有前瞻性眼光的研究者不断提出前沿的理论，远远超前于企业的实践，为企业 CSR 的发展奠定了理论基础。1953 年伯文（Howard R. Bowen）发表了《商人的社会责任》一书，正式提出企业及其经营者必须承担社会责任的观点，从此开创了企业社会责任研究的领域，他也被称为“企业社会责任之父”。1971 年美国经济发展委员会提出“三个同心圆”，形象地表达了企业社会责任由企

① 唐更华，《企业社会责任发展演变研究》，《广东工业大学学报》（社会科学版）2009 年第 9 卷第 4 期，第 42 页。

业价值向社会价值过渡和扩展的过程。内圈责任是最基本的企业价值，即有效执行经济职能，中圈责任在企业价值中融入了社会价值，是配合社会价值的变化而执行经济职能的责任，外圈责任充分考虑了社会价值，是积极投入改善社会环境的责任。1976年经济合作与发展组织（OECD）制定了《跨国公司行为准则》，这是迄今为止唯一由政府签署并承诺执行的多边、综合性跨国公司行为准则。这些准则虽然对任何国家或公司没有约束力，但要求更加保护利害相关人士和股东的权利，提高透明度，并加强问责制。1979年阿奇·卡罗尔提出"金字塔"结构，将企业社会责任分为经济责任、法律责任、伦理责任和自愿责任（慈善责任）四个层次，在这四个层次里面将企业CSR从企业价值和社会价值进行区分，其中他所说的经济责任就是企业价值，法律责任介于企业价值和社会价值之间，而伦理和慈善责任则更多是指社会价值。1980年Steiner和Gallo的两维论，将CSR分为内在社会责任和外在社会责任。其中，内在社会责任对应于我们所说的企业价值，外在社会责任对应于我们说的社会价值。1983年Frederick则将CSR分为强制性的责任和自愿性的责任，从企业自身愿意不愿意的角度谈企业社会责任，更多强调企业承担社会责任的内外部原因，并没有讲到企业价值和社会价值是什么，但是谈到了造成这些价值的动因。此前，70年代出现了利益相关者理论，认为企业不仅要为股东服务，而且还要为众多的利益相关者服务。代表性的观点是弗里曼1984年的专著《战略管理——利益相关者方式》的论述，他不仅将影响企业目标的个人和群体也视为利益相关者，同时还将当地社区、政府部门、环境保护主义者等实体纳入利益相关者的范畴，由此，企业的社会价值的内容更为丰富。

企业社会责任的第Ⅲ阶段为20世纪80年代末至90年代中期。这一阶段，企业价值在前两个阶段的基础上开始出现维护企业的商业形象这一内容，因而也开始大规模地做一些公益捐赠的慈善活动。社会价值的内容从弥补企业造成的不良影响升级为弥补不良影响并积极产生正影响。80年代末至90年代初，关于公司社会责任的争论在美国再度掀起，争论主要集中于公司对于利益相关者承担责任的问题上。80年代末至90年代中后期，其他社会群体的力量开始发展壮大，对企业产生制衡，如90年代初期，美国劳工及人权组织针对成衣业和制鞋业发动了"反血汗工厂运动"，以维护企业员工的利益。企业拙劣的商业行为导致公众对企业的信任度降低，1991年美国Levis公司在亚洲的工厂雇用低龄女工的行为被媒体曝光，受到社会的指责，其产品则受到消费者的抵制。加之企业数量的不断增加加剧了竞争，企业开始重视对企业形象的维护，关注经济利润和产业链利益相关者之外的，包括更广大的社会大众、环境等的利益，开始积极做公益和社会慈善。此时，理论方面延续第Ⅱ阶段的研究，并未产生突破性进展。

从全球企业 CSR 的发展来看，前三个阶段尽管也包含“社会价值”的内容，但总体而言基本上处于企业关注自身发展的阶段，即“我好”的阶段。而从第四个阶段开始，企业 CSR 由“我好”向“大家好”转变。

企业社会责任的第Ⅳ阶段为 20 世纪 90 年代中期至 2010 年。这一阶段，企业不断意识到将公益与业务进行战略结合的优势，期望创造长期的竞争优势，将企业价值进一步提高，社会利益的增长因此得到关注，社会价值得到突破性增长。20 世纪 90 年代中后期开始，企业社会责任管理逐步成为企业经营管理活动的一部分，企业承担社会责任的方式也发生了变化，企业社会责任不仅有利于企业盈利，许多企业开始看到社会责任提供的价值创造的机会，将社会责任纳入企业战略管理。战略 CSR 的概念被提出和应用，强调将企业的慈善捐赠行为与企业的经营行为相联系，不再推崇单纯的慈善，而是利用企业强项，能使企业增长，提升企业综合竞争力的慈善。同时关注社会的成长，不再只是重视短期利益。1996 年 Bueke & Logsdon 最早提出战略性企业社会责任，认为 CSR 如能给企业带来大量商业利益就是战略性的，[①] 将企业价值和社会价值内在地统一在一起，使其结合地更紧密。2000 年管理大师迈克尔 · 波特意识到一个企业的战略管理同样可以注入 CSR 的元素。[②] 越来越多的企业，尤其是跨国公司，在企业内部设立专门管理机构或企业社会责任董事会，以负责企业社会责任方面的事务；这些专门机构或专业董事会不仅负责公司一般的公共关系事务，更将工作重点放在企业社会责任策略的研究和策划上。

企业社会责任的第Ⅴ阶段为 2010 年开始至今。在这一阶段，企业 CSR 有了更大程度的飞跃，企业 CSR 战略突破产业链上的利益相关者的发展，通过跨界合作，形成企业价值与社会价值的统一。伴随着社会发展的进步，“社会创新”概念被提出并得到逐步重视。过去的全球化发展，以技术和产

① 齐丽云：《企业社会责任战略模式演进的案例研究——以中远集团为例》，《管理案例研究与评论》2013 年第 6 卷第 4 期，第 297 页。

② 《2011 - 2012 英特尔社会责任报告》。

业创新为代表的经济是主导力量；但是在经济发展的背后，出现一系列社会和环境问题亟待解决，社会建设、环境建设需要与经济建设同步。

二　英特尔中国 CSR 发展的三个阶段

英特尔中国将自己的 CSR 分为 CSR 1.0、CSR 2.0 和 CSR 3.0 三个阶段，每个阶段有其独特的定义，与国际上的定义没有本质上的差异，甚至有很强的对应性和一致性（见图 1）。其中 CSR 1.0 包含并对应了国际 CSR 发展的前三个阶段，CSR 2.0 对应了国际 CSR 发展的第Ⅳ阶段，CSR 3.0 对应于国际 CSR 发展的第Ⅴ阶段。

英特尔中国短短 30 年的发展见证了其 CSR 由跟进国际发展到赶超国际发展再到引领国际发展的历程。纵观其 CSR 三个阶段的发展，其创造的企业价值和社会价值不断发展和升级。CSR 1.0 为“我好”阶段，而 CSR 2.0 和 CSR 3.0 为“大家好”阶段，英特尔中国 CSR 完美地呈现了一个由“我好”到“大家好”的过程，实现了企业思想和行为从被动付出到主动履行责任，再到融入社会的转变，实现了从重视企业自身经营到重视社会需求的转变，实现了发展眼光从短期经济利益到社会长远持续繁荣的转变。

1. 英特尔中国 CSR 1.0：企业价值是核心

（1）做良好的企业公民

英特尔 1985 年刚开始进入中国市场，1996 年正式成立英特尔中国，这段时间被英特尔中国称为 CSR 1.0 阶段（80 年代中期至 90 年代中期）。此时英特尔中国承担社会责任的价值观是以企业价值为核心（见下表），开拓新市场的企业考虑的首要问题是怎么让企业生存下去，社会价值是为企业追求更大的企业价值的目标服务的，即英特尔期望“成为良好的企业公民”来消除或降低经营上的风险。首先，英特尔遵循中国的法律法规，合规经营，不触碰法律底线；其次，为了降低并消除外部风险，英特尔坚持道德经营，不逾越道德底线。虽然，英特尔以追求企业价值为核心，但同时也为社会价值提供了增长。为了迅速打开中国市场，英特尔将其在国际上成熟的公益项目，如教育和社区服务引入中国，开展公益慈善活动，这的确帮助英特尔建立了一定的公众基础和社会知晓度。比如 1994 年引进的英特尔大学合作计划，成功帮助英特尔通过与清华大学、北京大学等知名的中国高校的合作，迅速建立起可信赖的良好公众形象。“英特尔参与社区计划”，鼓励当地员工参加志愿服务，使英特尔顺利深入社区，建立了广泛的认知度。同时激励员工利用掌握的技术参与社区活动，有助于激发员工的创造力，更有助于企业深入社区，融入社区，获得良好的公众基础。此后英特尔不断推出与教育和社区服务有关的公益项目，这些公益活动为英特尔中国带来了美誉度，帮助其建立了良好的公众基础，履行社会责任所带来的社会价值为其企业价值成功加分。

英特尔中国 CSR 的三个阶段

阶段	CSR 1.0 （对应国际第Ⅰ、第Ⅱ、第Ⅲ阶段）		CSR 2.0 （对应国际第Ⅳ阶段）		CSR 3.0 （对应国际第Ⅴ阶段）	
内涵	企业价值	企业生存 降低并消除风险	企业价值	巩固并扩大市场 企业商业形象、长期竞争优势	企业价值	预知并创造市场
	社会价值	做良好企业公民	社会价值	创造共享价值	社会价值	催化社会创新
价值观	企业价值是核心		企业价值与社会价值并重		社会价值是核心	
侧重关注	企业利润 教育 社区服务		企业利润 教育 社区服务		整个社会责任生态圈发展	
突出的操作方式	遵守法律 合规、透明、道德运营 “授人以鱼”的慈善活动		符合利益相关方期望 “授人以渔”的战略 CSR 模式		以社会需求为导向跨界合作 建立社会责任生态圈	
成效贡献	建立公众基础 获得一定的知名度		扩大了英特尔中国的社会知名度和影响力 树立了良好的跨国企业形象		引领商业创新和社会进步	
核心考虑	刚进入中国，急需打开中国市场		单纯慈善捐赠不可持续		优秀的企业引领和创造新的市场	

（2）紧跟国际步伐

从英特尔进入中国到正式成立公司，国际上企业 CSR 已从第Ⅱ阶段发展到第Ⅲ阶段。英特尔中国的 CSR 1.0 阶段基本与国际 CSR 前三个阶段的发展吻合，在这个阶段里英特尔和其他企业一样，受到外界的约束和压力，重视维护企业的形象及与外界的关系，但是所不同的是，大多数企业履行社会责任是从被动开始的，而英特尔中国则相对主动和积极地履行社会责任。即便许多企业也慢慢开始从被动应对各种对企业的抵制运动和约束转为主动，但其目的仍然是为了降低和消除经营风险。

与此同时，英特尔将企业责任扩展至与企业业务相关联的领域。例如，在教育领域，2003 年英特尔启动“英特尔®未来教育”项目，着力为教学创新设计一套行之有效的方法，使教师新的教学理念在潜移默化中萌发。让学习者感悟到知识不仅仅是输入，同时也是学习者同外界交互中构建而成。促使教师从学生的角度，用全新的眼光重新审视自己的教学工作，积极探索新的课堂教学模式，在教与学的互动中、在启发学生的探究思维中改变传统教学过程中受教育者的被动状态，挖掘学生的高级思维潜能，有效地思索创建新途径。“当时我们觉得最大的需求还是在教育领域。在中国，家庭购买电脑的最多是学生，还是会回到教育领域。长远来看，教育可以提高一个国家的经济活力、创新力，所以我们当时的 CSR 投入主要在教育。还有中国人对教育市场很关注，因此不仅仅要从改变教育状况着手，要从培养学生对 IT 的认知，培养其对信息产业的认知，重点是以学生为本位。”① 早在 2003 年，教育部和英特尔共同商定 2003 ~ 2005 年“英特尔®未来教育”项目，计划培训中国 50 万左右大、中、小学学科教师（包括师范院校学生），并将该项目纳入新一轮中小学教师信息技术培训计划之中。项目专家小组及骨干教师，结合国家相关政策，综合大量本地化素材，包括文字的改编翻译、选择中文资源网站、改编光盘资料等，以实用性为目标，以活动为中心，以学生为本位，采用革新的教法，创建专门的网站，在保留原版教材主旨的基础上，形成一套符合中国教学要求的教材和配套光盘。作为计算创新的引领者，英特尔深知青少年是全球应对未来挑战的关键力量，而教育是推动创新人才培养，打开未来创新之门的钥匙。英特尔将“关注人的发展，激发下一代创新能力”作为公司四大核心战略之一，致力于推动 21 世纪创新人才的培养，为未来的创新奠定基础，为世界经济增长和社会可持续发展提供动力。投资教育和助力教育变革，源于英特尔公司的创新文化内核，内生于公司的人才战略和社会责任观。

---

① 引自本文撰写者对英特尔（中国）公司首席企业社会责任官杨钟仁先生的访谈记录。

2. 英特尔中国 CSR 2.0：社会价值与企业价值并重

（1）责任融入战略，促企业价值提升

英特尔中国成立后，逐渐意识到单纯的慈善捐赠无法推动持续的社会变化，企业必须在有限的资源和投入间寻求新的平衡。在不断的思索中，英特尔中国看到了追求社会责任对公司价值的提升，不再仅把企业 CSR 等同于单纯的慈善活动。于是企业 CSR 对于英特尔中国来说已不是额外的付出，它能帮助英特尔中国创造更大的企业价值。英特尔中国承担社会责任的价值观开始发生改变，确切地说，是进步的改变——社会价值与企业价值并重。通过不断将社会责任融入公司的战略和业务发展中，英特尔中国致力于挖掘和发挥社会价值和企业价值的联动优势，使其相互促进，实现社会责任对公司价值的不断提升，巩固并扩大市场，从而实现企业价值和社会价值的双赢。

为此英特尔中国专门成立了社会责任办公室，为公司的各个事业部提供相关咨询，并指定一名副总裁负责召集负责管理企业责任业绩关键领域的相关部门代表，如环境健康与安全、生态科技项目办公室、道德与合规项目办公室、企业事务、全球公共政策、人力资源、企业多元化、供应链、信息技术等，共同制定明确、一致的环境绩效改善战略。

将责任融入战略的关键是将企业的经营业务与社会责任相结合，英特尔中国深谙其道，善于结合企业产品推进 CSR 活动，例如将企业的前沿产品技术对接教育。

2006 年，英特尔中国与中国教育部合作开展“共创未来教育计划”，目的是在全球化经济的今天，把社会和经济方面的发展机遇提供给中国的青少年。项目对 100 万中小教师展开英特尔未来教育项目培训，教师们学习如何运用信息技术手段来改善课堂教学的效果，让他们从一个知识的讲授者变成了一个学生获取知识的引导者。英特尔资助国内高校的 100 余个联合研究项目，并帮助 100 所国内高校建立实验室。这是英特尔与教育部已有合作项目的补充，主要针对教学、科学和技术类课程的开发，鼓励学生进行批判性的思考并培养团队协作的能力。在项目启动仪式上，国家教育部副部长吴启迪曾表示支持英特尔对中国教育系统的贡献，他谈道：“英特尔的郑重承诺和对未来中国教育所作的投入正在产生积极的影响。以往的计划已经成功帮助中国教育实现了历史性的飞跃。英特尔新近的大规模投资将极

大帮助中国下一代迎接21世纪的挑战。”①

2006年英特尔推出四核英特尔至强® 5300系列处理器和英特尔酷睿™2至尊处理器，开启多核时代大幕。随即与中国教育部签署了关于多核教育的五年备忘录，并启动“英特尔多核技术大学合作计划”。计划通过多核技术大学课程项目以及多核技术联合科研项目等方面的合作，帮助提升中国高校在多核技术领域的教学及科研整体水平，为中国在前沿技术领域的科技创新和人才培养服务。经过5年的发展，已有来自中国250余所高校的500余位教师参与了该计划，并使得6万多学生学习到最新的多核编程知识，从中受益。②

2009年，英特尔中国通过低功耗的凌动处理器大力进攻嵌入式设备市场。同年开启“英特尔嵌入式系统大学计划”，在其支持的26所中国高校开设基于凌动™平台的嵌入式课程，建立联合实验室并进行师资培训。

英特尔中国在教育上的投入，由最初的捐献设备、建立联合实验室，逐渐变成通过设立联合研究项目，为学生提供实习和学习的机会，培养创新型人才。这些对教育创新的投入都是社会投资的表现，可能不会在当下立即获得收益，但长期可以培养技术人才，为企业自身和社会输送人才。这是英特尔将责任融入战略的最好诠释，利用企业自身的技术优势，回报社会的同时也投资社会，实现企业和社会的共同成长。

英特尔在教育上持续10年的投入，为它在中国获得了良好的声誉，连续8年被教育部授予中国教育杰出贡献奖。

此外，英特尔中国持续对企业社会责任和业务发展的融合进行改进，每年都会采取措施进一步将这一理念更加深入地融合到企业的决策、文化和员工福利之中，为同时实现社会价值和企业价值增长而努力。

（2）创造共享价值

迈克尔·波特说，传统企业社会责任思维由于割裂了企业利润与满足社会需求之间的关系已经不合时宜。企业的经济价值与社会价值之间是互相推动、良性循环的，共享价值是新时代企业的本质目的。英特尔正是将商业成功与社会进步进行有效联结的典范。它认为，是社会需要，而不仅仅是传统的经济需要定义了市场。

---

① 引自CNET中国·ZOL，http：//news.zol.com.cn/42/421047.html。

② 王靖淇，管刚等，《校企合作，共创未来》，《计算机教育》2011年第1期，第109页。

"英特尔 CSR 2.0 是 2006 年的时候开始的。我们在过去几年看到全球、中国开始有公司实践 CSR 2.0，怎么样覆盖公司的优势资源、竞争力帮助你做 CSR，需要把企业业务跟社会的影响做一个平衡，使得企业本身提高竞争力的同时又可以回归社会的环境。"①

除了教育领域，英特尔在建设新农村和社区发展方面都给予了高度关注和投入。2006 年启动的"世界齐步走 建设新农村"项目对中国农村信息化建设产生了深远的影响。英特尔期望以此协助中国政府，共同应对全球各国政府都面临的主要挑战，即如何在农村地区保障信息传递通畅，提高当地群众的教育及医疗水平。

目前只有一些像英特尔、IBM、可口可乐这样的大企业能够做到将责任融入战略，进入到 CSR 的第Ⅳ阶段，大多数企业还做不到这一点，英特尔中国在此阶段已行走在国际前列。不过，英特尔中国 CSR 此阶段虽强调"企业价值"和"社会价值"并重，但仍然处于以"我好"为主的阶段。

3. 英特尔中国 CSR 3.0：社会价值是核心

（1）解决社会问题成为企业的核心活动

英特尔 CSR 3.0 始于 2010 年，此时，英特尔中国通过建立企业社会责任生态圈，"催化"社会创新，建立跨界合作、共享价值的"渔场"和"渔业"，英特尔的 CSR 由关注企业自身发展，转向关注整个社会发展的"大家好"阶段。英特尔中国作为一个具有前瞻性的跨国企业不仅意识到了社会创新的意义和价值，更深刻认识到社会建设和环境建设不是为企业增加了成本，而是为企业发展创造了新的机遇和空间。它认为："在今天和未来发展中，社会创新思维有助于平衡经济、社会发展，预知和解决经济全球化快速发展带来的社会和环境问题，而对于企业，社会创新就是实现以满足社会需求为导向的发展模式。企业既是推动社会创新的重要力量，也是社会创新的受益者。"

2010 年，英特尔与中国社会福利协会联手举办"养老领域信息化服务研讨会"，旨在引导社会资源投入养老服务事业，鼓励信息技术企业参与，整合资源优势，促进信息技术在养老服务业的应用和推广，在城市基础设

① 引自"中国绿金奖微论坛二：创造共享价值"英特尔（中国）公司首席企业社会责任官杨钟仁先生的现场发言，http://green.sohu.com/20111027/n323648387.shtml。

施建设中投入先进的信息技术，为老年人创造更宜居的环境。随着人口老龄化的加剧，长期投资于青年人发展的英特尔公司开始投入更多的精力关注老龄化问题，期望运用创新手段和ICT技术，助力解决当今的社会问题，服务于创新型国家建设。英特尔将运用在老龄化问题研究和技术领域的优势与经验，助力未来老龄宜居城市的发展。英特尔在中国用"芯"支持养老服务，包括首先宣布"老龄宜居城市"计划，组建专门的团队投身建设，提供餐饮、医疗、生活等多方面老年信息化服务，携手合伙伙伴积极建设养老信息化的生态圈。

而在城市建设方面，特别是近年来提出的智慧城市的建设方面，英特尔较早参与其中。智慧城市是针对中国城镇化带来经济贡献的同时造成的严重的"城市病"而提出的一剂"良药"。发改委在解读智慧城市时强调，建设智慧城市需充分运用物联网、云计算、大数据、空间地理信息集成等新一代信息技术，构建城市规划、建设、管理和服务的智慧化体系，实现城市化与信息化高度融合的更高级城市形态，创造更加美好的生活。它具有四个"新"，即理念新、模式新、机制新、方式新。智慧城市的建设者既包括政府，也包括企业，以及NGO，大家对给出这剂"良药"都可以有自己的实践。发改委徐宪平认为，智慧城市建设的关键在于要建立上下联动、横向协调的机制。早在2012年，英特尔即参与到南京智慧城市的建设，与南京云创存储科技有限公司共同推出的数据立方云计算一体机，是众多优秀云产品中极具代表性的一个。此外，英特尔还给出了智慧交通的解决方案。对交通的解决方案，英特尔不仅仅是传统的芯片制造厂商，它更进一步向上发展，看到大数据的局面，在大数据中发挥其特有的作用和优势。

英特尔（中国）有限公司联合芯世界社会创新中心、中关村物联网产业联盟、英国皇家艺术基金会（NESTA）、联合国开发计划署（UNDP）、爱创家（Ashoka）共同发起了社会创新峰会，通过联结创变客，从而推动官产学研及社会组织的跨界合作，建立学习型网络，共同探索和实践以人为核心的中国特色城镇化的方法、路径和模式。在2014 DIY SMART CITY社会创新峰会暨第三届智慧北京大赛颁奖大会上，英特尔中国研究院院长吴甘沙认为"智慧城市"的建立应当是结合"自顶而下"与"自下而上"两种方式来进行DIY，从而实现利用未来的城市基础设施支持和放大开放式创新。他以"龙时代"定义了未来建立"智慧城市"的主控软件所要必备的条件。“龙时代”是指龙的英文翻译“Dragon”中的每个字母都有其代表的概念，包括数据驱动（Data driven）、全局优化；弹性、可管理（Resilient）；自主、高效率（Automated）；游戏化（Gamified）；开放（Open）；互联（Networked）。另外，他还提出了城市生活实验室（Life is Fun and Efficient），包含了城市 DIY 工具 + 个人 LIFE 仪表盘、居民应用商店、开放数据集市以及城市操作系统。而英特尔本身也正从这些方面入手，发挥自身芯片技术与计算能力的优势，积极与其他行业的合作伙伴联手，共同助力“智慧城市”的建立。

在英特尔 3.0 时代，英特尔中国成为引领国际 CSR 发展的企业，带领全球 CSR 进入第Ⅴ阶段。其特点是：

- 以社会需求为导向，实现企业与社会价值良性互动；
- 催化社会创新，推动跨界合作，建设社会责任生态圈；
- 实现共享价值，引领商业新思维。①

英特尔认识到解决社会问题，不是企业的次要活动，而应成为企业的核心活动，这样才能引领商业创新和社会进步，实现企业价值与社会价值的良性互动，追求扩大企业和社会的总价值。

从 PC 时代发展到移动时代，伴随着很多需求和机会的产生，英特尔中国意识到要抓住这些机会，一方面解决社会问题，一方面带来业务的增长，从而扩大企业和社会的总价值。英特尔 CSR 2.0 启动的“英特尔®未来教育”项目一直延续到 CSR 3.0。“至今，英特尔在中国的教育投入，已培养了 220 多万的老师。十几年前，我们把该项目拿到中国，主要是想帮助改善中国的素质教育，帮助中国的教育变革，希望在学校里面创造以学生为中心，而不是以老师为中心的教育。这个项目已经同教育部合作十几年，已培训了约 220 万老师，全球培养了 1200 万老师。21 世纪学生需要拥有的专门的素养，提高学生获取知识的能力、创新能力、思辨能力、协作能力，还有数字素养。”② 为顺应中国教育变革和发展的新趋势，继在 2006 年 11 月与中国教育部共同启动“共创未来教育计划”，在 2010 年 12 月，英特尔又与中国教育部签署了 2011～2015 年深化教育合作谅解备忘录，共同推动中国的教育改革与创新人才培养。在未来，英特尔将在教育部的指导下，

---

① 《Intel 生态圈白皮书（2013）》，第 7 页。

② 引自本文撰写者对英特尔（中国）公司首席企业社会责任官杨钟仁先生的访谈记录。

从基础教育、教师培训、高等教育、职业教育、社区和课外教育、教育信息化建设和教育科学专题研究等多方面，计划并组织实施一系列项目和活动，进一步将国际化的教育理念和教学资源与国家中长期教育改革和发展实际需要相结合，继续助力中国教育创新。

此时英特尔考虑的是怎么做能满足社会的需求，即当今的社会发展有何需求，企业做什么才能满足这些需求，企业的发展是为这些社会需求服务的。企业发现并努力去满足一个社会需求，不仅让社会变得更美好，也为企业创造新的市场指明了方向。企业追求社会价值的视野更加开阔了，不仅仅是为了降低和消除风险和公益捐赠，而是寻找社会当今的需求和不足，然后集中企业资源和精力开拓市场空白以满足这些需求，因为社会需求中孕育着商业发展的动力，在社会问题的解决过程中，潜藏着企业发展的无限机遇。随之而来的企业价值就是英特尔中国开拓了全新的、满足社会需求的市场，为商业的发展提供新的思路，为企业技术创新和产业创新会有更明确的方向和更持久的驱动力。[①]

（2）将环保需求转化为市场发展机遇[②]

低碳发展已经成为所有人的共识，产品的能耗、能效等低碳属性逐渐成为衡量产品成功与否的重要标准。尤其是随着移动互联技术在生活中的渗透，公众开始更多地关注电子产品能效。作为电子产品的核心部件制造商，英特尔并没有将来自环境资源的约束和压力当成企业发展的成本，而是看到了公众对产品诉求的转变，将更多的开发重心放在提高产品能效方面，从而有效地将压力转化为前进的动力，迅速开拓出新的需求市场。2011年宣布制成基于英特尔22纳米工艺技术的第一个3－D三栅极晶体管，能够在低电压下将性能提升37%，功率降低50%以上，成为炙手可热的绿色电子产品。

此外，在低碳环保可再生能源建设方面，英特尔不仅较早涉足，还积极与中国国家战略方针及发展计划保持一致。中国政府计划在2020年以前投资4万亿元进行可再生能源分布式发电的智能电网建设，以及改造原有电力基础设施。2010年，面对中国政府发展新能源市场的庞大计划，英特尔已准备以能源基础设施及家庭能源管理技术帮助中国进行智能电网的建设。

① 《Intel生态圈白皮书（2013）》。

② 《Intel生态圈白皮书（2013）》，第21页。

它可以提供智能化、互联计算设备，帮助中国电力企业在风能发电厂、变电站到家庭的整个电网内实现分布式、端到端的智能化。

（3）建设社会责任生态圈

“社会责任生态圈”建设是英特尔中国 CSR 3.0 阶段的核心理念，由“芯世界”公益创新计划、互联网“云公益”在线平台和社会创新中心三个平台组成的“公益生态圈”是其中的一项重要内容。“芯世界”公益创新计划，是英特尔中国在 2010 年与民政部社会福利和慈善事业促进司携手推出的公益创新奖项，希望运用 IT 先进科技等来激励、支持公益组织提升运作能力。“芯世界”不仅是一个奖项，更是一个将政府、企业、公益组织与专家各界聚集在一起共同缔造社会创新的平台。英特尔中国期望以产业发展的战略来发展社会公益与解决社会问题，而与此同时英特尔中国自身也能在这个共同平台中找到很多发展机会。已连续开展三年的“芯世界”公益创新计划，现已覆盖全国，公益组织累计申报项目超过 900 个，40 家机构分享了 350 万元的奖励基金，超过 100 家机构获得能力建设、海外交流、志愿服务、媒体传播方面的支持。在“芯世界”的基础上英特尔中国策划搭建一个云公益平台，让志愿者、资金、公益组织、企业、个人可以在这个平台上找到需要的资源和帮助。非营利组织、基金会和企业 CSR 部门就可以通过这个平台进行志愿者招募、闲置办公用品捐赠、活动协调等各种信息的发布和资源整合。“芯世界”公益创新计划期望联合拥有共同公益梦想的不同资源“群体”共同推动公益产业链的发展。该计划被视为英特尔 CSR 体系的平台和催化剂，“英特尔考虑能否利用自身的优势催化一个生态系统，建起一个平台，帮助政府制定一些政策，从这些层面来发挥作用，就能覆盖更大的范围产生更宏远的影响，比捐一些钱、建一个希望小学、建一所电脑教室的意义和效应更重大。英特尔认为建立这样的系统需要有目标、信仰和理念支撑着，需要有一个架构发挥作用，这样方可能实现可持续发展。而‘芯世界’公益创新计划就充当了这样的平台和催化器”。[①]

这体现了英特尔中国挖掘社会各界资源共同缔造跨界公益平台的长远战略眼光。英特尔中国逐渐意识到，社会问题不是某个部门更不是某个企业自己就能解决的，社会需求的满足需要各个领域共同参与，不同的社会

① 引自和讯网《英特尔中国执行董事戈峻的观点》，http：//tech. hexun. com/2012 - 02 - 01/137658670. html。

角色往往可以发挥不同的作用，进行跨界合作，实现优势互补，共同解决社会问题。"要解决一切的社会环境问题，不是一家公司、一个业界、NGO、政府分头来做就可以解决的。当前的贫困、教育的变革、环境的污染需要跨部门的合作。这不仅仅是中国的跨部门，还要把全球的不同部门整合起来，利用他们的优势针对某个地区针对性地解决。要达到这样的目的，我们要在整个的链条里构建一个优势，共同解决这个问题。同时在共同应对解决这些问题的同时，你会发现有很多的商机帮助你重新考量公司的定位。这样子才可以从机制上来改变这个现象。所以我们把第三个定位（CSR 3.0）是通过制度的变革，跟政府、NGO和其他的业界合作，进行全面的改革。"① "纯粹以盈利为目标，反而会失去很多机会。企业社会责任的理念，就是说未来的企业公民，怎样平衡和优化不同相关利益者的利益。不只单纯考虑股东的回报，还要顾及其他的相关利益方。更多地考虑其他的相关利益者，反而更能引发股东的关注和长远的回报。"②

三　中国企业CSR反思

中国社科院发布的《企业社会责任蓝皮书（2013）》显示中国企业社会责任发展指数平均为26.4分，整体处于起步阶段，超过一半的企业仍在"旁观"③。并且，市场责任指数高于环境责任和社会责任。可见，总体而言中国企业的企业社会责任仍处于只顾"我好"的阶段，大部分企业只做到能维护企业的声誉和避免使企业形象受损即可，而不是在处理社会问题或承担社会责任，大多在努力追求"我好"，至于"大家"好不好不是企业关心的问题。

1. 中国企业CSR发展良莠不齐

20世纪90年代中后期至2000年，中国成为全球最大的转型国家，经济社会发生巨大的变迁，传统工业化路径虽使中国实现了快速的经济增长，

① 引自"中国绿金奖微论坛二：创造共享价值"英特尔（中国）公司首席企业社会责任官杨钟仁先生的现场发言，http://green.sohu.com/20111027/n323648387.shtml。

② 引自本文撰写者对英特尔（中国）公司首席企业社会责任官杨钟仁先生的访谈记录；《Intel生态圈白皮书（2013）》。

③ 《企业社会责任蓝皮书（2013）》，http://www.nandu.com/itag/。

也让中国付出了严重代价，环境污染、自然生态退化、社会不公等问题加剧，推动企业社会责任快速发展，中国企业的 CSR 开始进入加速发展阶段，此阶段正值国际 CSR 发展的第 V 阶段、英特尔 CSR 的 2.0 阶段。然而，同样的时段，中国企业 CSR 的内涵却不相同，那时，中国企业的 CSR 更多关注企业自身利益，对“企业价值”的关注远远大于对“社会价值”的关注，处于“我好”的阶段。

2000 年至今，少数中国企业开始加大对社会价值的关注，将其与“企业价值”置于同等重要的位置，相当于英特尔中国 CSR 2.0 阶段，开始进入“大家好”阶段。可以说，今天中国本土企业的 CSR 基本上比英特尔中国 CSR 慢了“一拍”。

尽管如此，国内企业 CSR 进程基本上呈现与国际 CSR 进程较为一致的脉络，同样经历了概念的争执，实践上递进的过程。例如，利益相关者的范围不断扩大，使得 CSR 的领域随之拓宽；政府对 CSR 的兴趣与参与程度增加；社会各界对 CSR 的要求日益提高；企业 CSR 由被动而主动；企业 CSR 策略由单一而多元，由企业内部转向企业外部并扩展至社会层面；CSR 由企业的负担发展成为企业战略的有机组成部分。当然，中国的发展获得了一定的“后发优势”，不至于在很多消极方面重蹈覆辙；此外，中国企业的 CSR 状况并非整齐划一，甚至可以说“良莠不齐”。有的企业 CSR 类似或接近英特尔中国 CSR 3.0；有的企业本质上排斥 CSR；有的企业虽接受 CSR 概念但实践上仍不够重视；有的企业缺乏必要的 CSR 履行动机，更未将其纳入企业的发展战略中；有的企业普遍重视对投资者、员工、客户、供应商、环境等利益相关方履责，但是对社区、行业等利益相关方履行社会责任的绩效还有待进一步提升。总体而言，中国的经济实力虽位居世界前列，但中国企业的 CSR 却与之并不匹配。

2. 中国企业 CSR 发展解读

尽管我们没有看到对此方面的系统性调查和成因解读，但是，一些学者围绕不同国家的企业 CSR 类型、发展阶段以及企业 CSR 发展速度呈现差异的解读值得分享。它们有助于我们理解为什么中国今天不同的企业，其 CSR 行为不一致。

• 管理学家罗宾斯 1997 年曾提出一个企业承担社会责任的四阶段逐步扩展的模型。他认为在企业初创时期，企业一般规模小、实力弱，此时企业一般以对所有者负责为主；在发展进入第二阶段，企业有了一定规模，实力也有所增强，此时企业负责任的重点转向雇员；进入第三阶段，企业随着业务的拓展和对社会影响力的增强，企业责任逐步扩展到具体环境中的利益关系者；企业发展进入第四阶段，企业责任扩展到全社会，包括社区、文化、教育、环境等领域。按照罗宾斯的模型，可以进一步说，当企业处于初创期和第二阶段时，企业追求“我好”，企业进入第三阶段和第四阶段时，企业追求“大家好”。

• 有研究者借鉴罗宾斯的分析，对处于不同生命周期的企业，从企业伦理、企业需求、企业能力三个维度对企业 CSR 行为进行分析，认为处于不同生命周期的企业，这三个方面不同，其 CSR 行为将有所不同。①

• Kenneth R. Andrews 将企业社会责任战略总结为四种形式：消极反应战略，即没能甚至不愿意按照社会责任方式行动，并尽可能地躲避或隐瞒自己的不负责任行为；抵御战略，即采取不积极的防御战略，得过且过；适应战略，即比较自觉地使他们的行为与公共法则保持一致，更为重要的是尽力对公众的期望负责，以适应社会对企业的要求；提前采取行动战略，在责任到来之前提前采取行动，肩负起社会责任。目前，这四种类型在中国企业 CSR 中均有体现。前两者属于“我好”，后两者属于“大家好”的情形。有学者借鉴 Kenneth R. Andrews 的分类，将企业社会责任战略归结为不服从、被动服从和主动适应和双赢战略四种。该说法基本上同上述四种情况一致，是对上述四种情况的简化。

• 有研究者认为，企业 CSR 行为之所以有区别，取决于其所处的法律环境、市场环境和社会环境。该观点认为，企业的外部环境具有决定性的作用，决定企业到底是为“我好”，还是为“大家好”。

• 有研究者认为，企业 CSR 行为取决于它获得的各种动力，有来自微观的动力（企业的本质和职能）、中观的动力（政府和社会组织推动）、宏观的动力（全球化和国际政治压力）②。这三种动力共同决定企业为“我好”，还是为“大家好”。

借鉴上述各分析视角，我们尝试从内因和外因方面解读中国企业的 CSR

① 肖旻：《基于生命周期理论的企业社会责任战略选择研究》，《现代经济信息》2010 年第 16 期，第 190 页。

② 郭洪涛：《中国企业社会责任比较研究——基于不同所有制的比较》，博士学位论文，西南财经大学，2011。

状况。一般而言，决定企业 CSR 的内因包括企业经济绩效、竞争优势、企业声誉、企业可持续发展，企业家道德、企业文化、企业价值观等，它对企业造成直接的影响。外因包括：利益相关者的诉求、竞争环境的压力、法律及政府规制、经济全球化、公众及媒体监督等，它们为企业建立一个 CSR 的底线。中国企业 CSR 状况既有内因使然，也有外因使然，它们共同决定企业 CSR 能否由“我好”过渡到“大家好”。同时，内因和外因是动态变化的，因而企业 CSR 底线也在动态变化之中，今天的 CSR 底线已高于昨天的 CSR 底线（见图 2）。而在企业 CSR 底线上升的过程中，企业“领跑”还是滞后，取决于企业自身。例如，处于同样市场中的英特尔与其他企业相比，其 CSR 1.0、CSR 2.0、CSR 3.0 均处于各大企业前列。

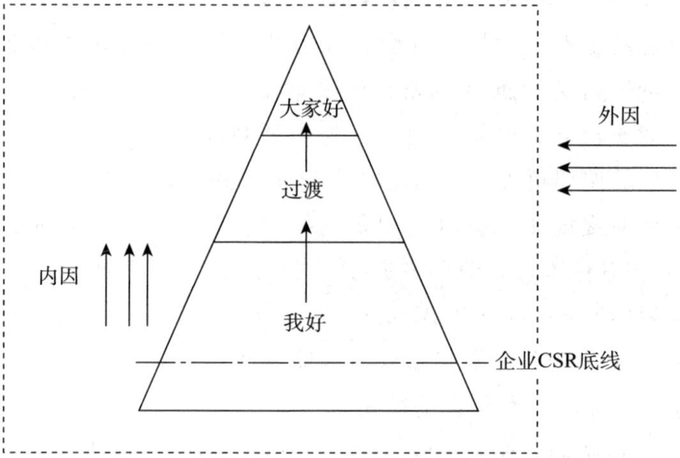

图 2　由“我好”到“大家好”的 CSR 金字塔

在中国，决定企业 CSR 的内因如上所述有多方面，我们认为较为突出的一个方面是企业对履行 CSR 有认识上的误区。很多企业担心，一旦承担社会责任会，企业将被压垮。这在中国是个较为普遍的事实。“美国权威企业调查组织 TCB 对 463 家公司履行社会责任所获得的回报作了深入调查，结果发现，75% 的企业形象得到了明显改善，52% 的企业员工的积极性得到了提高，20% 的企业与客户关系得到了改进，7.2% 的企业产品销量得到了增加。这表明，企业履行社会责任，实际上也提升了自身的价值，符合企业自身利益。”①

① 马蔚华：《中国民营企业家有责任感》，http：//money.163.com/12/0222/10/7QS1REVI00253G87.html。

关注CSR并不会以牺牲企业价值为代价。事实上，真正的企业CSR不是做所谓的“面子工程”、“公关建设”，而是将其责任行为和自身的商业战略紧密相连，通过责任行为，来巩固自身的商业优势，或者开拓商业市场以及规避责任风险。企业CSR的道路应该是越走越宽。

就外因而言，较为突出的因素是针对企业CSR的政策大多属于指导性，不够细化且难以操作。多年来我国在企业基本责任方面的立法不断丰富，1989年的《环境保护法》、1992年的《工会法》、1993年的《产品质量法》、1994年的《消费者权益保护法》、1995年的《劳动法》、1999年的《捐赠法》，这些法律形成了企业履行社会责任的法律基础和底线。[①] 2006年1月1日正式实施的《中华人民共和国公司法》修订案首次以法律形式提出企业社会责任。2008出台的“绿色法律”《循环经济促进法》，规定了企业应在环境保护方面承担社会责任。法律直接或间接地对企业履行社会责任有所约束，但这些法律条文不够全面和细化，在针对具体问题进行操作制裁过程中，来自各方面的阻力依然很大，执行难度大，甚至一些政府部门袒护、偏袒冲破底线的企业。

再者，中国公众的监督和舆论环境较弱。2014年1月20日民政部和全国工商联出台了《关于鼓励支持民营企业积极投身公益慈善事业的意见》，鼓励民营企业积极投身公益事业的大背景使越来越多的民营企业家已经纷纷以各种形式参与到公益慈善事业中了。但由于我国公益慈善事业发展还处在成长期，与之相配套的制度、环境也在不断的调整、成熟过程中，例如社会舆论问题，在新媒体传播时代，无故“躺枪”，甚至谣言重伤，有时想躲也躲不过。让一些企业家觉得做慈善很辛苦很累。因为做慈善受到关注后，会引来各种非议，反而会使某些企业家觉得安分守己什么都不做是好的，因为不做没人说，做了一旦做不好麻烦就大了。若一直是在人人只求自保的环境中，企业社会责任难有进步，中国企业要从“我好”走到“大家好”，除了自身的觉悟和战略眼光，还需要一个自由的、正确的、理智的、信任的舆论大环境。当然，大众施压有时“隔靴搔痒”，企业社会责任的最初发展主要是由发达国家民间团体及消费者运动推动的。但是这些“对抗式”的运动也仅限于基本社会责任的约束，并不会直接引导企业向更

① 殷格非、吴福顺：《中国企业社会责任发展的阶段分析》，《WTO经济导刊》2007年第1～2期，第101页。

高层次的社会责任发展。公众施压有时只能作用于不违背法律和基本道德底线，并不能促进企业由“我好”到“大家好”，反而过度和不在点的施压反而将企业禁锢在简单捐赠，保证“我好”的层次。

四　结语

时代造就优秀的企业，淘汰落后的企业。优秀的企业本身也在引领时代的进步。做什么样的企业主要由企业自身决定。今天，英特尔中国的 CSR 仍在前行。“我们期望大家可以一起来探讨怎么样来合作。现在 CSR 1.0、2.0、3.0 有三个重点，主要还是在 3.0 这块，你跑到前方，人家会复制，这不是坏事，很快会产生很大的效益，大家会去扩散，规模效益会出现，英特尔过去几年推动社会创新采用的就是这种模式。比如，英特尔挖掘公益界的优秀人才、关键引领者，虽然投入资金不多，但是，社会各界的资源、资金，包括来自政府的支持开始投向他们。此外，我们也期望中国未来有蓬勃发展的第三部门帮助政府解决各个方面的问题。”“我们希望其他企业也这样。这不是从英特尔的角度看，而是从中国社会需求的角度看。企业需要同社会组织合作，提高社会组织的能力，当然这是一个比较长的过程，但需要努力，企业可以利用自己的优势来服务、管理，提供资金和资源，这是比较重要的。其次，需要通过政府政策制定来推行，加快企业的 CSR 变革，它释放的红利难以估量。CSR 本身不仅能提高企业的核心竞争力，更降低社会的负面效应，提高正的社会效应。最后，企业本身的观念需要改变。企业需要在社会中真正生根，包括自己的能力、管理、策略、产品、服务。”①

中国企业不进则退。当企业自己的觉悟提高并改善 CSR 的策略时，我们也会看到越来越多的优秀的中国企业。“越来越多的企业已经意识到，他们的任何经营行为都必须在利益最大化与社会效应之间求得平衡。企业应意识到，责任之所系即商机之所在，社会问题的存在为商业创新提供了契机，而履行社会责任本身就可以产生巨大的商业价值，企业做 CSR 就有了强大的内驱力。很多企业的实践表明，一些将解决社会环境问题置于核心

---

① 引自本文撰写者对英特尔（中国）公司首席企业社会责任官杨钟仁先生的访谈记录。

的商业模式，从纯粹商业的角度来讲，也是充分可行的。"① "最关键的是，企业要从CSR 2.0跨到CSR 3.0，不要很多人只关注自己，只关心'我'，其实如果你可以关注的是'我们'的话，你的运营空间越大，你的合作伙伴越多，你可以把饼做大，你的效益就会越大。"②

众多企业已经意识到，打造责任竞争力是当今企业发展的趋势。过去，企业单纯追求的是产品价值、市场价值或股东价值，这些都是所谓的"企业价值"，而如今新的时代格局和新形势、新挑战下，建设"责任品牌"，建设责任竞争力，突出社会价值已经成为重要的时代潮流和商业规范，企业要面对的是利益相关方对企业提出的更多、更高、更新的要求，即企业除了提供优质的产品和服务之外，还要创造更多的社会价值。

瞬息万变的市场可以让曾经的商业巨头一朝衰落，而优秀的企业却始终站在商业发展潮头，受到市场广泛青睐。在当代，企业商业运营不仅要紧密围绕经济发展，还要主动和社会发展紧密结合，寻求来源于社会发展的机会，满足社会发展需求。这就要求企业不仅要履行基本的社会责任，还要努力扩大企业价值和社会价值的总价值，承担更大的社会责任，企业价值和社会价值像两条巨龙缠绕着延伸到更广阔的空间。

英特尔在中国的发展进程中扮演着积极、创新、引领的角色，目前它正在推动信息城镇化进程。在2014年5月英特尔主办的社会创新周上，英特尔邀请社会各界共议如何将社会创新的理念纳入城市建设之中，做到以人为本。"企业通常会认为公益、慈善跟他们没关系，企业老板对此也没兴趣。我们认为企业需要看到投入社会创新，企业不仅仅获得的是社会效益，还有经济效益。中国目前正在推动城镇化进程，很大程度上GDP的贡献与城镇化有关，不只是建设类的行业，还有公共服务的递送。在追求GDP方面，企业可以做得更包容、可持续，这将是一个多赢的局面。我们正在建立一个社会创新跨界联盟，期望通过这一个网络，把社会创新理念推广开来，共同推动。英特尔的好处是，如果需求大了，饼做大了，你知道都需要ICP，ICP芯片会走到每一个角落。这有点像介绍3.0，建立这种松散的网络，大家为共同的目的，企业、政府、社会组织都加入进来，在政策上

① 《CSR是一个幻象吗?》，http：//www.loongzone.com/forum.php? mod = viewthread&tid = 163998 &extra = page% 3D1。

② 引自本文撰写者对英特尔（中国）公司首席企业社会责任官杨钟仁先生的访谈记录。

进行顶层设计，这样可以做到自下而上、自上而下的循环。”①

实际上，政府也在为企业 CSR 的进步创造更好的环境。例如，各级政府正在扭转以 GDP 论英雄的惯性。2013 年始，中央便提出“不以 GDP 论英雄”，不再将 GDP 作为地区发展最重要的考核要素，在 2014 年地方两会期间，北京、上海等 22 省区下调 2014 年 GDP 增长目标，“降速提质”成为普遍共识。② 可以预见，一大波污染企业关闭浪潮正在来袭。例如，为治理空气污染，河北省石家庄市分别于 2013 年底和 2014 年初两批共拆除 25 家水泥企业。诸如此类的拆除行动在全国各地方陆续进行，企业必须要正视当前形势，急功近利发展经济的时代已经成为历史，新一轮的大浪淘沙只有良好的企业公民才能被留下，企业如果不认清形势，不积极履行社会责任，必然被淘汰。而那些总吃“偏饭”的国有企业，也将引领 CSR 的新历程。十八届三中全会通过的《中共中央关于全面深化改革若干重大问题的决定》明确提出，把深化国有企业改革作为坚持和完善中国特色社会主义基本经济制度的重要内容，从而促进“推动经济更有效率、更加公平、更可持续发展”目标的实现，政府不再刻意要求国企国资体量上的“大”和表面形式上的“强”，而是要求体格上的“健康”和可持续发展能力。发挥国有企业发展壮大国民经济的骨干作用，同时还应体现对于社会福利普遍增长的贡献，回归国企的本源价值。深化国有企业改革就是要求国有企业实践类似于英特尔 CSR 3.0 的 CSR 思维和战略。“深化国企改革的社会责任内涵就是国有企业要充分发挥其在保证资源要素的公平、自由和优化配置过程中的基础性作用，在追求经济效益的同时，利用自身的专业优势解决人类可持续发展进程中面临的经济、社会和环境问题。”

最后，我们也可以乐观地预见，企业 CSR 榜单比拼将成潮流，尤其是对于一些与消费者关系较为密切的企业。企业的社会责任，现正成为考核中国企业是否优秀的一项重要指标。尽管有关企业社会责任的指标目前并未有标准，但总体而言，却无本质区别，只是各有侧重。例如《金蜜蜂企业社会责任榜》、《商业价值》举办的“中国企业 CSR 竞争力评选”，《第一财经》主办的“中国企业社会责任榜”评选等。CSR 榜单成为企业比拼的

---

① 引自本文撰写者对英特尔（中国）公司首席企业社会责任官杨钟仁先生的访谈记录。

② 《22 省份下调今年 GDP 增长目标》，http://news.163.com/14/0216/08/9L6KCUB100014AED.html。

又一重要战场，这种潮流会不断促使企业在CSR方面有所创新，正如《南方周末》在它的《中国企业社会责任调研蓝皮书》中所说，“当一份发行量超过170万的报纸每年进行一次排名公布时，他们难免会想要为自己赢得更好的位置”。①

我们也越来越多地看到有关人权、劳工实践、环境保护等社会责任议题被纳入投资和贸易谈判中。

相信，在中国企业的自我觉悟和外部环境的共同合力之下，未来的某一天我们会看到越来越多的“英特尔”类的企业CSR 4.0、5.0出现。

① 《南方周末》中国企业社会责任年会：《2013年度中国企业社会责任调研蓝皮书》。

壳牌中国的可持续发展策略及其员工志愿服务

荷兰皇家壳牌有限公司①（以下简称壳牌公司）成立于1907年，它是由皇家荷兰石油公司与壳牌运输和贸易有限公司联合组成的一家跨国能源与化工集团。它是国际主要的石油、天然气和石油化工产品的生产商，也是全球领先的汽车燃油和润滑油品牌。2013年壳牌公司在世界公司500强排行榜中排名第1位，壳牌亦连续四年被世界优秀管理评估机构M&E评为全球最具可持续发展能力和道德感的大型石油公司。

石油是当今世界最主要的能源，也是一种不可再生的重要战略性物资，在开采、炼制、贮运和使用的过程中，如原油和各种石油制品进入环境会造成污染。其中，首要的污染是海洋石油污染。世界年产石油一半以上是通过油船在海上运输的，这就给占地球表面71%的海洋带来了油污染的威胁，特别是油轮相撞、海洋油田泄漏等突发性石油污染，更会给人类造成难以估量的损失。多达几十万吨的溢油，一旦进入海洋将形成大片油膜，这层油膜将大气与海水隔开，减弱了海面的风浪，妨碍空气中的氧溶解到海水中，使水中的氧减少，同时有相当部分的原油，将被海洋微生物消化分解成无机物，或者由海水中的氧进行氧化分解，这样，海水中的氧被大量消耗，使鱼类和其他生物难以生存。1991年海湾战争造成的输油管溢油，使200多万只海鸥丧生，许多鱼类和其他动植物也在劫难逃，一些珍贵的鱼种已经灭绝，美丽丰饶的波斯湾变成了一片死海。2011年8月15日，英国政府和壳牌公司说，壳牌公司北海输油管泄漏事故已经构成“重大”泄漏，约1300桶原油漏入海中，且泄漏仍未停止，此次北海漏油事故引起环保组

① 文章中壳牌中国相关信息均源自互联网公开信息。

织广泛质疑石油公司深海钻探项目的安全性。除了海洋污染，石油对环境的污染还包括三类：第一，污染大气环境。表现为油气挥发物与其他有害气体被太阳紫外线照射后，发生理化反应污染；或燃烧生成化学烟雾，产生致癌物和温室效应，破坏臭氧层等。第二，污染土壤。这里我们不必多说，大家都知道石油污染土壤的地方寸草不生。第三，污染地下水。当前水资源被污染的现象比比皆是。

作为能源企业，壳牌希望向消费者传递企业敢于承担社会责任并积极践行可持续发展的理念。壳牌在中国的发展轨迹已经超过一个世纪。目前，壳牌是在中国投资最大的国际能源公司之一，其所有的核心业务都已进入中国，包括上游业务、下游业务和项目与技术部门。

在中国，壳牌遵循其商业原则，通过在教育、环境、能力建设三个领域开展一系列的社会投资项目，为社会的发展作贡献。例如，在环境方面，壳牌致力于研发和应用先进生产技术，减少对环境的负面影响，最大限度进行节能减排，同时努力在业务所在地区做一个负责任的企业公民，不仅在生产和运营中做到安全、环保，而且与当地社区建立密切联系，共同探索壳牌贡献于社区发展的特色模式。其重点社会投资项目有：美境行动、壳牌大学生农村能源调研项目、壳牌汽车环保马拉松赛、新经济中国项目、“5·12”小额信贷项目和丰富多彩的员工志愿者活动。

作为企业CSR的一部分，企业员工志愿服务是较晚出现的形式，在美欧等发达国家的企业界已经得到广泛发展。与发达国家企业热衷实践的情形比较，企业员工志愿服务在中国本土企业中开展得并不普遍，或较为单一，相关研究则更为少见。本篇报告期待通过撰写壳牌CSR以及员工志愿服务的挑战、思考、策略、投入与成效，展示一家主要业务为不可再生能源的企业如何面对挑战，如何承担CSR责任，以及如何将员工志愿服务融入CSR，为中国企业CSR和员工志愿服务提供借鉴。

一 《壳牌商业原则》转向可持续发展

壳牌的企业社会责任的沿革与CSR全球趋势基本一致。然而，作为一家石油企业，壳牌公司面对经营不可再生能源和环境污染的双重压力，其在CSR上的行动备受社会关注。

翻开壳牌的历史，今天壳牌的辉煌很难让人将其与曾经备受指责的丑闻事件相提并论。但正是一系列不堪回首的往事，让壳牌不仅陷入舆论抨击的风口浪尖，也成就了壳牌今天在社会责任履行方面的突出成绩，使其成为 CSR 的领头羊。

1. 早期履行经济和法律责任

19 世纪末～20 世纪 70 年代是壳牌早期发展和注重履行经济责任的阶段。这期间，壳牌集团的 CSR 实践主要以生产经营为主线，以为股东创造价值为核心。特征是突出经济责任，单纯追求利润，底线是遵纪守法。1898 年，壳牌出版了第一本《壳牌运输和贸易审计报告》；1953 年，壳牌出版了第一本《壳牌集团总报告》。①

20 世纪 60 年代以前，企业的定位是经营实体，向社会提供所需的产品，以实现企业利润最大化的目标。这一阶段，社会对企业并未提出社会责任履行的要求。20 世纪 60 年代末至 70 年代初，企业除了利润目标，还要兼顾考虑社会与生态环境，但是此阶段企业仅被要求符合国家法律政策、国际公约制度、法规或行规。

2. 中期被动回应社会需求并发布《壳牌商业原则》

20 世纪 70 年代中期～20 世纪 90 年代中期是壳牌开始注重社会回应的阶段。此间，全球商业环境发生重大变化，壳牌的一系列丑闻事件使其公众形象备受争议，壳牌开始重视外界反应对业务的影响，并积极反思和采取改进措施。壳牌初步将 CSR 理念与集团战略相结合，制定并修订《壳牌商业原则》。

20 世纪 70 年代中期开始，企业被要求在追求利润的同时，应当考虑利益相关者的利益；企业作为“社会公民”的角色，应该为社会尽一份社会义务；同时，关于企业的社会和生态义务以及企业的技术进步责任的观念得到了扩大和深化。虽然在 70 年代，无论是劳动者，还是公众以及环保组织对企业履行社会责任的要求实际上远远低于当今的要求，但在当时，要求则是激烈的。实际上，人们越来越能接受的真正的“洪水猛兽”是社会

① 陈清：《壳牌公司企业社会责任实践的启示》，《石油化工管理干部学院学报》2009 年第 6 期。

的利益，以企业 CSR 的方式推动人类的共进。1976 年，壳牌公司制定了壳牌全球通用的纲领性指导《壳牌商业原则》，提出了“诚实、正直和尊重他人”的核心价值观，承诺为可持续发展作出贡献，平衡短期和长期的利益，并在业务决策过程中综合考虑经济、环境和社会因素。成为率先明确阐述并分享公司信念的全球化公司之一。同时，壳牌发布了《壳牌集团健康安全与环境报告》和以企业社会责任为主要内容的首份《壳牌报告》。

但是，这个时期壳牌并没有一直走在 CSR 的潮头。20 世纪 80 年代，全球经济环境发生巨变，社会对于企业 CSR 的要求越来越高，尤其是环保方面的要求。壳牌因系列丑闻事件的爆发陷入巨大危机。这个阶段，壳牌开始重视外界反应对业务的影响，并积极反思和采取改进措施。壳牌初步将 CSR 理念与集团战略相结合，制定并修订《壳牌商业原则》。

1995 年 4 月，壳牌要沉掉一艘废弃的重 4000 吨、高 137 米的名为 Brent Spar 号的海上储油废弃平台，遭到德国绿色和平组织的强烈反对。此后的几个月里，绿色和平组织精心设计了一场公众响应极其默契的闪电战，引起公众对壳牌的强烈抨击，联合国环境规划署及全球 100 多个国家达成一致，采取法律措施阻止了平台的下沉。Brent Spar 平台最终被壳牌花费重金拉回挪威。该事件使壳牌当年在德国的汽油销量猛跌了 50%。壳牌被动地认识到，企业经济行为不再仅仅是经济行为，当其经济行为与社会产生联系时，不论是否愿意，都需要接收来自社会的声音。

就在 Brent Spar 平台事件发生几个月后，尼日利亚环保论者 Ken Saro-Wiwa 和其他 8 个反对壳牌的激进分子被当时的尼日利亚政府以煽动暗杀罪名处死。壳牌被疑与处决上述人物的尼日利亚独裁政权有染，在公众舆论中掀起了轩然大波，壳牌再次遭受严重的形象危机。

壳牌公司的 Brent Spar 海上平台事件、尼日利亚事件等一系列丑闻事件使其公众形象受到很大争议，壳牌公司与环保组织、消费者、公众和社区等主要利益相关者的关系不断恶化，导致公司迅速陷入严峻的声誉和经营危机。在 1997 年英国《金融时报》“欧洲最受尊重的公司”的年度评比中，壳牌公司排名急剧下跌。上述事件的发生对当时内部管理和财务状况都不佳的壳牌来说等于雪上加霜。事件的发生促使壳牌开始深思和反省，公司执行董事会认识到要改变公司的严峻形势，需要建造一个快速、灵活、注重环保的组织。这一组织要有效运作、更具创新精神，使壳牌股东们把注意的焦点转到公司声誉和与利益相关者之间的关系等软性问题上，并能将壳牌公司引向获利丰厚的新征程。1997 年，壳牌修订了《壳牌商业原则》。新修订的《商业原则》增加了人权内容，并确定了壳牌可持续发展的商业战略，公司首次承诺以可持续发展的方式开展业务，这让壳牌在发展中要通过股东的眼睛观察世界，要了解和应对壳牌运营及产品可能对社会和环境产生的正负面影响，为壳牌的未来发展争取先机。

3. 后期主动全面提升企业社会责任

20 世纪 90 年代中期至今，是壳牌全面提升企业社会责任管理的阶段。1987 年，壳牌制定《环境管理指南》；1989 年制定《职业健康管理指南》；1997 年壳牌对在公司的企业社会责任实践中具有“宪章”意义的《壳牌商业原则》进行了重大修订，发布了《壳牌集团健康安全与环境报告》及以企业社会责任为主要内容的首份《壳牌报告》；1998 年壳牌首次对集团非财务业绩进行财务分析，与企业伦理和社会责任方面的专家进行对话，并与壳牌员工在社会责任和商业原则上的专题讨论中取得进展。这期间，壳牌对可持续发展战略进行了重新阐释，并将 CSR 管理全面融入公司的发展战略之中。

90 年代中后期，大部分优秀企业对于社会责任的关心，不再迫于政府立法的压力，更多的是从企业自身长远发展的战略高度来自我要求承担义务。顺应时代的潮流，壳牌敏锐认识到承担社会责任是可以给公司带来价值增值的行为，开始由被动转为主动，全面审视环境变化和自身的责任角色，重塑企业形象，将责任竞争力看作公司发展的软实力。1998 年壳牌首次对集团非财务业绩进行财务分析，与企业伦理和社会责任方面的专家进行对话，对可持续发展战略进行了重新阐释，并将责任管理全面融入公司的发展战略中。

首先，壳牌成立了一个比较完善的企业社会责任组织管理机构，内设有专门的社会责任委员会，外设外部评价委员会。社会责任委员会于 1999 年成立，是壳牌董事会下设的四个专门委员会之一。目前，社会责任委员会由三名非执行董事组成。协助董事会代表集团按照《壳牌商业原则》、《壳牌行为准则》、《健康安全环境政策》、《壳牌可持续发展政策》等对集团的企业社会责任政策和行为进行评估，并提出建议。其主要职能还包括：了解集团健康安全环境管理和社会表现、了解集团在主要项目和业务所在地对环境和社会影响的管理；为可持续报告提供信息和草案，与外部评价委员会进行面对面会谈；到业务所在地与当地员工和外部股东进行会谈，获取业务所在地责任表现的第一手资料等。

壳牌的外部评价系统已经发展得比较完善，呈现系统化，其成员全部由来自美国商务社会责任协会、国际环境与发展学会、英美市场可持续发展组织、世界资源研究所、国际透明度组织等一些国际权威机构的主要负责人组成。它们与社会责任委员会一起对公司的可持续发展报告进行评价并提出建议，对壳牌报告是否选择了最重要的主题、如何回应股东关心的问题、是否已经提供了足够多的信息等进行评价，并提供建议。

其次，壳牌对其社会责任报告体系进行完善，使其成为壳牌企业社会责任的窗口。早期主要是公司对内和对外信息通报，20 世纪 70 年代中期壳牌开始发布公司的财务、环境及社会报告。2000 年，壳牌把健康安全环境报告合并到《壳牌报告》中。

然而，企业社会责任的推动力除了企业自觉自愿外，其背后的永动力仍旧是社会的要求，特别是社会要求企业诚信和可持续发展。2004 年 1 月 9 日，壳牌将占其已探明油气储量 20% 的 27 亿桶原油、12 亿桶天然气的储量等级由“确定储量”降为“可能储量”，其后 3 次不断下调，最终公布了 44.7 亿桶的虚报储量。储量虚报丑闻直接导致壳牌原董事长菲利浦・沃茨黯然离职。丑闻就像噩梦一样将壳牌缠绕，让壳牌原有的痼疾渐渐映入人们的视线。投资者称看不到壳牌长期的业务增长点，油气储量“注水”甚至引发了壳牌信用危机。

储量丑闻给壳牌带来了深远影响。第一，丑闻事件直接推动了壳牌双董事会治理结构的结束。虚报储量发生后，众多投资者认为出现丑闻的大部分原因在于壳牌长时期的双董事会治理结构导致了官僚及决策效率低下等问题，并积极要求改革。壳牌遭受到巨大压力，在新任总裁范德伟的推动下，2004 年 10 月开始计划将公司转变为单董事会治理架构，由同一个董事会和首席执行官管理，结束了壳牌 98 年历史的“双董事会”二元管理结构。两家公司重组，合并为皇家荷兰壳牌公司，其下设立四个专门委员会：审计委员会、提名和任命委员会、薪酬委员会和社会责任委员会，由同一个董事会和首席执行官管理。第二，丑闻事件后，针对新的形势，壳牌确定了“更多的上游业务，更赢利的下游业务”的发展新战略，这也是壳牌自 2004 年起五年以来的发展战略。第三，考虑到壳牌的新发展，2005 年对《壳牌商业战略》进行了自 1976 年以来的最重大的一次修订。明确提出，壳牌致力于实现可持续发展。这要求壳牌平衡短期和长期利益，在商业决策中综合考虑经济、环境和社会因素。对壳牌来说，对可持续发展的最大贡献就是以一种对环境、社会负责的方式来应对世界未来的能源挑战。

2006 年，壳牌制定了具体的《行为准则》，指导着壳牌集团内每一家公司的处事方式，以对环境和社会负责任的方式开发和提供能源，并在业务决策过程中综合考虑经济、环境和社会因素。壳牌前首席执行官范德伟曾说过“我们的声誉和我们未来的成功，都有赖于合规；不仅是遵守法律，还要秉持最高的道德标准”。在每个新员工入职前，都需要签署一个遵守《壳牌商业原则》的合约，并必须完成《壳牌商业原则》和《行为准则》的培训。

目前壳牌的可持续发展报告体系分为两个层次：一是集团年度可持续发展报告。壳牌已连续 10 年发布集团年度可持续发展报告，始称《壳牌报告》，2005 年起改称《壳牌可持续发展报告》。报告有一套完善的企业社会责任指标体系，除了独立的业绩指标外，还引入了《可持续发展报告指南》、《油气行业可持续发展报告指南》等相关国际指南和指标。二是重点项目可持续发展报告，如《俄罗斯萨哈林Ⅱ石油和液化天然气项目》、《加拿大阿萨巴斯卡油砂项目》、《尼日利亚项目》等，这些都大大加强了壳牌与各利益相关方的对话、沟通和交流。壳牌集团可持续发展报告每年都会有一个主题，主题随着壳牌商业战略和社会责任实践的发展而进行调整。从 2003 年起，壳牌开始采用一种新的方式改进报告，即根据股东和其他利益相关方的意见反馈，对重点业务所在地进行重点报告回应，削减报告篇幅，减少报告的信息量，而把更多、全面、及时的信息链接到了壳牌网站上发布。

二　壳牌中国的可持续发展策略

菲利普·科特勒的社会责任战略理论提出了 CSR 的六项方案。包括：只选择支持少数的社会主题；选择当地社区关心的主题；选择可以与企业的使命、价值观、产品和服务协同配合的公益事业；选择有能力支持经营目标的公益事业；选择关键群体关心的主题；选择能够得到长期支持的公益事业。

壳牌进入中国已经100多年，其目前的CSR基本遵循了这一理论的推动实践。首先，他们设想深远，将能源危机、气候变化、人权等纳入自己责任实践的重要组成，这些主题只是社会思潮的一部分，但是影响巨大，民众支持率高，其次，对社会投资有的放矢，将投资重点放在与自己业务直接相关的项目上，这样的社会投资不但是履行企业的社会责任，在一定程度上，也起到树立企业品牌、推广企业产品市场的作用。壳牌中国将壳牌的商业原则和可持续发展策略，解读为"3P原则"，即profit（盈利）、people（人类）和planet（地球）。壳牌认为，做任何事情都必须在经济、社会和环境间取得平衡，自己的企业社会责任项目需要既跟自己行业领域有关系，同时又能给社会带来最大的价值，并且追求可持续发展。因此对环境和社会负责主要体现在环境、教育、能力建设交叉领域，如环境教育。这些领域能够更好地体现壳牌所坚持的可持续性发展观念，又能够发挥壳牌的业务领域优势，实现与壳牌发展战略的高度一致。

1. 环境

20世纪90年代初，中国经济建设刚刚起步，在全社会全力追求经济利益的时候，人们忽略了环境，忽略了可持续发展，人们得到的同时我们却失去了更多。壳牌不想在未来看到"寂静的春天"，不想失去可以让我们心灵安静的星空。壳牌认为，我们每个人都有义务、有责任去挽救、去保护我们共同的家园，不要小看孩子们的力量，他们是中国未来的主人，所以他们理应从现在开始就具有环境保护的意识，就具备可持续发展的理念，不再继续我们当年的错误。90年代中小学校的常规教育中，还没有普遍开设环境教育、素质教育等课程，"应试教育"成为主要的教育模式。重分数轻能力使得学生都身陷于"死啃书本、啃死书本"的恶性循环中，为了美丽的星空，也为了给学校的课外教育、素质教育、学生综合能力教育提供一个平台，壳牌在1996年提出并开展了"美境行动"。"美境"两个字是"美好环境"的简称，而"行动"则是指只有通过我们身体力行，亲自开展各式各样的环保活动，才有可能实现环境的改善。"美境行动"是一项环保实践公益活动，旨在增强我们社会未来的中坚力量——下一代对环境的保护意识。鼓励孩子们自己发现身边的种种环境问题，自己设计环保小方案并予以实施，根据自己所学的知识，以实际可行的方式创造更加美好的环境。壳牌公司对优秀方案提供实施资金，鼓励孩子们动手实施这些方案，培养他们的社会责任感。以小促大，用孩子来带动成人，最终达到小手拉大手，共同美化环境的愿望。项目十年来一直坚持“美源于心，境成于行”的原则，以树立环保意识、激发环保行动、培养环保习惯递进式的教育方式，使参与者认识到环境不是孤立存在的，而是与经济发展、个人生活、社会进步等因素息息相关。项目目前已在 18 个城市中开展，参与学生逾百万。这些方案涵盖了资源的节约利用、可再生能源的利用、废弃物的利用、生态保护、美化绿化、绿色社区建设、环境污染调查、保护生物多样性、绿色消费、历史文化保护等多方面的内容。其中不乏一些科学小发明、小制作。比如，广州市海珠区晓园小学的学生通过上科学课“我和太阳”，提出了利用太阳能给 MP3 充电的想法。在老师的指导下，100 多名学生亲自动手在背包上安装太阳能电池板为自己的 MP3 电池充电。每年约有 300 多个方案受到资助，得以实现。每年各地都有 20 多个方案获得“优秀实施奖”。“美境行动”十周年的庆典活动中，壳牌邀请家长和孩子一同参加，当时就有很多家长反馈说，孩子参加“美境行动”的变化，不仅是增强了环保的意识，还提高了他们的团队协作能力、动手能力、领导能力。

2008 年的“美境行动”中，北京的小朋友制作的“北京公厕图”成为“文明奥运”的一部分。而上海小朋友设计的“草低路高——巧设路崖进行雨水利用”的创意则被奥运场馆设计所采用。可以看到，十年以来“美境行动”取得了很多成果。

“美境行动”还有一个特点，它是壳牌在各地通过与当地的政府或非政府组织合作共同开展的，项目的日常管理由各地的合作伙伴负责，这样就带动了更多的机构参与这个项目，扩展了“美境行动”的外延性。

2. 教育

壳牌通过在教育领域的长期投入，向社会倡导可持续发展的理念。壳牌大学生农村能源调研项目始于 2004 年。为鼓励大学生们走出校园，深入基层，了解农村能源使用的真实情况，壳牌中国集团先后与农业部科技发展中心和上海清洁能源研究与产业促进中心合作，在京沪两地的大学开展暑期农村能源调研项目。通过实地考察，让高校学子们了解我国能源和可持续发展的现状，并鼓励他们提出解决方案。壳牌中国每年在北京、上海等地的高校招募 20 支队伍，资助他们前往农村，调查当地能源的使用情况。

“现在许多大学生对于中国的实际情况不是很了解，我们的初衷是希望学生到基层去，用自己的眼睛去了解社会究竟是怎么一回事。”壳牌中国公共事务部非政府组织关系经理毕蕾说，“我们希望通过学生的报告间接地推动农村的改善，但我们最终的落脚点还是在学生身上，还是在‘树人’这一点上”。①

在壳牌中国的 CSR 实践中，教育项目是比较核心的内容，因为在壳牌看来，唯有通过教育才能真正帮助公民树立环保的理念，才能实现这个社会的可持续发展。

3. 能力建设

壳牌联合花旗集团资助了“新经济”中国项目。“新经济”项目是由世界资源研究所于 1999 年在美国倡导发起，在中国、印度、印尼等六个发展中国家开展的支持可持续发展领域中小企业的公益项目。该项目于 2003 年进入中国，由道和环境与发展研究所负责执行，“新经济”中国项目由花旗集团和壳牌（中国）有限公司资助，定位于中国绿色中小企业的投资促进和能力建设，帮助他们在可持续发展领域获得融资机会，引导风险投资流向，并从推动节能减排、发展低碳经济的角度，探索中国可持续经济发展中的新问题和解决方案。在最近五年的时间里，共有 400 多家在可持续发展领域中创业的国内中小企业参加了新经济中国项目的能力建设和融资对接活动，已有 60 家企业得到重点培育，并帮助超过 20 家的企业获得了不同形式的融资，总额超过 10 亿元人民币。

与传统扶贫不同，壳牌更强调“授人以渔”式的可持续发展模式。壳牌中国与中国扶贫基金会的“幸福花项目”，利用中国扶贫基金会小额信贷支持网络，通过培训农村妇女的手工艺品技能，开拓市场渠道，增加收入，实现稳定脱贫。从 2005 年项目启动至今，幸福花项目已培训了 2000 多名妇女，近千人从中受益。目前，项目还在继续探索为农村妇女提供进入市场、增加收入和实现自强自立的可持续发展之路。壳牌中国公共事业部的刘小卫说，该项目“帮助农村妇女，使她们的手工艺品能拿到市场上卖，补贴家用，同时也照顾了现在中国家村的现状，大批壮劳力都出去了，家里留守的都是妇女儿童。在四川地震后，我们又把绵竹的年画和它结合了起来，把他们的（手工艺品）带到了市场上，帮助他们推广产品”。

---

① http：//finance. ifeng. com/news/industry/20110110/3179992. shtml.

三 壳牌中国的员工志愿服务

壳牌中国敢于承担社会责任并积极践行可持续发展理念，其员工志愿者活动是承担社会责任的重要组织部分。壳牌中国的员工志愿服务最明显的特点是每个员工都要参与和执行 CSR。

壳牌员工参与企业社会责任既是希望又是要求。壳牌在给予员工的薪酬和福利说明中明确提出，"如有可能，我们也允许职业暂休和长假，并鼓励员工参与社会责任项目、员工兴趣小组和校园招聘"。

在壳牌，企业社会责任并不是某个部门单独的事情，更不是蛋糕上点缀的草莓，它是作为公司经营的一部分，被融入公司运营的各个方面。所以企业社会责任应该是公司每一个员工都要参与、执行的。①

壳牌企业员工的志愿者活动不仅基于"利他"的奉献精神，更有将"利他"、"利己"及"利企业"三方相结合的多赢观念，在履行自身对于社会报答的同时，也无意中承担着履行企业"社会责任"的使命。

1. 员工志愿服务的核心政策

壳牌中国对员工志愿者的四个核心政策激励紧密结合了企业社会责任，且非常人性化。

(1) 带薪休假和差旅费用支持

壳牌的员工志愿者由员工自己设计、制订活动计划并完成实施。如果员工参与一些外地/外国的壳牌支持的志愿者活动、调研，公司会提供假期支持以及差旅费用报销。壳牌总部正在研究新的员工志愿者奖励机制，将考虑给予员工志愿者日假期。

(2) 配比基金给员工"一份投入，两份收获"

为了鼓励员工参加志愿者活动，壳牌中国专门设立了"配比基金"，壳牌中国志愿者协会的所有成员，每花费一小时个人业余时间用于参加壳牌中国志愿者协会组织的志愿者活动，壳牌中国就会给予 30 元人民币的配比基金。这笔资金既可以用于开展更多的志愿者活动的活动经费，也可以用

① http://finance.jrj.com.cn/biz/2009/05/1513515013293-1.shtml.

于志愿者希望的公益活动。例如，2011 年，北京壳牌志愿者协会决定拿出 2010 年累计的相当于 733 小时员工志愿活动的 22000 元配比基金捐赠给凉山彝族妇女儿童发展中心，为中心负责管理的 9 个爱心班的孩子们设立 4 个奖项，鼓励学生们在德智体各方面全面发展，同时也为各班专门照顾孩子们学习、生活的管理员设立了优秀管理员奖。

（3）内部网络发动全员参与

壳牌中国通过内部网络积极宣传协会活动，邀请子公司员工加入志愿者协会，让内部更多的员工知道志愿者协会做了什么和即将做什么，激发还未加入协会的员工参与的热情。

（4）管理层参与

壳牌中国集团主席的管理层会定期听取员工志愿者的意见和建议，有时还会召集管理层听取他们的报告，让壳牌志愿者及其活动与公司的战略更为贴近，并获得决策层的支持。

（5）外派同事及家属的参与

2014 年，壳牌中国志愿者协会迎来了新的成员。由来自 10 余个国家的外派同事及家属组成的外派家属团也加入了志愿者协会，并参与了多项活动。爱心和欢乐跨越了语言的障碍，在持续地蔓延着。

2. 员工志愿服务的归属

截至 2014 年底，壳牌中国及其合资企业的员工已达 20000 人，其中每年都有上百名员工用自己的爱心、热情、知识和时间积极主动参与到各种类型的志愿者活动中，参加志愿者活动已成为壳牌员工生活的一部分。

起初壳牌中国推动员工志愿服务。壳牌志愿者活动从 90 年代末开始，最初比较零散、一次性，比如植树活动。到 2003 年，正式由壳牌中国公共事务部出面组织员工的志愿者活动，当时的志愿者活动是从上向下开展的，活动主题和内容都是由公司来定。主要内容是由公司公共事务部组织员工利用休息时间开展环保植树、赴打工子弟学校义务授课、看望敬老院的老人等日常志愿服务活动。由公司专门组织了三年的志愿者活动，为壳牌中国积累了一批志愿者骨干，同时在公司里培育了开展志愿者活动的氛围。

后来，员工志愿者协会成立，主动开展志愿服务。自 2006 年起，壳牌中国认为应该由员工自下而上开展志愿服务。2006 年，北京、上海和广州壳牌办公室分别成立了员工志愿者协会，并确定了协会章程，此后所有壳牌员工志愿者活动的规划、设计、组织、宣传由员工自己领导、管理和实施。壳牌中国的员工志愿者长期开展的项目主要有“走进校园”、“关爱弱势群体”、“开设能源环保课堂”及“绿色办公”等四大类。

3. 多样化的员工志愿服务形式

(1) 关爱弱势群体

2009 年 11 月，壳牌员工志愿者收到一份“大凉山 145 位孤儿紧急筹款的呼吁书”。文中提到由于金融危机，原本资助凉山彝族妇女儿童发展中心 3 位艾滋孤儿爱心班的国际机构无法继续提供资金，145 位孤儿即将面临失学。凉山彝族妇女儿童发展中心决定向社会个人募集孩子们的生活费，帮助孩子们继续学业。自此，壳牌员工志愿者协会与大凉山结下了不解之缘。2009 年底，员工志愿者们一致同意利用结余的 3 万多元“配比基金会”，用这笔钱资助 15 名爱心班的孩子，用余额为两个班的孩子购买新鞋。不仅如此，“细心的同事们还买来北京风景的明信片，用自己的业余时间和资助的孤儿们开始了书信往来，用笔墨给他们送去关心和鼓励”。2011 年，壳牌志愿者们的“大凉山爱心班之旅”启程了！12 位壳牌志愿者和 2 名志愿者子女携带着壳牌志愿者们给孩子们捐助的衣物、食品和文体用品，奔赴地处四川西南的大凉山，首次看望由壳牌中国员工个人和员工志愿者协会分别资助的 22 名爱心班孤儿。并于 2014 年夏天将他们接到北京，组织了生动有趣、结合知识与技能的“大凉山 - 北京夏令营”。

2012 年，壳牌志愿者与全池学校的聋哑学生们一起出游，去世界公园、与索尼探梦馆等，志愿者们鼓励聋哑孩子们在出游过程中努力发声，去说话，去表达他们的所见所闻所感。一位员工志愿者记述道：“壳牌的同事们也愈加活泼而富有激情，开始在世界公园里寻找自己探索世界的梦。其实在我看来，这样的志愿活动不仅仅能够让我们有机会回报社会，关心和帮助弱势群体，更重要的是，它也让我们走出自己狭小的工作世界去探索社会，放开自己的眼界去看到更多人的需要，并在社工中感受到价值和满足。所以，或许我们也真的该感谢这些全池学校的聋哑学生们，是他们让我们在为别人服务的同时也寻找到自己的价值，是他们让我们看到我们的世界其实很幸福，也是他们让我们明白很多看起来很难的目标如果勇敢地坚持尝试就很可能实现。感谢全池的孩子，也从心里盼望他们有一天都能像我们一样，想说就说，想笑就笑，不害羞不惧怕，在有声世界里构建自己的未来。”

2012年9月，壳牌（中国）有限公司投入100万元资助旨在通过师资培养和课程示范推广等方式提高幼儿园及教师的能力，将优质教育资源引入中低收入家庭，让低收入家庭儿童享有优质且可支付的早期教育，促进以教育公平为目标的千千树儿童早期教育项目，用于千千树公益课程的研发、免费在线课程网站建设和示范园区社区中心、图书馆、医务室、艺术团等的建设与发展。壳牌的志愿者们则负责打扫庭院，粉刷装饰墙壁，陪伴孩子做手工，种上蔬菜种子等。受惠机构北京乐平公益基金会表示：“我们真的非常感谢壳牌志愿者为千千树儿童之家所做的一切。在所有志愿者的努力下，我们的儿童之家焕然一新。是志愿者带给我们美丽的院墙、翻好的土地、整齐的砖瓦木头，以及近50个孩子愉快的下午及可爱的手工礼物。我们不知道能用什么样的语言去感谢所有志愿者付出的时间和爱心，但我们想说，壳牌志愿者是我们见过的最棒的企业志愿者团队之一。大家在用心做着志愿者，也在全心地投入。”

（2）能源课堂

壳牌志愿者利用生动、愉快的方式为孩子们讲述能源方面的知识，使得孩子们能够为共同生存的地球创造出绿色的未来。例如，2012年5月的某一天，壳牌的志愿者来到北京芳草地远洋小学，利用午休时间和四年级的小学生们分享了一堂生动的能源课。志愿者对此感到快乐、自豪和骄傲：“孩子们兴奋地憋红了小脸，吼哑了嗓子，清澈的眼中写满快乐。他们听懂了我们的语言：志愿者、能源、可再生、环保、安全的理念漫漫进入他们幼小的心田。作为‘老师’的我们怎能不骄傲不自豪？我们传授的不仅仅是知识本身，还是一种快乐的理念，期盼他们长大用自己的小小脑瓜、聪明才智为我们共同生存的地球创造出绿色的未来。”

（3）绿色办公

壳牌志愿者们提倡绿色出行、减少使用纸杯、离开办公室时关电源等办公室减排行为。员工志愿者们制作了《工作场所的能源挑战》小册子，并同步在中文网页上展示。

员工志愿者们还自愿扮演起了绿色办公监督员的角色。他们制作了许多可爱的小贴士，提醒其他员工下班后关掉显示器节约用电，下班后还会亲自检查哪些显示器没有关。壳牌的员工开始自觉少用或不用一次性纸杯，尽量不打印电子文档并循环使用打印纸张。仅2008年，绿色办公项目就节约了 20 万个纸杯、1300 多公斤打印纸，人均耗电量比上年降低 8%。

除此之外，壳牌中国的员工志愿者还参与壳牌的其他 CSR 项目。比如上文中提及的“壳牌大学生农村能源调研项目”。同时，壳牌中国也在公司内部招募志愿者，以普通队员的身份加入调研队伍，与大学生一同完成调研工作。2010 年的活动主题聚焦于中国农村的沼气社会化服务体系。在短短 9 天时间里，范梅清和 5 名来自西安交通大学的学生先后前往陕西省西安市户县祖庵镇的 13 个村，考察了 12 个沼气服务站，走访了 200 余户农家。最终，他们的研究成果——《陕西省户县祖庵镇村级沼气服务站建设情况调研报告》获得了 2010 年“壳牌大学生农村能源调研”项目的第二名。

四　员工志愿服务是壳牌实践可持续发展策略的重要方式

《中国企业经营成长与发展专题调查报告》结果显示，对国内外企业履行企业社会责任的典型做法熟悉的占 54.7%，对同业中领头企业履行社会责任做法熟悉的占 51.3%。调查还表明，大多数的中国企业经营者还没有系统地了解有关企业社会责任的理论观点，对于如何履行企业社会责任及其典型做法，企业还需进一步提升。[①] 企业认识到应该承担社会责任，这是企业的进步。但是更重要的是，企业应该找到一种或多种有效实现社会责任的方式方法，并发展成为较为系统的体系。员工志愿者服务是企业有效实现社会责任的重要方式。

1. 企业员工志愿者的特征

志愿者，来源于拉丁文中的“Voluntas”，意为“意愿”，德语中的“Freewilliger”的意思更进一步，表达了“自由意愿”的含义，志愿者在一些国家和地区也被称为“义工”、“志工”。联合国将志愿者定义为“不以利益、金钱、扬名为目的，而是为了近邻乃至世界进行贡献的活动者”，是在不为任何物质报酬的情况下，能够主动承担社会责任并且奉献

① 中国企业家调查系统：《企业家对企业社会责任的认识与评价：2007 年中国企业经营者成长与发展专题调查报告》，《管理世界》2007 年第 6 期。

个人的时间及精神的人。虽然在我国传统的语言体系中，极少见到“志愿者”这一概念，但这并不意味着我国的志愿者行为是纯粹的“舶来品”。在我国的历史上，志愿精神和志愿性的服务行为始终贯穿于人民群众的生活之中。

企业员工志愿服务作为企业社会责任的一种较晚出现的形式，指的是企业为了尽到对社会的慈善责任，由企业主动组成员工志愿服务团体，提供服务机会。员工志愿者即是指来自企业的志愿者群体。员工志愿者是指具有志愿精神，能主动承担社会责任而不计物质报酬，为推动人类发展、社会进步和社会福利事业而提供服务的企业员工或与企业有直接关联的零售伙伴、特许经销商等。如果以客观存在的组织为边界，企业志愿者对内是企业员工，对外是企业所能产生影响力的上游或者下游的关联组织机构。① 员工志愿者产生并存在于企业中，通常是企业的职工，有时也包括企业领导者。

员工志愿者与一般“志愿者”由于所在具体环境的不同，其在特征上也存在一定的差别，应被区分开来。概括而言，“员工志愿者”强调的是：（1）自觉自愿地积极为企业做事；（2）付出了额外的时间与精力投入工作；（3）行动前无相应的报酬诱因的存在。② 这些人愿意付出自己的时间以及精力，为企业和社会多作贡献，他们在思想意识上有与普通志愿者相似的奉献精神，而不是简单希望在多做工作后获得加班费或者相应的补助。从活动要素来看，员工志愿者服务需要具备三个要素。一是员工志愿参与，志愿奉献；二是企业（或企业员工）做出明确具体的社会服务行动；三是面向有社会需要的机构或者公众。从活动内容看，企业志愿者活动主要包括奉献专业知识、才能、创意及体力劳动。从行为的动力来看，企业志愿者是依自由意志参与志愿组织，不获取任何报酬，奉献自己的时间和精力，提供各种服务。从活动过程看，在志愿者活动中，企业员工作为志愿者的主体，志愿奉献他们的时间和精力，参与到各项公益活动中。③

---

① 菲利普·科特勒、南希·李：《企业的社会责任：通过公益事业拓展更多的商业机会》，姜文波等译，北京机械工业出版社，2006。

② 李璐、刘文澜：《志愿精神在企业中的运用——“企业志愿者”的定位及企业“志愿”机制的培养》，《全国商情（经济理论研究）》2009 年第 7 期。

③ 周勇、鲁金玉：《企业志愿者活动：实现 CSR 的一个有效路径》，《企业经济》2011 年第 3 期。

非营利组织的志愿者一般为社会分散的人力资源，是分散在社会成员之中、游离于固定群体外的非结构性资源，具有相对的独立性。相较于非营利组织的志愿者而言，企业志愿者的主体为同在一个企业中的员工，他们有更强的组织性与内在关联性，目标更为一致且与企业共惠。

2. 企业员工志愿服务的双重动机

员工志愿者从事志愿服务具有双重动机。员工从事志愿服务与普通人进行志愿服务类似，既有利他主义动机下的回报社会，强调自己的服务与责任，也有利己主义动机下的被尊重感的满足、成就感的满足、交友需求的满足、个人才能锻炼等需要。艾利斯在对志愿者进行大规模访谈的基础上，总结了志愿者的四大动机：一是利他主义；二是承诺，志愿者对个人、组织的目标和理念的承诺；三是学习动机，通过志愿活动获得相关的知识和技能等；四是心理满足，通过志愿活动获得心理上的慰藉。[①] 员工志愿者主要受自我成长和个人发展目标的驱动；对他们而言，志愿服务形式的社会贡献是达到这些目标的一种途径而非目的本身。

员工志愿者从事志愿服务的外部因素包括来自社会环境、家庭影响等宏观因素，以及来自企业的激励因素。而这种外部因素与员工志愿者动机结合起来，则主要依赖于员工对公司的组织承诺。

企业志愿者活动作为企业履行会责任的重要途径，透射出公司对于公益事业的重视。员工作为企业精神的载体，他们对企业的奉献程度、责任感、忠诚心和热情在很大程度上取决于企业与员工之间的心理契合度。只有员工将个人目标与企业目标在情感上加以契合，产生高度的组织承诺，才更易于激发其对企业志愿者活动的关注与参与，成为企业志愿者组织的一员。[②]

志愿活动产生的“助人自助”的效果，不仅体现在精神层面，在其他层面亦有体现。Stell 指出，企业志愿服务方案也会成为员工教育培训方案，

① 李璐、刘文澜：《志愿精神在企业中的运用——“企业志愿者”的定位及企业“志愿”机制的培养》，《全国商情（经济理论研究）》2009 年第 7 期。

② 侯业昭：《员工志愿者组织在企业人力资源开发中的功能研究——基于第五项修炼的视角》，《人才开发杂志》2010 年第 7 期，第 51 页。

促进企业、员工和社区三赢的效果。[①] 对广东东莞市企业参与志愿行动的功能的研究指出，员工参与志愿者活动，不仅可以满足员工的情感需要和社交需要，而且还可以借此培养员工的社区归属感。[②] 叶楠研究发现，企业员工志愿者行为的5个方面（志愿促进生产、志愿保护危弱、志愿培育身心、志愿公共建设、志愿共荣项目）均与企业员工个人的社会资本和工作绩效存在显著正相关，企业员工志愿者行为分别解释了个人社会资本42.2%、个人工作绩效52%的变异量。[③] 对志愿服务对志愿者健康职业人格影响的研究发现，对于在职志愿者而言，志愿服务起到了调适职业发展的作用，主要体现在寻找新的职业发展可能和缓解心理压力两方面。[④]

比如，在壳牌，非常讲究“树人”，就是每个员工都是领导者。当然，不是每个人都有机会在工作中当领导或负责管理一个项目。员工志愿者活动则为这些员工提供了平台，他们可以领导一个志愿者项目，有机会学习如何与人沟通，如何做组织工作等，这对新员工吸引力非常大。

3. 企业员工志愿者活动对企业CSR具有重要意义

企业志愿者活动通常依据企业的愿景及公益战略，根据企业文化与自身特长确定志愿服务的内容及方式，经费由企业自行承担。而非营利性组织的志愿者活动往往根据社会需要，强调为全体公民受益，目标宽泛，费用来源除个人或企业捐赠，还有很大部分来自政府及其他组织提供的支持与保障。由于发生机制的不同，企业员工的志愿者活动不仅基于“利他”的奉献精神，更有将“利他”、“利己”及“利企业”三方相结合的多赢观念，在履行自身对于社会报答的同时，也无意中承担着履行企业“社会责任”的使命。[⑤]

---

① K. Stell, “Managing Corporate and Employee Unplunders Programs,” in T. D. Connors (eds.), *The Volunteer Management Handbook*, New York: John Wiley & Sons, 1995.

② 唐晓容：《企业参与志愿行动的功能及模式——以广东省东莞市为例》，《广东青年干部学院学报》2009年第1期。

③ 叶楠：《企业员工NPO志愿者行为、社会资本和员工个人绩效实证关系研究》，硕士学位论文，厦门大学，2009。

④ 周婧：《志愿服务对志愿者健康职业人格的影响研究》，硕士学位论文，中国青年政治学院，2010。

⑤ 侯业昭：《员工志愿者组织在企业人力资源开发中的功能研究——基于第五项修炼的视角》，《人才开发杂志》2010年第7期，第50页。

企业资助员工志愿服务的动机除了完全无私的奉献之外，还有希望获得企业形象宣传的回报、扩大产品市场、提升员工对企业的认同感和归属感。因此，对企业来讲，参与志愿服务给企业 CSR 带来的影响必然是多方面的。

（1）提升企业形象和品牌忠诚度

企业志愿服务因为是所属企业的政策，成功的企业志愿者计划往往可以将志愿服务和企业品牌经营有效地结合起来，对于树立企业形象和彰显企业品牌的社会影响力十分有益。事实上，企业鼓励员工参与的志愿者活动，往往与企业的核心价值观和经营目标有联系。因此，它所选择实施的志愿者活动，面对的不只是特定的受益群体或者普通公众，更重要的是面对着企业的现有或潜在顾客、供应商等关键群体。通常，积极倡导员工参与志愿服务活动，实施志愿服务行为的企业能得到更多的无形资产或品牌资产效益。志愿服务和企业品牌经营结合起来，体现互利理念，即他利和自利有机整合，通常具有较强的稳定性。张广玲对企业慈善行为（捐款和捐时）对消费者购买意向影响的实证研究发现，志愿者活动比捐款使消费者感知的企业形象更为积极正面。① 当企业将志愿者服务作为参与社会活动的一种重要方式，把员工志愿活动整合到现有的企业社会活动中，甚至把志愿者活动与实现经营目标联系起来，做成公司的公益品牌，对于培养顾客对企业的道德认同、提升顾客对企业的拥护程度和忠诚度有着重要作用。一项实证研究表明，相对于公司慈善捐赠行为，公司志愿服务行为使顾客感知的公司形象更为积极正向，进而更为积极正向地影响顾客的购买决策行为。②

（2）增强企业凝聚力

从对企业内部影响来说，可以增进企业凝聚力，将社会责任观念贯彻到员工身上。区别于其他社会公益活动，企业志愿者活动所涉及的是企业员工的亲自参与，在这个过程中，员工通常组成一个团队或者是一组队员，以类似于项目组的形式来实践志愿者活动计划。这样的活动方式，不仅促

① 张广玲、黄慧化、郭志贤：《企业慈善行为对消费者行为意向的影响研究》，《武汉大学学报》（哲学社会科学版）2008 年第 6 期。

② 郑碧强、张叶云：《企业志愿服务行为对顾客购买决策行为的影响研究——基于顾客道德认同的视角》，《安徽农业大学学报》（社会科学版）2011 年第 5 期。

进了企业内部不同部门、不同层次员工之间的交流沟通，还可以提升员工对企业价值观的认同与理解，增进企业内部凝聚力。心理学研究表明，人类的本性中都有渴望受到夸奖和赞美的需要。在企业管理中，“企业志愿者”因得到及时的赞扬而更具有活力，创造力被激发出来，企业凝聚力也会因此加强，一句口头的赞扬或者一张荣誉证书，也许会超过物质激励的作用。

壳牌公司的激励、员工的爱心，让壳牌的志愿者活动开展得如火如荼。这一途径将员工个人的动力和公司的动力融合，把个人的目标和公司的目标统一，员工对公司《商业原则》的认可和归属感使得员工成为“企业的志愿者”。一位壳牌员工愿者说：“看着孩子们的留言中‘谢谢你们，希望你们再来’、‘我好喜欢壳牌的哥哥姐姐’的话语，我深深地为我们的‘能源课堂’项目，为自己是志愿者队伍中的一员，而感到骄傲和自豪。我想，即使是很久以后，我依然会回忆起这两天的快乐的时光，和那一张张绽放在春天里的小笑脸。”这些骄傲而自豪的“壳牌的哥哥姐姐”，成了壳牌最好的企业社会责任名片，传递了壳牌秉持最高道德标准的理念。

壳牌中国除了快速成长带来的自豪感和期望，提升员工敬业度的另外一个重要因素是，企业要积极履行相应的社会责任，成为良好的企业公民。在中国，壳牌一直积极履行社会责任，也多次荣获企业社会责任的奖项。同时，壳牌也非常重视在社区进行投入，积极参与志愿者项目，在企业公民角色方面的投入也收获了很好的反响。因此，这些措施也进一步增强了员工的自豪感和归属感。

企业直接以组织志愿服务的形式来介入社会课题的解决，更能彰显自己勇于担当社会责任的态度，也更能确保所投入的资源与自己确定的社会责任战略方向匹配。在企业积极履行社会责任的大潮下，很多企业希望把他们的社会责任观念贯彻到员工身上，而企业志愿服务恰好提供了这样一条途径。菲利普·科特勒指出，在众多的社会责任实现方式中，企业志愿者活动被认为是其中最真诚、最令人满意的一种。[①] 企业志愿服务有助于增

① 菲利普·科特勒、南希·李：《企业的社会责任：通过公益事业拓展更多的商业机会》，姜文波等译，北京机械工业出版社，2006。

强企业内外部群体对企业社会责任的理解。从企业社会责任的“内部”和“外部”两个角度来看，从员工企业志愿服务行为对企业外部社会责任承担和内部员工遵从之间的相关性分析，同样发现两者存在一定的相关性。①

基于员工志愿者对企业 CSR 的巨大推动作用，最早企业捐资支持志愿服务活动，推动志愿社团的发展壮大；后来企业支持员工参加社区的志愿服务，为积极服务社区的员工进行奖励。最新趋势是企业组织志愿者队伍，以团队方式参加各种志愿活动。② 壳牌中国的企业 CSR 已经走在了世界前列，其在员工志愿服务方面的投入和成效更是非常突出。员工志愿者为壳牌中国带来了非常巨大的价值，这种价值不是多少“硬资产”，而是当前许多企业追求的核心资产“人力资源软实力”，这是壳牌中国的向心力，它使壳牌中国作为雇主品牌拥有巨大的吸引力。

在中国，很多企业不重视 CSR，更忽略员工志愿者服务，他们没有发现一个“秘密”，那就是企业志愿服务对企业来说，对外是一项本少利多的公关活动，对内也是一项员工职业培训的副产品，对企业团队精神和内部凝聚力具有绝对的正面功能。③ 胡东辉对三千多名企业员工展开的调查发现，超过一半的调查者认为企业志愿服务有助于增强企业凝聚力。④ “企业志愿者”以及企业“志愿”精神的培养是企业文化、企业员工、企业领导多方努力的构建结果，“企业志愿者”的完善最终将指向积极快乐的工作氛围，它的存在也应该是员工责任感及奉献精神、敬业精神的一种表现形式，而这也是企业对于员工的最高要求。

企业与社会之间、企业与其他组织之间总会直接或间接地发生不同程度的联系，并且相互影响、相互制约，这就是企业的社会属性。企业经营者普遍认同企业应该承担社会责任，并且相信“优秀企业”与“具有强烈的社会责任感”之间具有一定的关联性。企业往往通过利用各种资源，实

---

① 王忠平、史常亮：《我国企业青年志愿者与志愿服务研究》，《当代青年研究》2013 年第 7 期。

② 李璐、刘文澜：《志愿精神在企业中的运用——“企业志愿者”的定位及企业“志愿”机制的培养》，《全国商情（经济理论研究）》2009 年第 7 期，第 49 页。

③ Americus H. Reed, Karl Aquino, Eric Levy, “Moral Identity and Judgments of Charitable Behaviors,” *Journal of Marketing*, 2007, 71 (1): 178 – 193.

④ 胡东辉、陈东林：《中国企业志愿服务发展分析》，《广东青年干部学院学报》2010 年第 6 期。

施某些特定的活动，以显示企业所承担的社会责任，追求卓越经营。在众多的社会责任实现方式中，企业志愿者活动被认为是其中最真诚、最令人满意的一种。[①] 企业志愿者活动逐渐被国际知名企业作为一种体现企业长期发展的战略举措而得以广泛使用，壳牌的可持续发展策略及其中国员工的志愿服务就非常突出，值得记录和分享。

① 菲利普·科特勒、南希·李：《企业的社会责任：通过公益事业拓展更多的商业机会》，姜文波等译，北京机械工业出版社，2006。

让人可以站起来的慈善：台新银行公益慈善基金会使用网络建构善的平台

一　思考原点

台湾是个发展公益慈善极为成熟的地区，大型公益组织林立，如宗教性团体、慈济、法鼓山、佛光山、基督教与天主教支持社会团体等。而企业从事社会公益活动非常普及，无论金融、制造、文化产业，每年投入公益登记有案的约 80 亿元人民币，私下捐款的推测也有 30 亿元人民币。以台湾两千万人口来算，平均人均每年慈善捐助 550 元人民币，亦属世界高投入的地区。

不过，尽管慈善事业非常发达，但据统计，慈善资源的分配也呈现 M 形化的现象，贫富不均，80% 的捐款流向几大慈善团体，近六万家小型团体只分配到 20% 的资源，因此产生大者越大，越小越缺乏资金的窘境；同时小型团体吸收资金困难，也肇因于多属私人捐款，为善不欲人知的观念，强烈欠缺社会认知与沟通，加以规模过小财务不健全，不愿公开资金运用内容，难以取信社会，有形成恶性循环之虞。

传统慈善事业实施方式分为三类：

• 委托分配，即企业或个人捐款给大型资金募集机构，由它代为分配并监督使用，这种机构如红十字会，世界展望会。

• 委任管理运用，即资金捐给实际从事公益活动的团体，由它运用于直接面对需求者的公益行为，如慈济、佛光山、福智等。

• 直接投入特定公益团体，出钱出力长期支持，这在企业界非常普遍，如喜憨儿基金会、阳光基金会等。

台新公益慈善基金会成立于2010年，资金规模非常小，初次只有100万元人民币的捐助预算，如投入上述三类型公益，无论哪一种均是杯水车薪，且无助于广大小型社福团体脱贫，遑论自立。

有鉴于此，本基金会必须有所创新，以免慈善被讥讽为大企业赚钱后的“放烟火”，无补于社会福利的改进，只有品牌营销的目的。

如何以小搏大，能永续经营又不致耗用社会资源于宣传与营销？

网络的兴起，给予我们新的机会点。台湾是脸书（Face book）普及率全球第一的地区，社群是免费的网络资源，弱势团体可借以营销自己，我们认为这是社福团体的机会点，但如何教会社福团体熟悉使用，并勇于营销自己，则是最大障碍，它们缺乏能力，也大部分缺乏动机。经过我们同仁反复讨论，提出了“您你的一票，决定爱的力量”这个网络大型提案与票选活动。我们认为，这个活动可以让社福团体被看见，取得信任，并建立自己与社会的健康关系，最终可以靠自己的公益营销能力站起来。

二 “您的一票，决定爱的力量”活动概述

我们认为，一个可以永续被信任的活动，一定要简单、透明，参与者没有信息不对称，才能减少不信任的阻力。

因此，这个活动设计极为简单却非常有效。设计架构见图1。

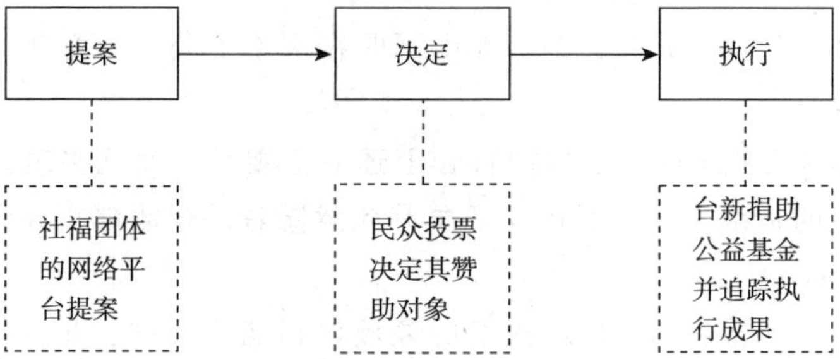

图1 设计架构

要点

• 参与的团体必须是合格的团体，经过我们审查，在网络平台提案（第一年在脸书，第二年起建置网络平台），该提案有三个金额可以预选，

10 万、5 万、2 万元人民币三个级距事先选择一个，根据该金额提出一个一年内可以执行结案的活动或执行案。

• 该提案每年 11 月开放网友上网投票，根据当年的资金募集分配的名额，依票数高低排序给予入围者捐助。

• 获得捐助的团体必须于次年底前提交结案报告，在网络公布，为投票者负责。

• 整个游戏规则就只有这三条。无论提案、投票、结案，都通过网络，完全透明。

• 凡是参与活动的团体，无论有无得到捐助，基金会承诺持续辅导，提供多元化资源（后述），协助他们能够自己站起来。这是最关键的地方，也是有别于一般提案奖助模式的最大区别，该模式还是有能力者全拿，而非有意愿者全给的观念。

本基金会主办活动的目的，一开始就决定，慈善的唯一目的是要帮助社福团体靠自己站起来，因此建立社福团体能力才是核心，捐助只是用来激发这种能力的手段。

因此，凡是参与的社福团体，在它决定参加时已自动符合我们协助的底线（这个底线并不容易达到）

• 它及其负责人愿意站出来面对社会。

• 它需要开始写自己的故事争取社会认同。

• 它开始需要争取选票，意味着营销自己。

• 它必须于得到捐助后确实执行提案，要有执行力。

• 它必须就执行成果、支出提出证明在网络上公告，意味开始走财务公开的道路。

社福团体在提案时，已自动符合上述五个要件，而这些就是协助团体能自力更生的基础土壤。因此，只要有此意愿者，全数都应该给予其所需要的能力。

台新银行公益慈善基金会提案的领域包括老人照护、儿少福利、身心障碍及弱势族群，另外我们提供平台，让研华文教基金会另提供文化教育领域的捐助，与中华电信基金会提供数位学习领域的捐助，扩充了平台的涵盖面，见表 1。

表1　三大领域

社会福利领域	文化教育领域	数位学习领域
老人照护 儿少福利 身心障碍 弱势族群	文化教育	数位学习

三　活动成果

“您的一票，决定爱的力量”，网络平台投票公益活动是基金会成立以来持续进行的活动，活动周期为每年九月开始推动社福团体提案，10月审查，11月投票，12月颁发捐助，次年元月开始访视各提案团体提供多元协助，6月就各提案团体跟催执行结案报告，8月举行成果发表会，并公告新的策略伙伴，构成一个循环的周期与固定的行事历。在1月到8月间，除了每个得到捐助的团体有两位志工负责关怀与协助外，并且有全岛巡回大型志工活动约50场、实地协助、物资协助与电子商务贩卖、小额捐款等，全年进行，2014年为第五年，这一年投票数创历史高峰，突破100万票。五届的办理成果见表2。

表2　五届的办理成果

年份	参与社福团体数
2010年	204家
2011年	307家
2012年	282家
2013年	221家
2014年	239家

总计含重复参加者达1249家，提出与家数相同的各种类型社福提案。

累计五届上网投票人数破百万人，投出310万票，其中第五届投票爆出天量，突破100万票。

总捐助金额1200万元人民币，近300家团体得到捐款，超过300位志工进行服务，志工全数为台新金控旗下各公司员工，均为无给职。

前四届所捐助的提案，除极少数内容经基金会同意作局部修正外，全数如期结案，并在网站公告，创下台湾超高执政率与成果透明化的先例。由于这个特性，因此吸引更多人提供金钱与非金钱的资源，加入这个极具公信力的平台，如前述研华文教基金会与中华电信基金会外，曾参加过平台的尚有法蓝瓷及志玲姐姐慈善基金会等。

四　主要特色

1. 首创台湾结合社群网站 FB 投票机制，发挥网络营销效益，并让台湾社福团体学会最便宜的营销工具

基金会有鉴于一般社福团体根本缺乏资金，无法用购买媒体方式营销自己，因此一开始即选定免费的社群媒体，作为活动与营销的平台。

活动第一年举办时，社福团体在 FB 提案，在 FB 分享，串接 Youtube、部落格及自己的官网，这些均属免费资源，通过活动，很多小型社福团体才首次认识 FB，并尝试通过它来进行各种募款及招募物资的活动。

从社会大众而言，活动在 FB 投票，正中台湾的网络特性。

台湾疯脸书属全球第一，据统计，台湾每月活跃用户 1400 万人，每天活跃用户 1000 万人，以台湾 2300 万人口而言，等同每天每 10 个人就有 4 个人在使用脸书。

因此，对原本比较小众的社福团体，如何能得到足够的注目率？脸书的覆盖面大，才能办到。

由于成功使用了 FB 的特性，本活动一开始就展现了前所未有的动能，第二届起，本会开始建置网络平台，利用 FB 账号及手机简讯验证投票机制，到第五届投票数更是一举突破 100 万票，媒体特性的选择极为关键。有别于其他基金会活动使用传统媒介，特别不利于弱势的小型社福团队，本活动的平台战略成为台湾唯一的 FB 公益平台。

除了 FB 外，台湾也是 line 社交媒介的重量级用户，台湾 line 的使用人口 1700 万人，使用率为 61%，下载率为 75%，知名度为 94%，因此自第四届起，基金会手机活动网站又加入 line 分享功能，大大扩充了传播的广度与深度，使得两届下来，手机投票比例大增，总票数也暴增。

总之，一项创新要不断持续用更方便的科技来再创新，才能吸引更多的参与者，在公益慈善领域中，让社会大众能够参与，建立感情联结，至为重要。

2. 企业志工热情投入

台新公益慈善的模式，需要大量志工的参与，活动从提案到票选完成，只有三个月，但志工的投入则是全年进行。

有关志工的工作，分为活动前、中、后三大段。

（1）活动前

志工要拨打几千家社福团体电话，邀约来提案，其中大部分是未参与过的社福团体，他们对参加需要提案的活动基本上是不积极的较多。志工常常需要回答的问题举例“为什么不直接给我钱？”“我没有人力去拉票；还要交结案报告？太麻烦了！” “努力半天，万一没选上，岂不是做白工？”

我们必须通过志工去说明：提案与投票可以提高他们对外募集资源的能力，这是很重要的核心能力；结案公告很重要，因为慈善为信任型行为，公告有助于提升捐款人对慈善对象的信心；只要参加，不一定会得到金钱捐助，但可以成为我们长期辅导的对象等；等等。

一旦社福团体同意，还要教他们如何写提案，如何上网等基本功，活动前志工任务非常吃重，要有极大耐性。

（2）活动中

投票起跑后，志工除了要鼓励打气，让所辅导的团体勇于站出去为自己拉票，还要教导他们如何使用网络营销自己，若干团体在参加一次两次后，也会自行制作 DM 及拉票影片等文宣，大大提升了它们的自我营销能力。

（3）活动后

投票结束后，即是辅导的开始。对于得到捐助的团体，台新原则上会指定两名志工负责其执行与结案，此外，不定期的访视通常志工会自行安排。

对于未得到捐助的团体，基金会会展开调查其需求，给予多元化的协助，每年均有近 50 场全省巡回的活动去这些团体致赠物资或开办工作坊，协助生产公益商品与服务劳动团康等。

因此，台新公益慈善基金会不但是捐助、营销、责信的平台，更是日常协助撮合被帮助人与提供帮助的人的双向平台，而大量志工人力物力的投入，更是我们的特色。

3. 致力提升与增加社福团体的各种营销技巧与渠道

举办“您的一票，决定爱的力量”，初始动机即在培养社福团体的能力，而最基本的能力，就是对外沟通的能力。因此通过票选活动，我们就是要他们有培养这种能力的动机。

因此，台新的团队与志工合作是替社福团体量身定做的，有各种形态EDM模板、发行电子报及制作短片等供社福团体学习，并且举办北中南数位营销研讨会，义务讲授营销实务，其目的除了协助他们在投票期间的营销外，最重要的是给予他们营销经验，平时亦可借由此项能力，自己进行募资或募集资源的工作。

同时，为了补强社福团体的营销渠道，本基金会开辟多种营销管道，协助社福团体逐步熟悉通过各种渠道取得回报，包括：

- 企业赠品采购，集团所属公司年度赠品采购以辅导之社福团体为主；
- 通过团购网站（电子商务平台）17Life，办理公益商品网络贩卖；
- 举办工作坊，邀请社福团体开办互动活动；
- 网络小额募款，协助落选团体，取得其他社会大众之捐助；
- 募集物资，透过在线或线下募集，替社福团体争取资源。

4. 紧密结合捐善人与受捐社福团体互动

我们为体现慈善不只是给钱，而是要关心对方如何提升能力，致力于使捐款人、捐能力的天使团、捐时间的志工，都能和社福团体有直接接触，因此一年举办超过50场的实地访视，以及捐善人与受捐团体相见欢的活动。

5. 成立企业天使团，广招愿意用能力助人的企业天使

基金会有鉴于社福团体覆盖面大，所需能力五花八门，因此特别设计企业天使团项目，号召企业界提供其专业能力来协助社福团体，由金钱赠予转向能力赠予，这成为平台的另一重要创新。天使团成员有17Life、EVERY8D“互动资通股份有限公司”、FlyingV、LeadingCreative、Smart

Ad、Studio A、中华航空、台电公司、台湾微软、台湾数字凤凰协会、台湾稻农有限公司、立贤基金会、永庆慈善基金会、艾力酷电子商务、志玲姐姐慈善基金会、朋百沟通国际有限公司、朋百沟通国际有限公司、东友映业、法蓝瓷、胖猫团、国绍基金会、陈怡安手工香皂、智邦公益、奥美互动营销公司、爱评网、爱乐种子、HitRUST网际威信股份有限公司、雅蒙蒂法式甜点、实践家文教基金会、远见·天下文化教育基金会、银河谷音剧团、乐游旅行社、磐石数字媒体有限公司，目前有14家已经加入提供能力。

这一块的快速发展，将更广泛地协助社福团体自立自强，是未来基金会的推动重点。

由以上特色足见，本基金会在面的广度、服务的深度与服务的成绩上，都获得很高评价。

五　案例分享

案例一：财团法人桃园县私立安康启智教养院

提案名称：用爱拼出“安康”快乐家园

提案内容：采购安全床组

其他援助：台新志工协助募集床垫、棉被

安康教养院里，住着42名安康乐活儿，他们来自不同县市、不同家庭，皆领有中度、重度或极重度身心障碍手册，因为某些因素，安康成为他们生命中的另一个家。第一届“您的一票，决定爱的力量”起跑前，当时的安康因院区破旧不堪，无法通过主管机关的评鉴，正濒临倒闭的危机，连床组都是回收场拼装而成，借由安康的努力获得台新补助，却发现补助仅能购买床组，于是台新的辅导志工便号召同仁，一起募集床垫及棉被。现在的安康开始懂得利用营销介绍自己，不仅开发产品贩卖，也利用议题包装的方式募款（爱心砖），运用网络社群力量，募集1000坪土地盖家园，2012年6月到2014年8月，已完成募款2400万元，达成募地计划，安康教养院三年来的成长及改变，是台新的意外收获。

案例二：财团法人云林私立信义育幼院

提案名称：单车天使—轮动希望

提案内容：购买40辆脚踏车

其他援助：

(1) 转介捷安特以优惠价格购买单车

(2) 转介华航，赞助2012年单车运抵北京运费

因获得台新补助，于2012年7月13日至8月24日举办“2012京踩骑迹”，用40天的时间骑着单车，完成北京－厦门全长3200公里的惊人挑战，最小的院童7岁、最大17岁，途中孩子坚强勇敢的精神，感动了内地许多民众，媒体争相报道，因为这样的机缘，让更多爱心企业与台商共同结合更多的善与爱的力量，持续关怀社会的弱势族群，携手完成单车天使孩子的梦想，借由抛砖引玉的方式，激发两岸企业社会公益活动的机能，为社会注入更多生命的暖流。

案例三：彰化县自闭症肯纳家长协会

提案名称：肯纳儿烘焙坊－创造“碍”的天空

提案内容：购买烘焙坊所需硬设备

其他援助：协助征求假日志工，志工发挥区域经营概念，协助团体制作产品DM，教导团体留下客户数据进行营销，提供异业协助

“社团法人彰化县自闭症肯纳家长协会”参加台新银行公益慈善基金会举办之第二届“您的一票，决定爱的力量”活动，获得25万元公益基金，用于添购肯纳儿烘焙坊所需的烘焙设备。

“社团法人彰化县自闭症肯纳家长协会”是自闭症家长于2008年发起成立，提供自闭症者家庭适性服务，免除彰化县内自闭症家庭独自单打独斗、远赴他乡之困境。另外，为辅导自闭症者能学习拓展就业的能力，于北彰成立“肯纳儿烘焙”坊，提供有工作意愿但能力不足之身心障碍者庇护性就业服务。

“肯纳儿烘焙坊”位于彰化热闹的大街上，有了公益基金购买设备，却因不懂营销，门可罗雀。碰巧服务他们的台新志工的专长是电话营销，于是为他们写好话术，教他们如何介绍自己，并向公司行号推销凤梨酥礼盒。也有志工协助他们进行口味调整与包装改版，让他们的凤梨酥礼盒更具卖

相，在市场上也具有竞争力。台新志工们的教导及训练，给他们勇气，让他们能开口介绍产品，从营销中找到支持他们的客户。

现在的肯纳儿烘焙坊，在台新志工的协助下，已有了自立的能力，也是彰化畅销的伴手礼。

由上述案件可知，平台通过多元协助，已让越来越多的社福团体可以自力更生而且长期发展，符合创立的宗旨，获得广大的回响。

六　经验与成功关键因素

本基金会于2010年由台新金控董事长吴东亮发起成立，起始资金投入一年100万元人民币，在台湾算是非常小的公益组织。然而，由于创办人（即现任董事长）的理念清晰，一开始即提出慈善是“给鱼吃、给钓竿、还教钓鱼，最后让社福团体能建鱼池”的永续经营理念，通过同仁的脑力激荡，才能完成这项善的力量循环，永续传爱。此应为全球创举，颇具应用力。本基金会以志工为主，没有专职员工，组织精简，全赖志工运作，在如此大规模的活动中亦属仅见。

本基金会目前最高指导单位为董事会，由七位董事担任，由董事会任命董事长及执行董事。下设执行长，由董事会任命授权，执行并负责本会实际营运，是本会内部最高阶的专业经理人。

执行董事代表董事长，于平时督导会务，落实董事会决策。

执行长主要负责：

- 决策本会主要运作，日常经营事项包括对财务、经营方向及业务范围的增减等。
- 参与董事会决策，执行董事会决议。
- 定期向董事会报告业务，提交年度报告。
- 主持本会日常业务。
- 对外签订合同或处理业务。
- 树立本会形象。

秘书长协助执行长综理所有业务［此为非营利社团法人（NPO）中常设置的高阶管理职位，也是幕僚长，主要承接执行长之命令，总管所有会务、业务、财务及行政业务，并指挥及监督所属员工]。

本基金会的组织结构详见图 2。

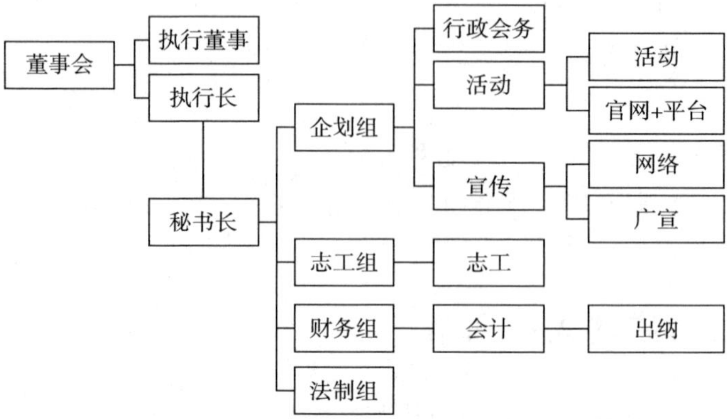

图 2　台新公益慈善基金会组织结构

不过因属创新，也遭遇很多必然面对的难题：

• 社会普遍陌生，常常视此活动为给钱或捐物资的活动，而总金额又不高，产生一些排斥。

• 弱势小型社福团体资源人力有限，参与网络活动，有进入障碍。

• 投票需一个月密集竞选，有些团体抱怨过于吃力。

• 活动前中后需要大量志工，而志工均为业务分秒必争的金融从业人员，招募不易，留住更不易。

• 主管机关不了解，其他基金会亦不了解，需花大量时间沟通。

也因此，万事起头难，不但随着每届活动不断深化活动内涵，总结经验，进行优化，目前这个活动已经广获认可，在社福界造成影响深远的典范移转，台湾政府单位也纷纷采取认可及协助的态度。

总结成功的经验，依重要性可以排序如下：

• 创办人吴东亮理念正确，抓到重要成败关键环节，即招募志工，与留存志工。因为本基金会的模式是协助社福团体站起来，一定要亲力亲为，到现场实际操作了解，建议追踪，故志工的人数决定推动的成败，吴东亮董事长亲自担任志工领队，发动全行召集令，并持续推动志工活动，与绩优志工餐叙，大型集会时大力表扬，由于领导者有很明确的鼓励，才造成志工活动风起云涌，员工参与的深度广度，在其他企业尚不多见。

•有一群优秀具创意热情的骨干志工，这也是非常重要的推动力。如人资部门要推动志工登录，讲习与工作分配，必须设计好的激励措施，不厌其烦地倡导，还要使命必达，非常不容易；至于网站设计管理，得力于电子金融部门的协助，这些均要志工的团队精神。

•用简单开始，逐步完善的方案施行，所有参与者都具有做中学、做中修的共识，因此勇于尝试，且稳扎稳打。

•台湾良好的慈善文化，台湾民众有浓厚的助人习惯，一般社福团体对于活动的参与已有经验基础，因此推动投票活动，条件比较成熟。

•活动设计充分考虑执行能力，由于活动是全台湾实施，故拥有大量地方分支机构的银行业能够承担，银行为服务业，一向重视人与人关系，进行阻力较少。

•活动也考虑防弊机制。

•对于捐助金额设定在10万元人民币及以下，避免重利引起犯罪动机，也使提案的执行趋于简化以免无法完成。

•对于投票机制采取Facebook账号加上手机认证，避免灌票，影响得票的公正性。

•对于可能执行失败的社福团体，订下一旦不能完成，将永远除名不能提案，以免成为事后争议。

•捐助金额，开始先给予80%，完成再给20%，鼓励其及早完成结案。

对于投票人个人资料保护，除了加入会员同意保留其个人资料，其他个人资料于投票完毕后立即在律师见证下销毁。

•由于设计已考虑人性因素，因此执行五年得以零纠纷，堪称争议最小的公益活动。

•不盲目追求量的扩充，而基金会将本活动定位为善的循环的发动机，只要有足够的动力发动，更重要的是让各利害关系人，能够自行起动本身的力量来互相推动。

•持续降低营销成本，累积经验，以最少的资源投入，创造最大效益。

七　未来展望

“您的一票，决定爱的力量”2014年投票数破百万，达到新高，未来，这个活动的发展方向如何？绝对不是再创造两百万票这种思路。

未来的方向应该是确实扮演好发动机与监督慈善，真正让人站起来这件事。

其发展有三大主轴

- 积极扩大企业天使团，壮大给能力的阵容，如此才可以有多元能力，帮助社福团体取得能力。
- 招募有企业志工的其他基金会共享平台，以便在涵盖面扩大后，志工质量可以保持。
- 营造区域型互助社福体系，让单打独斗的社福团体能建立上下游关系，集体互助，以加速他们站起来。

总之，此种公益慈善模式，在台湾相当成功，投入资金不多，带动的社福团体却很多，以投票作为手段，用社群作平台，证明是相当有力量的改造传统公益慈善的做法。①

① 财团法人台新银行公益慈善基金会官方网站，http：//www. taishincharity. org. tw/。台新银行公益慈善基金会 Facebook 粉丝页，http：//www. facebook. com/taishincharity。“您的一票，决定爱的力量”活动网页，http：//apps. facebook. com/power_of_love/。“您的一票，决定爱的力量”影音频道，http：//www. youtube. com/watch？ v = – VsZR0IY6Ks。

第三部分

典型案例

中国扶贫基金会捐赠人大会：与捐赠人共创价值

从2011年起，中国扶贫基金会已举办三届中国扶贫基金会捐赠人大会。中国扶贫基金会通过举办捐赠人大会向捐赠人和社会公众报告工作情况，并对年度志愿者、捐赠人、合作媒体、战略合作伙伴等进行表彰，同时实现有效的捐赠人关系管理等诸多目标，为捐赠人提供满意、周到的服务，实现捐赠人利益最大化，规范筹资募集和资金支出，实现外部对公益组织的监督、约束，提高捐赠人的忠诚度，维持和扩大捐赠市场的占有率，进而促进了基金会使命和目标的达成。

互联网发展迅猛，世界经济发展速度势不可挡，市场竞争日趋激烈，而公益组织在捐赠市场上同样面临着激烈的竞争和来自各个利益相关者的问询，如何赢得更大的市场份额和更广阔的市场前景，如何开发和保持相对稳定的捐赠者资源，如何面对和解决公益领域的信任危机，已成为公益组织生存和发展的关键问题，中国扶贫基金会的捐赠人大会在解决该问题方面正在走出自己的路，并为业界树立了良好的榜样。

一　从价值创造的视角认识和理解捐赠人

为了应对竞争环境，现代营销观念特别强调从顾客的需求出发，协调各种可能影响顾客最终购买的活动，通过满足顾客需求来实现企业的利润。以这种思路为基础，商业领域开发了客户关系管理（简称CRM）理论。CRM是一种商业策略，它按照客户的分类情况有效地组织企业资源，培养以客户为中心的经营行为以及实施以客户为中心的业务流程，并以此为手段来提高企业的盈利能力、利润及客户满意度。[①] IBM 公司给 CRM 的定义是通过提高产品性能，增强顾客服务，提高顾客让渡价值和顾客满意度，与客户建立起长期、稳定、相互信任的稳定关系，从而为企业吸引新客户、维系老客户，提高效益和竞争优势。[②] 从以上定义可以看出，CRM 首先是一种管理理念，其核心是将企业的客户作为企业最重要的资源，通过完善的客户服务和深入的客户分析来满足客户的需求，在向客户不断提供最大价值的同时，实现企业的价值。其次，CRM 是一种旨在改善企业与客户关系的新型管理系统和运作方法体系。一方面，CRM 要求以“客户为中心”来构架企业，追求信息共享，完善对客户需求的快速响应机制，优化以客户服务为核心的工作流程，搭建新型管理系统；另一方面，CRM 实施于企业与客户相关的所有业务领域，使企业与客户保持一种卓有成效的“一对一”关系，建立客户驱动的产品/服务设计和向客户提供更快捷、更周到的优质服务，以吸引和保持更多的客户资源，因而是一套运行方法体系。也就是说，作为一种管理系统和运行方法体系的 CRM，是对 CRM 理念和观念的贯彻和落实。

除了客户关系管理，企业还需要进行投资者关系管理（简称 IRM），企业通过管理公司同财经界和其他各界进行信息沟通的内容和渠道，以实现相关利益者价值最大化并如期获得投资者的广泛认同，规范资本市场运作，实现外部对公司经营约束的激励机制，实现股东价值最大化和保护投资者利益，以及缓解监管机构压力等。

IRM 与 CRM 的相同点在于通过满足对象的需求，实现对象的利益最大化，来达成最值的目标。不同点是 IRM 还强调实现组织的规范化运作和外部对组织的激励机制。价值创造理论认为，企业的根本使命在于创造价值，利润则是价值创造的重大结果，是手段而非目的，是结果而非目标。根据波特的企业价值链理论：每一个企业都是在设计、生产、销售、发送和辅助其产品的过程中进行种种活动的集合体。所有这些活动可以用一个价值链来表明。从价值创造的视角来认识和理解客户关系管理，其使命和根本

① Jon Anion, “The Past Present and Future of Customer Access Centers,” *International Journal of Service Industry Management*, 2000, Vol. 11 (2), pp. 120 – 130.

② P. K. Kannan, H. R. Rao, “Introduction to the Special Issue: Decision Support Issues in Customer Relationship Management and Interactive Marketing for E-commerce,” *Decision Support Systems*, 2001, Vol. 32 (2), pp. 83 – 84.

目的就是既为企业创造价值，又为客户创造价值。①

面对类似的竞争环境，商业企业已经普遍接受了价值创造视角下的客户关系管理和投资者关系管理的理念和策略，而当前我国大多数公益组织却尚未进行有效的捐赠人关系管理，部分公益组织对捐赠人关系管理认识不足，不了解捐赠人关系管理的重要意义；部分公益组织即便有对捐赠人关系管理的了解，但是其捐赠人关系管理方式机械、单一，如通常通过托关系、发邮件、打电话来进行简单的关系管理等，没有形成立体的管理方式，效果欠佳。造成这种状况的原因是多方面的。一方面，我国公益捐赠市场处于发展阶段，尚没有达到类似商业企业消费者市场竞争的激烈程度；另一方面，我国对于捐赠人关系管理的研究极少，几乎无法给实践者以有效的指导，如在中国期刊全文数据库以“捐赠人关系管理”或“捐赠人管理”为关键词搜索，检索到的文章数为零。

公益组织在面对竞争中的捐赠市场上的捐赠者时，实际上是同时面对“消费者”和“投资者”。我们可将捐赠者视作购买公益组织的公益项目的“消费者”（当然，最终的“消费者”是公益项目的受益人，但这里的捐赠者是“花钱买产品”的决策者和出资人），也可将其视作公益组织的“股东”和“投资人”。公益组织需要同时为自己也为捐赠者创造社会价值。因此，公益组织需要依仗同样的思路——以“捐赠人为中心”，通过对现有捐赠人和潜在捐赠人之间的互动关系进行维护和管理，为捐赠人提供满意、周到的服务，实现捐赠人利益最大化，规范筹资募集和资金支出，实现外部对公益组织的监督、约束，提高捐赠人的忠诚度，维持和扩大捐赠市场占有率，进而创造更多的社会价值。中国扶贫基金会举办捐赠人大会正是为了达成上述目的，其理念和策略值得公益组织借鉴。

二　捐赠人追求个人价值和社会价值的双重目标

客户关系管理的理念是运用各种工具和手段，培养、发展和维持与客户之间的亲密关系，为客户创造价值，实现有效的客户挽留。在捐赠人管理中，捐赠人追求社会价值和自我实现价值的双重满足。所谓社会的价值，

① 叶映兰：《基于价值的客户关系管理及其应用》，《科研管理》2009 年第 11 期。

是指将社会的生存、延续与发展，社会总体利益的满足与提升作为目的来追求。所谓捐赠人个人价值，是指对于捐赠人自身需要的满足，包括捐赠人自我的尊严、心理的满足感、社会地位甚至经济利益等。中国扶贫基金会在 2011 年确定举办 2011 捐赠人大会，以下四个方面的目的凸显了其对社会价值和捐赠人自我实现价值的追求，此后两年的捐赠人大会基本延续这一目的。

其一，表彰对中国扶贫基金会发展作出突出贡献的单位和个人，答谢各界的支持。中国扶贫基金会的捐赠人囊括了社会各阶层的捐赠人，有普通公众，有企业，还有政府的支持，中国扶贫基金会的公益事业离不开全社会的支持。

其二，重点展示中国扶贫基金会的项目及重大合作项目，体现项目的透明度及效率。中国扶贫基金会向捐赠人和合作伙伴汇报中国扶贫基金会为动员社会消除贫困所做出的各种努力和取得的成绩。这与扶贫基金会遵循善心、播善扶贫、修炼自身、成就他人的使命密切相关，一方面是对捐赠人最好的回馈，另一方面也是组织自身发展的需要。因此，每年召开大会向捐赠人汇报项目进展及各项费用支出情况，将透明公益进行到底是对捐赠人和公众最好的回馈。

其三，推介新项目。捐赠人大会是一个宣传平台，受到各界的瞩目。因此，借此机会发布新项目可收到更好的效果。2011 捐赠人大会的目的之一就是，发布善品网上线、扶贫月捐卡发卡、非洲之角救援等，推介 2012 年重点合作项目，给爱心单位和爱心人士提供更多参与扶贫公益事业的机会和平台。

其四，倡导全社会关注 10.17，关注扶贫工作，关注公益慈善事业。每年的 10 月 17 日为“国际消除贫困日”，是联合国组织于 1992 年 12 月 22 日会议上通过 47/196 决议，1993 年起把每年 10 月 17 日定为国际灭贫日，用以唤起世界各国对因制裁、各种歧视与财富集中化引致的全球贫富悬殊族群、国家与社会阶层的注意、检讨与援助。提高全球的灭贫意识，提醒所有人持续为 2015 年“靠每日不到 1 美元维生的人口比例减半”、“挨饿的人口比例减半”这两个目标而努力。每年联合国为此纪念日订立主题。中国扶贫基金会选择此纪念日作为 2011 捐赠人大会的举办日期，能够借助纪念日聚集社会各界的关注，取得更好的传播效果。

中国扶贫基金会段应碧会长在 2011 捐赠人大会中致辞，“今天是联合国确定的第19个国际消除贫困日，我们在此召开大会，第一，是为了隆重纪念‘国际消除贫困日’；第二，是表彰在过去的一年中，关心中国消除贫困事业并在扶贫工作中给予中国扶贫基金会大力支持的各界朋友；第三，是向各位捐赠人和合作伙伴汇报中国扶贫基金会一年来为动员社会消除贫困所做出的各种努力和取得的成绩”。

经历了两届捐赠人大会，中国扶贫基金会对2013捐赠人大会的目标描述更加清晰、明确：“一是向我会捐赠人、合作方及社会各界报告2013年度工作情况，体现公开透明。二是答谢与展示我会年度捐赠人、合作伙伴和志愿者，搭建捐赠人、合作伙伴、志愿者互动交流平台。”其中的目标一对应了捐赠人关系管理中规范筹资募集和资金支出，实现外部对公益组织监督、约束的目标；而目标二对应了捐赠人关系管理中的提高捐赠人忠诚度的目标。为了实现该目标，中国扶贫基金会捐赠人大会设计了几大会议议程，主要内容包括领导人致辞、表彰、展示工作情况、文艺表演，而捐赠人大会设计和运作的各个环节充分显示了中国扶贫基金会在进行捐赠人管理方面日渐娴熟。

三　捐赠人大会是捐赠人管理的有效途径

1. 以捐赠人需求为核心

捐赠人关系管理的核心是以捐赠人需求为中心。不同的捐赠人期望的需求不尽相同。例如，通常个人捐赠者对公益组织的要求更多是情感方面的需求。国外学者认为个人捐赠者主要关注非营利组织的沟通质量和对他们需求的响应。对于个人捐赠者来说，他们希望非营利组织能主动与他们沟通，告知他们的捐款如何使用以及组织目前所面临的挑战，并期望这个沟通过程是愉悦的。不恰当的沟通会导致捐赠者流失，因此非营利组织可通过多种方式与捐赠者沟通。再比如，邀请他们参加一些活动，使其参与到解决非营利组织的事务上来，让他们感觉到与组织之间的紧密联系。[①] 而企业捐赠人对公益组织的要求更多是利益方面的需求，如提升企业的品牌

① 杜兰英、赵芬芬、侯俊东：《基于感知视角的非营利组织服务质量、捐赠效用对个人捐赠意愿影响研究》，《管理学报》2012年第1期。

形象、提高知名度等需求，当然企业捐赠人作为一个由人操控的“实体”，同样具有与个人捐赠者一致的情感性需求。客户关系管理理论也指出，通过利益驱动和情感交流相结合的方法维系可以增强客户的忠诚关系。营销理论认为企业只要降低5%的客户流失率，就能节约25% ~85%的成本。同理，良好关系的建立有助于降低公益组织的筹资成本。

2. 选择有象征性意义的场所作为会议场地

会议场所的选择是成功举办大会的基础条件，如选择一个与大会主题和内容相匹配的场所，可以为会议的成功增色。捐赠人大会的目的之一是对捐赠人的杰出表现予以奖励，重大的表彰会议一定要有品质、有象征性意义，让参与者有更强的仪式感和隆重感。

2011 年 10 月 17 日第 19 个国际消除贫困日，中国扶贫基金会选择在北京奥林匹克公园玲珑塔举办“邀您一起，消除贫困”中国扶贫基金会 2011 捐赠人大会。2008 年 8 月 8 日，举世瞩目的奥运会在北京举行。坐落在北京奥林匹克公园中心区内，紧邻“鸟巢”和“水立方”的玲珑塔是奥林匹克公园内最高的一座建筑，北京奥运会期间曾是中国、法国、加拿大等国家电视转播机构“驻扎”直播的大本营。玲珑塔高 132 米，楼层为 7 层，其中首层 700 平方米，其余 6 层各 300 平方米。“玲珑塔在设计中吸取了中国传统建筑文化中塔的元素，用钢结构和玻璃幕墙等现代手段打造出了一座轻盈、玲珑的建筑。”玲珑塔运营管理单位北京新奥集团资产运营相关负责人介绍说，由于采用玻璃幕墙设计，1 层至 7 层几乎每个角落都洒满了阳光，视野极其开阔。2012 年后，玲珑塔将主要承接各类公益活动或小型高端商业会议，“中国扶贫基金会捐赠人大会”是首家在玲珑塔内举办公益性活动的会议。

2012 年和 2013 年捐赠人大会移师国家会议中心，会场依旧有品质。同样是世界焦点的国家会议中心，作为主新闻中心、国际广播中心，还是奥运会的击剑比赛以及现代五项的击剑和气手枪比赛的场馆。残奥会结束后，国家会议中心进行了内部改造，于 2009 年 11 月盛大开幕。国家会议中心总占地面积 12 公顷，其中会议、展览面积 27 万平方米，配套项目建筑面积 26 万平方米（包括两家酒店、两栋写字楼），是目前亚洲最大的会议中心。[①] 此外，国

① 引自 http：//www. cnccchina. com/About/Default. aspx。

家会议中心还经常举办国家级会议，如 2009 年 6 月 23 日，国家会议中心举行“共产党员献爱心”捐款活动。同年 11 月 30 日，由北京市防治艾滋病工作委员会主办，北京市卫生局、共青团北京市委员会承办的“首都防治艾滋病志愿者活动周”主题展览在国家会议中心拉开帷幕，时任中共中央总书记、国家主席胡锦涛出席活动。2010 年 2 月 6 日，由中国人民对外友好协会主办的首届 CCTV4 国际春晚在国家会议中心大会堂召开，中央国家安全工作领导小组办公室主任、外交部副部长、党委委员戴秉国出席晚会。

中国扶贫基金会选择代表中国当今时代形象的会场举行会议，能够给个人捐赠者以极强的荣誉感。对企业捐赠者而言，这样的会场也符合其提升企业形象的需求。

3. 与捐赠人分享有价值的内容

2011 年 10 月 17 日第 19 个国际消除贫困日，中国扶贫基金会在北京奥林匹克公园玲珑塔举办以“邀您一起，消除贫困”为主题的中国扶贫基金会 2011 捐赠人大会；2013 年 1 月 10 日，中国扶贫基金会以“坚持，就会改变”为主题在北京国家会议中心举办“中国扶贫基金会 2012 捐赠人大会”；2013 年 1 月 10 日在北京国家会议中心的“中国扶贫基金会 2012 捐赠人大会”会场上，《坚持，就会改变》这首诗朗诵深深地感染了每位与会嘉宾、志愿者、媒体，甚至在场的服务人员；2014 年 3 月 30 日，同样在北京国家会议中心，中国扶贫基金会以“坚持，就会改变”为主题举办“中国扶贫基金会 2013 捐赠人大会”。每届捐赠人大会上，中国扶贫基金会向各位参会人士陈述自己的价值观“坚持，就会改变”。至今，“坚持，就会改变”已为扶贫基金会理事会及秘书处及捐赠人所熟知，大家将此贯穿于自己的行动中：为什么我们眼中常含泪水，因为我们爱这土地爱得深沉；数九寒天的严冬，那些衣衫单薄而手脚冰冷的孩子，有些脚上、手上甚至脸上已生起了冻疮，孩子们，你们疼吗……那些家徒四壁，因分娩手术花光了所有积蓄的贫困母亲，甚至没有能力给自己幼小的孩子，买一罐放心的奶粉……让孩子健康地成长，让年迈的父母没有病痛地安享晚年，这些在很多人看来平常的事情，对他们而言，也许是永远无法实现的梦想……我们走到一起，我们一起行动，我们深深知道，行动，就有希望……我们为贫困同胞送去急需的资金，我们为贫困同胞搭起可靠的桥梁，我们为受灾乡亲送去应急的衣被，我们为受灾乡亲重建结实的住房……也许，我们做得还不够多，也许，我们做得还不够好，也许，我们一时还不能解决他们的所有困难……但是，我们相信，坚持，就会改变！

捐赠人大会的重点之一是展示中国扶贫基金会的核心价值观，这是与捐赠人共同分享的价值观，也是捐赠人认同的价值观，它是打动和激励捐赠人与中国扶贫基金会一同抗击贫困的价值观。

就外部因素而言，整个公益行业面临公信力危机促使中国扶贫基金会召开捐赠人大会。自“郭美美”事件爆发以来，我国公益组织的公信力成为社会关注的焦点，在全民关注之下，捐赠人大会的出现将不仅仅有助于扶贫基金会的发展，更有助于整个公益领域社会公信力危机的不断化解。有利于营造透明、公开的公益环境。

就中国扶贫基金会自身而言，它有可以、也经得起展示的内核。一是中国扶贫基金会的价值观。“坚持，就会改变”是中国扶贫基金会捐赠人大会召开两届的主题。从这个主题以及中国扶贫基金会的行动中不难发现，中国扶贫基金会认识到自己作为基金会应该为社会带来价值，应该能够引领公益时代的潮流。而且，中国扶贫基金会高度重视机构的文化建设，强调科学、规范的管理，奉行公开透明的财务制度，遵守严格自律、自觉接受社会监督的原则。捐赠人大会是现阶段公益组织公信力低下现状下的一种较有效的便于社会监督的方式。二是中国扶贫基金会先进的管理理念和管理机制。中国扶贫基金会有着企业家的经营谋略和高效管理模式。企业注重的是经济效益，而经济效益来源于客户，扶贫基金会将企业经营理念引入公益组织，注重财务效益和社会效益，将大大提高基金会的竞争实力，因此引入捐赠者关系管理对于中国扶贫基金会来说是水到渠成。

而捐赠人大会上所展示的中国扶贫基金会的各类项目，包括正在实施的项目以及即将推介开展的项目，则是实践基金会价值和使命的平台和载体。以召开大会公开发布的形式，与捐赠人进行面对面沟通，可以增进捐赠者及公众对中国扶贫基金会的了解，拉近捐赠人与基金会的距离。同时也体现了基金会项目的透明度及效率，满足外部监督的要求。

与捐赠人的沟通绝不是表面的沟通，必须有捐赠人认为是货真价实的内容上的沟通才行，持续的客户忠诚度由此产生。如果使捐赠人了解、分享的内容趋于表面，或意义不大，甚至毫无意义，捐赠者会认为是在浪费他们的时间，同时，也会认为公益组织对捐赠人不够诚恳，对公益机构的印象将会大打折扣。因此，如何分享、分享什么，是捐赠人大会必须谨慎考虑的。中国扶贫基金会捐赠人大会向与会者和公众发布的信息，主要有以下四方面沟通上的侧重。

第一，展示基金会存在的价值所在，即基金会开展的项目所要解决的社会问题及其具有的社会意义。从捐赠人的角度考虑，简单地说，捐赠人希望自己的钱“花在点子上”。解决社会问题是基金会和捐赠人共同的追求。每个捐赠人之所以成为捐赠人，是因为他们希望能够贡献自己的力量来解决社会问题，但同时每个捐赠人对社会问题的着眼点不同，关注点不同，因此其捐赠意向也各不相同。捐赠人大会介绍项目所要解决的社会问题，可以使捐赠者了解其捐赠的重大意义，产生与中国扶贫基金会共同的使命感。

第二，展示基金会的执行能力、透明度，即展示基金会各类项目募集的资金、使用的地域、受益的人群。捐赠人在选择了社会问题的着眼点之后，往往希望了解捐赠资金的使用“是否放心”、“性价比是否高”。即资金的使用效率、项目执行的情况如何。

第三，展示效果和影响力。捐赠人希望了解到所捐资金“值”。所谓“值”，就是指项目的效果和影响力。

第四，展示基金会的机构文化和价值观。“坚持，就会改变”、“创新”，是捐赠人大会贯穿始终的重要信息，这使捐赠人了解到基金会是以什么样的态度从事公益，这是公益组织最根本的生存态度，也是对社会的一种承诺。

历届捐赠人大会在上述四方面的陈述日渐成熟。在 2011 年捐赠人大会上，中国扶贫基金会秘书长刘文奎发布《中国扶贫基金会 2012 工作报告及 2013 年工作计划》，计划含项目篇、倡导篇和机构篇三个方面，向捐赠人及公众展现了扶贫基金会的公益项目执行、社会公益倡导和机构内部管理情况。向捐赠人汇报了上年度基金会的各项支出及重大项目完成情况：上一个年度（2010 年）中国扶贫基金会募集资金和物资 5.5 亿元，发放小额信贷 5.7 亿元，投入扶贫项目款物近 8 亿元，惠及 257 万贫困和受灾人口，行政福利支出占全年总支出的 3.8%。

中国扶贫基金会 2011 捐赠人大会上发布的中国扶贫基金会主要开展的公益项目包括：大爱无疆，善行非洲；捐一元，献爱心，送营养；月月捐款，天天加餐；筑巢行动。其重点推介的新项目是爱心包裹暖冬行动和善品网。以下是当时会议用 PPT 作的具体表述（见下表）。

2011 捐赠人大会上发布的中国扶贫基金会主要开展的公益项目

大爱无疆，善行非洲	6 月 2 日，“大爱无疆，善行非洲”在人民大会堂拉开帷幕，苏中阿布欧舍友谊医院的落成，既是对我们 10 年来国际扶贫项目的总结，也是未来我会继续国际化道路的宣示。
捐一元，献爱心，送营养	8 月 20 ~ 9 月 4 日，第四期“捐一元，献爱心，送营养”项目成功举行。在公益事件不断冲击，公益行业广受质疑的环境中，筹集善款 1487 万元，创出历史新高，见证“公益是沸点而不是冰点”。
月月捐款，天天加餐	9 月 15 日，以“我们的孩子我们爱”为主题的为贫困地区孩子提供营养加餐的银行月捐行动启动，这是“捐一元，献爱心，送营养”项目的延续和推广，目的是为更多公众创建参加公益事业的便捷平台，筹集更多善款，为更多贫困地区孩子改善营养水平。
筑巢行动	9 月 19 日，“筑巢行动”在中央电视台新闻频道播出，这是我会与中央电视台合作，为解决贫困地区中小学生住宿条件而推出的新项目。项目已筹集资金 300 余万元，可为六所中小学援建宿舍楼，每年 600 余名学生直接受益。
温暖行动	接下来的 11 月，随着秋去冬来，很多贫困地区的中小学生又开始了难熬的冬季学习与生活。为了改善西部地区贫困中小学生的学习、生活条件，帮助他们战胜严寒，爱心包裹项目将开展温暖行动，为青海、甘肃贫困地区的中小学生筹集温暖包裹
善品网	搭建人人可参与的全民公益平台，动员更多人身体力行地关注和参与解决社会问题，是我们孜孜不倦的追求；低碳环保、循环利用是席卷全球的责任消费观念；借鉴国际先进的网络慈善商店模式，利用先进的网络技术和电子商务运营机制，我们用四个多月的时间，建成网络义卖平台“善品网”，动员社会各界捐献、消费闲置二手物品，支持扶贫公益事业。善品网将采用善品义卖、名品拍卖等手段，吸引爱心人士踊跃参与义买、换购。并采用“每日固定比例降价”的创新优惠机制，鼓励爱心人士的善行。善品网筹备过程中，得到了广大爱心企业热情的鼓励和无私的支持，宅急送为我们提供仓储与物流支持，北京洗染行业协会、荣昌洗染为我们提供清洗支持，凡客诚品、利乐中国捐赠新品进行义卖，毕马威、网易、用友、ABB 组织员工参与“首善季”二手衣物捐献活动，为善品网顺利上线打下坚实基础。在大家的热情支持和大力帮助下，我们有信心让善品网不仅成为汇聚善品、筹集善款的义卖平台，更成为传播善行、弘扬善心的网络推广、传播平台。

从上述表述来看，首届捐赠人大会传递的中国扶贫基金会项目信息较为简单，更多注重陈述“自己做了什么”，而“为什么做”、“做得如何”的表述相对不足。

从 2013 捐赠人大会的项目介绍来看，捐赠人大会在“如何分享，分享什么”上做得非常到位，大会不仅介绍了扶贫基金会的项目基本情况，还介绍了项目所要解决的问题、执行的情况、取得的效果和产生的影响力，这些包括能够直接与部分捐赠者直接起联系的信息，这些更能打动捐赠者的内心。以下引用当时会议所用 PPT 的部分内容。

捐赠人大会将中国扶贫基金会的项目分成三类向捐赠者介绍，分别是扶贫、播善和修炼。

【陈述项目所要解决的问题】第一，扶贫。我们致力于从四个方向解决贫困问题。致力于改善卫生健康条件；致力于促进教育公平；致力于推动农村社区发展；致力于灾害救援。在贫困地区，医疗服务不足，医疗保障水平低，体质比较虚弱的孕产妇和婴儿，其发病率和死亡率都比较高。在边远山区，许多儿童在膳食结构单一、营养不足的生活环境中成长，不但正常生长发育受到危害，学习成绩也难以提高。2013 年，我们继续实施母婴平安 120 项目和爱加餐项目。

【介绍项目基本情况】母婴平安 120 项目是针对贫困地区孕产妇和婴幼儿死亡率高设立的项目，通过住院分娩补贴、孕前检查等手段降低贫困项目区孕产妇和婴幼儿死亡率。

【说明筹集资金情况】2013 年母婴平安 120 行动项目共投入扶贫资金 959.87 万元，得到了工商银行、厦门中盛粮油、美赞臣、天狮集团、飞鹤乳业、圣元集团、三元食品、雅士利集团、十字路会、上海丽婴房、德尔惠、罗莱家纺等爱心企业和爱心人士捐款（捐物）支持。

【介绍项目效果】23 名危急危重孕妇或产妇转危为安，9342 名来自贫困家庭的产妇得到援助。2000 年以来。母婴平安 120 行动项目自 2000 年成立以来，累计投入资金物资 1.56 亿元；累计受益人数达 19.5 万人次，抢救危急危重孕产妇 387 人。项目区已覆盖 7 省（直辖市/自治区）的 13 个县（市/区），项目覆盖人口超过 500 万人。

【说明扶贫基金会的公益策略】重视公益倡导，而不仅仅是公益服务。第二，播善。坚持推动人人可公益，动员更多社会力量。善行 100 激发志愿行动；捐一元·献爱心·送营养第六次出发；益动广州运动也是爱；联手央视《梦想星搭档》、《为了你》，传递公益社会正能量；发现新公益支持 NGO；携手芭莎奏响中国慈善最强音；“买一善一”创新公益合作模式；静新图书基金；第四届“中国消除贫困奖”评选表彰活动；举办国际社会责任民间论坛，推动中国公益组织走向国际；“月捐和短信捐”。

【展示机构文化和创新氛围】第三，修炼。学习提升，公开透明，提高能力和效率。3 月，赴深圳、上海、北京三地对具有代表性的 15 家基金会进行了实地学习。加强学习，开阔视野。从实际工作出发，推出外请内养、分享经验、沉淀智力成果的《CFPA 周末大讲堂》系列培训课程。全年组织 33 场讲座，人均参与 11.57 次、20.18 小时。鼓励创新，激发热情。启动实施了创新机制。全年共组织了两次创新评选活动。全会申报了 22 个创新奖、11 个创业基金项目。最终评选出创新奖 13 个；为“移动基金会”、“消费推动慈善”、“公益未来”3 个创新项目提供创业发展基金。加强透明度建设。通过自有媒介新媒体及时向捐赠人及社会各界报告机构及项目进展情况

【展示机构社会影响力】2013 年官网访问量 720392 人次，独立访客 293357 人次，平均年访问量增长 49.6%，在国内基金会网站中排名第二。基金会中心网举办的中国公益基金会透明指数排行榜中，排名并列第一。在百度举办的“百度最公益榜单”中，截至 2013 年 12 月 18 日，我会在同类中国字头的基金会搜索排名第一，在公益机构上升最快检索词中排名第四（2013 年 6 月，同类中国字头的基金会搜索排名第三位，搜索排名上升两位；2012 年排名第九位）。官方微博粉丝量由 2012 年的 7.3 万增加到 8.6 万，年度增值率为 18%，且用户黏度较高；发布总量为 1334 条，日均 4 条，发布增长率 83%。2013 年 12 月慈善综合排名第三，基金会排名第二。官方微信自 2013 年 10 月开展建立并运用，累计粉丝 15.5 万个，发布微信内容近 200 条。中国扶贫基金会官方网站实时捐赠动态显示。

【展示机构获得的社会认可】2013 年被民政部评为全国 5A 级基金会。国办发〔2013〕86 号文件《国务院办公厅转发教育部等部门关于实施教育扶贫工程意见的通知》提出：“鼓励社会各界参与教育扶贫工程。支持中国扶贫基金会、中国教育发展基金会等公益组织积极参与教育扶贫工程。”

而对于新项目和未来项目的介绍，大会注重对项目拟定解决的社会问题的严峻性、长期性和紧迫性进行展示，并陈述扶贫基金会的解决方案，这样更容易引起捐赠者的共鸣。例如：

【待解决的社会问题】展望 2014，我们看到——我国目前仍有近 1 亿贫困人口，他们生活在 2300 元贫困线以下，他们的生活和发展依然面临着巨大的挑战。李克强总理在今年两会上的《政府工作报告》中

提出："今年再减少农村贫困人口1000万人以上"，"我们要继续向贫困宣战，决不让贫困代代相传"。技术的变革，电子商务、移动互联网为扶贫工作带来了手段和方法，同时也对我们既有的工作方式提出了挑战。随着我国国际地位的变化，国际社会对中国也会有更多期待，民间组织应顺应国家的国际地位的变化和国际社会对中国的期待，积极探索国际化。老龄化社会的到来，让我们不得不关注贫困低收入人群的养老问题。

【针对问题的解决方案】未来计划：提高工作效率，积极迎接移动互联网时代到来，研究新技术新方法带来的机遇，创新工作方法和机制。关注老龄化社会到来的挑战，关注贫困、低收入老人的养老问题。我们预计今年将投入3亿元扶贫资金和物资，以卫生健康、教育公平、生计发展、灾害救援为工作重点，开展各项扶贫项目。坚持国际化探索。创新工作机制，启动"善行者"。

4. 激励捐赠人

捐赠人大会的第二个重点是对中国扶贫基金会发展作出突出贡献的单位和个人进行表彰，答谢各界的支持。对个人捐赠人而言，哪怕只是一句简单的称赞，也会给他们带来莫大的鼓舞，表彰的激励作用具有意想不到的效果。激励是一个"需要－行动－满意"的连锁反应过程。捐赠者从需要到行动是一个心理过程，如捐赠者看到公益广告"买一善一"，会产生帮助孩子们的想法，当他们做了这样一件自认为很满意的事情后，他们希望得到肯定和表扬，这时如果基金会及时"表扬"了他们，并向社会扩大他们捐赠的影响力，那么他们就会"十分满意"，增加捐赠，达到了捐赠人和基金会都"满意"的效果。而这也会对那些没有得到"表扬"的人产生示范和激励效应，引起潜在捐赠者的兴趣。对于企业捐赠者来说，它们更注重"表扬"带来的社会影响力，以及对企业品牌价值的影响。为了达到较好的示范和激励作用，根据不同捐赠者的性质，需要对捐赠者进行分类，设置严谨的表彰依据和表彰类型。

捐赠人大会的表彰对象总体上可分为：捐赠个人（从广义上说，志愿者也是捐赠人）、捐赠人企业、媒体三类。

2011捐赠人大会上，中国扶贫基金会年度表彰分为上善奖、2011年度突出贡献奖、2011 年度公益大使奖、2011 年度公益明星奖、2011 年度公益爱心奖、战略合作伙伴、2011 年度公益广告支持媒体奖、2011 年度爱心合作单位、2011 年度优秀志愿者共 9 个奖项，计 148 个单位和个人获得荣誉称号。其中，上善奖是颁发给累计捐赠一亿元以上的企业或者个人，该奖项颁给了曹德旺先生和加多宝集团；2011 年度突出贡献奖颁发给在基金会设立恒大助学金的恒大集团；年度公益大使、公益明星、公益爱心奖用以表彰其他给基金会捐赠资金和物资的单位或个人。捐赠大会还授予多家单位战略合作伙伴、年度合作伙伴以及年度公益广告支持媒体的荣誉牌匾，授予 7 位个人"年度优秀志愿者"称号。

2012 捐赠人大会隆重表彰了 2012 年对中国扶贫基金会及中国扶贫公益事业作出突出贡献的爱心单位和爱心人士。河仁慈善基金会、NU SKIN 如新集团、娃哈哈集团、苏宁电器集团、恒大集团等 5 家机构获 2012 年度突出贡献奖，另外有 33 家机构获 2012 年度扶贫大使奖、23 家机构获 2012 年度扶贫明星奖、62 家获 2012 年度扶贫爱心奖、8 家机构获战略合作伙伴、15 家机构获 2012 年度扶贫爱心单位奖、22 家媒体获 2012 年度扶贫爱心媒体奖、1 位志愿者获 2012 年度优秀志愿者奖。国务院扶贫办行政人事司司长司书杰、中国扶贫基金会会长段应碧、副会长陈开枝、江绍高、何道峰、王行最等领导向获奖者颁发了奖杯和奖牌。

2013 捐赠人大会设置了爱心单位、爱心媒体、战略合作伙伴、扶贫爱心个人、扶贫爱心奖、扶贫明星奖和扶贫大使奖。会议为捐赠人颁发荣誉牌匾，加多宝、英特尔、恒大集团等单位及公众捐赠人代表接受了表彰。

除了颁发奖杯、荣誉牌匾，会议对受表彰单位的介绍也起到了激励和示范作用。例如，2012 捐赠人大会会议对志愿者是这样介绍的：他们中有校园里的少年，有年过古稀的老人；他们中有大学讲坛上的老师，有 IT 领域的权威；他们志愿奉献，无怨无悔。在即将过去的一年里，他们献出自己最宝贵的时间、心力和智慧；他们从未领取任何金钱的报酬，却收获着帮助别人而感受幸福的快乐；他们卓有成效的工作，保障了中国扶贫基金会对捐赠人的承诺！你们是中国扶贫基金会这个舞台最伟大的演员，因为有你们，这个舞台才更精彩。

2013 捐赠人大会对扶贫爱心单位这样介绍：它们是各行各业的领袖，不仅书写商业辉煌，同时心系扶贫公益，担当社会责任。它们利用自身渠道、平台、资源，为中国扶贫基金会的工作提供了有力的支持。

对爱心媒体的介绍是：扶贫公益事业，不仅需要资金和物资的捐赠，也需要宣传和推广，它们捐赠公益广告，积极宣传报道，倡导社会各界支持和参与扶贫公益事业，推动全民公益。是你们让“人人可公益”的理念逐渐深入人心！

对战略合作伙伴的介绍是：它们奉献着自己的品牌、渠道，甚至最宝贵的客户资源，支持中国扶贫基金会的筹资动员、国际化探索等工作，为基金会向筹资型、国际化方向发展的机构战略提供了有力保障，为扶贫公益事业的跨界合作注入强大动力。

对扶贫爱心奖、明星奖和大使奖，以及突出贡献奖和上善奖的介绍是：过去的一年里，他们超越把利润作为唯一目标的传统经营理念，将自己辛勤工作创造的财富捐赠给中国扶贫基金会用于扶贫济困，促进社会和谐，自己身体力行，践行企业社会责任，他们不仅是财富创造的英雄，也是善用财富的榜样！感谢你们对贫困同胞的贡献，感谢你们对中国扶贫基金会的信任和支持！

5. 增进与捐赠人的情感交流

捐赠人大会设置的文艺会演、讨论、发言、会后晚宴，以及在会议各个环节营造的感恩氛围都增进了中国扶贫基金会与捐赠人的情感交流。2011年之前，基金会并没有将这一目的纳入大会目标，而在2013捐赠人大会的目标表述中，明确地将“搭建捐赠人、合作伙伴、志愿者互动交流平台”纳入大会的目标。

文艺节目往往是较好的情感交流的媒介。2011捐赠人大会上，基金会工作人员表演了开场歌舞《相亲相爱的一家人》；2012捐赠人大会上，基金会员工合唱《让世界充满爱》；参会代表朗诵诗《坚持，就会改变》；2013捐赠人大会上，基金会员工与北京阳光天使童声合唱团合唱《让爱传出去》。由基金会员工参与表演，更具真情实感，能够迅速拉近捐赠人与基金会员工的情感，比邀请外部专业歌唱演员的效果要好。

会议设置的讨论和发言环节是基金会与捐赠人，以及捐赠人与捐赠人交流情感的机会。例如，2012年大会上，20多位捐赠人代表通过新春公益寄语、互动访谈等方式，对中国扶贫基金会的扶贫工作和公益慈善事业等方面进行了交流和沟通。娃哈哈集团董事长宗庆后表示：筑巢行动项目的成效比较好，真正做到了使一些贫困地区的小学生能够住上比较宽敞明亮的校舍；苏宁电器集团副董事长孙为民说：善款善用，本身也是一个专业的事情。通过多年的实践，我们认识到，跟一些专业的机构进行合作，能够更好地把公益活动办好，好事办好；河仁慈善基金会秘书长张银俊说：很高兴与中国扶贫基金会形成长期稳定的合作伙伴关系，善款需要善用，这个事情并不容易，但是中国扶贫基金会做得很好，把爱心和善款交给中国扶贫基金会，我们很放心；加多宝集团品牌管理部副总经理王月贵说：加多宝集团一直秉承“善心善行，人人公益”的理念，积极参与公益行动，在扶贫救灾等领域和中国扶贫基金会开展了密切合作，我们也将继续携手扶贫基金会，共同为众多需要帮助的人奉献爱心。

感恩的氛围更是穿插到了大会的所有环节。例如，2013 捐赠人大会上，刘文奎秘书长在回顾 2013 成就的时候富有感情地、真诚地感谢所有捐赠者：“这就是爱的力量！这就是你们的力量！正是你们的慷慨奉献和无私付出，为那些无助的人送去了关怀，为那些无望的人送去希望。在这个贫富差距明显，社会矛盾突出的时代，用实际行动，传递着人间的大爱和人性的温暖，一点一滴弥缝社会的裂痕！真诚地感谢你们！”2011 年大会介绍爱心媒体时，主持人说：“扶贫公益事业，不仅需要资金和物资的捐赠，也需要宣传和推广的支持。在即将过去的一年里，他们积极捐赠公益广告，向公众宣传优秀扶贫项目、爱心活动，倡导社会各界支持和参与扶贫公益事业。是你们让‘人人可公益’的理念深入人心，并变成千万公众的实际行动，你们赋予了中国扶贫基金会汇聚善心的力量！”2013 捐赠人大会邀请理事、会领导、秘书处领导与 2013 年作出突出贡献的单位和个人，以及志愿者、战略合作伙伴、媒体合作单位等合影留念。

6. 重视全过程传播

为了扩大捐赠人大会的影响力，并扩大现有捐赠人的示范作用，影响更多的潜在捐赠者，捐赠人大会进行了大量事前宣传和事后宣传。例如，2011 捐赠人大会召开前，扶贫基金会召开新闻发布会。会后，《人民日报》、新华社、中央电视台、中国新闻社、新浪网、《新京报》、《京华时报》等媒体对大会进行了报道。2013 捐赠人大会，会前、会后宣传更为成熟，基金会设计了全盘传播计划。

为了加大传播力度，基金会重视前期预热宣传，提升活动的外围影响力，并且设计了更多与会者的参与机会，努力为捐赠人创造更多交流与互动的机会。例如，前期收集寄语、现场发言摘录等，让每一个捐赠人都有表达和展现的机会；重视视频传播和移动互联网传播，将捐赠人的观点安排微博、微信进行传播。

首先，召开一次内部策划会议和一次外围专家和媒体策划会议，专项讨论传播方案，听取意见后进一步完善落地方案，加大移动互联网的应用力度。

其次，进行准备工作和预热工作。会前30天即以网络为媒介开展网络会议预热，设计专题页面，展示基金会及各项目2013年的进展情况；对2013年基金会的重要工作分几个方向进行年度盘点；提前制作心愿卡500张，上面印有扶贫基金会的logo和二维码，下发到爱心包裹的定点学校，让孩子们写下“2014，我的梦想”，从中筛选出300张有代表性的心愿卡，体现孩子们梦想的美好和童真。会前7天，以网络为渠道，设计网络话题，征集公众对基金会工作的意见和建议；协调相关传统媒体，发布会议信息。

现场推广环节。邀请媒体（电视、广播、平面、网络）进行现场报道；邀请新媒体合作方进行现场会议直播；邀请参会嘉宾进行微信互动传播；使用自由新媒体官网、微博和微信进行传播。与会人员签到时，每人领取心愿卡一张，在签到台和会场上有互动提示：“将孩子的心愿卡拍成图片，并写上‘和中国扶贫基金会一起放飞孩子的梦想’，图文一并发布在个人的微信朋友圈或微博，集齐20个赞或20条评论，即可截图反馈给扶贫基金会，我们将为卡片上的孩子捐赠爱心包裹一份，通过指尖、通过网络，联合更多朋友一起去帮助孩子们实现2014的梦想：梦想再大也不嫌大，追梦的人再小也不嫌小!”

四　结语：避免捐赠人关系管理步入误区

公益组织的捐赠人关系管理容易步入三类误区。

一是惯性思维。以“捐赠人为核心”的捐赠人关系管理需要公益组织对捐赠人的需求有清晰的了解，这意味着或多或少的有形和无形的成本耗费。要做到这一点不仅是一项艰巨、复杂的工作，也是一个痛苦的过程，许多公益组织虽然认识到这一策略的价值，但往往趋于传统思维，不易转型，而中国扶贫基金会正迈开了这坚实的一步。

二是空洞的口号。要确保策略实施的成功，仅靠在使命规划中提到“要成为一流的公益组织”是不够的，这并不能带来公益组织的深刻变革。公益组织须以定性和定量的词语详细说明组织将如何进行变革，并且必须清楚阐述谁是组织的目标捐赠者、如何保有这些捐赠者，而在操作层面上将如何支持这项战略。中国扶贫基金会采用捐赠人大会的方式进行捐赠人管理，实现了操作层面上的支持，其他公益组织可以根据自身情况采用不同的策略。比如，进行捐赠人数据库管理，在节日为捐赠人发送情感祝福，为捐赠人创造各种各样增强其公益体验的机会等。需要说明的是，捐赠人大会只是捐赠人关系管理的一种路径，一种方式，而不是全部，捐赠人管理需落实到组织的每日工作中。

三是对互联网技术的过度依赖。由于对互联网技术的过度依赖，公益组织易忽视人与人之间真实情感的交流。互联网技术的确为公益组织，尤其是民间公益组织提供了便捷的与捐赠者建立联系的渠道。但是，渠道不能代替公益组织去进行主动的沟通和真实的表达。比如，公益组织往往习惯于在自己的官方微博上发布机构的使命、机构的项目、机构的支出、机构的受益人情况等静态信息，忽略与捐赠人直接的交流，特别是情感交流和为捐赠人创造现实体验的机会。这往往不容易直接引起捐赠人的共鸣，提升捐赠人对公益组织的忠诚度。而一些公益组织设置的各类有助于捐赠人参与的公益行动，往往容易加深捐赠人对公益行动的理解和支持。因此，真正做到有效地利用技术带来的变化，需要同时融入人、文化、信息等要素。

第四届中国扶贫基金会捐赠人大会还将如期举行。2013 捐赠人大会较前两届有了较多创新，如考虑到捐赠人分布在全国各地，也为了增加传播效果，基金会除了在北京召开捐赠人大会外，还在上海召开了上海捐赠人大会向华东地区捐赠人报告年度工作和基金会发展状况。捐赠人大会是一种很好的捐赠人关系管理的方式，扶贫基金会已经深切地感受到了这一点。我们相信，中国的公益组织也会越来越多地产生出各种各样的向社会展示自我、与社会建立紧密纽带的方式。

“善行者”，公益徒步的传奇

2014年5月22日，由中国扶贫基金会和北京市昌平区人民政府联合主办的中国内地首个百公里公益徒步活动——2014“善行者”公益徒步活动开始接受社会各界报名，6月名额爆满。9月13～14日两天，来自全国各省区市的450支队伍1800多名徒步爱好者从居庸关长城出发，分别挑战了100公里和50公里的徒步活动。约3000名志愿者与工作人员在现场提供保障服务，共有25家企业提供约40吨物资的支持和包括健康、医疗、保险、IT、环保、传媒等在内的服务。最终，1026名“善行者”凭借顽强毅力、团队协作精神、责任感、榜样的力量完成徒步挑战。截至10月20日，2014“善行者”共有近10000人次支持筹款。根据中国扶贫基金会发布的信息，善行者队员及爱心人士通过官网和微信捐款共筹集善款1594510.45元，筹得资金将用于支持“中国扶贫基金会儿童发展计划”，帮助贫困地区孩子们改善生活与生存状况。

中国扶贫基金会发起的这次年度大型公众参与活动“善行者”公益徒步绝不是为基金会年度预算贡献数字的筹款活动！基金会完全可以依靠自己的机构形象和实力简单、轻松地筹到这笔款项，那么，它为什么要“大动干戈”，花费这么大的精力，投入这么多的资源？

随着中国经济、社会的发展，中国公益的需求和供给也得到迅猛发展。然而，在迅速发展的进程中，公益正在被一些公益组织的所作所为带向误区：将公益“数字化”，以筹款额论英雄；将公益“边缘化”，通过一定的政治背景、关系背景筹资，远离公众；将公益“技术化”，脱离中国本土文化，游离在大众之外，并将公益简化为硬件建设和简单资助。中国的公益组织，如何成为一个优秀的公益市场的需求发现者和供给者？如何成为文化环境、社会良性规则的建设者？如何成为与公众共同创造社会价值、推动社会变化的引领者？这是今天公益组织面临的挑战，也是必须应对的挑战。

如何将公益深入人心？如何做不一样的公益？中国扶贫基金会在发展中求进步，在进步中求变化。1989 年 3 月成立的中国扶贫基金会，曾是中央扶贫办的下属机构，与众多大型公募基金会一样，它成为了政府行政职能的延伸，在获得大量的便利资源和执行项目的“绿色”通道的同时，它也看到了这些“好处”为公益的民间性、公益的创新性带来的不利影响。2000 年，中国扶贫基金会主动放弃事业编制，取消行政级别，实现人事权、财务权与政府的脱钩，并引入竞争机制、考核机制。它在品牌项目发展战略的指导下，经过“大换血”，建立了完整、系统、科学的项目管理制度和一系列操作方法。

“善行者”就是中国扶贫基金会的一种不一样的公益行动。早在 2007 年，中国扶贫基金会在香港亲历了乐施会的“毅行者”后即开始进行设计、规划大型公益徒步项目。虽然后来因 2008 年汶川大地震而搁浅，但 2014 年在举办公益徒步各种条件成熟的情况下，中国扶贫基金会终于推出“善行者”，将“善行者”奉献给了公众。它是基金会面对中国公益领域“傍大款”成风而向社会发出的公众动员和公众倡导的信号，它是呼唤全民朴素公益的信号，是与全民共呼吸的信念。

天下根本，人心而已。在走心时代，需要创造“走心”的品牌。虽然“善行者”刚启动，但它已经成为“走心”的公益品牌。中国扶贫基金会不仅谙熟地利用了病毒式营销，严谨、专业的管理为热心公益的队员、志愿者、后援团、企业等建立了多种参与和体验的机制，它通过鼓励公众以公益和健康相结合的大型户外 100 公里及 50 公里公益徒步活动，体验“亲近自然 + 自我挑战”，激发参与者为贫困地区儿童筹集善款，践行“每一步都会带来改变”的公益理念。它同时获得了政府的大力支持，与政府一同推进公益文化。它撬动了各种各样的民间力量，也使每个参与者成为了公益理念的传播者，它也让中国公众在难于找到公益参与机会的情况下，找到了归属。

一 文化内涵

“善行者”不仅仅是一种公益徒步活动，也不是简单的筹款活动。从设计到执行，中国扶贫基金会无不赋予项目深刻的文化内涵和文化底蕴。不论是“善行”的字面含义，还是它在具体操作时的用心，都彰显了中国扶贫基金会在文化建设方面的考虑。例如，它将具有象征意义的长城作为“善行者”活动的出发地；将“家”和“集体”的概念融入善行者的心中。

1. 为什么叫“善行者”

“善行”一词最早可追溯到战国时期的《荀子·大略》的“善学者尽其理，善行者究其难”。大意是说：善于学习的人能透辟地认识事物的道理；善于实践的人能把事物中的疑难探究清楚。这里面的“善行”是指行动的意思，是指一个人解决困难的策略和勇气。中国扶贫基金会将此大型户外公益徒步活动命名为“善行者”，并给出了“善行”的两层含义：一是“善于行走的人”，二是“施行善举的人”，这刚好诠释了这项活动的形式和目的。徒步100公里需要40小时，行20万步，如果没有一定的勇气和坚持，是无法完成的，这也吻合古语中“善行者”解决困难的策略和勇气之意。

> 在“善行者”活动之前，我们就有过一个叫作“善行100”的大学生项目，我们当时考虑到参与者要有善心，就取了“善”这个字，然后考虑参与者要去播善因，就取了“行”这个字。而“者”是人的意思。“善行者”倒过来是“行善者”。“善行”也有一种意思，就是“善于行走，热爱徒步”；“行善”指愿意去做善事，帮助他人。而我们的队员要周围的人去筹款，要解释这件事情，就成了播善因的一个人，后来引用到了“善行者”上。①

同时，“善”在中国文化中有完好、美好、圆满的意思，做名词用又有“好人”的含义，是一个人不可缺少的品质。常言道，知善致善，是为上善！中国扶贫基金会也将“善”字纳入其使命陈述中，“遵循善心、播善扶贫、修炼自身、成就他人”。

2. 融入“家”和“集体”的概念

“家”在中国文化中占有举足轻重的地位。中国传统社会中，社会的经

① 对中国扶贫基金会公众捐赠部主任助理韦丹丹的访谈。

济基础是农业经济，而农业经济是以家庭为单位，它对稳定的社会秩序是决定性的因素。同时，以家庭内部关系为中心的伦理道德观念是华夏文化中占有重要地位的组成部分①。“家”的概念对于中国人有着极其特殊的含义，它是一个生活的港湾，具有至高无上的凝结力，意味着责任、担当，意味着关怀，其地位和意义超越个体。尽管今天的社会生活和生产方式发生了巨变，但“家”本身所蕴含的内涵却没有变。

“集体”是现代社会的词语，也是今天中国人所熟知的概念，它意味着个人利益服从集体利益，个人需与他人团结合作，步调一致，为社会作贡献。

当代中国人严重缺乏本土文化的滋养和熏陶，在政治斗争、市场经济、西方价值观、商业侵蚀等因素的影响下，中国本土文化经历了一波接一波的冲击，伴随着全球化的进程，中国本土文化及价值观的缺失更加严重，中国人民的文化自信心也严重缺失。作为一个以“持续倡导”为己任的基金会，中国扶贫基金会在项目设计和执行中，传递“家”和“集体”的概念，传递着中国文化所包含的美好的价值观。

中国扶贫基金会在“善行者”活动报名环节就引入了“集体”概念，参加活动的最小单元被定义为由 4 人组成的队伍。以全队同进同出的规则，要求每个打卡点都要先集齐队员才能打卡。虽然每个人都会有自己的成绩，同时活动规定如果当队伍中有某个队员因受伤或者其他原因下撤，其他队友在获得下撤队友的下撤证明后仍可继续前行，但是只有全队走完的人才能有队伍成绩。要获得队伍成绩，队员们需要发挥集体精神，团队协作，一起面对挑战与困难。队员们参加项目的过程，也因此升华为一个组织、协作、利他等品质的提升过程，而这些品质也正是中国本土文化中的重要组成。

同时，项目在活动的排名和奖项设置中强调团队协作，不设置竞速类的排名和奖项，不以速度论英雄，而是强调团队协作。项目的口号“人生的第一个 100 公里，你和谁一块走”，也体现了团体的概念。

中国扶贫基金对中国文化的尊重和运用无疑是非常成功的，我们从队员们的活动感言中也可感受到这一点。

---

① 参见高祥樟《漫谈华夏文化与家庭》，《华夏文化》1996 年第 4 期，第 32 期。

队员二黑粑粑发微博说：感谢刘班长搞定接送的车之后，请吃晚饭、早饭，身体受伤还坚持走完了50公里；感谢会贤借给充电宝，让我后半程不至于孤单无援；尤其感谢谭红波队长，在首任队长退赛时，果断承担队长重担，"身残志坚"地包揽了诸多团队工作。

"小熊团"队队长李文军发微博说：如果没有团队协作和对公益的信念，是很难走完的。他回忆说，队员们开始相互讲起笑话和故事，彼此鼓劲，同时并交替领走，向前行进。然而，就在73公里处的一个下坡路段，一名队员不幸崴脚。加上旧有的腿伤复发让他行走起来更加困难。团队协作的信念最终让他忍着疼痛坚持行走，和全队共同抵达终点。

虽然活动是以队这个小集体为单位进行的，但是协作和互助精神已经超越了队员们自己所在的队伍。从队员们纷纷在微博上的晒帖可以看到，活动安排的强大的后勤队伍不仅为参赛队员提供了安全保障，更送去了无限的关怀，打动着队员的心。

2168队的队员发微博说，夜间行走时在打卡点还喝到了热的八宝粥，太贴心的志愿者！赛道上一路被你们默默的奉献给感动！有你们在，这一路很温暖！

"与爱瞳行"的李霄云说：我想强抱！所有挑战者！所有志愿者！所有村民！所有后援者！所有参与者！我很渺小，无声无力。但我们在一起很强大，有心有志！感激这一切！要感激那些需要我们帮助的孩子，因为其实是他们帮助了我们，帮助了我们在做更好的自己！

乐天跑者说：善行者是我跑过的几十次比赛中，补给最给力的，没有之一，感谢扶贫基金会的工作人员和志愿者们的辛苦付出。

在当天的徒步活动结束后，"家"的概念仍在延续。中国扶贫基金会把活动总结会的那天命名为"回归日"，而在场的队员们被非常热烈地欢迎"回家"，回到这个大家庭中。同样，活动中这种温暖和关怀也在延续，志愿为队员们进行腿部按摩的北派修脚的志愿者们，给队员们留下了深刻的印象。活动结束后，很多队员专程去店里感谢他们，并在店里消费表示感激。大家把"善行者"活动当作自己的事情，当作这个大家庭共同的事情。

3. 从居庸关长城出发

中国扶贫基金会以居庸关长城为出发点，是有深刻文化考量的。毫无疑问，长城在中华传统文化中是浓墨重彩的一笔。长城是中国古代建造最为宏大的工程之一，很早以前，长城就与罗马斗兽场等被列为中古世界七大奇迹；在 1987 年，长城被联合国评为世界文化遗产；在 2007 年，长城又经全球 5000 万人“海选”为“新世界七大奇迹”之首。长城，无疑是北京甚至中国的一张文化名片。对古人来说，长城是一个防御入侵的精神防线。而到了近代，长城不仅是中国民族历史的象征，更具有深刻的文化意义。作为中国文化重要载体的长城，不仅是中华民族勤劳智慧的结晶，更体现了不屈不挠的民族精神和众志成城、无坚不摧的民族凝聚力。居庸关是长城的一个重要关口，历史悠久，风光秀美。基于这里深刻的文化内涵和优美的自然环境，早在 1961 年，位于关内的云台，就被国务院公布为第一批国家级风景名胜区。

扶贫基金会在项目设计中也渗透着对长城的情怀。纵观扶贫基金会历年项目，以长城命名的有环保与扶贫相结合的绿色长城计划，有中国银行与中国扶贫基金会合作发行的帮助贫困的弱势群体实现脱贫自强的长城扶贫月捐联名卡。而在资助贫困大学生和高中生的新长城大学生项目、新长城高中生项目中，扶贫基金会更指出“长城是中华民族的象征，新长城代表中国人在 21 世纪实现中华民族的伟大复兴”。

在“善行者”活动当日，队员们除了一睹居庸关长城的风貌，一路途经居庸关民俗村、虎峪自然风景区、十三陵景区、十三陵四大名宴民俗村、黄泉寺柰枣民俗村、延寿寺、黑山寨民俗村、昌平新城滨河森林公园，无不渗透着自然与传统文化的气息。

> 我们的项目之所以选择在昌平做，因为那里有长城，有山，离北京近。我们要选择有意义的地方，还要是风景名胜。并且可以利用长城打出北京名片，也可以吸引海外人士参加。还有一句话“不到长城非好汉”，也可以吸引大家参加活动，挑战自己。明年我们还会继续选择这个路线。[①]

① 对中国扶贫基金会公众捐赠部主任助理韦丹丹的访谈。

二　把握时代脉搏

中国扶贫基金会看到了公众参与公益的巨大需求和蕴藏的巨大能量，把握机会，与时俱进。2012 年，基金会专门成立了公众捐赠部，以"推动人人公益"为使命，实行中国扶贫基金会"由操作型基金会向筹资型基金会转变和国际化发展"的总体发展战略。

1. 人人公益

人人公益是"善行者"想要传达和体现的一种新时代的公益特色，它提供了一个人人公益的社会平台。

在中国古代，就有"日行一善"之说，它倡导人们每天做一些力所能及的事情，帮助更多的人。而到了现代，普通民众通过各种活动，借助公益组织、公益网站等平台，参与公益。今天，公众参与公益的力量更加凸显。然而，一个不容忽视的现实却是，让大多数公众比较容易接触到、深度参与的公益却寥寥无几。中国社会科学院 2013 年 12 月 26 日发布的《中国社会发展年度报告（2013）》显示，20% 的人过去半年中参加过社区举办的活动，参与过工会或共青团等传统群团组织活动的人数比例为 12%，参与比例最低的是对群团组织和民间组织的参与比例，仅为 9%。[①] 目前国内也有一些供公众参与的活动，如腾讯公益的日捐、月捐项目，361°旗下的买一赠一品牌、行善 APP，大米网的答题捐大米等。但是相对于中国巨大的人口基数，这些渠道和途径远远不够。

此外，很多公募基金会的捐赠主体仍是企业，它们缺乏积极动员、号召社会公众参与公益的积极性和热情，也很少为公众开发一些便利的捐赠渠道和参与公益的机会。公募基金会的存在并不只是做资金的搬用工，更不能以筹款额论英雄，其重要的社会功能是促进公众人人参与公益。更不用说，企业进行捐赠时，往往考察公募基金会是否有良好的公众基础。公众在社会发展领域中难以看到自己的力量体现，缺少贡献自己力量的途径。公众参与公益的积极性得不到重视，也催生了公众"公益是富人的专利"

---

① 《中国社会发展年度报告（2012）——近 4/5 公众社区生活根本缺失　仅 9% 参与过公益活动》，http：//politics. people. com. cn/n/2013/1227/c1001 - 23961177. html。

的认知。

相反，中国扶贫基金会一直身体力行，促进人人参与公益的实现。中国扶贫基金会创办十年后的2000年，经历了由“官办”到“民办”的组织变革；由“粗放”到追求“精细”、“专业”的管理变革，围绕提升专业品质的命题，在公益经营管理的各个细节层面不断探索，在经营慈善的道路上日益专业化。作为一家年筹资额超过3亿元，小额信贷年度贷款规模5亿元，年受益人口超过200万的全国性大型公益组织①，中国扶贫基金会显然可以忽视小额捐款。但是，它却针对公众捐赠专门开发了爱心包裹项目、一元捐爱心计划和月捐计划。其中，与邮政合作的爱心包裹项目实行两年来共募善款1.9亿元，参与人数超过100万人，机构超过8万家。其中，2010年公众参与人数大概有50万人，筹款总额接近5900万元。

以上数据有助于我们更进一步理解“善行者”的口号“One Step，One Change！每一步都会带来改变！”。这里的第一步并不是指扶贫基金会自己的每一步，而是指所有参与者的每一步，所有队员的每一步及所有志愿者的每一步。扶贫基金会通过它的各个公益项目实践“做中国公益慈善及公民参与社会创新的领跑者”的愿景。

现任中国扶贫基金会专职副会长王行最先生在接受《新民周刊》记者访问时说道：“我们是公募基金会，就机构自身的发展来说，我们发展的基础来自普普通通的每一位公众。作为负有公益使命的机构，我们也负有对公民教育的责任，通过广泛激发公民的公益爱心，更新他们的观念，传输正确的公益理念。同时，公众也可以监督、问责。因此，推动全民公益，一方面是为了机构的持续发展，另一方面是开展公益理念的教育，树立现代公益理念。我们的一个基本理念就是：人人可以慈善，人人可以公益，广泛参与到多种公益慈善活动中去。”②

这次活动所传递的公益理念贯穿于活动始终。例如，在活动前期，扶贫基金会的工作人员至少与政府部门开了3次沟通协调会，并与三夫户外沟通路线设计，以达到让现场参与者深度参与的目的。而在活动进行中，项目采用多层面、大面积的媒体宣传，遍及公众各个信息渠道。企业可以通过资金支持和物资支持参与前期筹备，组队和志愿者可支持现场活动，而

① http：//gongyi. qq. com/a/20120214/000018. htm.

② http：//xmzk. xinminweekly. com. cn/News/Content/2578.

个人则可以以队员或志愿者的身份进行现场参与，也可以通过为自己支持的队伍或队员捐款而间接参与。在活动后期，中国扶贫基金会组织至项目点威宁的探访活动，参加活动的“长城行行长城”队伍代表了参与徒步活动的450支队伍的1632名参赛队员进行实地探望，实地了解善款的使用情况。

我们需要有一个活动筹款，能和公众频繁地沟通。我们的战略是国际化筹资型。比如说，获得一个亿的捐款很重要，但是一个人捐一个亿和一亿个人捐一个亿，两者的影响力是不一样的。所以我们定位为让更多的个人参加。我们的使命在于推动人人可公益，这样我们就会做很多活动。比如说，“善行100”是通过大学生志愿者去影响身边的人，然后会做网络筹款等小额捐款的活动。①

2. 快乐公益

快乐公益是“善行者”想要传达和体现的另一种新时代的公益特色。过去，在很多人心目中公益常与悲情、痛苦、灾难关联在一起。而在网络时代，社交工具发达，各种段子、搞笑搞怪内容飞速传播，追求快乐已不可逆转地成为一种普遍的生活态度与生活方式。“善行者”也演绎出了全新的公益面貌。

公益也可以是很好玩的事情。本来这就像在玩公益嘉年华，你我可以参与，你的朋友也可以以后援团的形式参与，企业可以贡献物资，在这里人们吃啊，喝啊，玩啊，走啊，大家可以在一起玩。②

这肯定不是简单的“玩”，无意义、无目标的“玩”，更不是不负责任的玩。挑战100公里，意味着40小时地走，意味着20万步。漫长的路途是对体力的考验，对耐力的考验，对意志的考验，对精神的考验。但是，对队员们来说，历经艰辛后，享受的是挑战自我和战胜自我的快乐，这种快

① 对中国扶贫基金会公众捐赠部主任助理韦丹丹的访谈。
② 对中国扶贫基金会公众捐赠部主任助理韦丹丹的访谈。

乐是难以忘怀的。

> “这是我们第一次挑战自己，一开始，我也没有想到能挑战成功，最后还是坚持下来了，‘善行者’让我重新认识了自己的能量，同进同出特别考验团队精神。”有队伍接受采访时如是说。①

扶贫基金会的李利分享挑战后的感受时说：“我的脚上起了好多泡，每走一步都是挑战。”一名队员在朋友圈里写道：“虽然活动的初衷是帮助别人，但实质成就的却是自己，当我们舍弃自我的时候，却最终找到了自我。”

艰辛是快乐的，这是善行者对快乐公益的理解。在活动中，扶贫基金会为前线队员们和后方支援者建立了随时互动、即时分享的方法。为了大家能随时用手机，项目在活动起点、终点和大河套补给点设立了清洁能源充电站，同时有一支志愿者自行车队，随身携带小型太阳能充电设备，为队员提供移动充电服务。这些后勤保障，保证了队员们能在活动中随时用现代网络工具实时传送自己的徒步体验，体会分享的快乐。

3. 健康与公益结合

“善行者”将自己解释为“公益和健康相结合的大型户外公益徒步活动”，无疑将目前公众最关注的两个方面结合到了一起。今天的人们生活压力大，日常锻炼少，亚健康普遍，人们对健康问题日益关注。同时，长期封闭的城市生活使得人们感到走进大自然、呼吸新鲜空气的重要。“善行者”为参与者创造了将公益和健康结合起来的机会，将徒步有利于身心健康的运动方式设计为公益活动内容，同时将利于心灵启迪的民俗村、森林公园等自然风景纳入活动路线。

> 我们做了很多次现场拉练，我们希望不是来走一次（那么简单），而是长期影响。本来如果要去参加 50 公里或 100 公里的活动的话，肯定会需要训练。我们也不希望活动结束了就结束了。我们希望是四个人一个团队，不断地拉练，训练，这次挑战 50 公里，下次就可以挑战

① 《“善行者”：挑战自己，为善而行》，http：//www. chinadaily. com. cn/hqcj/xfly/2014 – 09 – 15/content_12384619. html。

100 公里。[1]

队员晓明鸽在微信中写道：在这一公益活动和所有参与者的共同影响下，我看到了很多人已经把健康锻炼提上日程，并已经有了惊人的改变。真是印证了项目口号"每一步都会带来改变"。

4. 互联网公益

如果说旧时代文盲的定义是"不识字"，随着现代教育制度的完善和普及，这样的文盲已经渐渐消失。而互联网的普及，极可能为未来新时代文盲增加新的定义，那就是"不会上网"。据中国互联网络信息中心在 2014 年 8 月发布的《中国互联网络发展状况统计报告》统计，截至 2014 年 6 月，我国网民规模达 6.32 亿，半年共计新增网民 1442 万人。互联网普及率为 46.9%，较 2013 年底提升了 1.1 个百分点。截至 2014 年 6 月，我国手机网民规模达 5.27 亿，较 2013 年底增加 2699 万人，网民中使用手机上网的人群占比进一步提升，由 2013 年的 81.0% 提升至 83.4%。网络不仅进入人们的日常生活，也已悄然走进公益。2013 年国内首份《中国网络捐赠研究报告》统计，至今已有 5.6 亿人次的中国网民参与了网络捐赠，参与人数最多的平台已吸引超过 1600 万人参与网络捐赠。其中，淘宝网上的"公益宝贝"（指卖家在上架商品时自愿参与，在商品成交之后，系统会根据卖家设置自动捐赠一定数目的金额给指定的慈善机构，用于相关公益事业），仅 2011 年在淘宝平台上就有 21 万个卖家参与，发生了超过 1 亿次公益宝贝交易。到 2012 年，参加人数增至 23.3 万，交易超过 1.1 亿笔。[2]

"善行者"也充分利用了网络带来的便利。项目从设计阶段到实施到收尾，充分体现了互联网公益的四大价值。第一，选择性。"善行者"官网上设置了参赛队伍专门网页，展示队伍 ID、队名、挑战级别、队伍类别、队员数、筹款目标及已筹款金额，同时公众还可以进入队员主页，了解队员的基本信息。公众可以通过这些信息，依据自己的喜好选择自己喜欢的队伍或队员。同时官网上也为公众提供了对队伍（队员）的不同支持方式供

---

① 对中国扶贫基金会公众捐赠部主任助理韦丹丹的访谈。

② 周琼琼：《淘宝"公益宝贝"1 亿个 8.8 分钱　让很多孩子实现梦想》，http://www.zj.xinh-uanet.com/newscenter/focus/2013-04/26/c_115547671.htm。

选择：加入队伍、帮助分享、月捐、次捐、买一善一。第二，便捷性。项目官网、官方微博、微信为公众播报最新动态，便于公众随时随地了解活动的最新进展，浏览或分享信息，表达意见。同时，项目建立了易操作的捐赠平台，如提供网捐、微信一起捐、买一善一等便捷支持方式。第三，透明性。使用官网、官方微博、官方微信实时公布活动进展及筹资进展和资金去向，使捐赠更透明，监督更有效，传播更广泛。第四，互动性。队员通过实时分享行程上的参赛点滴，获得网友支持。比如，斯巴达队的队员 oscardu 发布微博说："73.1KM，止步于此，全部队员已经竭尽全力，但脚步并未停止，一切才刚刚开始。"一位网友"异客 - 北京"评论："加油，很棒了！前 60 公里一直与你同行，60 公里打卡处下撤，目送你们走向下一个打卡点，精神震撼了我，坚决支持。"

项目充分利用了新媒体平台进行传播。项目的一份调查显示，80% 的队员通过微信知晓活动。项目充分发挥了新媒体的作用。中国扶贫基金会副秘书长陈红涛在第六届非公募论坛上说："新媒体传播对于受众，对于接触到这个信息的个人来讲，第一层次就是看见，广播就是听见。还有用户愿意分享和转发形成二次传播，再分享和再传播也是三次传播。第二层点赞，我看到这个事情我认可这个事情我愿意为他点赞。第三就是我参与，我响应你的号召，我来参与这个事情。"①

三 专业化运作

一场如此大型的活动，仅队员就有 1632 人，志愿者人数达 3002 人，行程跨越 100 公里，参与者遍布全国各地的线上、线下支持的户外徒步公益活动，没有一个专业有效的工作团队和工作机制，肯定会出问题。然而，"善行者"却成功了。

经过长达七年的酝酿，基金会为"善行者"建立了科学的组织机构和管理机制，并进行数次演练和尝试，制定出严谨的活动流程。同时，通过对目标市场的精确定位，项目为目标群体建立了非常有效的激励机制，而监督、透明和风险控制，以及客户关系维护，都保证了活动的成功举办。

① http：//news.foundationcenter.org.cn/html/2014 - 12/88570.html.

1. 七年酝酿

2007 年，中国扶贫基金会亲历香港毅行者活动后，发现徒步筹款是一种喜闻乐见的公众参与形式，它极大地调动了参与者的公益热情，能够产生不可估量的影响力。经过深入学习和研究，基金会决定在中国内地开展公益徒步。2008 年，启动该项目的想法因汶川地震暂停。2012 年，基金会考虑到此项活动的内外部时机已成熟，开始进行活动的前期准备。

（1）内部时机成熟

2012 年基金会成立了公众捐赠部，以"推动人人公益"为使命，实践中国扶贫基金会"由操作型基金会向筹资型基金会转变和国际化发展"的总体发展战略。公众捐赠部不仅做网络筹款、渠道筹款，同时也想组织大型公众筹款，倡导公益，推动人人公益。

2012～2013 年，基金会高强度学习研究了大量资料，并实地参与了"为爱同行"、"挑战 8 小时"、"一个鸡蛋的暴走"、"驿动广州"等内地地区规模和影响都比较大的一些公益徒步活动，实地考察和体验帮助基金会产生几乎零漏洞的活动策划案。

同时，基金会在 2012 年完成了《部分贫困地区农村小学音体美教学状况调查报告》，深度了解部分贫困地区小学"音、体、美"教育存在的不足，为中国扶贫基金会爱心包裹项目的发展提供现实依据和数据支撑，也为项目的受资助对象的确定奠定了基础。

（2）外部时机成熟

近年来，热衷于公益户外徒步的人越来越多。2012 年 Blackbaud 公司发布的 2012 *Peer to Peer Event Fundraising Consumer Survey* 显示，49% 参与者的主要动机是响应朋友或家人的邀请，47% 的人觉得认同该项目的公益理念。75% 的参与者筹款的动机是认同公益机构所做的事情，而 44% 的人是因为参与的时候有朋友或家人的要求。此类调查结果以及一系列同类项目的成功举办，足以证明公益徒步筹款项目已得到公众的认可。[①]

2. 组织结构与管理机制

一个成功的项目需要有效的组织结构和严格的管理机制作支撑。"善行

① 《"善行者"运动筹款引领公益创新》，http://gongyi.sina.com.cn/gyzx/2014－06－18/150949390.html。

者”要求参加徒步 50 公里的队伍，在 18 个小时内完成；而参加 100 公里的，要在 42 小时内完成。队员们得日夜兼程，在两天一夜的 42 小时内不停歇地完成 100 公里的徒步挑战。100 公里的里程中，有台阶、陡峭山路、野山坡、石板路，也有乡村土路、公园小道，各种路况繁杂其中。顺利完成活动，不仅对参与者的体力和耐力有很高的要求，对组织者的要求更高。

“善行者”在启动前即建立了工作团队，团队成员有明确的分工，最后由基金会正副秘书长最后拍板。主要工作由基金会公众捐赠部负责，中国扶贫基金会全体人员参与，按四大工作类型进行工作责任分工、协作。同时，为了让活动做得更专业、有效，活动也与一个活动公司、一个咨询公司进行合作。项目协调工作由中国扶贫基金会品牌传播部、咨询公司人员、活动公司人员共同负责，工作内容包括与政府沟通、打卡点布置、物资分配等。项目的传播工作由中国扶贫基金会品牌传播部和咨询机构人员一起负责，工作内容主要是摄影、摄像、名人沟通等。队员服务相关工作由中国扶贫基金会负责，工作内容主要是报名、咨询、物料。中国扶贫基金会大额捐赠部主要负责与企业合作。

而在活动现场，分工也很明确。活动现场设立了一个指挥中心，进行统一协调，下面设置了六个承担不同职能的中心，确定大家各司其职，互相配合。

- 赛段管理中心。赛道是队员的主战场，赛段管理中心负责赛道安全、赛道布置、路段清理、赛道指引、路段巡逻等。

- 站点管理中心。长距离徒步活动需要阶段打卡和补给的站点。基金会在活动中设立了 9 个打卡点、19 个补给点，每个打卡点都有志愿者提供志愿服务，同时打卡点和补给点也是队员们休息的场所。

- 安全保障及救援中心。由于户外徒步的安全保障问题比城区、室内活动复杂、难控，基金会设立了安全保障及救援中心，负责医疗急救、山地救援、食品安全、交通安全、公共安全等方面的问题。

- 后勤保障中心。一千多名队员、三千多名志愿者，长达 42 小时的活动，后勤保障显得尤为重要。基金会设立的后勤保障中心主要是进行物资保障、义工保障、通讯保障、电力保障、车辆保障等。

- 品牌传播中心。活动的主要目的之一是影响更多的人参与、支持公益，宣传是必不可少的。基金会设立了品牌传播中心，负责区内媒体、传统媒体、新媒体的传播。

• 嘉宾接待中心。项目的顺利进行离不开合作方的支持的参与，基金会设立了嘉宾接待中心，以接待政府、基金会、企业等的嘉宾，进一步维护巩固合作关系。

各中心人员配备齐全（见表1），平均2名工作人员及志愿者服务1名队员。

表1　各中心人员配备情况

类别	来源	人数
站点中心	大学生志愿者	650
	基金会工作人员及家属	125
	社会志愿者	34
	企业志愿者	260
	武警总医院护士	29
	北派按摩义工	28
赛道中心	三夫户外	130
	大学生志愿者	172
安全保障中心	蓝天救援队	111
	政府部门	1300
后勤保障中心	大巴师傅	40
	自驾车义工	16
	瑞森德工作人员	12
媒体传播中心	摄影义工	45
	媒体记者	52
合计		3004

3. 多次演练与尝试

为了做到更为安全，活动执行更为精准，除了进行事先设计和安排外，基金会在活动前期进行了全流程演练与尝试。据基金会副秘书长陈红涛介绍，为了让行走活动更富有吸引力、安全，增加参与者的体验感，光是选择赛道这一项就没让他们少费工夫。"太过危险的路不能选，太过平坦的路走太多也没意思。"基金会与6个乡镇联合开展了3次分段探路，其中超过50人以上的实地探路与演练就进行了20余次，累计行程超过1500公里。

此外，活动前期，基金会共召开了3次政府协调会，举办了12场队长碰头会，6次队员团体拉练活动。这些前期工作中，共投入工作人员1000多名，另有1000余位义工、志愿者为活动提供服务。

9月5日，基金会进行了最后一次实地演练，以最后确保活动的安全和顺利进行。该演练路段全长18.7公里，所有演练按9月13日、14日当天的流程进行。演练的主要内容包括：现场总体指挥系统各中心之间的协调与配合，各站点打卡、补给、下撤、指引、互动演练，起点出发仪式、终点仪式演练，摆渡停车及疏导演练、山地救援及突发情况演练、各站点网络顺畅情况摸底等，演练共出动工作人员、志愿者约200人，用时一天。

除了全流程演练和尝试外，工作人员为了增加体能，每周一次在奥林匹克森林公园集体步行5公里，以适应活动当天的工作量。

4. 严谨的活动流程

整个活动流程不能在任何一个环节出问题，某个环节出问题，势必影响其他环节，甚至大局。基金会不仅将活动细节考虑得非常周全，按照活动的每个时间节点，将项目的活动分为四个阶段，针对每个阶段设定了明确的工作内容和人员安排（见表2）。

表2　活动各阶段工作内容

活动阶段	时间	工作内容
活动筹备期	2014年1~4月	筹款平台搭建 路线勘测确定 活动报备 活动包装与传播方案 合作方洽谈
活动前期	2014年5~8月	招募巡讲 新闻发布会 报名启动 物料筹备 队长培训 赛前训练
活动现场	2014年9月13~14日	出发点启动仪式 现场服务 终点竞速颁奖仪式 清场

续表

活动阶段	时间	工作内容
活动后期	2014 年 9 ~ 10 月	公布活动竞速结果及继续激励募款 制作活动电子简报/快讯发送 捐赠发票寄送 总结会 & 颁奖仪式

（1）活动筹备期

活动筹备期有三项内容。一是联系关联企业。关联企业包括旅游及户外活动相关的企业和机构以及支持活动的技术、后勤、补给类企业。基金会确立好针对企业的方案后，与关联企业的 CSR 或市场部联系。二是搭建筹款平台，进行活动报备，设计活动包装与传播方案，与合作方洽谈。三是对活动路线进行周密安排，既不能选太平淡的路线，还要考虑安全问题。项目也进行了多次勘测确定，并进行试走。

（2）活动前期

2014 年 5 月 22 日，基金会在居庸关长城举行项目启动仪式暨新闻发布会，并启动报名。自此到活动当天，基金会主要要做的事情是统筹安排好活动的主角——队员们和志愿者的角色，并保证大家积极、顺利地参与活动。

为此，基金会设计了灵活自由的报名和组队方式，增加公众的参与度。队员们可以通过线下自由组队，确定队长。然后由队长通过官网报名组建队伍，而队员通过官网报名加入队伍。为了确保活动的顺利开展，对队员基本信息的审核也是不可或缺的。当网上的任一支队伍报满 4 人后，中国扶贫基金会在 5 个工作日内需进行审核。只要 4 名队员信息填写完整，即可审核通过报名资格，在自由组队仍有名额的情况下，由队长通过一次性在线支付宝缴纳报名费，并成功缴费成为正式队伍。正式队伍拥有自己的编号、名称，和展示这些信息的队伍主页和队员个人主页。整个报名过程都在网络上进行，既保证报名有序进行，又能够让大家随时了解自己队伍的变动情况，同时也避免人为计算产生的失误，减少报名队伍人员数量变动而产生的混乱。项目不招募单独的队员，招募都是以团体为单位。另外，基金会组织每七八个小队自行推选一个中队长，采取层级管理，使管理更有序进行。

为避免参赛队员因体力不支、病症发作发生危险，基金会在活动启动后，在官网上对报名者提出身体状况要求（指疾病或家族病史），以满足安全完成活动的基本身体健康要求。与之相应的是，项目不接受未报名人员参与徒步、不允许转让队伍与队员名额。

公众报名踊跃，出现了爆满情况。基金会考虑到一方面要满足公众的需求，另一方面也要考虑保持活动的公正性。在自由组队名额已满情况下，基金会将余下的团体组队队伍名额让渡给自由组队队伍，并通过抽签决定以示公平。7 月 1 日、8 月 1 日，分别进行了 100 公里和 50 公里备选队伍抽签会。基金会还邀请第三方机构到场进行监督，并邀请队员或者准队员们成为公众监察员，到基金会抽签现场监督抽签全过程，对抽签的全程进行拍摄，确保抽签的公平公正，避免负面影响。100 公里报名队伍 162 支，入选 100 支；50 公里报名队伍 882 支，入选 350 支。其中，自由组队 354 支，团体组队 96 支。

活动参加队员人数近 2000 人，基金会在设计活动规则时就充分考虑到这样数量庞大的人群需要什么样的组织方法，靠组织队长来组织队员。活动充分利用了队长的作用，加强对队长进行沟通和培训。项目工作人员还拨打了 450 支参赛队伍的队长电话，核实队伍及队员信息，告知安全声明，提醒注意事项等。徒步活动正式启动前，共举办了 12 场队长碰头会，主要内容为活动介绍、路线说明、装备要求、善款流程介绍等，并要求队长担负起队员间联络、组织队员拉练、募款号召的责任。

为避免自然环境对队员们造成不必要的伤害，基金会提前在国家气象局网站查询历史天气情况并在网站公布。资料显示，预计在 9 月中旬左右平均最高气温 26℃，夜间最低气温 16℃，平均降水只有 2 毫米，山区气温会在此基础上有 2 ~4℃的差距。

考虑到队员们要经过漫漫长夜，经历各种路况，对参与者的体力和耐力要求自然很高，基金会在网上为队员们提供训练小贴士，要求报名者提前训练，增强体能。在基金会的组织下，活动前期报名的参与者们都进行了循序渐进式的体能训练，有超过 1000 人次参与了组委会组织的各种拉练活动。在专业教练的指导下，队员们通过系统性地拉练，对如何合理设计拉练计划，应对中长距离户外徒步的挑战，有了实质性的了解。同时，基金会也组织了 7 次队员拉练活动和 1 次实地演练，确保队员们在活动前得到一定的体能训练。

活动进行前，还为队员们提供了咨询齐备的指南手册，其中包含风险提示、紧急自救、医疗保障、强制医疗点、现场紧急电话、装备提示等很多安全实用的信息。

基金会同时也为队员们进行筹款策略说明，在网站提供筹款计策。也通过各种渠道，对启动仪式、拉练、演练等活动进行宣传造势，扩大徒步活动的影响。

（3）活动现场

基金会在活动现场组织了盛大的启动仪式，并提供从补给，到安全、后援等全面周到的现场服务，在终点处设置了竞速类奖项的颁奖仪式，并在比赛彻底结束后进行清场。

2013 年 9 月 13 日，活动在昌平区居庸关长城拉开序幕，国务院扶贫办合作与社会扶贫司副司长刘书文，中国扶贫基金会秘书长刘文奎，昌平区常委、副区长孙启参加了早上 7 点的 100 公里组出发仪式。基金会副会长王行最，昌平区区委党委、宣传部长余俊生参加了早上 8 点进行的 50 公里出发仪式。

• 参赛情况。共有 1632 名队员出发，168 名队员临时弃走，参与率 90%。其中 100 公里出发人数中有 93% 的参与率，50 公里出发人数中有 90% 的参与率。共有 1026 人完成徒步全程，完成率 62.8%；共 186 支完整队伍完成徒步全程，占总队伍数的 44%。

• 比赛设置。为避免拥堵及因拥堵造成的人身伤害，项目安排队员分为 7:30、8:00、8:30 三个时间段分三批出发，同时将相应的检录时间分别设为 6:30～7:20、7:20～7:50、7:50～8:20。同时，也将起点和终点根据活动内容设置不同的区域。起点设置了三个区域。第一，准备区：队员及支援队可以在准备区集合，队员在准备区四人到齐后，才可以进入检录区（支援队不可以进入检录区）。第二，检录区：在准备区和检录区中间设立安检，队员进入检录区后，打卡并登记，在工作人员的协调下，在检录区指定位置等候，在规定时间段进入待出发区。出发时间是统一设定的，打卡作为队伍登记检录凭证。第三，待出发区：所有队员分别在待出发区集合，出发前，举行简短仪式，统一由待出发区进入路线。而终点则被设置为四个区域。第一，冲刺区：队员在此进入冲刺，冲刺后进行打卡，100 公里队员归还 GPS。第二，颁奖区：工作人员在此核对打卡信息，现场打印项目团队或个人证书，嘉宾颁发善行者证书及纪念品。第三，休息区：供队员及支援队休息，提供问询、补给、按摩、医疗服务。第四，摆渡区：停放摆渡大巴车，无支援队或自驾车队员可由大巴车摆渡到最近的地铁站。

• 补给安排。基金会搭建了检录设备与补给帐篷，分配补给物资。组委会在沿途设置了9个打卡点，并在每5公里处设置了一个补给点，为参与者提供最基础的补给：功能饮料、水、盐、食品等补给。物资支持重达40吨，包括娃哈哈、昆仑山、启力、加多宝、银鹭、好丽友派、士力架、香蕉、饼干、热姜汤、热蛋花汤、山东煎饼；服务支持包括：监控系统、移动厕所、按摩服务、救援服务、医疗服务；站点服务包括：加多宝、银鹭、立邦、大都会、汉能5家企业在6个站点提供保障服务。

• 强制装备检查。基金会不仅为队员们提供了装备指南手册，还在活动中设置了2个强制装备检查点：在打卡点4（东水峪）对所有100公里队员进行强制装备检查，打卡点8（长陵园村）对所有50公里队员进行强制装备检查。强制装备包括头灯（100公里的路需要彻夜行走）、水壶（补给点提供的是桶装水）、保暖衣物（昼夜温差大，用于夜间保暖）、手机（保持通信顺畅）、口哨（在紧急情况出现时用），容易快速被人发现。

• 避免迷路：项目徒步距离长，一路上既要翻山越岭，又会途经不同的自然景观，如田野、山坡、风景区、森林公园，甚至还要从村庄中跑过，基金会采取很多措施确保队员们途中不迷路。在所有可能走错的岔道处都作出了明显的标示，在不能走的地方都拉上了警戒线，以示提醒，在赛道一侧挂上路条，一红一白，红色的主要是白天起到提醒作用，白色是夜间反光，安全。在所有的路口都安排志愿者指路，而且志愿者或是当地的警务工作人员，或是村民，或是大学生。此外，活动还给队员们分发了夜光手环，进行安全提示。此外，赛会给每个队都配备了GPS导航并由专人实时监控，一旦发现有队伍偏离就马上展开行动进行救援。活动为队员们提供的指南手册，包含风险提示、紧急自救、现场紧急电话等相关信息。

• 避免失散。活动以小组为单位进行管理，小组人数太多会比较难统一，人数太少，如中途有队员下撤，会影响剩余队员独自徒步的热情，也会出现没人照应的情况。四人一组是相对合理的队员数量。

• 应对受伤。基金会为项目的所有队伍、所有志愿者和工作人员购买了保险。在每个打卡点内均安排来自武警总医院的29名护士志愿者待命，还有蓝天救援的111名志愿者和三夫户外的130名志愿者一同为活动提供户外安全保障。此外，来自北派修脚的28位按摩志愿者为队员们提供途中健康服务。救援队伍一直在路线上巡逻，发现走得慢的或者在路上停歇的都会上前询问情况，如需要不需要帮助等。活动要求队员们量力而行，并在活动路线上设置了强制医疗点，要求队员们遵守活动规则，在现场工作人员与义工指引下依次接受医疗检测，如检测结果显示身体状况不适合继续参与活动，则需要配合工作人员或义工立即下撤。红十字蓝天救援队信息组的队员"黑蝙蝠"在接受采访时说："所有队员通过之后，我们将对路段进行阶梯式搜索，确保不会丢下任何一个队员。虽然长城与虎峪路段的难度系数比较大，但是目前还没有队伍发出下撤请求。接下来我们将会对蓝天救援队的保障队员继续进行检查，要保证每一位队员和参与活动的工作人员的安全万无一失。"① never stop队的队员在微博上说：感谢在山上做安全的蓝天救援，那个蓝色看着真的好安心，所有危险的地方都有他们的身影，陡峭的山坡上有他们固定的安全绳，没有结实的树，他们就用自己的身体固定绳子，保障每一个队员安全通过，还要爬上爬下随时清理滑脱的碎石。

• 应对紧急情况。活动在打卡点均设有打卡义工、医疗义工和自驾义工，沿途有自行车义工、自驾车义工往返巡视，在山地路段设置有山地救援队义工。队员在途中觉得身体不适，或是遭遇任何紧急情况，可以马上向队长和附近的义工求助，队长会马上联系工作人员，调度车辆和救援力量予以援助。

• 交通后勤准备。由于此次活动的工作用车、项目队伍用车、项目支援队用车等预计超过800辆，居庸关长城的停车场无法容纳，为确保活动的顺利进行，在老北京微缩景观园设立中转停车场，所有项目队伍及支援队的车辆，都停在中转停车场，再乘坐组委会安排的大巴，前往居庸关长城。

• 环保。活动主要以桶装水的形式为大家提供水的补给，减少塑料污染，在大部分补给站和打卡点设有垃圾箱。而在活动指南中也提出倡导绿色善行，发扬环保精神的概念和要求。如有要求和自己的宠物一起挑战的远距离徒步队员，则需负责清理宠物沿途的排泄物。

---

① http://blog.sina.com.cn/s/blog_a7a099220102v2qw.html.

• 舆情监测。整个活动进行舆情监测，并做到实时回复。如出现拥堵，工作人员会上山进行疏导，并通过发短信，打电话等方式进行一一道歉。

在整个活动中，基金会考虑周详，安排周到。只是由于是首次举办此类大型活动，基金会还是有考虑欠佳的地方，出现了一些小遗憾：一是，基金会虽然在活动中设计了让队员们分批出发，但是设置的间隔时间仍比实际需要的时间稍短，加之队员们有在活动开始时体力较好速度较好，而有的队员没有拉练缺少爬山技巧，在爬山时速度较慢，导致大多数队伍在坡度近 60 度的“销魂坡”拥堵了近两三个小时。二是，补给品数量丰富，但甜味食品居多，需要增补含盐食品。三是，虽然在每个打卡和补给点都安排了志愿者，但是由于活动历时漫长，大家到达的时间不一样，晚上到达打卡和补给点时，没有白天的氛围好。

此外，活动尽管对队员们的个人风险做了很好的控制，但是百密终有一疏。虽然基金会请队员们在报名前确认自己无心脏病、高血压、心肌炎、糖尿病和严重心律不齐等不适合长距离徒步的疾病或家族病史，并强烈建议大家自行到医院体检，确保自己身体状况适合长距离徒步。但是，仍然可能有上述病史并没有去医院体检而参加了活动的队员存在，虽然这次活动没有出现恶性事故，这种潜在危险仍不可忽视。

（4）活动后期

活动结束后，基金会公布了活动竞速比赛的结果并继续激励募款、制作活动电子简报/快讯发送，并寄送捐赠发票。

在其他类别奖项结果出来后，基金会还召开了总结会暨颁奖仪式，公布其他奖项结果及包括筹资情况等各种统计数据。

之后，基金会组织队员们前往受资助地区实地探访，了解善款的使用情况。

严谨的活动流程为活动的顺利进行提供了良好的保障，除了因为队员出发时间间隔估计略有失误，造成在“销魂坡”队伍堵塞外，整个活动得到了参与者们的一致好评。3271 - 亚洲队的队员在网上留言：“在这里真心感谢扶贫组织了如此有意义的活动，感谢辛苦的志愿者，没有他们的及时补给，我们很难想象我们可以顺利完赛。给蓝天救援队点个赞！他们太专业了，很辛苦为队员们保驾护航。还有就是昌平区的老乡们，他们沿街的鼓励给我们这些队员极大的鼓励，爱上昌平！”“来声大燥”在微博中写道：“组委会考虑周全，服务周到，还有很多志愿者们全程亢奋的加油，最重要的是支援队的精神支持与坚强后盾，一切都如此完美。"

活动结束后，基金会还收集了各方反馈，对活动进行总结反思，为明年活动的举办做准备。基金会工作人员认为两个方面明年要做得更好：一是将队员们出发的时间间隔延长，减少拥堵。二是明年设法将通讯信号覆盖到今年发现的通讯盲区中。

5. 精确的目标市场定位

任何活动的开展都需要精确定位其目标市场。例如，公益旅行活动"多背一公斤"将目标市场定位于热爱旅游并有一定经济能力的旅游者，通过旅游者在旅途中举手之劳的公益活动，帮助贫困落后地区的孩子，也为旅游者带来丰富的旅游体验，实现良性的公益循环。

中国扶贫基金会在"善行者"活动中对目标市场也有精确的定位，针对目标市场的特点和需求，设计相应的活动内容。

（1）对公众目标市场的定位

对公众目标市场，基金会瞄准的是他们热爱运动、喜欢挑战，愿意结识朋友和帮助他人的特点。这些人大多是30～50岁的白领、社交达人、高管，还有在校大学生。他们有着较好的教育背景，熟练运用网络及社交媒体，互动意愿和互动能力均强。这些特征也是增强互联网广播效果的优势。基金会依据他们的特点和需求进行活动设计。正如活动组委会负责人所说，徒步活动运动简单，容易参与，互动性强，其群众基础非常广泛，"一些社会团体、企业想要达到公益目标，扩大社会影响力，喜爱运动的人群是比较理想的对象。徒步运动仅仅靠迈开双腿就能实现自身的良好体验，其绿色健康、低碳环保，也与公益的理念不谋而合"。①

（2）对企业目标市场的定位

基金会选择的企业目标市场是与活动各环节有紧密关联的企业，包括户外运动、节能环保、矿泉水、食品、医药保健、保险、网络通信、传媒等。从活动的企业合作名单中我们也能看到活动锁定的目标市场的类型。例如，户外公司三夫户外是活动的协办单位，帮助设计路线。361°为战略合作伙伴。加多宝、娃哈哈、银鹭、昆仑山矿泉水、好丽友、汉能 hanergy、

① 马广志：《"运动筹款"引领公益创新》，http：//www.chinatimes.cc/hxsb/special/rendaocishan/140616/1406161156－135943.html。

蓝洁士厕所、云南白药、北京市武警总医院、大都会人寿、每日瑜伽、立邦、roseonly 花店、戈壁之眼、Y. S media tech 等均有参与。

6. 有效的激励机制

锁定目标市场后，基金会有针对性地建立了有效的激励机制，提高目标群体和其他参与者的积极性，充分调动他们的资源和能力。

(1) 对队员的激励

基金会从显性和隐性两个方面给予队员激励。

显性激励包括奖项、对活动的传播、抽签。

• 奖项。为 8 小时内完成挑战 50 公里的队员、16 小时内完成挑战 100 公里的队员颁发“闪电善行者”证书，其他队员颁发“善行者”证书；走完全程（50 公里或 100 公里）且筹款积分走过 2 万公里的队伍将获得“超级善行者”证书。基金会也为未完成全程的队伍和队员们颁发奖项。善行积分前三名、次捐前三名、月捐前三名、买一善一前三名获得“善行筹款”奖；最具创意 3 个队伍/个人获得“善行创意”奖；捐赠笔数前三的队伍/个人获得“善行人气”奖；个人筹款额前三名获得“善行先锋”奖。此外，2014 排名积分前 30 名的队伍获得“荣誉队伍”称号，2015 年可不参与抽签直接获得队伍名额。善行积分排名前 3 的队伍将获得前往善款实施地进行探访的机会。

• 传播。活动现场共有 55 个机位和 9 个信息传播专员对现场活动进行传播。基金会对抵达终点的队伍进行现场采访。为此，录制了《一路畅通》、《行走天下》节目。参与报道的国家级电视台有：CCTV12、CCTV4、CCTV 新闻；地方级电视台有：BTV6、BTV 新闻、光线传媒；广播电台有：103.9、文艺之声、高速公路。12 家报纸参与报道，《北京晨报》还用 4 个版面对活动进行平面深度报道。《影视圈》、《中国公益慈善家》等杂志对活动也进行了报道。

• 抽签。基金会将名额爆满变激励措施。刚启动报名时，公众报名就很踊跃，20 余天的时间，挑战 100 公里的自由组队队伍名额已满，50 公里也已经有 130 支队伍报名。为此，基金会将余下的团体组队队伍名额让渡给自由组队队伍。也就是说，在报名截止日之前，想参加徒步挑战的人，仍然可以组队，审核通过后，将成为备选队伍参加组委会的抽签仪式。这不仅让已经成功报名的人倍加珍惜获得的参与机会，对那些想通过抽签而获得参加资格的队伍的激励更是不言而喻。抽签结束后，一位抽中队伍的代表幽默地说："真没有想到，做好事，还得抽签，我得珍惜这次难得的机会，多训练，争取走到终点，多筹善款，资助更多贫困地区的孩子。"①

对队员们的隐性激励包括集体关怀和祝贺。

• 集体关怀。基金会为队员们统一发放筹款海报和筹款名片模板，使队员们获得"找到组织"的归属感和荣誉感。一次次的拉练和培训更增加了队员们对活动的信心和对主办方的信任。而徒步挑战队伍的支援队也参加了出发仪式并一路提供服务，为队员们鼓气、加油，也提供后方支援，他们是队员的家人、同事或朋友。后援团的帮助主要是与队员们共行、陪走，鼓励，提供补给，帮助背东西，为队员们加油，增加了与队员们之间的感情。后援团也有扩大社交的需求，他们聚集在一起也是一个很好的交流机会。活动中，队员们通过微信微博分享对后援团的感谢，"绝不减肥的齐小胖胖了"在微博上说："过了长陵村，比预计快了一个多小时。中间还吃了顿三姨和妹妹送来丰盛的大餐！爽翻了！感谢所有亲人朋友同事们的支持！爱你们。我会继续加油！" never stop 队的队员在微博上说：感谢每一个拐点的志愿者们，每一声加油，都加了很多很多，特别是最后冲刺的一百米，爆棚的欢呼声让我们以最饱满的姿态撞线。一位挑战 100 公里的队员到达终点时充满了感慨，"虽然走到后来觉得很累，天亮时真的一点力气都没有了，但是想想我都走了 70 多公里，再坚持一下就到了，走到了我就不遗憾了，走到了我也能理直气壮地发动朋友们帮孩子筹款了，那我就再坚持一下吧……"② "与爱瞳行"的李霄云说：我想强抱！所有挑战者！所有志愿者！所有村民！所有后援者！所有参与者！我很渺小，无声无力。但我们在一起很强大，有心有志！感激这一切！要感激那些需要我们帮助的孩子，因为其实是他们帮助了我们，帮助了我们在做更好的自己！

• 致谢、祝贺。在活动终点处，志愿者们为每个到达终点的队员献上祝贺花环，拍照，摄像，颁发证书。道路两旁的啦啦队会定时换人，确保一直有啦啦队给队员们加油。这样的鼓励是发自内心的，也为每一个到达站点的队员营造了英雄凯旋的氛围。在场媒体的转播也让队员们感受到自

---

① Gongyi. cnr. cn/news/201408/t20140804_516117069. shtml.

② 引自中国扶贫基金会在"2014 善行者公益徒步活动回归日"活动上展示的 PPT 内容。

己的努力正在被越来越多的人认可和支持。

(2) 对企业的激励

企业参与公益的动因之一是获得良好的公众形象和提高消费者的好感和认知度。同时，企业希望将活动与企业自身的员工团队建设结合起来，这既是对员工的福利，也增加员工对企业的凝聚力。为此，基金会从形象宣传和员工团队建设两个方面给予企业以激励。除了对加强对企业的宣传力度外，所有支持活动的战略合作伙伴企业，均可获得活动全程冠名的机会。基金会为其他合作伙伴提供了企业员工以公益徒步队员或志愿者的方式参与活动的机会。

针对企业的激励显然收效很大。活动共获得 25 家企业支持，它们共提供 40 吨物资，和按摩、医疗、跟踪系统等特色服务。有 5 家企业参与站点服务，为队员提供打卡、补给、加油等服务。其中，立邦公司捐资 2 万元，并从员工中选拔 4 个队员组成队伍参加活动，在活动时，企业老板和其他员工都成了这支队伍的后援团，一起参与活动。

(3) 对志愿者的激励

志愿者是活动中默默奉献的人们，基金会为他们颁发“善行者志愿者服务”证书、“善行者志愿者”徽章；同时，在活动结束后还会评选优秀志愿者个人、团队，赠予荣誉称号，表彰志愿者们默默奉献，甘作绿叶的精神。活动中，队员们微信微博中对志愿者们的感谢也激励着志愿者。Terik_Tian 在微博上说：“特此感谢中国公益摄影师协会及京内公益的各位老师在项目活动中的辛勤奔劳，坚守工作岗位，第一批完成了 12 小时的拍摄任务，还有部分老师仍坚守在工作第一线上。向各位老师致敬，你们辛苦了，谢谢大家的支持。”李不弯在微博上说：“比赛的组织是我见过的最好的，不仅是补给不错，更重要的是组织人员（有的是扶贫基金会的员工，有的是志愿者）都是发自内心的热情。有的员工甚至带了自己做的芝麻拌的咸菜，那叫一个香。”

7. 监督与透明

“善行者”为公众创造了及时监督的机会，保证筹款过程透明，所筹款项用途可信。从活动发布到活动结束，很多环节都可圈可点。

(1) 活动方案透明

基金会从活动一开始就做到了活动方案向所有参与者开放，保持信息透明、对称,使人们有足够的渠道了解活动情况。活动启动时,基金会举办活动启动仪式并召开媒体发布会,发布活动路线,介绍活动规则和信息发布平台(如官方网站)。公众可以在"善行者"官网上查到整个活动的关键时间点,活动线路、报名事项等信息。

(2)活动执行透明

每个申请参与活动的队员都统一经由网站进行报名,网站同时公示入选队伍名单。由于名额有限,需要在申请者中抽签决定最终名单,基金会公布抽签全程,邀请第三方机构到场监督,并邀请队员或者准队员们成为公众监察员,到基金会抽签现场监督抽签全过程。抽签以最传统的方式举行,即将写有备选队伍名字的纸条,放入箱中,随机抽取。有兴趣担当监察员的公众可以通过关注"中国扶贫基金会"官方微信账号,并回复"姓名+电话+我要监票"的方式报名。

共有52家媒体(电视7家、广播3家、报纸12家、杂志6家、网络24家)对活动现场进行了报道,原发新闻稿75篇,转发量达到182篇。

(3)活动结果透明

活动伊始,基金会就建立了"善款流向"专栏网页,展示筹资动态。基金会为"善行者"设置了三种捐赠方式:"买一善一"、"次捐"、"月捐"。同时,为每个队伍和每个队员设置了单独的网页,队员们和公众可以随时看到每个队伍及队员获得的捐款类型、来源及金额。徒步挑战活动结束后,不同的捐赠者仍可以通过不同的渠道继续查询相关信息。次捐者会定期从邮箱获得善款使用报告,并可以在官方网站、微博、微信等平台查看更新。月捐者则可以在 www.yuejuan.org.cn 查询个人捐赠记录,并在每年年底获得捐赠票据及捐赠证书,以及每月得到捐款短信/邮件通知、热线咨询、参加扶贫之友活动,如前往受资助地区探访、参加周年聚会等。对月捐额达到100元的捐赠者,将会收到一对一关爱孩子的个人资料、学年成长报告、通过信件明信片等与孩子互动。

此外,基金会在活动前不仅公布了每种捐款的参与方式,还公布了每种捐赠方式下的善款使用计划,让公众明白自己将要捐赠的钱会怎么用,用到哪里去,以及受助地和受助者基本信息。例如,针对月捐,项目活动手册上介绍了每100元善款的三种不同用途及相应资金比例。

基金会同时公布善款资助的学生用品价格。例如,"善行者"善款用途之一是为贵州毕节地区的20所学校的学生送去1万个爱心包裹。2011年至

2013 年，基金会招募 4 名志愿者，经过面试、培训后，志愿者们对爱心包裹产品进行了三轮市场询价，最后进行购买。为了保证透明，基金会将询价结果、购买发票以及参与志愿者的证件进行公示。

基金会为参与“买一善一”的消费者提供明晰的捐赠流程和反馈机制。实际上，参与该捐赠活动的消费者并不捐一分钱，只有有消费行为即可，真正的捐赠者是企业。也就是说，当消费者购买“买一善一”品牌的任何一件产品，企业就会以该消费者的名义捐赠一双适合尺码的定制款运动童鞋给一名山区缺鞋儿童。消费者可随时浏览到“买一善一”的捐赠内容说明，了解捐赠 - 受益的整个流程，而受赠儿童的人数以及待赠儿童的人数也会在网上展示、更新。消费者在网上完成付款流程后，会收到以自己名义所捐儿童的信息。为建设配送成本，当受赠数量全部覆盖全县学生时，即进行配送。消费者将收到受赠县各个小学的受赠情况、学生领取鞋子的签收记录，以及孩子亲自填写的“回音卡”。基金会也为消费者提供受助地区的实际情况，如“买一赠一”的受益地区是四川省凉山布拖县，基金会在项目官网上公布了基金会 2013 年完成的《贫困地区小学生缺鞋状况调查报告——以西南两县小学生为例》。该报告通过数据及案例展示了西南两县小学生的缺鞋情况、缺鞋因素、获得捐赠状况及鞋类捐赠面临的问题等，便于公众了解受益地区及群体状况。

除了通过网页和邮件发布捐赠支出信息外，基金会还组织队员们前往受益地区贵州毕节地区威宁县进行实地探望，实地了解善款的使用情况。同时，通过官网、微博、微信等发布相关新闻，并与北京交通广播电台合作，进行了实时报道，在报道中进行三次现场连线与公众互动，帮助公众深度了解善款用处与去向。

8. 客户关系维护

基金会从以下几个方面对“善行者”的目标市场进行关系维护。

（1）增强与参与人群之间的沟通

为此，基金会对不同参与人群的特点进行分析，采用有针对性的沟通策略。如前所述，参与“善行者”徒步挑战的人群主要是热爱运动的人们，基金会在进行活动展示、沟通、交流时，多通过网络（网站、微博、微信）和社交软件（如 QQ 群、微信群）等进行；而北京中关村是著名的高科技公司聚集地，年轻白领居多，地铁 4 号线从中关村经过，基金会即在北京地铁

4号线1辆列车中发布了长达1个月的“善行者”公益广告。从此次活动的统计结果也可以看出，70后、80后是活动的参与主力。项目共有1044支队伍（4176人）报名，450支队伍（1800人）入选，活动实际出发人数为1632名队员，参与人数中80%是70后、80后，年纪最小的队员18岁，年纪最大的队员64岁，平均年龄33岁。

（2）增加参与者的满意度和稳定性

基金会通过报名环节，赋予参加队员队伍选择权，并增强其稳定性。每个小组限定4人，参与者报名时需自行组队，此时“呼朋唤友”式组队是主要采用的模式，而这种模式组成的队伍更稳定。队员们可以借参加活动的时候聚会，交流感情。

（3）增强参与者的黏性

让参与者感受到“善行者”的意义和价值，同时使其意识到收获了价值，有助于增强参与者的黏性。

在活动预热阶段，项目不仅通过合作电视台、合作影院、网络媒体推送活动宣传视频，还通过合作广播电视台，推送活动宣传片花，定点播放，以传播活动的意义和价值，吸引目标群体参与。在活动启动的时候，项目举行启动仪式并召开媒体发布会，发布官方网站，发起第一波舆论浪潮。在报名阶段，项目高校宣讲、公众沙龙宣讲结合合作媒体渠道发起第二波舆论浪潮。同时，微博、微信开展客服工作，与公众互动，为目标群体报名参与提供便利。在活动现场，项目与电视台合作全程跟拍、制作专题新闻、与广播台合作全天定点直播活动情况，并有纸媒现场采访队员、志愿者与企业，增加他们的荣誉感。基金会还拍摄现场精彩镜头，剪辑回顾短片，让参与者能够回顾那些精彩瞬间。

活动结束后，基金会召开总结会暨颁奖仪式，邀请媒体报道活动成果及颁奖结果，发布回顾视频，凝聚目标群体。同时，公示善款动向，让队员们对自己的筹款对象有个交代，使其意识到参与此次活动“物有所值”，增加对项目的信任感。

（4）增强参与者的忠诚度和持久性

基金会通过拉练和培训活动，向参与者传播基金会的公益理念，增强参与者的忠诚度和持久性。队员们在活动过程中获得的快乐更能加深他们对活动的认可和对基金会的信任。考虑到并不是所有参赛队员都能如期完成挑战，基金会针对不同的参与者设计了别样的激励方式。如未完成全程挑战的队伍和队员们有机会因筹款名次前三获得“善行筹款”奖、“善行创意”奖、“善行人气”奖；个人筹款额前三名获得“善行先锋”奖。同时，在举办活动时提醒队员注意自己的身体情况，设置相应的挑战目标和筹款方式。这些措施有力于确保每个参与者的热情不受打击。此次活动实际出发人数为 1632 名队员，168 名队员临时弃走，参与率达到 90.6%。

即便活动结束，基金会仍在保持与参与者的联系。10 月，基金会召开了总结会，11 月组织参与者实地探访，12 月发布总结报告。元旦、春节期间，基金会将给参与者们送去节日祝福，而 2015 年 3 月就又开始新一轮的年度挑战活动了。同时，“善行者”建立的公共微信每周发送一篇与运动有关的内容，与参与者们分享。队员 Cat-ina 在微博上说：“收到主办方特别发送的照片真的很感动，上万张活动照片，经过一周的筛选，根据照片上能够辨析的号码布，点对点地将照片发到志愿者的邮箱里，还不仅是队长的，而是每一个志愿者的，这个超级厉害啊！相当耗精力啊！”

四　病毒营销

自从 Hotmail. com 创造了“病毒性营销”的经典范例之后，这种互联网营销特有的“利用他人资源宣传自己”的营销手段受到营销人员的极大重视，并试图在多种场合利用。“善行者”徒步挑战活动很好地运用了病毒营销策略，除了直接获得到 9102 笔捐赠，还获得了更为长期的公众知名度和影响力。

1. 提供有价值的体验和服务

病毒营销的要素之一是为营销对象提供有价值的服务。

首先，“善行者”传递正能量，与公众有善的本性和热爱公益的本性契合。

其次，“善行者”为公众提供了一个参与公益的良好机会。很多人希望有机会参与公益，但缺乏自己能参与的方式和途径。这样的活动，不仅能让队员们参与，还能让队员的亲朋好友参与。参赛的“三好生”队的队员在随笔《用脚步丈量爱的长度与宽度——记我的善行 100 初体验》中写道：

"因为以爱的名义，为了贫困山区的孩子而善行，带着自己的爱心，决定组队参加。"

2. 借助大众传媒和自媒体

"善行者"利用的传播平台及信息发布情况如表3所示。

表3 传播平台及信息发布情况

类别	数量
战略和爱心合作媒体	25家
重大活动传播	新闻发布会、抽签活动、拉练、队长碰头会等25次
明星支持	30余位明星支持传播，另11位明星录制光影星播客节目
网站、报纸、杂志	67篇（不完全统计）
户外视频广告	482块户外、机场电子屏幕（覆盖北京、天津、上海等地）
平面海报	6000份（覆盖全国省会城市）
地铁、出租车广告	地铁4号线1辆列车中1个月的公益广告、北京出租车《北京漫步》杂志刊登广告
广播	通广播、文艺广播、央广高速广播、北京故事广播等播出10余期专题节目
电视	电影频道（CCTV－6）播出公益广告
自有平台	官网、官方微博、官方微信互动
队员微信	队员朋友圈

活动还通过拥有传播资源或传播能力的队伍进行传播。例如，俊采星驰队（《北京晨报》），不仅自己作深度报道，还邀请CCTV－4的朋友参与报道（21日中午13：20左右播出2分钟新闻）。

据基金会自己进行的调查，队员们获得活动信息的三个主要渠道是：朋友圈、广播、地铁4号线广告。其中80%的队员是通过微信知道活动的，其次是通过北京交通广播电台103.9频道获得的。

此次活动的媒体合作方阵营也很强大。新浪网、《南方都市报》、北京交通广播、爱奇艺、央广网，BTV体育、《北京晨报》、新浪微公益、《京华时报》等是战略合作媒体；触动传媒、《新京报》、凤凰公益、《法治周末》、聚众传媒、新公益、《精品购物指南》等为爱心合作媒体。

有50名记者参加了活动，当日，共有原发文章75篇，转载182篇。文章题目几乎都包括了"公益"和"徒步"这两个词。几乎所有的文章都在传播“人人公益”的先进理念，得到了受众的认可。有的网友询问“这个需要怎么参与”。还有网友留言“支持公益！徒步一百公里，厉害！我最多走过七十公里”。部分媒体对此次活动报道的文章如表 4 所示。

表 4 媒体报道文章

媒体名称	文章题目
《新京报》	《公益募捐　百支队伍徒步挑战百公里》
搜狐公益	《内地首个百公里公益徒步活动在京成功举行》
央视网	《善行者——中国内地首个百公里公益徒步活动今日出发》
公益中国	《2014 善行者——公益徒步活动在北京昌平成功举行》
中国网 - 新闻中心	《百支队伍为公益募捐徒步挑战百公里》
《北京晨报》	《“善行”百公里》
公益中国	《中国内地首个百公里公益徒步活动“善行者”成功举行》
凤凰公益	《善行者——首个百公里公益徒步活动成功举行》
凤凰资讯	《善行者公益徒步在居庸关启动》

3. 利用明星效应

“善行者”充分利用了明星的影响力。5 月 22 日新闻发布会、9 月 13 日活动现场出发仪式、10 月 16 日活动总结会，每场都邀请多家媒体进行报道，邀请明星参与。

在活动启动仪式发布会上，演艺明星秦岚身穿“善行者”制服助阵活动，并接受主办方聘书，成为这项公益活动的宣传推广大使。项目爱心大使马艳丽为参会者介绍了项目活动规则。9 月 14 日下午，秦岚专程到昌平南环大桥补给点为 100 公里项目队伍服务。郭敬明和瞿颖分别在主持《光影新播客》时介绍了项目。秦岚、郭敬明、曹颖、吴越、郑佩佩、易扬了参加电影频道的节目录制；韩庚、何炅、胡可、何军、姚贝娜、袁姗姗、佟大为、蒋一鸣、张大李、凤凰传奇等参与录制了宣传影辑。

而影视动作演员曹帅，2009 年快乐女生季军黄英、冠军江映蓉，明星经纪人王亚倩则组成荣誉队伍直接参加活动。2009 年快乐女生亚军李霄云则与她的朋友们组成的“与爱瞳行”队参加活动。队长曹帅说，“能到达终点一定是我们的最想要的结果，但是在路上努力向前的过程同样会成为我们参加这次活动最珍贵的东西”。① 黄英说，“我想呼吁大家通过实际行动去做公益，希望通过我和我的朋友们的明星效应，尽自己的一点点微薄之力，真真正正地身体力行，一步一个脚印地走在公益的路上”。②

此外，明星们利用自己的微博、微信转发活动内容。多位明星进行了转播支持。其中李霄云准备第二天参赛的微博被转发821次，评论836次，获赞1257次；秦岚发布的号召公众报名参与的微博被转发55次，评价287次，获赞768次；黄英关于参加项目的微博被转发81次，评价143次，获赞926次。

4. 利用人际关系网络

曾有媒体称运动筹款主要靠“杀熟”。“善行者”活动也不例外。

队员们通过写告白信，感谢信向自己认识或有邮件地址的人进行筹款。队员们能用的手段基本上都用上了：在微信朋友圈内进行“一起捐”；张贴筹款海报在社区进行筹款；通过提供筹款名片模板，向能接触到的人群筹款。大家互相激发，带动家人、朋友影响社区以及新认识的人。这种基于人际关系和社区网络的宣传和筹款手段，无疑为活动注入了不可估量的积极因素。基金会统计结果显示，活动过程中，队员们人均动员5人次参与捐赠。在活动总结会上，来自交通广播电台的主持人“爆料”说，台领导为台里的参加队伍捐款一万。一位队长说：“公益就像滚雪球，你感召了一个人，他就会说给别人听，这样关注和参与的人就会越来越多。”“复旦新创业者联盟队”的一位队员在《100公里归来》中写道：“我看了一下（我的筹款对象）名单，涵盖了幼儿园、小学、初中、发小、高中、大学、研究生同门，以及创业以来的合伙人、同事、客户、合作伙伴。微信留言中还有很多在问如何捐的。”亲友团的支持，也为整个活动增添了积极色彩。

5. 劝募创意

队员们在筹资过程中产生了很多劝募创意。有的队员头绑印有企业名字的头带，胸贴同样名字的贴纸出现在活动现场，把自己的额头和胸前位置当广告位出售，筹到了5000元善款。“思勤小伙伴”的队员通过一手精

① Music. yule. sohu. com/20140917/n404391265. shtml.

② Music. yule. sohu. com/20140917/n404391265. shtml.

湛的魔方技巧表演吸引观众，以此展开劝募。有的队员通过给捐赠 100 元以上的捐赠者做手工点心进行劝募；有的队员将自己刚获得的马拉松比赛的奖金捐给了活动；有的队员将自己收藏的红酒进行拍卖，将所得捐给活动；有的队员以承诺一个月瘦 10 斤的方式进行劝募；而队员“二黑的爸”在白色 T 恤前面写捐款已到账的捐赠人名字，在 T 恤后面写约定捐款的捐赠人名字，进行劝募；还有的队员在女儿的幼儿园，带着小朋友义卖筹资。

五　改变企业参与公益模式

企业参与公益的方式有多种，最常见的是直接捐款捐物，或提供志愿服务，很少作为劝募主体参与公益。“善行者”为企业提供了深度的体验。

1. 为企业设计多种参与方式

基金会为目标对象企业设计了多种参与方式。包括：

（1）战略合作伙伴

企业可全方位以资金支持的方式赞助活动，获得活动全程冠名和各项宣传企业形象的机会。

（2）爱心合作企业

企业可为活动提供一定的资金及物资帮助参与到活动中，获得树立企业形象，加大企业宣传的机会。

（3）善行伙伴

企业可为活动提供一定的物资支持以及专业的服务，获得树立企业形象、加大企业宣传的机会。

（4）企业员工组队

企业可组织企业员工直接参与公益徒步挑战。增加企业员工之间的感情，提升团队凝聚力。

对于承包打卡点的企业，基金会为企业提供了可宣传企业的方案，企业可以在打卡点进行企业展示，除了显示企业 logo 外，还可以让参与者使用本企业的产品。加多宝、银鹭、立邦、大都会、汉能 5 家企业在 6 个站点提供保障服务。

基金会为各企业提供的多种合作方式如表 5 所示。

表 5　企业合作的多种方式

类别		细则
荣誉回报		获荣誉称号
		在活动中享有行业排他权
		邀请参加各项重大活动及仪式
参赛队伍回报		享受本届活动队伍参与名额，但队伍仍需缴纳报名费及筹款
新闻发布会 & 总结会回报		新闻发布会主展板、总结会主展板
		企业项目展示 X 展架
活动现场回报	宣传露出	起终点悬挂带有企业名称或产品名称的宣传旗帜
		起终点摆放带有企业名称或产品名称的铁马或广告板
		起终点活动背景板、采访背景板、站点公里数板露出
		队员指南手册
		队员优惠券册企业产品露出（标准尺寸，企业自行设计印刷）
		队员及义工服装、队员号码牌
	站点专区及路标指示牌	起终点设置企业专属公益展示区域（标配：帐篷、1.2m 桌、2 把椅子）
		沿途打卡站点或休息站设企业专属服务区（标配：帐篷、1.2m 桌、2 把椅子） 企业需在此区域为队员提供服务、自行负责展位布置和人员配置
		沿途路标指示牌
媒体回报	宣传品	海报、折页体现
	宣讲会	45 场宣讲会活动易拉宝
	官网	队伍及个人页面 logo 露出
	微博微信	官方微博、微信与企业开展活动微博互动，与合作企业发起联合营销

在这次活动中，企业为活动提供的支持包括三类。

（1）提供物资或资金支持

企业不仅为活动提供队员及志愿者服装、桶装水、功能饮料、食品、急救包、队员物料包等物资支持，还为活动提供资金支持。例如，"阿尔高"项目团队在德国总公司的见证下开启起航仪式并组织了慈善晚宴，现场筹集近上万元善款，均以"阿尔高"团队名义捐赠给基金会。

（2）提供后勤保障

企业除了为活动提供物资支持外，还提供了监控系统、移动厕所、按摩服务、救援服务、医疗服务、厕所配置及安装等后勤保障，有的企业直接在 6 个站点进行包点服务。

例如，汉能控股集团作为活动的爱心合作伙伴，利用其领先的太阳能薄膜发电技术为活动参与者提供清洁能源服务。在活动的起点、终点和大河套补给点都设立了清洁能源充电站，利用其领先的太阳能薄膜发电技术为活动参与者手机、Pad 等电子设备提供绿色电力。同时，汉能志愿者团队——汉能 · 益行团的四位成员组队参加了徒步。汉能还派出一支志愿者自行车骑行队，随身携带小型太阳能充电设备，在徒步过程中为队员提供移动充电服务。

基金会同时鼓励各部门把自己长期合作的企业关系动用起来，作志愿者。有一个志愿者从山东开车到北京提供志愿服务，还给队员们带去了山东煎饼。

（3）组建参赛队伍

有的企业如立邦公司的员工组成了多支“立邦为爱善行队”，成为徒步队伍中的成员。活动提高了员工的责任心、耐力和团队协助能力，促进了同事间的理解。这也是公益徒步吸引企业参与的一个重要因素。

2. 有付出必有回报

参与企业在为“善行者”付出的同时，自身也得到了很好的回报。

（1）提升企业形象

不管是因为公众参与公益的热情高涨，还是对健康生活方式热衷，抑或是企业团队文化建设、亲友联谊、旅游度假等需求，“善行者”一直保持着很高的受关注度。这无疑是企业愿意参与其中的因素之一。对企业来说，“高关注度”是企业获利的最佳时机。

> 企业本身就需要履行社会责任，项目满足企业的这种需求。同时，也是很好的宣传机会。有的企业就包了一个站点，既宣传了企业，又展示了它们的产品。①

（2）有利于企业团队建设

企业员工参与这次活动为企业加了不少分。“这个更好玩，还能组织员工参加。这对团队建设是个很好的机会，也花不了多少钱，有些是企业买

① 对中国扶贫基金会公众捐赠部主任助理韦丹丹的访谈。

单，员工来参加，把这个作为是员工福利。"①

有个企业只有一支队伍名额，只能送4个员工参加，就在企业进行选拔，一层层选拔，在这个过程中就进行了团队文化建设了。而且，在活动中，公司老板组织其他员工来做后援团，公司文化就很活跃了。②

六　与政府成功合作

"善行者"的成功主办，与活动所在北京昌平区政府给予的支持密不可分。昌平区人民政府副区长孙启参加启动仪式时致辞说，"昌平上风上水，自然风景秀美，在发展旅游观光、户外休闲等方面都具有得天独厚的优势。'扶贫善行者'作为中国扶贫基金会发起的一项大型公益活动，首届选择在昌平举办，更为我们提供了一个充分展示旅游资源和良好环境的机会。作为属地党委政府，昌平将与中国扶贫基金会以及其他承办、协办单位一起，尽最大努力，全方位地做好各项服务保障工作，努力提供优质服务、创造良好环境，为办好首届'扶贫善行者活动，作出应有的贡献"。③ 活动过程中，昌平区政府共有27个行政、职能部门（各行政单位名单见表6）为活动提供了涉及交通、公安、村镇巡逻、景点门票、山路维护、市容市政、垃圾桶、厕所方面的支持，提供的保障达36个小时。

表6　提供支持的昌平区政府27个行政、职能部门

序号	单位名称	序号	单位名称
1	昌平区委宣传部	7	公安昌平分局
2	昌平区外事办	8	昌平区安监局
3	团区委	9	昌平区体育局
4	昌平区旅游委	10	昌平区卫生局
5	昌平区市政市容委	11	昌平区食药监局
6	昌平区教委	12	昌平区城管执法局

① 对中国扶贫基金会公众捐赠部主任助理韦丹丹的访谈。

② 对中国扶贫基金会公众捐赠部主任助理韦丹丹的访谈。

③ http：//www. bjchp. gov. cn/tabid/7242/InfoID/289609/settingmoduleid/13728/Default. aspx.

续表

序号	单位名称	序号	单位名称
13	昌平区交通支队	21	中国移动昌平分公司
14	昌平区消防支队	22	南口镇
15	昌平区气象局	23	十三陵镇
16	昌平区园林局	24	延寿镇
17	公路昌平分局	25	城北街道
18	十三陵特区	26	城南街道
19	昌平区供电公司	27	南绍镇
20	昌平区十三陵水库管理处		

基金会与昌平区政府建立起互信、合作的关系。

当然，活动本身具有很强的公益性，是昌平区政府考虑合作的原因之一。首先，昌平区有着支持公益活动的历史渊源。其次，中国扶贫基金会是中国大型基金会中口碑很好的公募基金会，公众基础和公众形象均佳，基金会与企业和政府的关系也值得称赞，昌平与这样的基金会合作，肯定安全，并且会有收获。再次，基金会充分考虑昌平区政府的自身需求，并与昌平区政府之间进行充分协商、沟通也很重要。基金会找到县政府，直截了当地问询活动能为昌平区做些什么，寻找昌平区的“利益”点，最终，活动路线选择自居庸关长城开始，历经居庸关民俗村、虎峪自然风景、十三陵景区、十三陵四大名宴民俗村、黄泉寺尜枣民俗村、延寿寺、黑山寨民俗村、昌平新城滨河森林公园等昌平的众多旅游景点，这样，活动的主办有助于加深昌平区在大众心目中的形象。昌平区一直以来在打造绿色旅游，力争让消费者们爱上来昌平区旅游，民俗观光、采摘、休闲，昌平区是好的去处。打“旅游”合作牌，无疑是个最佳的合作点。为此，基金会给昌平区负责旅游的副区长发去公对公信函，昌平区认为可以开展此次合作，借此向公众进一步推介昌平的旅游资源，将十三陵集聚区周边打造成户外徒步的标杆地。最后，一个令人满意的严谨的执行方案是合作的基础。昌平区政府在与基金会进行合作时，看到了基金会高效率的执行力，基金会工作人员敬业、热爱公益感化了政府人员，政府与这样的团队和机构合作，在执行上不会出乱子，风险低。

9 月 13 日，“善行者”徒步挑战开始时，区委常委、副区长孙启代表区委、区政府和全区人民欢迎善行者们来到昌平。他说，居庸关长城是雄伟的，昌平的风景是美丽的，正在规划的500公里国家步道，将为昌平添加另外一道亮丽风景，也将为更多的徒步爱好者提供一个更为专业和舒适的徒步场所。① 活动开始前两天，昌平区旅游委副主任沈玉江说，"昌平区也将以此次活动，进一步推介昌平的旅游资源，将十三陵集聚区周边打造成户外徒步的标杆地"。② 他在"善行者"总结会上发言说，"2015年还要在昌平办，这是对我们昌平极大的信任。希望这个活动能成为更多的人捐助和献爱心的平台，能成为扶贫基金会和昌平共同打造的一个全国，甚至世界知名的品牌活动。第二届、第三届、第四届、第五届，让更多的需要帮助的孩子得到帮助"。

近几年，内地很多公益组织开始试水"徒步+公益"的运动类公众筹款活动，有上海公益事业基金会发起的"一个鸡蛋的暴走"、中国青少年发展基金会发起的"挑战8小时"，还有壹基金发起的"为爱同行·壹基金健行活动"等，除了这些声势浩大的活动外，全国各地还有林林总总的步行筹款活动仍在进行中。这些活动的共同特点是全方位面向公众，与公众共呼吸。相信，未来中国的公益徒步会创造出越来越多的传奇，为中国公众！

① http：//www. cprt. com. cn/jetcms/_templates/ContentTemplates/template _ vi/index. html? id = VI _ 14547.

② http：//www. cpweb. gov. cn/news/changping/26971. html.

第三部分

典型案例

艺术与公益：谢丽芳纪实

漫步于山间，吟一句“我见青山多妩媚，料青山见我应如是”，便有了诗人的温柔；含一片绿叶，唇齿流转间，便有了“口琴”的悠扬。母亲轻轻哼着摇篮曲，将宝宝送入梦乡，外婆依偎着孙儿，讲述着古老的童谣。艺术创造和审美愉悦就是如此真实而不经意地出现在我们的生活中。

而当今商品化、市场化的大潮，使艺术也逐步走向商业化。有人说它好，有人说它不好，有人走上了这条必然的商业化道路，有人依然选择那种浑然天成的自娱自乐、无功利，亦不需他人喝彩的艺术生活。就像漫山的野花一样兀自开着，以自己的方式装点生活。谢丽芳就是这样一位将艺术融进生命，把生命献给公益的画家和美术教育家。

一　让艺术走进公益

1. 艺术家和美术教育家

谢丽芳生于1949年1月，湖南隆回人，湖南省戏剧学校舞台美术科毕业，油画艺术家。她曾下乡当过农民，在剧团当过电工，在电影院画过广告，在剧团做过舞美设计，在群艺馆当过辅导员，在中学教过生物，当过衡阳市群众艺术馆美术干部，后来成为长沙铁路二中幼师美术教师，走上了美术教育的道路，再后来调入湖南省妇女儿童活动中心创建儿童美术教育研究室；现任中国美术家协会少儿美术艺委会副主任、湖南省美术家协会副主席。她的画作多次获奖，个人获得吴作人国际美术基金会“2005年度萧淑芳艺术基金·优秀女艺术家奖特别奖”；被中国教育报文化月刊评为

2010 年度十大文化人物。出版有《儿童色彩画》、《儿童陶塑》、《儿童黑白画》、《儿童创意画》、《民间美术》、《“蒲公英行动”美术教育专项课题实验报告》等著作。

丰富的人生经历造就了谢丽芳坚毅的性格。她常年在高寒的山地和偏远的西部调研，并创作了数以百计的视觉日记“荒原行系列”。她说给自己取名“荒原”，是因为荒原冷寂、苍凉但不乏渴望与暗涌的生机。她的绘画秉承了超现实主义的画风，是具象表现形式与抽象画面情景的巧妙嵌合，探索和表现的是她深层次的真实世界。①

2008 年汶川地震后，谢丽芳不惧余震深入灾区，对灾区儿童进行艺术治疗，希望能在喑哑的时光里，给孩子们带去温柔的光芒。数日后，她创作了二联油画——《生命·殇·爱》，并于 2009 年参加了“艺术湖南”在中国美术馆的展览。谢丽芳的画看起来如谜语一般，不合理的人、物并置表达了她在灾难现场对死亡的感悟，而坚定深邃的眼神仍满含希望，表现了对灵魂、对生命的拯救。谢丽芳说，围绕贯穿她一生中最重要的就是对于生命的看重。

谢丽芳不仅是一位悲天悯人的艺术家，更是一位独树一帜的美术教育家。1989 年，她创办了湖南省第一个儿童美术实验班，试图从儿童心理发展的特点出发，摸索出儿童美术教学的新路子。她对当今美术教学的一些现象感到惊愕、痛心：不懂儿童心理，不谙儿童兴趣的老师，采取简单、机械的方法，让孩子们借助尺子去画房子、粉笔盒等直线图形；望子成龙的家长，千方百计地请名人名家辅导，迫切希望他们成为“小齐白石”。②所以谢丽芳在美术教学中，大胆改进教学方法，不以“像”与“不像”论画的好坏，谢老师让孩子们喜欢怎么画便怎么画，高兴画什么便画什么。她将培养全面和谐发展的人作为教学目标，同时，她还在皮亚杰儿童认识发展理论的基础上提出了更加符合当代儿童心理发展规律的美术教学思想。尽管面对家长和其他同仁的质疑，谢老师依旧坚定地走自己的路。在她的教学中，孩子们不受任何条条框框的束缚，充分发挥各自的个性和独创性。对于孩子们的画，她绝不会作出同样的评价，而是针对学生的天赋、兴趣、

① 周奕端：《行走于艺术苦旅的谢丽芳》，http：//ms. hnol. net/article. asp？ articleid = 58550，2012 年 1 月 16 日。

② 肖百灵：《她，培养的不仅仅是画家——记儿童美术教师、湖南省妇女儿童活动中心副研究员谢丽芳》，《中国妇运》1994 年第 11 期，第 43 页。

知识储存不同而因材施教，给予适当的鼓励和评价，她对每个孩子都倾注极大的热情和美好的期望。浓厚的兴趣使孩子们观察力变得敏锐，记忆力得到增强，想象力更加丰富，思维异常活跃，时而有“惊人”之作。5年中谢老师的学生有40多人获国内外大奖，使湖南儿童画能得以走出中国，走向世界。①

谢丽芳似乎就是为儿童美术教育而生，她追求艺术的美好，也渴望生活中的真善美，她是一位真性情的艺术家，也是一位有责任感的教育家。她成功地将自己的兴趣和事业融为一体，孜孜不倦，其乐无穷。

2. 不走寻常路

对谢丽芳而言，不仅仅是架上绘画，艺术行为在她的艺术生命过程中占据的位置同样重要。而她所有的艺术行为，既源于她的兴趣，也源于她的人文关怀精神，是她追求美好的本性，也是她作为社会人的担当。

2006年至2011年，谢丽芳和先生及几位志愿者多次来到湖南女子监狱，组织辅导女性服刑人员进行油画创作。不顾七八月南方炎热的天气，他们一次次下到监狱对女囚进行培训和授课，谢丽芳更是在监狱里面和女囚同吃同住半个多月。谢丽芳说，让艺术走进女子监狱是一种秉承人文关怀的艺术行为，艺术对精神的疗救作用是与人类历史同步的。她希望油画艺术能对湖南女子监狱的服刑人员进行心理矫治和干预，从而达到缓解自身抑郁、焦虑和暴躁等情绪的作用。据悉，谢丽芳和同事们的帮扶工作一度引起了政府部门的高度关注和重视，司法部部长吴爱英，时任中共湖南省委书记周强、时任湖南省宣传部副部长魏委，时任湖南省妇联主任肖百灵、龚键等领导，都曾亲临现场，参与指导了“艺术走进女子监狱”的授课活动。而谢丽芳也及时将油画走进女子监狱的各种案例整理成生动详细的报告，将实践经验上升到理论的高度，为监狱艺术教育提供了可持续发展的第一手宝贵资料。②

1998年的冬天，作为美术教育家的谢丽芳，为了充实自己的教育理论，帮助城市孩子寻找被遮蔽的童真，来到了湘西边远的少数民族地区。南方

① 肖百灵：《她，培养的不仅仅是画家——记儿童美术教师、湖南省妇女儿童活动中心副研究员谢丽芳》，《中国妇运》1994年第11期，第43页。

② 周奕端：《行走于艺术苦旅的谢丽芳》，http://ms.hnol.net/article.asp? articleid=58550，2012年1月16日。

的冬天阴冷潮湿、风如刀割，但当她看到孩子们在石头上、墙上、门板上的涂鸦时，热血沸腾了——这正是孩子们“自然的生命现象”，是“生命的律动”！可是偏偏这艺术底蕴丰厚的少数民族偏远地区，教学资源极度匮乏，美术教育更是无从谈起。民间美术本应该是当地最具亲和力的艺术，是他们童年生活不可替代的存在，美术教育也应该是农村孩子平等享有的一项权利，但在那时，这里既没有上课的材料，也没有美术老师。谢丽芳表情凝重，感到硬生生的心疼。不仅仅是湘西，对广大农村地区的孩子，尤其是偏远少数地区的孩子而言，能够获得美术教育是一件奢侈的事情。他们也许会有和城里孩子一样精美的美术课本，但是却几乎没有专职的美术老师，上美术课仅是一个遥远的梦。

这次考察改变了谢丽芳的生活轨迹，她不止一次对自己说，我不能放下湘西的孩子不管。说到做到，于是她放下了自己的事情，将视野投向了更为广大的偏远农村，尤其是少数民族地区。为了促进美术教育的公平以及保护珍贵的民间艺术，2003 年至今，谢丽芳主持的以“让农村孩子获得美术教育机会”为宗旨的少儿美术教育专项课题项目——“蒲公英行动”，已经推广并延伸至全国，并包含了 13 个民族。

如果说还有一件事情，可以令你朝思暮想，令你魂牵梦萦，令你寝食难安，令你辗转反侧，即使得不到任何经济报酬甚至还要付出无数时间、精力，你依然选择义无反顾地坚持下去，那么，无论何时，都将是你的黄金时代。所以毫无疑问，对于 65 岁的谢丽芳来说，只要有“蒲公英”在，永远都是她的黄金时代，可以随时为之疯狂。

二　民间艺术进课堂的巧妙设计

1. 民间艺术的困境，唤醒使命感

多年来，谢丽芳越来越了解和喜爱民间美术。2004～2010 年她策划并参与了“世界唯一女性文字——江永女书文化抢救保护工程”的实施，同时她也感受到在现今这个纷繁变化的国际化背景下，一些民间艺术所生存的文化土壤和社会环境正迅速流失，许多传统技艺正面临着消失、遗忘和割裂的困境。据报道，惠山泥人的传承人王南仙从泥人厂退休 20 多年一直没有拜师学艺的徒弟，为防止惠山泥人艺术失传，当地政府不得不通过给

学徒发工资的方式给她招聘了 9 个学生。[1]

有些地区甚至不能完全理解自己文化的价值，民间文化的传承面临巨大的挑战。据湘西当地的美术老师介绍，本地的苗族学生甚至都觉得自己的文化是落后的，把苗族作为落后的代名词，如果哪个学生成绩不好，大家就会说他“苗苗的”。

民间文化是一种母亲文化，是中华民族文化的根基和灵魂。面对正在消失的民间艺术，我们要做的并不是恢复它昔日的繁华容貌，而是要在保留其特征的前提下，有所创新，让古老艺术找到现在的市场和空间。谢丽芳认为，教育应该承担起保护民族文化多样性的职责，可以以艺术教育去唤回孩子对自己文化的亲近感和使命感，从而保护传统文化。

二话没说，谢丽芳就来到了湘黔两省交界的高寒台地，一个文化教育落后、经济困乏、人均年纯收入仅有 450 元的小镇上。在少有的能够开设美术课的湘西腊尔山希望小学，谢丽芳和学校校长沟通后，将一位由其他任课老师兼任的“美术老师”龙俊甲带回长沙，手把手地教了一个星期。虽有成效，但是个人的力量毕竟单薄，谢丽芳激动地想，如果可以有更多的人参与进来，薪火相传总会燃起保护民族文化、传承民间美术的熊熊热火。同时，也能为广大农村和少数民族边远地区的孩子们带去带给他们快乐的美术课。

2. 勇往直前，进入学校主阵地

2001 年 6 月，在中国美协少儿艺委会的一次会议上，谢丽芳带着自己要传承民间艺术和促进教育公平的感触和决心，让当时的少儿艺委会主任何韵兰记住了她：“我很感动，我觉得她有心，又有个性。（虽然）当时很多人不支持她，包括湖南省妇女儿童活动中心。另外，我觉得这个人很坚定，不受周围的影响。一个问题，她可以跟你顶着干，只要她认为是对的。”[2] 在之后的广州美术馆儿童水墨画展上，谢丽芳带来了孩子们的作品，不事雕琢但充满原生态的张力，再一次震撼了在场的老师。因为被感动，因为不能功利地做美术教育的共同信仰，何韵兰下定决心帮助谢丽芳获得

---

① 刘洪：《拯救濒临失传的民间艺术》，http：//news. sina. com. cn/o/2008 - 02 - 02/000913369253s. shtml，2008 年 2 月 2 日。

② 摘录于何韵兰访谈录音。

支持，扩大影响力。

2003 年 7 月，“蒲公英行动”正式在湘西白沙小学启动，得到美国福特基金会的资助，同时也作为国家教育部艺术委员会和中国美术家协会艺术委员会主办的“成就未来——少儿课外美术教育工程”的一个组成部分。

谢丽芳回到湘西，联系陈卫和、刘宇新、田仁峻等人，他们既是当地的美术教育工作者，又是谢多年的老朋友，一起深入边远地区的学校，推广“蒲公英”的文化、传承教育公平的理念。

俗话说万事开头难，即使有了福特的资助、有了教育部响当当的名头，事情的进展也并没有想象中容易。最开始谢丽芳和刘宇新、陈卫和来到凤凰县教育局，却被误认为是推广教材的骗子，只得到冷冷淡淡的回应。“我们当时就是热脸贴别人冷屁股，刚开始很艰难”，谢丽芳回忆道。就像你无法叫醒一个装睡的人，别人不愿意相信你，你说再多也是浪费口舌。即便湘西是谢丽芳的故土，也遭受这样的冷遇。而在丽江白沙玉龙县，仅仅因为是被美国的基金会资助，谢丽芳还被一名女性工作人员呸了一下。也因为是被美国的基金会资助，很多教育行政部门都避之不及。但是有再多委屈谢丽芳也会咽下去，再难也要做下去，开弓没有回头箭，更何况，这是谢丽芳心心念念、放弃卖画赚钱、投入无限时间精力，甚至把老公也强拉进来的一个项目，她一定会做下去，“只因为没办法辜负那些信任你的孩子”，她说。好在时间总会告诉人们真相，这真的是一群为了艺术、为了孩子的未来操碎了心的人。小老太太这么大年纪，风里来雨里去地跑，哪个铁石心肠的人不被感动甚至感染？

2005 年，谢丽芳带着“蒲公英”来到湘西自治州教育科学研究院，希望能够得到行政部门的支持，方便“蒲公英”理念的推广和传播。和谢丽芳一起来的还有时任广州美院教育科学研究所所长陈卫和。清早天不亮，谢丽芳所坐的火车就到了。张大庆，湘西自治州教育科学研究院院长，也已经早早来到火车站等候谢老师一行，并自己掏腰包包车带谢老师进到山里。“我听到别人（对他们）的介绍我就很感动，陈老师是广州美院的，谢老师是湖南美协副主席，他们为什么来湘西？是为了湘西美术教育和我们这个贫穷落后的地区。他们能这么做，我非常感动”，时至今日，张大庆回忆起来仍感慨万千，“之前他们也来过，但是原来的领导不怎么重视美术教育，对他们不关心不过问。（这次她们再来）我说那好，我去陪她。因为我是副处级干部，县里面有对等的领导接待。我们就说我们要做什么，领导们一听这是好事，于是事情就做起来了”。

她开始开发新课程资源，改革教学方法，培训校长教师。“蒲公英”主要是唤醒老师这方面的意识，让老师去感受、了解、认识我们民族灿烂悠久的文化。同时更重要的是，通过课堂传承下去，去启发学生，创新方式方法来传承。

“蒲公英”以湘西为中心，向周围延伸。或者说，“蒲公英”以谢丽芳为中心，向全国辐射。如果不是“蒲公英”，边远农村地区的孩子可能永远也不能体会自己民族文化的美和民族自信；如果不是“蒲公英”，那些边远地区的老师可能永远没有机会和本来只能在电视报纸上看到的美术教育界大家尹少淳老师、侯令老师探讨教学模式；如果不是“蒲公英”，也不会有那么多人和部门来关注儿童原生态的美术教育和民间艺术的活态传承。但是谢丽芳从不居功自傲，每当有人想对她进行采访报道，她总是眯起弯弯的眼睛婉言拒绝：“不要写我，多写写‘蒲公英’吧！我希望更多的人关注‘蒲公英’而不是我。”

谢丽芳穿的总是最朴素的旧衣服，奔波在外住的也是最简单的旅馆，有时候因为经费问题经常先自己垫钱使项目正常运转下去。但是，说起这些她总是云淡风轻，这些困难于她而言就像一阵微风拂过水面，只是激起短暂的涟漪。无论何时接触谢丽芳，你都能感到她的快乐，和她对她所做事情的着迷和认真。

3. 蒲公英的种子飘向全国

一个好的公益项目，既要可参与能推广，又要不断创新可持续。2006年8月，“蒲公英行动”第二期项目启动，在继续进行民间艺术进课堂教学模式探索和推广的同时，地域上已经延伸到贵州、云南、陕西、江苏、西藏等10个省、市、自治区，领域上，也将音乐、舞蹈引入了教学课堂。

2009年，“蒲公英”项目顺利进入第三期。随着前两期教学模式探索、推广的成功，第三期谢丽芳希望能够形成民间美术自己的课程，有自己的教材，以便帮助更多地区。于是谢丽芳找来了13个生机勃勃的大学生志愿者，选取13个少数民族，一人负责一个民族，深入少数民族地区采风，进行教材的编写。

谢丽芳曾经编写过美术教材，正如和她当年一起调查的朋友、后来成为广州美术学院美术教育研究室教授的陈卫和所说，我们待在城市里编写美术教材，以为农村和城市一样，老师可以把教材上的一些东西教给学生。但事实并非如此。偏远的农村大多没有专职的美术老师，他们甚至缺乏基本的材料，比如你让孩子用宣纸画国画，对很多农村学校来说，或许没人知道哪里能买到宣纸，更何况，老师不可能会画国画。[①] 所以谢丽芳和她的团队要做的，是深入边远地区，开发新课程资源，让没有专职美术老师的学校、没有美术材料的孩子，一样能上美术课。谢丽芳团队编写教材，时刻把握三个原则：一是把握学生的可接受能力，使教学内容贴近学生的生活和兴趣；二是把握非专业美术老师的心理，教材简要、重点突出、材料简单、便于操作；三是把握课堂四十分钟原则。

熟悉谢丽芳的人总说，她对生活索取得太少太少，献给事业的却太多太多。早年因为工作，谢丽芳和儿子一年难见几次面，当儿子愣愣地叫她"阿姨"时，坚强的谢丽芳止不住地流泪。如今，儿子已经成家立业，谢丽芳更加一刻也闲不下来：在湘西的山间、在黔东南的路上、在汶川的废墟里……她或者乘车颠簸八九个小时，或者徒步走上三四个小时，曾经把脚趾走肿、趾甲褪掉，去民间采风，去编写教材，去培训老师，去组织展览。"即使我们没有教材没有资源，没有老师，我们一样能够上美术课"，谢丽芳说："我们不断做培训，然后带他们动手。比如剪一个柚子，就带他们到山上采集，捡树枝、稻草，让他们学会使用身边的材料。我们组织展览，有机会就带他们出去，要他们把有感触的东西写下来。我们的目的是为贫困地区培养老师和学生。"谢丽芳身体力行，神采奕奕，比年轻人还有干劲。看着这个时候的谢丽芳，你会觉得她头上有光。

4. 激发孩子创造力、培养民族自信的课堂

"蒲公英"致力于将原生态的民间艺术引入小学课堂，谢丽芳一如既往地要求充分尊重孩子的创造力，激发他们的艺术天分，使他们感到发现的快乐，创造的喜悦，感到世界、人生的神秘，又感到洞察这些神秘后的惊奇和满足。谢丽芳走过的土地，哪怕在最偏远的山上，只要有村落，有孩子，总能看到很多孩子的画，山石上、墙上、门板上到处都是孩子们纯粹

---

① 张树伟：《谢丽芳和她的"蒲公英行动"团队》，《中国教育报》2009 年 12 月 5 日第 4 版。

天然的涂鸦。毫无疑问，“蒲公英”传递给孩子的快乐是巨大的。[①]

谢丽芳还组织学生美术作品在当地及北京、广州等地举办展览，引发了社会和媒体对贫困和民族地区儿童艺术教育的关注。通过展览，孩子们的作品得到广泛认可，也更加自信、自豪。当观摩团队来到“蒲公英”的项目学校参观学习时，孩子们激动地拿出他们五彩斑斓的树皮画、他们用木棍制作的龙、他们的苗绣给来自全国的专家、学者看，他们因激动而红扑扑的脸蛋在阳光下熠熠生辉。

一直参与“蒲公英行动”的浙江师范大学教授李力加教授认为，民间美术的核心，就是生命本体的释放。将这些民间美术教给孩子们，更重要的是让他们理解这些民间美术的生长土壤和背后对于人们的含义，这是美术教育回到生命本身的另一种方式。著名画家、中国美协理事、中国美协少儿美术艺委会主任何韵兰在接受媒体采访时曾这样评价谢丽芳和她的团队对孩子的巨大影响：连彩色粉笔都买不起的孩子过去要学美术是一种奢望，但现在，当他们可以用草编动物、用泥做小人、用草纸撕成图形、用树皮画出脸谱的时候，他们的眼睛看向我们时，就不仅仅是单纯，还有自信和欢愉……孩子们有这样的童年经验，未来也会更加热爱生养他的故土，珍视他们的民族和民间艺术。

三　建立事业共同体

1. 以信念和执着感染人，建立归属感

俗话说，物以类聚人以群分。因为“蒲公英”走到一起的老师和志愿者们，有着共同的信仰和价值观，都为了美术教育公平和民间艺术传承而努力着、奉献着。

在谢丽芳的主持下，项目组就如同一个大家庭。这里没有职位高低，有的只是一群热爱艺术、热爱美术教育事业的集结体。这里既有著名学者，也有一线教师，既有经济发达地区的教育工作者，也有边远贫困地区的美术老师，但在这里，他们组成了一个平等的教育交流平台。虽然一开始并

① 周奕端：《行走于艺术苦旅的谢丽芳》，http：//ms. hnol. net/article. asp？articleid = 58550，2012 年 1 月 16 日。

没有现成、固定的教材，但在谢丽芳等老师的多年倾情投入和感召下，很多美术老师自愿走进民间，考察美术资源，形成了一批对民间美术有强烈情感、教学理念先进的师资队伍。[①] 谢丽芳定期组织老师采风、培训、讨论教材编写，每次聚会既是老朋友的相聚，又是美术热爱者的亲近自然、感受美好的旅程。所有人在参与项目过程中，既感受到心灵放松的愉悦，又有在奉献中对自我价值和团队价值的认可。

对所有项目参与者来说，谢丽芳就是他们的精神领袖，因为受谢丽芳的感染，很多人也想跟着她去做一点什么，让自己的人生不一样，让社会更美好。首都师范大学尹少淳教授，作为“蒲公英”项目的专家指导一直参与至今，他认为谢丽芳就像一个传道士。经过时间的沉淀，越来越多人愿意加入“蒲公英”。项目团队里的每一个人，对于谢丽芳来说都是志同道合的朋友，他们互相尊重、平等交流。对第三期加入进来的 13 位年轻志愿者团队，谢丽芳更是爱护有加。

对这个年轻的团队，谢妈妈说她真是“操碎了心”，既当老师又当妈，时刻担心她们的安危，清晨早起叫床怕她们误车，临行检查行李怕她们落东西，自己坐车进藏时悠闲躺在后备箱里画画，如今紧张到握紧拳头一动不动紧盯前方路况。谢丽芳笑着说，她是带着 13 只金凤凰啊，一点闪失都不能出。现任广东省残疾人体育与艺术中心美术教师的王水，是当年的大学生志愿者之一。回忆当时和谢老师出去调研，王水开心地笑起来：“和谢老师出去，有三个‘一定’一定要记住，一定要填饱肚子，因为会很累很饿，一定要穿平底鞋，因为要走很多路，最后，一定不要相信谢老师的行程安排，她从来都是想到哪就是哪了。”问到为什么这么艰苦还要去做，王水说，就是看着谢老师做，不由自主自己也想去奉献一些什么。如果暂时奉献不了，就先加入进来，跟着学，等到觉得可以奉献的时候再去奉献。谢丽芳执着的精神感染了很多人，“蒲公英”的队伍也越来越壮大。

2. 因为被认同，得到各方帮助

2001 年，了解谢丽芳的想法之后，时任少儿艺委会主任何韵兰决定帮她。通过吴作人基金会商玉生的引荐，何韵兰见到了美国福特基金会的何进博士。作为福特基金会的中国项目官员，何进手头项目非常多，但资源

① http：//www. chinaculture. org/gb/cn_index/2008 - 02/27/content_107253. htm.

有限，所以他对项目投资很谨慎，要求很严格，何韵兰一开始并没有抱太大希望。但是对教育公平的共同关注，对底层儿童未来的关心，让何进和何韵兰成为好朋友。而何进对民间艺术的关注，又让何韵兰将谢丽芳带到了他面前。何进思考良久，决定资助谢丽芳的“蒲公英”项目，“蒲公英”正式开花。

谢丽芳总说，她是岳麓山下长大的野孩子，真正把“蒲公英行动”当成一个项目来做，并没有想得那么简单。这对于她艺术化的思维方式和艺术家的生活方式来说，是一个巨大的挑战，她整个人是焦头烂额地傻掉了。好在何进是一个思维缜密、条理清晰的人，他深知谢丽芳的长处和弱点，既放手让她干，又不断引导她思考。立项报告来来回回共改了 13 稿，每写完一稿谢丽芳都会接到何进的反馈电话，被何进一点一点逼问：“蒲公英”是什么、要成为什么、该怎么办。但每一稿完成也是谢丽芳自己的成长和进步。“我觉得蒲公英收获最大的是我，他（何进）不断引导我思考”，谢丽芳笑着说，“到最后写完第 13 稿后没有接到何进电话，我反而不习惯了”。

虽然一开始“蒲公英”遭受过冷遇，但时间一长，取得的成果大家有目共睹。一开始，谢丽芳靠着自己的人缘关系，艰难地得到校方和行政部门的许可，现如今，是多所学校主动要求加入“蒲公英”。当初将他们拒之门外的凤凰教育局，也改口说其实最早是他们主动找上“蒲公英”的。

“蒲公英”是一个内外双赢的项目。它不仅让孩子们的作品有机会多次外出参展并获奖；学校老师志愿者通过参与“蒲公英”，教学水平也不断提高，申报课题多次获奖，个人评优成为骨干教师；学校因此做出了成绩，得到家长和社会的认可，继而教育部门也给予重视和支持，学校更有资源发展美术教育，形成了良性循环。

孩子们获得了快乐和自信，老师们更加认识到自己的责任和价值，愿意去花时间做更多有意义的事情。从项目第一期就开始参与的一线教师们都表示，加入“蒲公英”不仅帮助了孩子，也教育了自己，是自己的一次成长过程。

其中改变最大的要数当初被谢丽芳带回长沙手把手教学的腊尔山希望小学教师龙俊甲了。之前见到生人，他说话都会紧张脸红，而今已经是在三尺讲台上谈笑风生、带着“蒲公英”全国演讲推广理念的明星教师了。2014 年 5 月，谢丽芳和团队再次来到腊尔山希望小学，却并没有喝到苗家人招待客人特有的拦门酒。因为对腊尔山希望小学来说，“蒲公英”并不是客；对于“蒲公英”来说，腊尔山希望小学就是家。看到“蒲公英”回来，龙俊甲和谢丽芳一时相顾无言，眼眶湿润。龙俊甲告诉我们，是“蒲公英”改变了他，也改变了当地的孩子，感谢“蒲公英”。接着他腼腆一笑，继而轻声说到，已给儿子取名龙课题，因为他要把“蒲公英”这个课题永远延续下去。

四 非同凡响的影响

1. 让公益成为一种生活方式

“蒲公英行动”通过教学点的实验，探索出了一种儿童美术与民间美术相结合的、在农村边远贫困地区和少数民族地区小学美术教育中可行的、可持续发展的、可推广的模式，并且已经从湖南湘西、江西九江、陕西安康延伸至江苏无锡、贵州台江、内蒙古、西藏等地，并利用讲师团的形式在中国西部地区进行基本理念和教学模式的推广，“蒲公英”的精神正在播向全国，推进农村中小学美术教育和传承中国民间美术的意义逐渐展现。

然而事实上“蒲公英”只是一个草根组织，并没能正式注册成功。当年“蒲公英”被人低估，认为湘西经济落后搞美术教育条件不足，提出这个课题只是变相“化缘”，教育体制内积极性并不高。但是，正如民间美术具有的草根生命力，这个农村美术教育课题实验，在谢丽芳的坚韧努力下，实验成果和影响逐步走出大山，被越来越多的具有社会责任感和人文情怀的人们所认识。这个时候，文化教育界的有识之士纷纷伸出援手，“蒲公英”从各个方面获得支持。参与项目的老师不仅是教育者也是志愿者，很多老师自费来到这里，跟谢老师一起奉献自己，因为“这一切都是为了我们自己民族的文化与教育”。[①] 对于他们来说，参与“蒲公英行动”已经是他们事业和生活的一部分，是他们实现人生价值、找到人生意义的途径。

一直参与“蒲公英”的一线教师李开奇说，通过参与活动，他自己也成长了。一开始是学校的美术老师，后来成为县里的骨干美术教师，然后又被评为自治州的美术学科带头人。同时作为学科带头人，他也通过自己去影响身边的老师和周围的学校。

---

① http://www.chinaculture.org/gb/cn_index/2008-02/27/content_107253.htm.

首先我自己对这个事情有非常高的积极性。因为蒲公英行动给我们提供了展示我们自己的机会和平台，有这个平台我们取得了成绩，我们有成就感。所以我的积极性更高。当时在广州美术馆，我看到是齐白石专题作品展、张大千作品展，我觉得这个档次高啊！而我想到我们的学生作品也在那儿展览，就觉得非常了不起。我非常有成就感，就有积极性。

到了后来，我不仅仅有成就感，我是土家族，主要研究土家族文化，我在做这个工作过程中，对土家族的已经失落的文化挖掘，我觉得这个事情非常有意义。

所以，一开始我是功利性地被动的积极性，转变为了自觉的积极性。即便蒲公英做不做的，我也会继续去做。

李开奇在访谈中这么说道。

谢丽芳一开始做这件事情，只是出于艺术家对民间艺术发自灵魂的热爱，只是出于一个社会人对教育公平和儿童未来的发自肺腑的关爱。她也许并没有想到会走进"新课标"，走上国家平台，她也并不希望自己被过多关注，她只是希望"蒲公英"不仅是她的孩子，还能是所有人的孩子，她希望这个项目永远不要结题，永远进行下去。

2. 与政府的有效嫁接

谢丽芳申请"蒲公英"的时候，正值联合国提出非物质文化遗产保护，国家新课标提出美术文化问题和人文精神的时机，谢丽芳心想：将民间美术引进课堂，不正是一种活态的传承吗?

虽然"蒲公英"身份草根，但是在文化教育界得到了许多有识之士的援助。首先是当时少儿艺委会主任何韵兰，通过她的引荐，谢丽芳得到了福特基金会何进的支持；还有首都师范大学尹少淳教授的指导，在尹教授的带领下，首师大团队一直参与"蒲公英"相关课题的研究；还有四川省美术教研组慕名而来，与"蒲公英"交流心得，共同探讨美术教育新模式；还有侯令等美术界大家倾情进行理论指导……谢丽芳和"蒲公英"就像散发光和热的太阳，不仅为边远少数地区的孩子和民间艺术传承送去了温暖和希望，也吸引了有心人士的不断汇集。

有影响力就有话语权。后来按照"新课标"的指导思想，加上何韵兰的奔走呼吁，在教育部章瑞安的建议下，“蒲公英”有了教育部“成就未来”的名号。另一方面，首师大的尹少淳教授是国家美术新课程标准制定组长，第三期进行的教材汇编，通过多方努力，也进入了国家新课程标准改革，并出版了两本“2+1”教材，得到社会各界的认可。政府从一开始的冷冷回应到后来的不支持不过问，再到现在的肯定和支持，就是对“蒲公英”成效最好的证明。

但是谢丽芳肩上的担子仍然不轻。正如民间美术面对现代社会处于弱势地位，“蒲公英行动”在现代学校教育中也处于艰难地与应试教育抗衡的状态。只有改变“蒲公英”的草根身份，政府职能部门担负起相应的职责，才能真正保证课题的延续性，使课题具有长久的辐射力和影响力。

3. 带给基金会的思考

谈起资助过的最成功的项目，福特基金会的中国项目官员何进博士首先想到了谢丽芳和她的“蒲公英”。在感叹何进是慧眼识珠的伯乐的同时，面对国内草根组织和基金会的关系，我们不禁发问：公益到底该怎么做？基金会究竟该支持谁？

“蒲公英”作为一个好的公益项目，做到了目的与方式的完美融合。对于项目参与者来说，这是一件既严肃又活泼的事情，像玩一样就做了公益。采风地点选取的是少数民族地区，远离城市的喧嚣，又有如画的风景。青山绿水的边城苗寨，秀丽古朴的云贵高原，神圣纯净的西南边陲……都是他们日日夜夜心之所向的地方，如今，共同怀着一个美好的目的来到这里，搜集民间艺术资源，探索美术教育模式，大家何乐不为？

表面看起来这是一个嘻嘻哈哈没有严密组织层级的团队，但是它的内核十分紧密，以谢丽芳为中心，所有人紧紧联系在一起。福特基金会的何进博士正是看到了谢丽芳这种没有条理的疯狂和执着，看到了她身上艺术家的气质和吸引力，给了“蒲公英”生长的土壤，并不断给它阳光和水分，用自己理性的思维不断帮扶使其健康成长。

而现今社会上基金会与公益组织却面临着资源不能有效利用的矛盾。一方面“屌丝”公益组织缺钱、缺人，而另一方面，占据大量公益资源的国内公募基金会，基本只在“体制内”运行。少有非公募基金会将视线投向这些草根组织。“蒲公英”无疑是不幸中的万幸。香港中文大学公民社会研究中心与中山大学公益慈善研究中心联合发布的研究报告《财“劲”其用，有效公益》也显示，非公募基金会的资金使用受限于筹资规模，使用确实比较封闭，大部分基金会以自我运作形式开展公益项目，真正开展针对草根公益组织资助的基金会非常少。而在公益事业比较发达的国家，多数的基金会是支持型机构。专家呼吁，基金会应多将资源投向支持草根组织发展。①

资深公益人徐永光在基金会中心网三周年大会上表示，公募基金会创新的方向，就是要和草根 NGO 共享公募权。现在公募基金改革艰难，是因为有一个“利益铁三角”捆绑。企业捐款往往要捐给有政府背景的机构，这些机构和政府合作，政府给企业一些回报，或者企业和政府搞好关系，就形成了“利益铁三角”。如果公募基金会一直和政府捆绑，不扎根于民间，最后公众不选择你，只有死路一条。②

一边是好的项目不能注册、得不到资金支持，另一边是满口袋的钱不知该怎么花。“蒲公英”的成功让我们看到了草根组织的潜力，也引起我们的思考：做公益到底是形式名头重要还是实质内容重要？如何将目的与方式有效结合？基金会在选择项目的时候应该凭借什么标准？判断一个公益项目是好是坏的标准又是什么？怎样才能有创造一个让基金会方便花钱、花好钱的环境？

谢丽芳和“蒲公英”带给我们的启发，值得被更多人关注。

① 谭熹琳、刘素楠、王辉：《草根组织期待得到基金会更多支持》，http：//gongyi. qq. com/a/20121126/000009. htm，2012 年 11 月 26 日。

② http：//gongyi. ifeng. com/news/detail_2013_08/30/29145257_0. shtml.

第三部分

典型案例

典型机构

典型项目

典型人物

►典型事件

从北京奥临花园社区业委会改造到社区自治

改革开放以来，高度集权的计划经济时代转向适度放权的市场经济时代，政府与社会的关系随着时代的转变而转变。政府对社会的管理不再是政府单方面地对社会进行控制与管理，而是走向政府与社会协同治理的新局面。在计划经济时代，政府处于中心地位，全面管理社会，在基层组织形态上实行单位制，将个人纳入单位的管理范围内，个人变成了“单位人”。在市场经济时代，随着政府与社会关系的进一步调整，“单位制”解体后大量的个人脱离了单位，走向了社会，成为“社会人”，其自主性得到较大的增强。

现代社会的基础形态是社区，在城市体现为居民社区，在农村体现为农村社区。市场经济的建立与完善、社会结构的转变、政府职能的调整、公民参与意识的增强、基层社会管理的需要为社区自治提供和创造了良好的外部环境和条件。我国农村社区自治起步早于城市社区自治，城市社区自治成为近年来社区自治的重要趋势。

当前我国城市社区主要有以下几种类型：商品住宅区，单位型社区，写字楼，老旧小区，以及经济适用房住宅区。这几类社区居民的构成有所不同，对社区自治的需求不一样，相应的，社区自治的实现进度也不一样。其中，单位型社区居民组成人员主要隶属于一个单位或几个单位，同职业的成员居住在同一幢楼或几幢楼里。这类社区的居民职业构成比较明晰，但社区自治气氛淡薄，社区参与的机会及实际参与很少，缺乏自治意愿；写字楼社区主要是基于商业因素聚集起来，其构成人员流动性大，社区自治较为薄弱；老旧小区由于熟人社会，治理结构相对稳定，自治改革的意愿也相对较弱；经济适用房住宅区的居民对于社区自治的需求不如商品住宅区的居民那样强烈；而商品住宅区的居民对于推进社区自治，实现公共利益的需求和意愿比较强烈，尤其是高档住宅区的居民大多属于社会上的各类精英，这个群体的身份、能力、权力、资源优于普通群体，自身的其他需求满足后使得他们更加关注他人的、公共的事务，因此他们对于自治的需求更强烈，他们更希望能在社区内实行真正自治，他们也更有能力、更具有公共精神，他们争取社区自治的方法更多样，策略更丰富，投入更多且不辞辛苦。可见这类社区的自治实践相对于其他社区的自治来得容易一些。可以说，高档住宅区的社区自治实践成为现实的可能性更大，可以成为城市社区自治的突破口和试验田。因此，本文选择这类社区进行研究，对中国社区自治的现实问题进行探讨，以期为今后中国城市社区自治找到可行路径，以高档社区的自治实践为其他社区树立典范，为其他社区的未来自治实践提供模板。

社区自治是我国社区发展进程的大势所趋，各地也在积极尝试和探索城市社区自治，有的已取得了一些成功，有的则遇到了许多阻碍。我们从高档社区的业委会自治来看中国城市社区的自治具有重要的意义。本文选择北京奥临花园社区业委会改造案例，正是前面所提到的城市高档社区的社区自治的尝试。本文主要观察何道峰领导下的社区业委会改造，以此来观察我国城市社区的社区自治。首先描述该案例中基层政府、社区居委会、开发商、业委会、社区居民、何道峰领导下的改造小组、志愿者组织等行动主体在本案例中的角色作用、相互关系、行动策略和互相博弈的过程，还原事件本身，总结业委会改造成功的经验，探讨业委会改造过程中遇到的困境。其次，对业委会改造进行剖析，反思我国城市社区自治的现状。

一　谁是社区公共事务的主导者

社区自治，简单说来就是社区居民基于同等的权力对社区公共事务进行自主治理。所谓社区公共事务，包括社区公共物品的生产与供给和社区公共服务的设立与开展。在宏观上，凡是在国家治理范围之内，按照属地原则分担到社区，以社区为单位去组织、协调、运作的公共事务，就属于社区公共事务；在微观上，社区经济、社区教育、社区卫生、社区体育、社区文化五大方面的资源以及社会福利、社会救济是传统的社区公共事务。

在当今的市场经济体制下，新独立出来的社区治安、社区服务等也属于社区公共事务。[①]

在还未提出社区自治的概念前，原有的社区公共事务主要由政府提供，但是由于政府职能的转变和社区自治的改革，这些社区公共事务需要由社区自治组织及其他组织提供。参与社区公共事务的组织或个人主要有居委会、业主委员会、驻社区企事业单位、社会中介组织、志愿组织、物业管理公司、社区组织和居民。一般来说，社区内的各个组织都有自己明确的利益、权力、角色和功能。其中，居委会是由基层政府即街道办事处指导下的居民自治组织，其代表社区全体居民的利益，居委会不仅代表居民进行自治，而且还要负责基层政府交办的其他行政事务，其目的主要是管理社区内的公共事务，处理居民间的社会性关系；业主委员会是代表社区内拥有房屋产权的业主的公共利益；物业管理公司作为市场经济的主体，其目标是为了实现自身的经济利益；其他社会组织和志愿组织的主要目的是促进公共利益和自身发展。从权力大小来看，居委会具有法律规定的自治权力，其权力大于其他组织和个体；物业管理公司是受业委会委托进行物业管理，其权力来源于业委会；业委会是基于全体业主的权利让渡，而且业委会要接受居委会的指导。所以居委会、物业管理公司、业委会等主体之间权利不均等，利益诉求具有一致性也有差异性，但是总体来看，这几类主要组织或主体的远景并无冲突，都是为了促进公共利益。

目前，城市社区自治的主要驱动力大部分来自于社区业委会，在社区自治中，政府、居委会、物业公司等主体改革积极性和主动性不强，而社会中介组织或志愿组织由于自身实力有限难以主导自治改革，所以真正能够起到推动作用的主要是业主委员会，因为业委会代表全体业主的公共利益，要对全体业主负责，自治意愿强烈，有动力、有实力进行自治探索。

城市社区自治过程中，各类主体处于不同的地位，发挥着各不相同的作用和功能。社区自治过程中各类主体相互联系，相互作用。理论上讲，各方需共同达成社区自治目的，但在实际日常生活中往往不是这样，存在着错综复杂的关系，甚至各种各样的矛盾和冲突。发生矛盾和冲突的根本原因是利益所在不同。如上所述，物业公司是在现代的房地产经济下出现和发展的，它是一个商业实体，其天职是保证其经济利益的实现；而居委

---

① 引自百度百科：http：//baike. baidu. com/view/1123864. htm？ fr = aladdin。

会作为国家政权的基层权力机关，代表着国家政权负责调节社区居民的日常纠纷、人际关系与社会关系，其行动的出发点是维护其所代表的国家政权的利益，其日常行为带有“行政性”；业主委员会代表全体私人业主的利益，目的是最大限度地维护业主的利益。因此，社区日常运作，实际上是各种利益相互博弈的结果。在错综复杂的关系中，有几个重要的关系需要处理好，包括街道办与社区居委会之间的关系，社区居委会与物业管理公司的关系、业主委员会与物业管理公司之间的关系，社区内组织与社会组织之间的关系。在这些组织及其相互关系中，政府及居委会在现实中处于主导地位，其他主体或组织处于协助地位。由此可见，在社区自治、维护公共利益的过程中同时存在阻力和推动力，不一定所有组织都可以成为社区自治的推动力，甚至可能成为社区自治的阻力。阻力和推动力也有力量大小之分，如果阻力大于推动力，那么社区自治难以实现；如果推动力大于阻力，那么社区自治成功的可能性就很大。由于各方利益有一个共同的基础——社区居民的利益得到真正实现并且居民具有强烈的社区认同感，因此，各种利益关系就有了可以整合的基础，也具备了合作的可能。比如，物业公司不可能只依靠自己的力量就能最大化地实现自己的利益，它至少表面上得表现出是社区业委会的可信赖的执行者，而物业公司也会让居委会感到双方利益一致，从而借助“行政力量”解决问题。构建社区自治需要协调各方力量，变阻力为推动力。如果各类主体或组织能够目标一致，共同合作，形成合力，就能成为促进公共利益的推动力；相反，如果各类主体或组织目标难以达成一致，存在利益分歧甚至利益冲突，那么就会变成改善社区公共事务、促进公共利益的阻力，导致冲突，对形成的合力进行分解和破坏，导致社区自治处于风险和隐患之中。因此，社区自治的关键所在，是各类主体基于共同目标和利益对于社区公共事务进行治理，以促进社区居民的公共利益。

二 社区自治及其原则

理解社区自治首先要理解自治的概念、内涵。学术界一般采用《布莱克维尔政治学百科全书》中的“自治”概念，这一概念表达的核心思想是行为主体的“自主权”，包括文化自我表达权、司法独立权和平等权、地方共同体自主权、民族国家独立权等。这一概念引入社区研究后，学术界提出了流行的社区自治概念："社区自治是政府管理之外的社会自治，即政府管理行政事务，而社区居民通过自己选举产生的自治组织来管理社区公共事务。"[①] 有学者认为社区自治是指社区居民在党和政府的领导下，通过一定的组织形式和参与途径，依法享有的对社区公共事务进行管理的权利，它是社区居民实现自我管理、自我教育、自我服务、自我监督的一种基层民主形式。[②] 也有学者认为城市社区自治是指不需要外部力量的强制性干预，社区各种利益相关者习惯于通过民主协商来合作处理社区公共事务，并使社区进入自我教育、自我管理、自我服务、自我约束秩序的过程。[③] 另外，有学者指出我国社区自治是指在合理划分政府与社区职能的基础上，在党和政府的支持、指导下，实现由其派出机构、社区系统内部各种自治组织以及社区居民等利益相关的多元主体对社区进行的共同治理。[④]

以上关于社区自治的概念界定中有几个重要的特征：一是社区自治的主体是社区自组织及其成员，这个自组织是通过选举产生的，代表社区全体成员；二是社区自治的对象是社区公共事务，社区自治主要是针对社区公共事务进行自治，公共事务之外的事务包括社区居民的个人事务不在自治的范围之内；三是社区自治的机制是平等、信任、协调、合作。平等、信任是社区自治的重要基础和前提，协调与合作是社区自治的重要方法。社区自治的成功实现需要依靠一些核心要素或基本原则，主要包括以下四个方面。

1. 社区组织

社区自治首先要有一个权威性的社区自治组织。社区自治组织是由社区内居民选举产生的、代表社区居民利益的组织，社区组织对外代表社区形象和利益，反映、落实社区呼声，对内维护社区团结，落实社区"管理、服务、教育、监督"四个自我功能。因历史原因，政府扶持的社区居委会

---

① 陈伟东、李雪萍：《"社区自治"概念的缺陷与修正》，《广东社会科学》2004 年第 4 期，第 127 页。

② 唐亚林、陈先书：《社区自治：城市社会基层民主的复归与张扬》，《学术界》2003 年第 6 期，第 7 页。

③ 陈伟东：《社区自治》，中国社会科学出版社，2004，第 56 页。

④ 曾伟等：《多中心治理视野下城市社区自治实现途径研究》，《理论月刊》2010 年第 9 期，第 140 页。

担当了社区自治组织角色，实施人事、财务、服务、管理、教育自治和社区居民自治功能。国家也制定了相关的法律保障其在城市社区自治中的合法性。例如，《宪法》明确规定，“我国城市的居民委员会和农村的村民委员会是基层群众性自治组织”。《中华人民共和国城市居民委员会组织法》规定：“居民自治是社区居民在社区内实行民主选举、民主决策、民主管理、民主监督，实现社区居民自我管理、自我教育、自我服务的基层群众性自治组织。”虽然法律上赋予了城市社区居委会的自治地位，但是实践中城市社区自治并未完全实现，现实中城市社区自治体现出以居委会为领导主体的自治模式，而居委会的行政色彩相对浓厚，政府并未全面放开社会领域，让社区实现自我治理。

当前，很多社区没有形成权威，更没有形成以权威为骨干的社区组织；在没有权威和代表社区利益的社区组织条件下，社区自治只能是一种奢望。①

2. 集体选择

社区自治的基础是社区居民集体选择。集体选择代表社区多数居民的利益，并照顾到弱势居民的利益。只有社区居民意愿形成了社区意愿的集体选择，而政府尊重社区集体选择，集体选择才能得以实施。集体选择必须遵循民主的程序，投票选举是民主的基本和重要形式，而民主选举是社区自治的基础和前提。没有民主选举，保证社区居民的主体地位，社区自治就会成为空谈。民主选择能够充分保证社区的所有居民通过科学有效的民主手段参与到社区事务的治理中来，只有民主才能充分地表达出公众对于公共利益的意见。社区居民对于社区事务的基本观点和要求可以通过民主的形式上升为社区自治的基本诉求。

3. 有效监督

有效监督是社区自治的重要原则，确保社区自治事务公开、公平、公正实施，必须建立有效监督机制。社区自治事务是公共事务，极易成为人人享受却极少人关心的事务，出现“搭便车”和“不合作”现象，如没有有效的监督机制，难以保证民主自治落到实处。为了实现有效监督，必须

① 引自百度百科，http：//baike. baidu. com/view/6669480. htm？ fr = aladdin。

建立分级制裁机制，明晰管理、作业、监督等责任主体，分工协作，分级制裁，确保社区自治事务逐级落实。[①]

4. 冲突协调

社区是社会的缩影，社区内居民组成复杂，组织众多，利益相关者的关系错综复杂，各方关系交织，难免产生矛盾甚至冲突，因此需要建立低成本、高效率的冲突协调机制。通过冲突协调机制平衡各方利益，达成各方共识，但是冲突协调的成本必须控制在一定范围之内，否则成本过高将严重影响到协调效果，所以关键还得建立一个集体选择的冲突协调机制。

三　何道峰领导下的业委会改造

何道峰是北京奥临花园社区的灵魂人物，业主们叫他“何会长”。在他的领导下，社区业委会进行民主改选，通过一系列行动调动小区居民的参与积极性，共同参与社区公共事务的决策和管理。社区业委会改造并不顺利，经历了坎坷，也收获了成功。

1. 奥临花园社区自治的尝试

北京奥临花园社区位于北京北五环外，地理位置优越，小区房价高昂，属于高档小区。小区共有1200户居民，小区居民构成丰富多样且属于社会精英人士，有电视台的主持人、公务员、大学教师、医生、民营企业家、国企高管、外资企业高级职员。小区居民所处的社会阶层决定了他们比一般人更可能接受民主，该成员结构对于何道峰领导的业委会改造过程中所体现出的居民民主参与意识和参与能力具有积极的作用，在这样一个主要由社会精英组成的小区内进行自治探索对于社区自治具有重要的试验作用。一位业主说道：“这是一个移民社区，外地人较多，在小区没有复杂的宗族关系，大家容易形成规章制度。如果社区自治在这儿干不成，在别处更没希望。”

小区业委会成立于2010年7月左右，在3年前的一次小区对外维权活

① 引自百度百科，http：//baike. baidu. com/view/6669480. htm？ fr = aladdin。

动中，刘伟、陶润才等人表现积极，经民主选举，做了业委会主任、副主任。刘主任、陶主任开创了第一届业委会，在维权和物管、打官司等方方面面为小区做了大量的工作和贡献。小区业主委员会按照法律规定对小区进行自我治理，并委托了物业管理公司对小区物业进行管理，在小区自治的前几年里一切比较顺利和平稳。但随着时间的推移，业主委员会和物业管理公司的不良表现逐渐引起小区业主的不满和质疑。

2. 奥临花园社区的业委会改造

事件起源于2013年6月。起因主要是小区物业管理水平低下，引起许多业主质疑和不满。管理水平低下主要体现为小区公共卫生和公共环境存在不足，如小区脏乱差等问题、污水处理不及时问题；公共安全难以得到保证，如有的小区业主家中失窃；物业管理费高昂却难以得到相应的服务等。这些问题引起小区业主的严重抗议和不满。再加上在小区业主质疑物业管理公司的同时，物业管理公司与业主委员会相互推诿，更加深了大多数业主的不满。同时，现任业委会主任虽是在业委会成立之初因在小区维权中作出了巨大贡献而当选，但由于业委会主任搞一言堂，业委会形同虚设，且业委会在物业费用使用上缺乏公开和透明，致使业主代表们对于业委会也产生了质疑。

此时，正值业主委员会换届时期，原业委会主任刘伟试图连任，引起部分小区业主的不满与反对。几名业主代表找到何道峰，表示要重新启动业委会大选，推翻老业委会。出于对维护社区公共利益的责任感和对改善小区公共治理现状的迫切感，何道峰决定联合社区业主进行业委会改选。

这场业委会改造历时一百天，他们把这场小革命称为“百日维新”。2013年10月29日的《博客天下》写道：“百日维权过程中，他们见证了一个社区从漠然到相识、从陌生人变成战友，一个大都市里的熟人社会正在养成。”

我们看到，这场业委会改造体现了前文所提到的社区自治的基本原则。

（1）社区组织

奥临花园社区有多个组织，包括社区居委会、物业管理公司、业主委员会、奥林爱家志愿者协会（后期成立）等。这些组织共存于社区中，理论上它们都是为社区利益服务的组织。其中，较具权威性的组织是业主委员会。业主委员会成立之初也能履行自我管理、自我服务、自我教育、自我监督的自治职能，通过业主代表大会、业主委员会、物业管理公司对小区公共事务进行管理。但是，事件发生时却不尽然。由于小区业主对业主委员会和物业管理公司的管理现状日渐不满，促成小区业主采取行动，对业主委员会进行改造，重新塑造了具有权威性、自主性的业主委员会，让社区自治组织真正发挥作用。

（2）有效监督

小区低下的管理水平和不透明的管理机制引起了部分业主的质疑，业主对小区内大湖发臭、沙滩黄淤、狗屎遍地、地库起土、保安散漫、业主诉求无响应、物业缴费率低下等现象甚为不满。

普通业主对原业委会的意见也很大：6 个人的业委会，基本就刘伟说了算。4 名业主会委员不服他，干脆连内部会议都不开了。这导致原业委会的决议大多没有过半委员签字。此外，地下室也被出租给物管的工作人员，每月收租没有发票，房租不知所终。

一位业主说："之前我从不关注小区的事情，但是发现三年来物业服务质量越来越差，不作为、乱作为的业委会还想谋求连任。我就不得不站出来了。如果小区环境还不改善，我真的就只能卖房走人了。"业主们希望通过业委会改造对小区业委会和物业管理公司进行有效监督，以此提高物业管理水平，保护社区内的生活环境。

这个内部分裂，在业主看来可能存在贪腐、滥用职权的业委会，当时正紧锣密鼓地谋划换届连任，并且要把任期延至 6 年。6 月上旬，业委会开始主持换届选举，进行了宣传、报名工作，并雇用了一些大学生端着选票箱入户投票。小区业委会公示了换届选举的候选人名单，其中多数为现任业委会成员，但很多业主对他们之前的工作并不认可，而且他们根本不知道业委会换届选举一事，不知道这个候选人名单是怎么出炉的。有业主站出来指责业委会"暗箱操作"、"自摸自选"，并发起了动议：召开业主座谈会和对话会；总结业委会三年的工作，并重新制定"业主大会公约"和"业主大会议事规则"；成立监事会监督此次换届选举。

参与动议的业主对业委会三年来的工作并不认可，且质疑业委会公示的 14 名候选人中有 5 名是现任业委会委员。"包括业委会主任、副主任都还要连任 6 年。"很多业主对于选举毫不知情，也没有参与投票，选举根本没有获得半数业主的同意，业主们认为换届选举存在猫腻。[①] 小区业主们找到何道峰，希望他出面，重新启动业委会选举，推翻老业委会，建立负责的新业委会。何道峰这一次决定“掺和”，“有人说，小区管理混乱，我卖房走路。天下乌鸦一般黑，走到什么地方都在劫难逃，仍会碰到社区公共空间治理的问题。我是不想逃了！”[②] 何道峰等 110 多名业主联名向业委会提了 3 条建议，包括暂停选举、修订业委会规章制度、候选人进行书面演说等。业委会换届选举因此延期进行。[③]

何道峰拉着几个对老业委会颇为不满和充满质疑的代表在小区内拉横幅，开起了居民大会，举着喇叭让大家上去提出自己的观点和疑问，其中也包括那个家里被盗两次的邻居，以此来引起小区业主对业委会改造的关注。一位小区业主说道：“那天何道峰在上面举着喇叭讲公共空间的时候我听进去了，他说公共空间不仅仅是国家的政治外交，还有我们总要经过一些走廊、厅堂、屋檐。我们的社区就是一个公共空间。如果公共空间没有人管，你自己的家也不安全。”

业委会改造要有一系列的行动和策略。首先，组建和召开动议小组会。但是，由于匆忙组织和准备不足，这次动议小组会混乱不堪。6 位动议业主出席的小会中，有的动议业主迟到 2 个小时，有的动议业主提前离开。一边是一盘散沙的业主，另一边是备受质疑的业委会。6 月 19 日开会时离原业委会竞选连任仅 10 天。[④]

其次，为了动员小区业主参与业委会改造，何道峰和动议业主召开了“深圳桃源居联合国宜居社区经验分享会”。为此，何道峰邀请深圳桃源居创始人李爱军（该社区没有业委会，通过居民志愿组织管理，被评为联合国宜居社区）、北大法学院教授金锦萍和传播学院教授师曾志，以及社区治理专家舒可心在社区做分享。社区自治的实践者、专家们给小区精英们讲述什么是社区自治，什么是民主议事，几乎一瞬间开启了他们的参与热情。

---

① 冯军：《“世茂奥临”改选风波——北京高端小区里的一场民主试验》，《南方都市报》2013 年 8 月 5 日第 26 版。

② 周琼媛：《北京富人社区民主自治试验》，http：//news. ifeng. com/mainland/detail_2013_10/30/30772715_0. shtml，2013 年 10 月 30 日。

③ 陈荞、秦敬敬：《业委会换届选举被指暗箱操作——事发世茂奥临花园小区，业主大会缺法人身份影响监督》，《京华时报》2013 年 7 月 28 日第 7 版。

④ 周琼媛：《北京富人社区民主自治试验》，http：//news. ifeng. com/mainland/detail_2013_10/30/30772715_0. shtml，2013 年 10 月 30 日。

专家学者的讲座不仅丰富了小区业主关于民主自治的理论知识，而且激发了业主们参与业委会改造的热情，同时也提升了大家的信心。分享会也遇到了一些困难，尽管会前动议业主给小区一千多名业主发了短信，但是仅20多位业主参加了这场由4位专家列席的分享会。其中两位动议业主参加完此次会议后便很难再找到人。分享会上，互不熟识的业主叽叽喳喳，交头接耳，各自不停抱怨糟糕的物业管理。何道峰把主持人要说的话，用短信发给担任主持的动议业主，业主站起来讲话时有点紧张，甚至念错嘉宾的名字。一位动议业主草拟、何道峰修改过的两页公开信则被李爱军批为“不简洁、不明晰”。李爱军甚至说：“小区维权，你们未必会成功!”尽管前景不明朗，何道峰还是立即领头在一份给业主的公开信上签字，动议广大业主参与小区重建。他坚信民主从社区开始。

（3）冲突协调

在业委会改造过程，原业委会与改造小组的冲突在所难免，各方利益主体在改造过程中的利益取向不尽相同，因此如何进行有效的冲突协调对于业委会改造至关重要。

业委会改造进展并不顺利，两边都有强硬人物，原业委会主任刘伟和何道峰的对抗持续了近2个月。7月2日，在居委会的介入与协调下，原业委会和动议业主达成“七二共识”，包括决定中断原业委会的选举、将以何道峰牵头的筹备组扩至13人、听取业委会三年工作报告并修订制度重新报名选举。但是，出人意料的是原业委会主任刘伟单方面撕毁了“七二共识”。脱离了和平对话，双方的矛盾顿时以一种更激烈的方式呈现。7月11日，业委会向小区业主发布了公告，称“近日有个别业主在小区内蓄意散布谣言、制造混乱，诋毁、诬陷业委会并对个人进行人身攻击；业委会敢于面对编造谣言者的质疑”。动议业主并未终止努力，7月11、12日连续两天入户宣传，并在小区里打横幅、发传单、集会演说。[①] 7月中旬，刘伟通过物业在电梯、楼道等散发张贴传单，攻击动议业主对其指控和另起炉灶的行为属“文革”行为，散布何道峰想“动用公共维修基金”、“调高物业管理费”等消息来离间何道峰和业主的关系。何道峰迅速发起反击，他带动议业主入户宣传“七二共识”和主张，通过短信平台发送九问刘伟的评

① 冯军：《“世茂奥临”改选风波——北京高端小区里的一场民主试验》，《南方都市报》2013年8月5日第26版。

论，回应质疑。与允许刘伟张贴传单不同，这一次物业公司把何道峰和动议业主的传单都撕了。在这种情况下，何道峰坚持对抗并反复重申管选分离原则，自己不参与新业委会竞选，不走原业委会自选自管的老路。小区里最倔强的两个人的对抗进入白热化。①

（4）集体选择

自治的重要原则是集体选择，动员更多的业主加入业委会改造过程并听取他们的意见建议，在改造过程中通过民主程序让业主们充分表达利益诉求和自治意愿，才能维护广大业主的根本利益。在这个过程中，争取更大集体的支持和选择是决定性的。

就在双方拉锯不断的同时，越来越多的业主加入何道峰的阵营。7 月，他们成立“奥临爱家志愿者协会”，首批业主志愿者超过 20 位。何道峰带头为协会捐了 20 万元，有业主捐款 5 万元，有的捐一部手机供协会联络广大业主。业主从漠不关心到全力支持的转折点是 7 月 27 日。在那天下午的业主沟通大会上，业主们吵得一塌糊涂，场面数次失控。一位业主提议由何道峰去跟刘伟沟通。何道峰提议由 22 个门楼每个门楼推出 1 位代表，然后由他带领 22 个门楼的代表一起去与刘伟沟通。在场的业主举手赞同，387 名业主签字支持何道峰与刘主任对话。这意味着他获得了大量业主的支持，也奠定了他作为业主领袖的地位。由于获得大多数业主的支持，何道峰的业委会改造拥有了群众基础，这为业委会改造创造了良好条件。与原业委会的抗争持续到 8 月 29 日深夜。何道峰和另一位业主去刘伟家谈判到凌晨两点，30 多位业主等候结果。次日上午，原业委会召开会议，同意将公章交出由两位业主保管并通过公章管理规定，这是小区业委会成立 3 年来首次有了公章管理规定。会议还决议回到“七二共识”，由何道峰领导的筹备组重新启动选举工作。② 由于何道峰领导的改造小组赢得了广大业主的支持以及通过民主选举出门楼代表进行谈判，原业主委员会不得不同意改选，这意味着何道峰领导的业委会改造的阶段性胜利。

重新启动选举工作并不意味着业委会改造取得了最后成功，只有选出真正能够代表业主利益诉求的业委会及其成员并执行相关自治制度，才能

① 周琼媛：《北京富人社区民主自治试验》，http：//news. ifeng. com/mainland/detail_2013_10/30/30772715_0. shtml，2013 年 10 月 30 日。

② 周琼媛：《北京富人社区民主自治试验》，http：//news. ifeng. com/mainland/detail_2013_10/30/30772715_0. shtml，2013 年 10 月 30 日。

真正实现业委会自治并增进公共利益。社区自治需要社区居民的广泛参与，熟悉的邻里关系是社会自治的重要条件。何道峰为了凝聚社区居民的力量，通过举办夏日纳凉活动促进社区居民相互熟识、沟通、交流。社区参与需要有形式来表达，纳凉晚会是凝聚社区人心的好办法。何道峰认为举办沙滩纳凉晚会在当时有现实意义，不仅可以通过集体纳凉软化居民的心，还可以传递居民之间的爱心，更可以通过集体行动打破居民之间的沉默与陌生，这对于培养社区内的熟人社会起到了积极的促进作用。随之社区内成员逐渐相熟，各门楼也通过举办冷餐会积极响应社区自治。冷餐会当天，志愿者在现场为新一届业委会竞选收集选票。装帧精美的选票里印有小区“管理规约”与“业主大会议事规则”。规约和议事规则是由 30 多名业主经过 4 次公开讨论形成的，舒可心和宋庆华提出了专家意见。制度设计者舒可心和何道峰希望这些规约能成为熟人社会的业主行为规范，让小区既有民主的框，也有民主之实，每位业主都与邻为善，自治共治。冷餐会令居民们看到了这一期许的巨大可能性。独家独户的城市社区，第一次成了一个熟人社会。①

9 月 21 日，业委会改造进入收尾阶段，业委会成员候选人参加了新一届业委会竞选演讲。业委会换届选举竞选演说在世茂奥临花园小区 3 号楼和 4 号楼前面的空地上进行，共有 11 名候选人登台演讲，每人限时 5 分钟，主要阐述业委会未来 3 年将要进行的工作，以及就任后要解决的问题。演讲结束后，每名候选人都要抽取一个信封，信封里面装着由业主提出的问题，候选人对此进行回答。最后进行的是现场互动问答，候选人需要回答现场近 200 名业主的随机提问。2013 年 10 月 9 日下午，筹备组办公室里，由十几位志愿者唱选票。志愿者们三人一组，一人唱票，一人录入，还有一人监票。改选最后产生了 7 位业委会成员以及 7 位监事会成员。7 位业委会委员是从 11 位候选人中脱颖而出的。

从 6 月下旬开始战斗，到 9 月下旬竞选演讲，再到 10 月初完成投票选出新一届业委会和监事会，奥临花园社区仅花了三个多月的时间，而不少小区维权长达数年。

2013 年 10 月 15 日晚，新旧业委会交接仪式“奥临之夜”在国家会议

① 周琼媛：《北京富人社区民主自治试验》，http：//news. ifeng. com/mainland/detail_2013_10/30/30772715_0. shtml，2013 年 10 月 30 日。

中心北侧的国粹艺术馆举行，场地和冷餐都是业主捐的，在“奥临之夜”上，新任业委会主任项雷承诺，业委会将秉承公开、透明的原则，把任何事情都摆在桌面上让业主们讨论，通过民主表决的形式作出决议，然后在微信群、网站等平台公布决议。他上任后做的第一件事情就是与物业公司沟通，加强小区安保，制定人员、车辆进出管理制度。奥临花园除了环境变好外，各单元经常相继在门楼里举行冷餐会、酒会，不时还有露天电影放映。用 4 号楼业主王硕雪的话来说，“这在以前是不敢想象的，邻居间由陌生变成熟识，产生亲密和谐的文化氛围”。[①]

业委会改造终于完成。但是改造过程中体现出的困难是何道峰所没有预料到的，他不免发出对业委会自治的感慨：“城市化是不可避免的，城市化以小区形态出现，所有民主治理都必须从小区开始。只有小区学会管好家门口的事情，国家才能谈民主。”[②] 最后的成功也让何道峰对社区自治有了更深的认识，他说：“当这个小区真的有了参与度，很多原来想都想不到的资源全都出现了，过去他们觉得这小区无非是个睡觉的地方没啥价值，现在有了归属感和主人的感觉。”[③] “在小区里练民主，这也是一块战场。”他给奥临花园社区定的价值观和行为守则是：尊重个性，恪守程序；共建空间，捍卫公益；相互欣赏，不离不弃。[④]

四　何道峰领导的业委会改造分析

在本案例中，虽然何道峰领导的改造小组最终看到了业委会改造的胜利，但是改造过程所遇到的重重困难值得我们思考。社区自治是国家社区建设的发展方向，从宏观环境上看，国家法律和政策也为社区自治提供了合法化和规范化的道路，国家也制定了业委会自治的相关法律和制度。从微观个体来看，小区业主自身也有维护自身利益的自治观念，民主意识和

① 冯军：《北京世茂奥临业委会改选成功——看富人小区如何玩民主》，《南方都市报》2013 年 10 月 28 日第 29 版。

② 钮小雪：《何道峰：改变自己是我最大的自由》，《南方都市报》2013 年 12 月 23 日第 39 版。

③ 周琼媛：《北京富人社区民主自治试验》，http：//news. ifeng. com/mainland/detail_2013_10/30/30772715_0. shtml，2013 年 10 月 30 日。

④ 冯军：《北京世茂奥临业委会改选成功——看富人小区如何玩民主》，《南方都市报》2013 年 10 月 28 日第 29 版。

参与能力也在不断增强。但是在自治实践中为什么会出现这么多的困难和障碍，为什么社区居民难以有效地组织起来参与社区公共事务的决策与管理，社区自治存在什么样的困难和阻碍，其深层次的原因是什么，社区实现自治的条件是什么，怎样达到这些自治条件以更好地促进社区实现自治，这都是值得研究和思考的重要问题。

1. 业委会改造的现实困难

社区自治是建设社会主义基层民主与实现人民当家作主的重要途径，开展社区自治具有重大的现实意义。但是现实实践中，社区自治可谓困难重重。深刻地理解社区自治的重要性和社区自治的困境对于突破自治的瓶颈具有重要的意义。

在本案例中，业委会改造过程中面临的问题和困难主要有两个方面。一是行政力量和市场力量的干预和破坏；二是集体行动的困境。

（1）行政力量和市场力量的破坏

首先是行政力量的干预。由于政府角色定位不清，存在“越位”现象导致行政力量的干预阻碍了社区自治的发展。林尚立认为：“行政权力延伸的程度与居民自治程度成反比关系。即行政干预越深，居民区的自治水平越低，政权力量的调控对居委会的行政权力干预，前提是居委会本身自治功能不足，但是行政权力干预反而强化了这一状况。”① 行政力量的干预主要体现在以下几个方面：一是基层政府对社区公共事务干预过多，如对社区居委会的人事、财政、管理等事务进行干预，导致社区居委会出现行政化倾向。二是基层政府对社区自治的认识不够，从法律上来说政府与社区居委会属于指导与被指导的关系，但是在基层政府的实践中，政府与社区往往被扭曲为领导与被领导的关系。三是基层政府对社区自治设置重重障碍，客观上基层政府为了加强社会控制，在一定程度上限制社区实现自治。

基层政府对社区居委会的干预被移植到街道办事处和社区居委会对业委会的干预。社区居委会名义上是社区自治组织，实质上遵循着行政逻辑，显现出浓厚的行政化色彩。行政机制与自治机制的双重冲突必然导致行政力量对自治行动的干预，基层政府、其代理人居委会并不完全支持业主自治，相反在实践中对业主自治强加干预甚至破坏自治。理论上来说，在居

① 林尚立：《社区民主与治理：案例研究》，社会科学文献出版社，2003，第51页。

民委员会与业主委员会之间，存在监督与被监督、指导与被指导的关系。《物业管理条例》第二十条规定：业主大会、业主委员会应当配合公安机关，与社区居民委员会相互协调，共同做好维护物业管理区域内的社会治安等相关工作。同时，社区居民委员会应当帮助小区业主成立业主委员会，为业主委员会的日常工作提供监督和指导。在现实中，居委会在业主委员会和物业公司发生矛盾和冲突后，出于维稳的考虑，一般抱着息事宁人的态度和采取消极对待的策略，一旦冲突上升到影响居委会社会稳定任务的局面，居委会才会出面干涉，甚至不惜干预和破坏社区自治以维护社区稳定。在本案例中，基层政府包括社区居委会对业委会的改造缺乏相应的支持和帮助。在业主对原业委会表示质疑和不满的时候，居委会并未履行自身职责，介入业主与业委会、物业公司的纷争中，出面协调冲突和矛盾并在法律的框架下征求业主的意见，对业委会进行合法的改造。相反，社区居委会袖手旁观，最终在改造过程中出现严重摩擦时，才不得不介入和协调。

其次是市场力量的干预。除了政府行政力量包括街道办和社区居委会干预业委会自治外，市场的力量也进入社区进行干预和破坏自治。小区内的市场力量主要是小区的物业管理公司。法律规定，物业管理公司是按照法定程序成立并具有相应资质条件，经营物业管理业务的企业型经济实体，是独立的企业法人。它属于服务性企业，它与业主或使用人之间是平等的主体关系，它接受业主的委托，依照有关法律法规的规定或合同的约定，对特定区域内的物业实行专业化管理并获得相应报酬。① 物业管理公司原本是由小区业主委员会聘请，为小区公共事务进行管理和为小区业主提供社区服务的独立法人，但是物业管理公司出于自身经济利益的考量，自然不希望业委会对物业管理公司的专业化管理进行监督。业委会高度自治，可能会影响到物业管理公司的地位，外部监督会对物业管理公司的管理成本和管理能力提出较高的要求。因此，物业管理公司也容易成为阻碍和破坏小区业委会自治的市场力量。

在本案例中，一方面物业管理公司不仅未对社区公共事务管理起到应有的作用和承担应有的责任，导致小区环境和基础设施遭到破坏，小区公共安全难以得到充分保证，出现问题后推诿，不愿承担责任。另一方面，

① 引自百度百科，http：//baike. baidu. com/view/341633. htm？ fr = aladdin。

在业委会改造过程中与原业委会主任相互勾结，允许原业委会发传单，却阻止业委会改造小组发放传单，攻击业委会改造小组，散播谣言，企图破坏小区业委会改造，以阻止社区实现自治从而维护物业公司的经济利益。所以，物业管理公司与小区业委会之间的矛盾短时间内难以调和，物业公司容易成为阻止业委会自治的一支市场力量。

（2）集体行动的困境

传统的社会理论家研究集团行为时总是认为，组织或集团的存在是为了维护其成员的共同利益，而且它们也能有效地做到这一点。而奥尔森从经济学的个人主义视角出发，首先假定，每个人都是理性人，而理性人的显著特征就是行为前要进行成本收益的计算和权衡，以追求自身效用的最大化为目的，即使在组织或集团中也是如此，由此得出了相反的结论：理性的自利的个人不会积极主动地发动集体行动、提供集体物品以满足所属集团或组织的需要，必须对集团成员实施选择性激励才能提高成员提供集体物品的可能性。① 也就是说，除非一个集团中人数很少或者存在强制或其他特殊手段以使个人按照他们的共同利益行事，有理性、寻求自我利益的个人不会采取行动以实现他们共同的或集团的利益。② 在社区自治或者业主自治中，就表现为“搭便车”现象的发生。虽然社区自治或业主自治的目标是为了实现公共利益，但是由于存在集体行动的逻辑困境，会导致社区中的大多数人存在“搭便车”的行为。由于成本是由行动者承担，而收益是小区居民共同获得，因此小区业主们容易失去行动的动力，大多数人持观望和坐享其成的态度，不愿主动付出积极行动，社区或者小区的居民难以产生集体行动以维护自身利益或者促进公共利益。无法实现多数人的参与就难以实现社区真正的自治或业委会的自治。如何激励个人积极主动地参与社区公共事务的治理对于实现社区自治来说至关重要，如何突破社区自治中集体行动的困境值得反思。

在何道峰的业委会改造案例中，虽然奥临花园社区的业主大部分是社会精英人士，他们社会地位高、自身素质好，对于小区事务的公共性必然有清楚的认识，他们本身也会有自治的观念意识和行动能力。但是由于集体行动逻辑的影响导致“搭便车”现象的发生。一是绝大部分小区业主不

① 〔美〕曼瑟尔·奥尔森：《集体行动的逻辑》，陈郁等译，上海三联书店，1995，第70页。

② 〔美〕曼瑟尔·奥尔森：《集体行动的逻辑》，陈郁等译，上海三联书店，1995，第2页。

愿意主动牵头，带领业主们与原业委会和物业公司对抗，争取公共利益；二是部分业主由于缺乏时间、缺乏参与能力等原因不愿意加入业委会改造队伍中或者参与业委会改造的积极性和热情不高，大部分持旁观态度，导致业委会的改造陷入被动局面。参与人数的不足不仅影响到业委会改造的正当性，也势必会影响到业委会改造的主动性。如何解决集体行动的困境，促进更多业主主动参与，是小区业主自治面临的重要挑战和基本问题。

以上两种主要困境共同发挥作用，阻碍社区自治的成功实践。这也是何道峰在业委会改造过程中遇到困难和阻碍的原因所在。

2. 业委会改造的成功经验

社区自治困难重重，如何才能实现真正的社区自治，如何有效地动员社区居民积极主动地参与社区事务并且切实促进公共利益呢？真正实现社区自治必须依靠一些必不可少的条件和要素，只有满足这些基本条件，社区自治才有理论上的基础和实践上的可行性。

伴随着社会转型和政府职能转变，社会获得了越来越多的自主权，社区自治也在不断地实践和改善。但是由于我国社区自治的起步较晚且缺乏相应的制度和条件，社区自治还很难达到社区居民自下而上参与社区公共事务的民主形式，而是在政府的指导和推动下进行自治实践。因此，这种社区自治并不是传统意义上的自治，社区自治应当逐步摆脱政府的干预而全面实现自主治理。它的实现不仅有赖于宏观社会环境的改善，包括市场经济体制的进一步完善，政治体制改革的深化以及相关法律法规的健全，还依赖于广大社区居民民主自治意识的提高。所以，更要进一步唤醒社区居民的参与意识，提高社区居民参与自治的积极性和主动性，提高社区居民的参与能力，通过一系列有效的制定安排和机制设计推进社区参与，营造社区成员自下而上参与公共事务的良好氛围。然而在其中，最重要的是社区自治有领导者，这些领导者有一些特质促使他们能够团结带领社区居民进行民主自治的实践。在本案例中，业委会改造成功有以下几点经验值得思考和借鉴。

（1）社区自治中领导者的引领作用

从本案例来看，在带领业委会改造小组进行改造实践以实现业主自治的进程中，何道峰本人起到了不可替代的决定性作用。20 世纪 80 年代，何道峰进入 9 号院中央农村政策研究室，该研究室起草了多年的中央一号文件。农研室解散后，何道峰下海做房地产，带领一家公司上市。1999 年在企业家们还不热衷公益时，何道峰又接受了国务院扶贫办的邀请，接掌中国扶贫基金会，迅速完成去行政化改革，将一个官办机构民间化，筹款量从每年 2000 万元提升至过亿元。何道峰将扶贫基金会改造成了中国第一个独立自主的大型公募基金会，可以说，他是一位有思想的行动者，何道峰身上的诸多特质和拥有的许多有利条件是引领业委会改造成功的关键因素和重要原因。首先，他关心、热爱小区公共事务，且乐于奉献，具有公益精神。他对于小区业委会的重要性有充分的认识，对于小区公共事务有高度的热忱，对于改善小区落后的物业管理水平有迫切的希望，而且他愿意为改进社区公共事务治理和促进业主公共利益奉献自己的一分力量，不为私利，不求回报。何道峰说："一个人捐钱是不重要的，重要的是把精力和时间花出来，去管公共事务。我愿意花时间去参加物业管理委员会，然后把我们的物业给管起来，我们应该尊重公共空间，重构公共空间。我觉得，很小很简单的事就是公益的萌芽。"其次，他有着较高的社区自治理论水平和领导实践的经验能力，体现在业委会改造过程中就是他有一套科学的行动策略和方式方法。他领导业主们改造老业委会的过程中并不是盲目地组织业主以简单的方式对抗原业委会及其领导成员，而是采取了科学、合理、有效的行动策略，按部就班，讲究方式方法，从组织业主动议会、邀请自治专家开办讲座、与原业委会进行谈判商议、入户宣传共识，到举办业主沟通大会、提议门楼推选代表、动员业主签字参与、举办纳凉晚会凝聚人心、通过志愿者进行改选投票等，在这个过程中既有斗争也有联谊，一步一步地激发业主的参与热情和积极性，并团结带领业主们以合法、有效、公平的行动策略进行业委会改造。再次，他自身拥有雄厚的实力和广泛的人脉资源。一方面，他邀请社区自治的专家学者和有成功自治经验的小区领导者，通过举办讲座和讨论会普及社区自治的理论知识和实践经验，促使小区业主充分认识到社区自治的重要性、紧迫性、可行性，激发小区业主参与自治的热情和提高他们的参与积极性。另一方面，他也邀请相关媒体记者参与业委会改造报道，为实现真正的社区自治创造良好的条件和营造良好的舆论环境。最后，他自身是有实力的公共企业家、社会活动家。他本身就是中国扶贫基金会的领导者，实力雄厚，在公益领域内享有盛誉。他不仅拥有很强的民主理念，还在公益领域内有很强的影响力，小区业主对他非常信任，这也是他能够带领业主们进行业委会改造并取得成功的重要原因。

（2）民主选举制度的落实

在本案例中，该小区以民主选举的方法选举了新的业主委员会，成功推选出业主代表进行维权活动，不仅选举了新一届业委会充分代表业主利益，还选举了新一届的监事会对业主自治进行监督。而且在改造历程中为了选举出与原业委会进行沟通协商的代表，也采用民主选举的方法从小区每个六楼中推出一位代表，代表本门楼业主组成小区业主代表与原业委会进行沟通与对话。所以，可以说没有民主选举就没有小区业委会的建立，没有民主选举就不能充分代表业主的公共利益，没有民主选举就没有该小区业委会改造的成功。因此，社区自治或业主自治离不开民主选举，民主选举是社区自治的基础。

（3）社区各类资源的成功整合

在本案例中，何道峰在业委会改造过程中，充分把小区内外的诸多资源整合起来，这些资源主要包括小区业主、业内专家学者、成功经验带头人、志愿者等主体。小区业主及他们之间形成的社会网络是重要的资源，他们不仅参与投票选举，还捐款、捐物作为业委会改造活动经费。这些资源的成功整合既为社区自治提供了财力和人力，也为社区自治提供了动力。社区自治要求将社区内的各种资源加以整合，以促进社区自治实践的顺利进行。

综上所述，在小区内业主自治乃至更大范围内的社区自治中，领导者或者说是自治实践先驱是对抗社区自治破坏力量，真正实现社区自治的决定性因素。在社区自治相关的法律、制度、规则都具备的情况下，社区自治的难点不是提供制度和规则，而是将相关的制度规则实实在在地加以执行和落实，这就涉及由谁落实、怎样落实的问题。所以，社区自治需要领导者在民主选举的基础上对社区内各种资源进行整合，团结带领小区业主或社区居民进行民主自治实践。这样的领导者须具备几大条件：首先，必须是热爱社区、关心社区，具有奉献精神的社区居民；其次，懂得如何采取有效的行动策略和行动方案的社会活动家；再次，能够整合社区范围内的各种组织、人力资源为社区自治所用，充分利用资源进行自治实践；最后，他自身得拥有一定的知识、文化、实力、威望和影响力，这样才能让社区居民充分信任并自愿加入到以领导者为中心的自治队伍中。

五　社区自治的思考

社区可以是一个地域概念，也可以是超越地域的概念。在城市中，以行政区域划分，在居委会领导下的社区是传统意义上的社区，但是城市社区内的居民小区甚至一个门楼也可以视为一个社区。社区概念的核心是共同体，共同体的内涵是在一个特定地域范围有着共同的价值观和文化传统的人群，它可以是由血缘、地域或精神组成的共同体。小区业委会自治是社区自治的重要组成部分，业委会也可以视为一个共同体。从中国的现实情况出发，业委会自治由于可操作性强、代表性强，可以作为社区自治的重要突破口。当前业委会存在难以成立和难以发挥作用的困境，找到业委会困境的解决之道对于促进社区自治具有重要的借鉴意义。业委会自治过程中存在外部干预和内部能力不足的问题，因此改革重点应当放在消除外部干预和提升自身行动能力上。同样的，社区自治困境与业委会自治困境有一些相同之处，业委会自治改造可以作为社区自治重要的参考。

社区自治已然成为社区治理的基本方向和关键趋势，也是推进国家治理体系和治理能力现代化的重要内容。社区自治的根本内涵是社区居民在不受外力的强制干预的条件下，在结合相关法律法规和社区本身实际情况的前提下，在平等、信任、协调、合作的基础上对本社区的公共事务进行自我管理、自我教育、自我服务、自我监督。行政力量的干预、自治的多重成本、社会资本的缺失、集体行动的困境、公民参与意识的缺失造成社区自治难以真正实现。如何才能突破种种困难，真正地实现社区自治是社区建设中面临的重要挑战。首先，从宏观上来看，社区自治存在的困难主要是政府职能的界定模糊导致政府对社区事务的过多干预，阻碍了社区自治的实现。所以只有转变政府职能，社区事务才能真正地从政府管理变为居民自治。其次，构建多元化的组织参与网络是促进社区自治的关键。再次，从法律和制度层面上看，宪法的规则、集体选择的规则和操作层面的规则的缺失和不完善也是社区自治面临困境的重要原因，因此建立起三位一体的制度规则迫在眉睫。还有，从文化基础来看，社区自治缺乏软性的基础，公民文化的缺失和社区自治文化的缺失是社区自治存在困境的重要基础性原因，所以培育公民文化和鼓励公民积极参与社区事务并提高他们的参与意愿和参与能力是突破社区自治困境的重要基础。最后，提高社区专职工作者的自治能力和综合素质是实现社区自治的重要保证。

在政府、市场、社会三方面力量共同作用于社区的现实情况下，社区实现自治需要政府、市场、社会三方面力量的协调与平衡。在社区自治中，各个主体或组织由于利益、立场、权力不尽相同，因此可能存在某个主体或多个主体阻碍社区自治的情况，社区自治就会陷入困境之中。所以，实现社区自治要求在集体选择的基础上，由社区自治组织对各种力量进行有效监督和冲突协调，以此将阻力变成推动力，促进社区自治。

“冰桶挑战”引领公益传播新方式

2014 年 7 月，美国各界名人纷纷在自己的 Facebook 个人主页中上传主题为“冰桶挑战”（Ice Bucket Challenge）的视频。视频中，参与者将一桶冰水浇在自己头上，面对寒冷并无惧意，欣然接受挑战。浇冰水的视频发布之后，参与者还会在评论中点名三人，要求他们接力完成这个名为“冰桶挑战”的游戏，如果被点名者不接受挑战或不能完成挑战，需向美国 ALS 肌萎缩侧索硬化症协会捐款 100 美元。“冰桶挑战”迅即在网上传播开来。

这项在网上热传的“冰桶挑战”是由民间自发组织与传播的公益活动，活动的目的是让更多人关注 ALS 肌萎缩侧索硬化症这一罕见疾病的患者，同时为疾病患者募款。ALS 肌萎缩侧索硬化症，也称“渐冻人症”，是运动神经元病的一种，患者由于大脑、脑干和脊髓中运动神经细胞受到侵袭，导致肌肉逐渐萎缩和无力，以至瘫痪，身体如同被逐渐冻住一样，故称“渐冻人”。“冰桶挑战”便是通过模仿这种“渐冻”的体验，促使参与者对“渐冻人”的生活有直观的感受，增加对“渐冻人症”患者的关怀。如上所述，“冰桶挑战”的活动规则是：参与者在网络上发布自己被冰水浇遍全身的视频内容，然后该参与者便可以点名邀请三人来参与这一活动。活动规定，被邀请者要么在 24 小时内接受挑战，要么就选择为对抗“肌肉萎缩性侧索硬化症”捐出 100 美元，或两者都做，完成后还可指名 3 名挑战者。

“冰桶挑战”的参与者最初主要来自美国体育界，而后扩散至美国政界、IT 界、娱乐界的名人明星中。IT 界大佬比尔·盖茨、“脸书”（Facebook）创始人马克·扎克伯格，政界肯尼迪家族成员、小布什以及娱乐界的众多明星大腕纷纷接受并完成挑战。在随后不到一个月的时间里，“冰桶挑战”跨越美国本土，传至世界各地。来自 36 大数据网的统计显示，北京时间 2014 年 7 月 10 日至 8 月 20 日，在 Twitter、Instagram、Facebook 三大全球社交工具上共有 79356 人完成了冰桶挑战①。8 月 17 日，未被点名的一加科技 CEO 刘作虎主动浇下了“冰桶挑战”在中国的第一桶冰水，次日，小米科技董事长雷军回应俄罗斯投资人尤里·米尔纳的点名，完成了“冰桶挑战”。自此，“冰桶挑战”正式传入中国，并迅速掀起了一场公益与挑战的热潮。

当众多公益组织尤其是民间公益组织苦于资源、资金捉襟见肘而对项目设计与慈善筹款一筹莫展时，“冰桶挑战”却以几乎零成本的资源投入获得了巨大的公益效果，以势如破竹的态势博得了全世界对“渐冻人症”患者的精神关怀与物资支持，它的成功为公益领域树立了新的典范，创新了公益项目的设计与传播，为面临资源困境的公益组织提供了新的思路。

“冰桶挑战”的独特之处在于它病毒式的传播特点，是病毒营销在公益领域的成功实践。病毒营销是近年来在市场营销中兴起的一种信息传递策略，它的核心思想是给人们乐意倾听的理由，然后创造一种能够进行概念病毒传播的机制。传统营销方式呈“一点对多点”的辐射状营销，无法确定广告信息是否真正到达了目标受众。而病毒营销是自发的、扩张性的信息推广，通过类似于人际传播和群体传播的渠道，产品和品牌信息被消费者传递给那些与他们有着某种联系的个体。营销者借助公众之口，将信息廉价复制，实现“一传十，十传百”这种口耳相传的口碑传播，使信息呈现几何级数增长，从而迅速扩大自己的影响。② 病毒营销的成功之道在于，营销者只负责搭建平台、确定程序，然后让感兴趣的人们相互营销，以此来巧妙利用别人的资源，使自己付出较小的投入而获得较大的收获。病毒营销通过五个步骤来实现病毒式的传播效果：制造病毒，找准感染途径，利用“意见领袖”，激活与更新病毒和规模化效应。制造病毒，即设计具有感染力的病原体；感染途径，即病毒的传播渠道和感染途径；意见领袖，是病毒传播的有效载体；病毒的激活与更新，是病毒获得持久感染力和影响力的必要条件；规模化效应往往是病毒传播达到的结果。“冰桶挑战”同样经历了这五个环节以达到病毒式的传播。

---

① 《深度数据全方位解析：冰桶挑战》，http：//www.36dsj.com/archives/12208。

② 吴爱丽：《病毒营销》，西南财经大学出版社，2007，第 3 页。

一　制造病毒

具有感染力的病原体是病毒传播过程的开始，也是病毒扩散的前提。在病毒营销过程中，营销者的首要任务就是设计和制造具有感染力的病毒，即病原体。由于人体对同一种病毒会产生抗体和免疫力，因而感染力强的病原体往往是创新的、独特的；由于病毒不能自身生长和分裂繁殖，病毒的传播需要依靠复制进行，因而传染性强的病毒需要具备简单方便、便于复制的特性；在病毒的复制过程中，又需要具备一些分享机制，来保障病毒传递的信息在受众之间得到有效复制。"冰桶挑战"的病毒设计具备独特性、便捷性、可分享性等强感染力的特征，同时又具备公益性的价值导向，因而能够引发一场大范围的病毒传播。

1. 独特性

（1）活动形式的独特性

传统的募捐依靠的是公益广告宣传与煽情感染，虽然动情感人，却也仅限于感人，难以促使人们付诸行动；"冰桶挑战"则提供了一种体验式和互动式的募款方式，以"浇冰水"这样一种挑战游戏来吸引大众体验"渐冻"的感觉，让参与者在这个过程中对"渐冻人症"有了直接生动的了解，也更愿意呼唤自己的亲朋好友们去关注"渐冻人症"患者并为他们募款。以游戏的方式支持公益，是"冰桶挑战"的创新点。

（2）参与方式的独特性

在"冰桶挑战"规则中，设计了点名三人接力挑战的要求，点名的规则既加强了病毒的传播，也建立了"冰桶挑战"独特的参与方式，即通过被邀请的方式参与挑战。点名邀请的规则从两个方面加强了"冰桶挑战"病毒的感染力：一是使得挑战的参与方式更具特色，被点名邀请成为一种荣幸，参与活动成为人缘、地位等社会关系的体现；二是经过朋友的点名邀请，被点名者更加容易接受和参与"冰桶挑战"活动，来自朋友的信息分享或是点名挑战将信息传递直达接受方，大大增强了传播效力。正如一位网友在评论"冰桶挑战"时所言："如果我收到公益组织的一封邮件，要我向他们捐款，我很可能对这封邮件视而不见，但如果我收到朋友的邮件，推荐我向某个公益项目捐款，我一定会对这个项目也加以关注与回应。”

2. 便捷性

“冰桶挑战”的规则简单明了、易于操作，参与成本非常低，简单易行，只需要浇一桶冰水，一部手机，就可以在回应挑战、参与公益的同时，收获证明自我、展现个性甚至个人以及企业宣传的效果。如此一来，便捷易行的“冰桶挑战”便具备了很强的感染力。

参与者将挑战过程录制下来并上传到社交网络，便会有很多潜在的观众。对于旁观者来说，“冰桶挑战”的挑战视频具有新意和趣味性，很容易引起关注和转发。而通过众多观众们的随手转发和评论，又在举手之间增加了“冰桶挑战”的热度，将病毒传递给更多的人。

3. 可分享性

“做好事又可以让人知道”，是大多数公益活动参与者的心态。“冰桶挑战”规则要求参与者录下挑战视频，并上传至网络，这一规则使得“冰桶挑战”病毒具备了极高的可分享性，既满足了公益参与者展现自我价值、实现社会尊重的需要，也可以借助公益参与者之间的信息交流来推动公益信息的传递。

4. 价值导向

在“冰桶挑战”中，病原体并非生产性和营利性的产品与服务，而是一种情感病毒，是对身患绝症的患者的人文关怀。这种人文关怀与慈善目的使得“冰桶挑战”具有很高的社会价值，也为它的传播提供了正当性。

近年来，随着经济的发展，生活水平的提高，人们基本的生存需求得到满足，“公益”作为一种更高层次的精神境界，被越来越多的人所追求。社会慈善事业经过几十年的发展，也使得公益理念更加深入人心。关爱弱者，关怀他人的利他理念被社会广泛接受。力所能及的事情帮助身患绝症的同胞，已是被大家公认的理念。在“冰桶挑战”游戏与挑战的热闹喧嚣背后，传递的是利他性的公益目的，这种正当性使得“冰桶挑战”一经产生就得到了社会认可和支持，因而具有强大的感染力，进而跨越民族、宗教和地域的边界得以广泛传播。

二　找准感染途径

病原体在形成之后，需要经由一定的介质向他人传播，这时就需要找准有效的感染途径，便捷、易得的感染途径更容易使病毒实现快速和大范围的传播。例如在2003年春季肆虐全球的传染性非典型肺炎（SARS）的感染途径是呼吸道感染，利用飞沫、痰、唾液等媒介，人与人之间不需亲密接触就可能感染病毒，与其他途径相比，大大增强了病毒感染的概率，从而形成了世界范围的大规模爆发。

正如病毒只在易于传染的情况下才会传播一样，携带营销信息的媒体也必须易于传递和复制。在"冰桶挑战"的信息传递过程中，互联网工具提供了这种传递与复制的快捷方式。"冰桶挑战"病毒利用网络介质进行传递，以社交网络作为感染途径，通过Facebook、Twitter、YouTube以及中国的新浪微博网络平台进行视频的分享和点名接力，实现线上互动和线下挑战的结合，从而突破了地域的限制，扩大了病毒的传播距离。正是借助网络，"冰桶挑战"病毒从美国田纳西州发源，逐步扩散至美国整个国家，进而跨出美国本土，传播至世界各地。在这一过程中，"冰桶挑战"病毒感染途径的选择，是基于两种可获得的资源：全球传播网络和社会人际网络，分别体现了病毒营销中"利用现有的传播网络"和"利用别人的资源"这两个成功要素。

1. 利用现有的传播网络

（1）全球化

在全球化的大环境下，世界各地间的联系更加紧密，发生在一个国家内部的事件其影响力可能超出国界，扩散至世界范围。"冰桶挑战"传播至中国，就是经济全球化的一个侧面体现：第一个被点名挑战冰桶的是小米科技的董事长雷军，而点名雷军来进行挑战的，是俄罗斯的投资人尤里·米尔纳，他是小米科技的股东之一。全球化带来的国际经济联系的加强，促成了名人间的社会关系，扩展了传播网络的辐射范围，使得点名的对象可以突破国界，扩散至美国之外的众多国家之中。

（2）网络化

网络化背景是"冰桶挑战"传播得以成功的重要因素。根据国外统计网站 Internet Live Stats 的分析显示，截止到2014 年1 月，世界网民数量已达到29.25 亿，互联网普及率超过40%。[①] 在我国，根据中国互联网络信息中心（CNNIC）7 月 21 日发布的《第 34 次中国互联网络发展状况统计报告》显示，截止到2014 年6 月，我国网民数量已达6.32 亿。值得一提的是，在网民的上网设备中，手机上网的比例达到83.4%，首次超越传统 PC 的整体使用率80.9%[②]。手机上网比例的增加得益于智能手机的发展，3G、4G 等网络技术的突破以及公共场所的 Wi-Fi 无线网络的普及。手机上网突破了传统 PC 电脑上网的时间、设备等限制，使公众可以随时查看世界各地的热点动态，从而加速了信息的传播速度。

在网络化环境下，信息传播具有时效性、开放性、共享性和低成本等特征。手机上网的普及增强了信息传播的时效性，为信息的传播提供了快捷而便利的渠道；社交网络平台的出现又增强了信息的共享性，使得每个人都可以成为信息的发布者和传播者。“冰桶挑战”选择社交网络作为主要的传染途径，瞄准社交网络中粉丝众多的名人明星们，借助他们在网络和现实中的影响力，实现了“冰桶挑战”的爆发式传播。

2. 利用别人的资源

（1）社会关系

“冰桶挑战”要求参与者视频分享自己的挑战过程，并点名三人接力挑战，这两个规定巧妙利用起参与者的社会关系网络，使感染者进而成为病毒的传播者。

根据社会科学家的分析，每个人都生活在一个 8 ~ 12 人的亲密网络中，根据在社会中的位置不同，一个人的宽阔的网络中可能包括几十、几百或者数千人。如果将信息置于人们的通信网络之中，将会迅速地把信息扩散出去。[③] 在社交网络中，每个人都或多或少有自己的粉丝和关注者，而作为“冰桶挑战”的主要参与者，名人明星们更是有着成千上万的粉丝数量，这些数以万计的关注者在偶像的影响下，很容易成为游戏的自觉参与者与传播者。而普通网民看到平日里光鲜亮丽高高在上的名人们自浇冰水的新颖

---

① http://www.internetlivestats.com/internet-users/.

② http://cn.chinagate.cn/reports/2014-07/23/content_33031944.htm.

③ 吴爱丽：《病毒营销》，西南财经大学出版社，2007，第9 页。

举动，也很有可能将它转发，分享给自己的好友。

视频分享利用参与者的粉丝和关注者增加了“冰桶挑战”的热度，扩展了它的传播范围，而点名接力则是直接利用参与者的人际关系网络，将信息放置于人们的通信网络中，使病毒实现定向的有效传播。点名机制使得病毒具有主动感染的属性，可以自动向他人传递。在传统的公益募款中，由慈善组织、外部媒体等力量进行的募捐活动或宣传，难以深入人心，影响力有限。但是在“冰桶挑战”中，直接的募款者不是与自己毫无瓜葛的公益组织或媒体，而是与自己朝夕相处的亲朋好友，来自朋友的信息分享或是点名挑战将信息传递直达接受方，大大增强了传播效力。

(2) 社会资源

名人明星们占有相对较多的社会资源，尤其是与媒体有密切的关系。当“冰桶挑战”与明星的活动相重叠时，挑战便更具新闻价值，会得到更多媒体的报道与关注，成为焦点。例如，在2014年8月19日，电影《四大名捕》结局篇的告白与告别发布会上，主演邓超在发布会现场接受了“冰桶挑战”。发布会与“冰桶挑战”两个各具价值的新闻事件重叠在一起，增加了媒体的关注度，也扩大了“冰桶挑战”的信息传播范围，让电影爱好者们也直接获得了“冰桶挑战”的信息。

三 利用“意见领袖”

制造出杀伤力极强的病毒，还需要为其寻找一个具有足够的力度和广泛的冲击力的载体。载体就是病毒能够附在上面进行传播的物体。引爆流行的载体可以增强病毒的感染率，制造病毒的流行，使病毒借助载体的威力在更大范围内得到传播。人群中的低免疫群体是最易于被病毒感染的群体。在病毒传播的初始阶段，要找到此病毒的低免疫群体，然后锁定它，争取靠他们的帮助来扩散病毒。这类低免疫群体便是原始病毒感染者，成为病毒传播的载体，肩负起进一步“传播病毒”的重任。

病毒营销中，在某个领域的“意见领袖”往往是原始病毒感染者即传播载体的最优人选。意见领袖是在某一领域具备专业性或知名度、具有话语权和发言欲望的人，他们较多接触大众传媒，掌握更多的资讯，因而他们的发言具有更高的可信度和影响力，可以改变他人的态度和行为。病毒营销能否成功，在很大程度上依赖于起步阶段对意见领袖的激发能力。一旦意见领袖参与了商品信息的传播，病毒营销也就登上了加速传播的快车。“冰桶挑战”在传播初期吸引了众多名人明星的参与，这些名人明星们作为“冰桶挑战”中的意见领袖，为“冰桶挑战”病毒的传播搭建了有效的载体。

1. 意见领袖容易接受和被影响

“冰桶挑战”初期的参与者大多来自美国的体育界，例如美国高尔夫球手克里斯·肯尼迪（Chris Kennedy）、美国棒球手帕特·昆恩（Pat Quinn）、棒球球员皮特·费利特斯（Pete Frates）。他们有一个共同的特点，就是身边的亲人或朋友中有“渐冻人症”患者，因而对“渐冻人症”有更直观的了解与感受，对倡导公益、关爱渐冻人的“冰桶挑战”会有更高的参与热情。在他们的点名接力下，“冰桶挑战”扩散至美国的各界名人中。

对于热心公益的名人而言，“冰桶挑战”以新颖的方式寻求公益目的，是公益的创新形式，因而会给予关注和支持。在“冰桶挑战”挑战名单中不乏慈善事业的忠诚实践者。例如，“冰桶挑战”早期的参与者比尔·盖茨一直热心于慈善公益活动，他与妻子成立了一个以自己名字命名的慈善基金会——盖茨基金会，他们每年定期向基金会捐献 15 亿美元，用于帮助全球各地的弱势群体，也积极寻找创新方式推动社会慈善事业的发展。而另一位挑战冰桶的名人马克·扎克伯格也早在 2010 年就签署了由股神沃伦·巴菲特和微软创始人比尔·盖茨联合倡导的“捐赠誓言”，签署者承诺会将多数个人财富用于慈善。

对于其他名人们而言，一旦被点名邀请参加挑战，他就处在社会关注和舆论话题的中心。在观众而言，接受挑战是勇敢和爱心的体现，不仅可以给名人的个人魅力加分，而且可以顺势为自己的公司和产品赢得关注度；而不接受挑战，则会被大众视为无趣，不仅无法赢得美名，还会给个人形象减分。在这样的权衡对比下，多数名人会选择参与挑战。

可见，“冰桶挑战”在名人明星中具有较强的感染力，锁定了名人明星群体，“冰桶挑战”便获得了强有力的传播载体，进而实现影响力的递增。

2. 意见领袖起到引领、带头作用

名人明星的行为在影响力和影响效果方面远远高于普通民众。普通个

人的影响范围往往只局限于自己的亲朋好友，而名人明星们除了可以影响自己的亲人朋友，还可以对自己的粉丝和崇拜者产生行为的引导和示范作用。由名人明星来进行"冰桶挑战"，呼吁大家关爱渐冻人，可以将这个信息传递给更多的受众，得到更多民众的响应。名人明星的助推使"冰桶挑战"成为一种时尚。于是在各路明星们的带领下，民众们也自发进行"冰桶挑战"，或是为"渐冻人"捐款，表达对"渐冻人症"患者的关爱。

四 激活与更新病毒

1. 病毒的激活

病毒被制造出来，然后进入了传播环节，但并不是所有病毒都会一直自发地传递下去，一直处于活跃状态，它们有时也会出现休眠，进入休眠状态。为了避免这种状况，就得为病毒设计一个激活程序。[①] 设计病毒激活程序，就是要让病毒始终保持活动的状态，只有这样，营销的目的才有可能实现。

（1）通过媒体报道激活

很多网络事件的发展都符合这样一个传播规律：先在网络上传播、酝酿、发酵，形成一个网络热点。然后，传统媒体介入报道，使网络事件升级，形成社会大范围的传播，最后传统媒体和网络媒体一起，共同设置议题，吸引受众，形成舆论漩涡。在这种信息病毒的传播过程中，每一次传统媒体的报道都是对病毒的激活，避免病毒进入自我休眠。对于"冰桶挑战"源源不断的媒体报道，使得挑战具有极高的曝光率和关注度，成为社会热点。

（2）通过新感染者激活

媒体的关注还不能保持病毒本身的活跃度，病毒终归要通过不断的复制传染来保持感染力。"冰桶挑战"火热进行的 7 月和 8 月中，不断有新的名人明星被点名邀请，有影响力的人不停加入。活动参与者从美国的体育界扩散至 IT 界、政界和演艺界，又从美国一国先后传播至澳大利亚、新西兰、加拿大、德国、印度、中国等国家，在每一个领域、每一个国家形成

---

① 吴爱丽：《病毒营销》，西南财经大学出版社，2007，第 94 页。

一种“一波未平一波又起”的传播态势，使得病毒得到不断的加强与持续。

2. 病毒的更新

人的新鲜感是有时间周期的，长时间的接触同一事物很容易产生厌倦情绪，随着人们新鲜感的减退，再富创意的产品也会因时间推移而变得失去最初的吸引力。我们看到，许多网络产品都形成“来得快去得也快”的生命周期。于是，借助网络的病毒营销的传播过程通常呈S形，即在开始时很慢，当接受者扩大至一半时速度加快，而接近最大饱和点时又慢下来。“冰桶挑战”也基本呈现这种S形的生命过程，如下图所示。

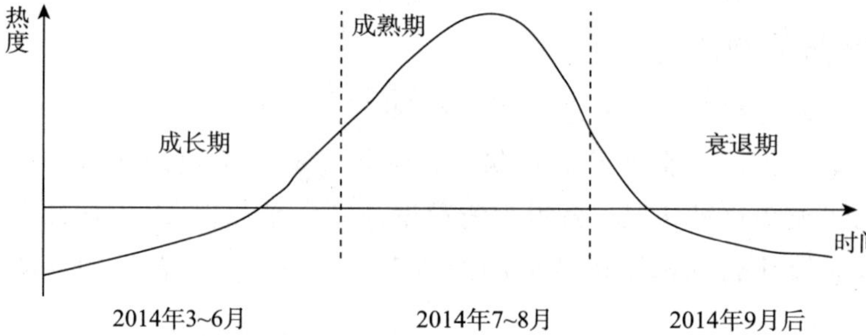

“冰桶挑战”的生命过程

(1) 成长期的病毒更新

“冰桶挑战”最终规则的确立经历了一段时期的积累与调整。2014年3月到6月，是“冰桶挑战”病毒的成长期，在这个过程中，病毒不断进行更新，为它在7~8月的大规模爆发创造了条件。

A. 挑战 方式的更新

在产生伊始，“冰桶挑战”并不是专属于“渐冻人症”的公益募款项目。“冰桶挑战”的前身是“冰水挑战”（Cold Water Challenge）。2014年三月，在美国田纳西州，一些居民通过跳入冰水中的方式，为一个患有严重幼年型糖尿病的幼儿募款。有参与者在视频网站Youtube上传了这一募款活动的挑战视频。此后，通过跳入冰水来进行慈善募款的方式逐渐走红，形成“冰水挑战”。① 冰水挑战的规则与冰桶挑战类似：参与者视频记录下自己跳入河流或湖泊等“冰水”中的过程，并将视频发布到网络上，然后可

① http://knowyourmeme.com/memes/cold-water-challenge.

以点名自己的好友来继续这个挑战，被点名者如果不能完成冰水挑战，就要向慈善机构捐款。但是具体捐给哪个慈善机构，则可以由点名者来选择。最初，通过"冰水挑战"筹得的善款主要投向消防领域与癌症领域的慈善组织。

"冰水挑战"吸引了许多美国民众尤其是年轻人的参与，但是跳入河流、湖泊等冰水的行为很容易引发危险，挑战过程中也发生了一些青少年因为跳进湖泊挑战冰水而丧生的事故惨剧。于是，2014 年 5 月中旬开始，民众逐渐对"冰水挑战"的规则进行了调整，将冰水改为冰桶，参与者不再需要跳入冰冷的湖水，而是要被从头顶浇一桶冰水，就算是完成挑战。于是，"冰桶挑战"这一形式开始出现。

B. 感染对象的更新

5 月底到 7 月初，不断有人接力完成"冰桶挑战"。2014 年 7 月 15 日，在美国电视节目《今日秀》中，节目主持人马特·劳尔（Matt Lauer）在节目中接受并进行"冰桶挑战"，从而大大提高了"冰桶挑战"的知名度和热度。也正是在这一天，一位名叫克里斯·肯尼迪的高尔夫球手接受了冰桶挑战，并点名他的表妹珍妮特·塞内尔基亚（Jeanette Senerchia）接力冰桶挑战，珍妮特的丈夫患 ALS"渐冻人症"已有 11 年，珍妮特的挑战开启了"冰桶挑战"与"渐冻人症"的关联过程。

随后，珍妮特点名现效力扬基队的美国棒球手帕特·昆恩接力"冰桶挑战"。昆恩是 ALS"渐冻人症"的患者，在被珍妮特点名后，他召集了网络上的亲友一同参与，参与者范围除了涵盖昆恩所属的麻省小区外，更远至爱尔兰及希腊，自此，相关的片段在极短时间内广泛流传出去，亦使更多人认识及仿效。

昆恩在完成"冰桶挑战"后，同时进行了捐款和点名。捐款给予美国肌萎缩性脊髓侧索硬化症协会。点名名单中包括他中学时期的棒球队队友皮特·费利特斯（Pete Frates），皮特·费利特斯同样也是 ALS 患者，现在在 ALS 协会麻省分部工作，"冰桶挑战"活动经过他的接力后，被美国 ALS 协会引入，成为筹款活动的一环。至此，"冰桶挑战"成为关注 ALS 肌萎缩性脊髓侧索硬化症的募款活动，而美国肌萎缩性脊髓侧索硬化症协会成为筹款资金的主要接收组织。之后进行的"冰桶挑战"，就是被新闻媒体广泛报道、为我们熟知的"ALS 冰桶挑战"。

（2）成熟期的病毒更新

在“冰桶挑战”成熟发展的2014年7月至8月间，“冰桶挑战”在各国的传播过程中进行了一些本土化的创新与调整。

在中国，“冰桶挑战”开始于2014年8月17日。这一天，俄罗斯风投者尤里·米尔纳点名小米科技董事长雷军接力挑战。当天晚上，新浪微公益的相关负责人及时把握这次机会，联合瓷娃娃罕见病关爱基金，在新浪品牌捐平台上线了“助力罕见病、一起冻起来”的“冰桶挑战”中国项目。项目倡导公众关注ALS等罕见病群体，号召大家通过“冰桶挑战”的方式关注、支持ALS患者在内的各类罕见病群体。8月18日下午，雷军完成冰桶挑战，而后将挑战视频上传至新浪微博，在捐款给美国ALS协会的同时，也向中国的瓷娃娃协会捐款。同一天，果壳网CEO姬十三上传了自浇冰水的视频，呼吁向本地渐冻人NGO瓷娃娃中心捐款。在雷军和姬十三的挑战完成后，中国的“冰桶挑战”确立了本土的传播平台——新浪微博，以及本土的善款接收方——瓷娃娃罕见病关爱中心。瓷娃娃罕见病关爱中心将募集到的善款成立了“冰桶挑战”专项基金，挂靠在中国社会福利基金会。

（3）衰退期的病毒休眠

8月之后，“冰桶挑战”病毒基本稳定下来，没有进行足够的更新，导致“冰桶挑战”的热度在8月底开始锐减，在9月后挑战基本销声匿迹，“冰桶挑战”病毒进入休眠状态。

一方面，由于9月北半球逐渐进入秋季，天气转凉，不再适宜进行“冰桶挑战”，另一方面，经过点名三人接力的指数级传播，人群中低免疫者很快都成为被感染者，剩余的易感者越来越少，名人、意见领袖参与度降低，民众的新鲜感和热情褪去，“冰桶挑战”失去了传播的载体，传播势头锐减，进入衰退期。

五　规模化和辐射效应

轰轰烈烈的“冰桶挑战”活动将“渐冻人症”这一原本陌生的疾病带入公众的世界，引发了社会对“渐冻人症”患者的关怀与帮助。病毒式的“冰桶挑战”达到了规模化效应，实现了多方共赢的效果。

1. 活动意义

(1) 传播公益理念

"冰桶挑战"活动的目的是让更多人关注ALS肌萎缩侧索硬化症这一罕见疾病的患者，同时也为疾病的患者募款。通过游戏的方式，"冰桶挑战"使参与者在挑战中体验渐冻人的感受，引起参与者感同身受的理解，更愿意为"渐冻人症"患者提供帮助。广泛传播的"冰桶挑战"背后，传递的是关爱他人、帮助弱者的公益理念。"冰桶挑战"的热潮也是公益传播的热潮。

(2) 营造社会风气

在"冰桶挑战"兴盛的8月，互联网分析公司SimilarWeb对全美新闻网站的数据进行分析后发现，"冰桶挑战"成为当月福布斯网站上第四大流量关键词，平均每周有20万人输入"ALS"和"冰桶挑战"这两个关键词进行搜索。在知识普及型网站"维基百科"中，有关ALS的页面访问量增长了100倍以上，这表明通过"冰桶挑战"，越来越多的公众开始关注ALS渐冻人症。在"冰桶挑战"传入中国的第一周里，新浪微博#冰桶挑战#话题官方主页点击量突破30亿，与"冰桶挑战"相关的微博数量超过800万条。[①] 在中国"冰桶挑战"如火如荼进展的8月中下旬，由百度指数的统计显示，关于"渐冻人"和"渐冻人症"的相关搜索量突破60万。由这些数字可以看到，"冰桶挑战"成功达到了活动的目的，引发了大众对渐冻人的关注。

(3) 募集公益善款

自"ALS冰桶挑战"兴起以来，从2014年7月29日到11月1日，美国ALS协会和全美的分会共收到超过300万冰桶挑战参与者的捐款，捐款总额高达1.15亿美金[②]，仅这一项目的筹款就大大超过该协会2013年一年的筹款6400万美元。

在中国，从2014年8月18日至8月30日，短短12天的时间里，中国"冰桶挑战"专项捐款金额达到人民币8 146 258.19元。[③] 8月31日下午，

---

① 数据来源：新浪微博数据中心《2014年8月微博热门话题分析》。

② 数据来源：美国ALS官网，http：//www.alsa.org/fight-als/ice-bucket-challenge.html。

③ 数据来源：瓷娃娃官网，http：//chinadolls.org.cn/page/4569。

中国社会福利基金会瓷娃娃罕见病关爱基金和瓷娃娃罕见病关爱中心举办了“冰桶挑战”公益项目媒体见面会，媒体会上公布了关于善款的详细数据。在全部 814 万元善款中，新浪微公益平台筹款力度最大，共得 728 万元；支付宝钱包爱心捐赠通道筹集到 42 万元；直接向“瓷娃娃”捐款的有 28 万元；百度钱包爱心捐赠通道筹集到 14 万元；真正向中国福基会瓷娃娃罕见病关爱基金捐款的仅为 1000 元。

2. 多方共赢

(1)“渐冻人症”患者受到社会关爱

在我国，有超过 20 万的“渐冻人症”患者，他们的思维还敏捷，身体却逐渐失去控制。他们是 13 亿人口基数中的极少数，脆弱而渺小。在“冰桶挑战”之前，很少有人知晓渐冻人的生活，很多人甚至没有听说过这种罕见疾病的存在。“冰桶挑战”的爆发将“渐冻人症”带入大众的视线，许多新闻媒体也将目光投向渐冻人的生活，对渐冻人的真实生活进行还原与报道，为“渐冻人症”患者获取了更多社会关怀。

以“冰桶挑战”为契机，“渐冻人症”相关的公益组织也得到了相应的支持。北京东方丝雨渐冻人罕见病关爱中心是由“渐冻人症”患者在 2013 年 11 月成立的民间公益组织。由于没有公募权，不能对外募集资金，社会对渐冻人的了解也很少，关爱中心的善款都来自组织成员的亲朋好友以及一些渐冻人病友家属，金额十分有限。经过“冰桶挑战”的宣传作用，渐冻人开始受到社会的广泛关注，2014 年 8 月 21 日，中国社会福利基金会接受了北京东方丝雨渐冻人罕见病关爱中心申请，正式设立渐冻人联合劝募基金（ALS 中国），面向社会公众募捐。在 ALS 中国成立后的五天时间里，募集到善款 7400 余元。[①]

2014 年 11 月 27 ~ 28 日，在中国福利基金会瓷娃娃罕见病关爱基金“冰桶挑战 - 关爱渐冻人”项目的善款支持下，由中国福利基金会和东方丝雨渐冻人罕见病关爱中心主办的第一届全国渐冻人病友大会在北京召开。来自全国各地的 50 多位患者家庭与其他罕见病组织代表、政府相关部门、医学专家、企业代表、公益机构、广大媒体等各界人士齐聚一堂，共同进

---

① 四川新闻网：《“冰桶挑战”已带来近 600 万元捐款 将建专项基金委员会监管善款使用》，http：//scnews. newssc. org/system/20140825/000481341. html。

行了"渐冻人症"的专题知识讲座、相关研究进展和病友代表经验交流等活动。

(2) 我国罕见病患者受到关注

"冰桶挑战"传入中国后，很快得到了政府部门的回应。8 月 20 日，央视主持人张泉灵完成冰桶挑战后，点名"央视新闻"及国家卫计委官方微博"健康中国"接受挑战。国家卫计委官方微博"健康中国"在 20 分钟内迅速作出回应，称"罕见病的患病率在 0.65% 至 1%，目前缺乏有效的治疗方法。多年来，卫计委通过规范临床技术、开展临床路径管理，提高医务人员对罕见病的诊疗能力；又将苯丙酮尿症纳入新农合大病保障范围，卫计委会继续努力给罕见病朋友更多希望和机会"。40 分钟后，"健康中国"再发微博称，为支持"冰桶挑战"活动，国家卫计委宣传司司长、新闻发言人毛群安个人向瓷娃娃捐款。①

由卫纪委的表态我们可以看到，除了渐冻人症之外，中国的"冰桶挑战"还推动了社会对其他罕见病的关注。这一额外的收获源于"冰桶挑战"善款的接收方——瓷娃娃罕见病关爱中心。瓷娃娃罕见病关爱中心是由成骨不全症等罕见病患者自发成立的民间公益组织，致力于为脆骨病等其他罕见病群体开展关怀和救助服务。成骨不全症，又称脆骨病，是一种罕见遗传性骨疾病，发病率约十万分之三，一般出现的症状为骨脆性增加，轻微损伤即可引起骨折，常表现为自发性骨折，或反复多发骨折。② 由于脆骨症患者的这种脆弱性，人们形象地将他们称为瓷娃娃。"冰桶挑战"将瓷娃娃罕见病关爱中心这个原本不为大众所知的公益组织推向了舆论的焦点，也将众多默默忍受疾病的罕见病患者们带入了社会与政府的关注视野。

(3) "冰桶挑战"参与者的个人收获

参与"冰桶挑战"的名人明星们通过挑战为自己赢得了声誉和关注度。挑战冰桶的名人中不乏一些知名企业家，这些企业家们通过"冰桶挑战"，向大众展示了自己的勇敢无畏和慈爱之心，不仅可以提升自我形象，也可以顺势为自己的公司和产品造势。

---

① 《冰桶挑战留下了什么》，《北京晨报》，http://finance.chinanews.com/jk/2014/09-15/6589738.shtml。

② 百度百科：成骨不全症，http://baike.baidu.com/view/1109328.htm。

3. 复制

“冰桶挑战”之后，以挑战形式和点名机制来传播公益的方式受到众多公益组织的青睐，对挑战规则进行复制，在“冰桶挑战”之后，迅速掀起了饥饿挑战、微笑挑战等挑战热潮。

（1）饥饿挑战

10 月 16 日，是联合国确定的世界粮食日。在 2012 年，第 32 个世界粮食日期间，国家粮食局曾向全国粮食行业广大干部职工发起倡议，倡导职工自愿参加 0 时至 24 时的“纪念世界粮食日、饥饿二十四小时”饥饿体验活动。但收效甚微。2013 年世界粮食日期间，联合国世界粮食计划署在中国发起了“饥饿 24 小时”公益体验活动，并邀请影星倪妮参与体验，活动得到了全国各地的公众和志愿者们的参与回应。

2014 年，受“冰桶挑战”的成功启示，中国扶贫基金会对饥饿体验活动进行了创新与改进，在 2014 年世界粮食日和中国政府确定的首个国家扶贫日（2014 年 10 月 17 日）期间，发起了“饥饿挑战”——“饥饿 24 全民公益活动”。

该活动倡导 16～60 岁有条件的人于 10 月 16 日 20：00～10 月 17 日 20：00 切身体验饥饿，以此表达对中国乃至全世界饥饿人群和贫困弱势人群的关注，表达对饥饿和过大贫富差距的重视，并通过自己力所能及的实际行动，促进节约意识，增进贫富之间相互理解并互助，促进社会和谐。体验者可以分享自己的体验计划、心得体会等，并邀请三位好友参加体验，若好友不能完成，也可以为“饥饿 24”做一件力所能及的事情，如把自己的微博、微信或 QQ 头像在活动期间更改为“饥饿 24”活动图标，捐出相当于一天餐费的善款支持爱加餐项目，改善贫困地区儿童的营养状况等。[①]

以挑战为主题的饥饿 24 小时公益活动得到了广泛的关注度：从活动发起之日截至 2014 年 10 月 20 日 20 时，新浪微博“体验饥饿”话题就有 1.5 亿人次（网友）阅读，超过 8 万人次（网友）参与讨论[②]，微信朋友圈也有大量的相关信息转发。在参与者方面，“饥饿 24”活动也吸引了杨幂、林俊

---

① 《扶贫基金会：饥饿 24 全民公益活动倡议书》，http：//www.chinadevelopmentbrief.org.cn/news-16689.html。

② 网易新闻：《冰桶挑战、饥饿挑战：社会公益新趋势》，http：//news.163.com/14/1022/17/A96695NK00014JB6.html。

杰等明星来完成挑战。

不过相较于忍受一桶冰水，体验24小时的饥饿难度系数较大，所以尽管话题讨论热烈，真正完成挑战并能将挑战接力下去的人数就相对较少。所以在热度、传播力度和参与人数方面，"饥饿挑战"已然无法比肩"冰桶挑战"。尽管如此，"饥饿24全民公益活动"是公益项目一次勇敢的学习与创新，通过宣传与挑战，它提醒着大众在享受现有的优越生活时，也去关注生活在贫困边缘忍饥受饿的弱势群体们，呼吁大众采取力所能及的方式向他们伸出援助之手。

（2）微笑挑战

"左边放上点你的人的照片，右边放上自己的照片，点十个人继续传递微笑。"2014年11月27日，这一名为"微笑挑战"的活动突然蹿红网络。"微笑挑战"是利用网络和社交媒介资源发起的一个民间活动，活动号称以传递温馨、快乐为目标，在微信朋友圈中呈现"刷屏"之势。

11月28日下午，北京嫣然天使基金会发起人李亚鹏发布微博，称接受黄磊女儿多多的微笑挑战，附上多多的照片和自己的搞怪微笑照，并点名刘嘉玲、胡军、杨坤等明星参与，微博后还附有一个名为"多多小特齐上阵　呼唤爱心送礼物"项目的捐款链接。于是，借助微笑挑战的东风，"多多小特齐上阵　呼唤爱心送礼物"项目得到了网友们的广泛关注，成为微博热门话题。

"多多小特齐上阵　呼唤爱心送礼物"是由嫣然天使基金和黄磊女儿多多共同发起的公益项目，目的是帮助唇腭裂儿童筹集医疗救助款，该项目于2014年10月21日在新闻微公益"品牌捐"上线。这个公益项目采用以份为单位的捐赠形式，每份嫣然天使基金为16元，捐赠者可以通过选择捐赠份数来决定捐赠金额。捐赠超过10份嫣然天使基金（即160元人民币）的爱心人士，将会获赠由多多寄出的"嫣然熊小特"毛绒玩具一只，由小特替唇腭裂小朋友和嫣然来表达对捐赠者的感谢。这也是目前嫣然基金新推出的捐赠模式，向社会传递慈善不在捐赠多少，每个人都可以向社会和需要关爱的人群传递爱心。[①] 凭借创新的形式和"微笑挑战"的契机，截至2014年12月5日，"多多小特齐上阵　呼唤爱心送礼物"公益项目已募捐嫣然天使基金款项6673份，善款106774元，用于贫困家庭唇腭裂儿童的医

① 《多多微博发起微笑挑战　李亚鹏等众明星共传爱心》，中国在线，http：//www.chinadaily.com.cn/dfpd/dfwhyl/2014-12-03/content_12829003.html。

疗救治。

六 反思

“冰桶挑战”是公益领域的一次创新：它突破了以往公益项目发展缓慢、无法跨越地域界限的瓶颈，跨越了民族、文化和疆域，在世界范围内被迅速接受认可。它所引起的社会关注度和达成的公益效果是以往的各种公益活动与项目所不可企及的。

而当挑战热忱已退、接力喧闹散去，我们更需要冷静下来，思考在“冰桶挑战”中的收获与不足，进而对“冰桶挑战”进行合理借鉴，创新我国公益项目的设计与传播。

1. “冰桶挑战”中存在的风险

（1）人身安全风险

尽管“冰桶挑战”便捷易操作，但是给头顶猛然浇一桶冰水还是存在人身健康的风险。医学专家指出，“冰桶挑战”对身体也有挑战，并不是人人都适合。寒冷会使人的皮肤毛细血管收缩、血液循环阻力增加，血压升高，这对高血压、脑血管病患者都是不利的。专家指出心脑血管疾病患者、颈椎病患者，以及一些寒性体质及下肢怕冷的人群、胃寒者、长期腹泻的人、小孩都不宜参加“冰桶挑战”。

（2）道德风险

名人明星的参与加速了“冰桶挑战”的传播，却也使得“冰桶挑战”受到了“娱乐化”、“商业化”的批评。有人质疑明星参与挑战的动机不是为了呼吁大家关爱渐冻人，而是借公益挑战之名展现个人形象，为自己赚取人气。还有一些本土企业家在进行“冰桶挑战”时，将自己企业的标示作为挑战的背景，录入视频中，颇有炒作之嫌。有人认为，“冰桶挑战”已经成为各行业人士显示人脉、炫耀圈子的工具，如果不幸未能接到挑战邀请，只能说明其尚未进入这一行业的金字塔顶尖，或者在圈子里的人缘乏善可陈。[①] 在公益形式的创新过程中，如何保持公益内涵的纯正，增强民众

---

① 朱离：《冰桶挑战：慈善娱乐化的狂欢?》，http：//epaper. stcn. com/paper/zqsb/html/epaper/index/content_604504. htm。

对新型公益的认可度，是需要我们进一步思考解决的问题。

(3) 声誉风险

通过"冰桶挑战"，中国的"冰桶挑战"善款接受方——瓷娃娃罕见病关爱中心收到超过814万元善款。对于这笔大额善款，社会各界都在关注它的去向。800多万元善款将用于何处？瓷娃娃罕见病关爱中心是否有能力运用好这笔善款？善款是否能真正帮助到"渐冻人症"患者？这些问题都有待事实的回应。

对于社会的种种质疑，瓷娃娃理事会在2014年8月31日召开的记者见面会上表示：将根据捐赠人的捐赠意愿来确定资金使用方向。目前已经收到的捐款中，捐赠意向为"支持ALS在内的罕见病群体"的捐款金额为人民币5 574 311.80元，此部分款项将全部用于渐冻人群体的相关公益服务支持，捐助意向为支持各类罕见病群体的善款金额为人民币2 571 946.39元，将用于各类罕见病群体的公益服务支持。"冰桶挑战"筹得的全部善款中，将有5 574 311.80元作为专项首期用款，用于渐冻人群体的相关救助服务等支持。瓷娃娃将通过公开招标、评审、支持公益服务项目的方式来完成上述用款目标。

"冰桶挑战"过后，"宋庆龄基金会王甲关爱渐冻人基金"神经肌肉疾病协会渐冻人协会、运动神经元病互助家园等4家机构在9月14日联合发表了一封公开信，题为《关于瓷娃娃罕见病关爱中心借冰桶挑战违规募集资金的公开信》。公开信援引《公益事业捐赠法》、《基金会管理条例》、《民办非企业单位登记管理暂行条例》、《关于规范基金会行为的若干规定(试行)》等法律法规，抨击瓷娃娃中心没有公募资质，违反法律公开募款，业务范围越界，瓷娃娃症和"渐冻人症"是完全不同的疾病，瓷娃娃专项基金的章程根本就没有救助渐冻人的计划。"建议民政主管部门应该依法给予严惩。"① 尽管中国社会福利基金会、瓷娃娃罕见病关爱中心、瓷娃娃罕见病关爱基金和其他公益人士均对公开信中提到的问题作出了分析与回应，将公开信中的控诉一一反驳，这场同行间的拆台风波还是给瓷娃娃关爱中心带来了声誉上的挑战。

---

① 《"冰桶挑战"募集善款八百万元为何遭质疑》，http://loongzone.com/forum.php?mod=viewthread&tid=166800&highlight=%A1%B0%B1%F9%CD%B0%CC%F4%D5%BD%A1%B1。

2. 可持续性

随着 9 月入秋后天气的转凉，“冰桶挑战”的热潮也已经退却。在“冰桶挑战”短暂而辉煌的生命周期里，为公益注入了动力与活力，挑战游戏终究会结束，而公益走向组织化才是获得持续生命力的最终途径。正如瓷娃娃关爱中心发起人王奕鸥所言：“我们不可能一直浇水”。“冰桶”风潮只是一个开始，如何建立一个平等的环境，让罕见病患者在有限的生命里享受到有尊严的生活，才是公益领域的持续话题。

2014 年夏天喷薄而来的“冰桶挑战”，为公益领域播撒了一场充满希望的春雨。它让我们看到个体在公益中的无限力量，看到了社会对公益的参与热情，也看到了公益项目可以实现的惊人成果。它以病毒般的速度席卷全球，引领了一场公益新风尚，随后悄然而去，留给我们谈论和思考。尽管有作秀之嫌，有浮夸之贬，但谁都不可否认，它引领了一场公益传播的方式变革。

“冰桶挑战”借病毒营销的手段大规模爆发，为我们提供了公益项目设计的新思路，但是“冰桶挑战”同样没有突破病毒营销的时间定律，在短时间的火爆与直线增长之后，又随着公众热情的退散而淡出公众视线。病毒营销依靠激情与创新，当新意不在，热情和信息的传播也将消退。

不论是冰桶还是饥饿，微笑还是悲情，挑战没有成败，游戏不是目的，形式无须争议。我们借鉴“冰桶挑战”的成功，更要注重在学习中的创新，为公益事业的发展创造动力与活力。我们注重细节却不着眼于细节，公益的形式固然重要，但更为重要的是通过各种形式，唤醒社会对弱势群体的关爱，最大限度地促进公众的参与，以公益点亮社会希望之光。

第四部分

大事记

大事记

政策法规

1. 财政部将着力解决技术性管理难题，为顺利推进政府购买服务工作创造条件

2013 年 12 月 4 日，财政部发布《财政部关于做好政府购买服务工作有关问题的通知》。财政部正抓紧研究政府购买服务管理办法以及相关预算、政府采购、税收等具体政策措施，要求在坚持大的原则不变和透明预算的前提下，注重研究解决现行政府采购、预算编制、会计处理等技术性管理难题，必要时可适当作出政策调整，为政府购买服务工作的顺利推进创造条件。

2. 已成立的“四类社会组织”与行政机关脱钩指日可待

2013 年 12 月 5 日，民政部部长李立国在国新办发布会上表示于年内在全国性行业协会、商会中选择 100 个左右的单位试点与行政机关脱钩，争取 2015 年底前实现从全国到地方各个层次的行业协会商会与行政机关真正脱钩，已成立的“四类社会组织”将依照修订后的《社会团体管理条例》、《基金会管理条例》和《民办非企业单位管理条例》，完成所有过渡。河北省、湖南省、广东省和海南省已相继实施试点方案。例如，2014 年 3 月 26 日，海南省民政厅出台《关于行业协会商会与行政机关脱钩试点方案》，要求以海南省农业厅与海南省工信厅为业务主管单位的各类行业协会商会，作为本次脱钩试点单位，存在以下情况的：与行政机关合署办公的、与行政机关会计合账的、行政机关人员兼任行业协会商会负责人的，必须在 6 月底前，做到人、财、物全面分离。规定时间内脱钩不到位的，省民政厅将按照有关规定，发出整改通知，整改无效的，将予以撤销登记。行业协会商会与行政机关脱钩的目的为建立行业协会商会规范发展的长效机制，使行业协会商会真正成为提供服务、反映诉求、规范行为的主体，充分发挥行业协会商会在社会建设中的积极作用。

3. 救助服务社会化，政府蜕变为支持者和监督者

2013年12月11日，北京市民政局公布《北京市民政局关于推进全市流浪乞讨人员救助服务社会化的实施意见》，指出政府将从政策、资金、技术上支持社会力量承接事务性、专业性救助服务，并进行评估，优胜劣汰。政府已看到社会力量的效率和专业性优势，从救助服务的提供者蜕变为支持者和监督者。

4.《慈典——慈善救助信息实用手册》为线下弱势人群搭建“信息桥梁”

2013年12月23日，民政部发布《关于广泛开展慈善项目信息征集工作的公告》，向社会征集慈善项目信息，并委托中国慈善联合会等根据征集到的信息编印2014年度《慈典——慈善救助信息实用手册》，免费赠阅或由村居两委向困难家庭发放，便利申请慈善救助。弱势人群普遍缺乏互联网技能或条件，《慈典》以传统黄页形式深入互联网难以企及的“死角”，弥补了信息鸿沟。

5.《关于推广使用中国慈善信息平台的通知》推广中国慈善信息平台，提升慈善组织透明度

2013年12月24日民政部下发《关于推广使用中国慈善信息平台的通知》，要求在全国各地结合本地慈善信息化工作，与中民慈善捐助信息中心开展多样化合作，包括政府购买软件和服务、技术指导、数据互联互通等。中国慈善信息平台是民政部委托中民慈善捐助信息中心开发的全国性慈善行业信息平台，现具备信息发布、报送与统计、信息查询与共享、舆情监测、数据库管理、宣传推广等功能。慈善组织入驻中国慈善信息平台，及时披露慈善信息，可提升自身透明度和公信力。

6.《深圳经济特区行业协会条例》规定国家机关工作人员不得在行业协会任职

2013年12月25日，深圳通过《深圳经济特区行业协会条例》立法，规定国家机关工作人员不得在行业协会任职，行业协会的会长、副会长、理事、监事应当由会员差额选举产生。行政人员在行业协会兼职影响协会的独立性和公信力。

7. 民政部出台《民政部关于加强和创新慈善超市建设的意见》，引导慈善超市形成自身“造血”功能

2013 年 12 月 31 日，民政部出台的《民政部关于加强和创新慈善超市建设的意见》规定发展慈善超市的指导思想为：充分发挥市场和社会力量在慈善超市建设中的决定性作用，以体制机制创新为重点，以社会化运营为方向，以增强慈善超市自我发展能力和社会服务功能为目标，把慈善超市建设成布局合理、功能多样、充满活力、运行规范的城乡基层公益慈善综合服务平台，为我国慈善事业发展奠定坚实的基层基础。基本原则为：坚持公益属性、社会化方向、可持续发展、因地制宜。此前，政府主导的慈善超市主要履行政府社会救助职能，是对社会救助体系的变革和完善，但缺乏自身“造血”功能，难以实现可持续发展和资源的充分利用。

8.《北京市促进慈善事业若干规定》要求慈善组织尊重捐赠意愿、主动公开信息

《北京市促进慈善事业若干规定》于 2014 年 1 月 1 日正式施行，规定公募基金会以外的慈善组织须与公募基金会联合并以公募基金会的名义开展募捐活动，同时要求慈善组织按捐赠人意愿使用善款，主动公开善款用途等六类信息，未按规定执行的慈善组织将受行政处罚。六类信息包括：组织名称、活动宗旨等组织基本信息；捐赠财产的来源等捐赠信息；募捐方案、联合募捐协议等募捐活动信息；捐赠财产用途等捐赠财产使用信息；年度工作报告、审计报告等专项工作报告；法律、法规、规章规定需要公开的其他信息。

9. 中央政府和地方政府密集出台政策完善政府购买制度体系

2014 年 1 月 24 日，财政部公布《关于政府购买服务有关预算管理问题的通知》，要求妥善安排购买服务所需资金、健全购买服务预算管理体系、强化购买服务预算执行监控、推进购买服务预算信息公开、实施购买服务预算绩效评价、严格购买服务资金监督检查。

2014 年 2 月 1 日，中共中央、国务院印发了中央 1 号文件《关于全面深化农村改革加快推进农业现代化的若干意见》明确提出：通过政府购买服务等方式，支持具有资质的经营性服务组织从事农业公益性服务。扶持发展农民用水合作组织、防汛抗旱专业队、专业技术协会、农民经纪人队伍。社会组织是深化农村改革的重要力量，其发展能够建构农村社会自治能力，形成农村社会的自我规则化机制。

2014 年 4 月 23 日，财政部、民政部等六部委共同出台《关于做好政府购买残疾人服务试点工作的意见》，将五大类 19 项残疾人服务纳入政府购买试点范畴。由于残疾人类别差异大、个性化需求多，《意见》提出根据试点项目范围，试点地区结合本地经济社会发展水平、财政承受能力和残疾人类别化、个性化基本服务需求，制定政府购买残疾人服务的指导性目录，并在总结试点经验基础上，及时进行动态调整。

2014 年 5 月 16 日，国家林业局专门发出通知，从工作目标、工作流程、工作要求等方面规范所辖部门与直属单位购买社会服务的行为。环保部也已完成《政府采购环境服务指导意见》意见征集，预计在 6 月出台。纳入指导意见中的政府采购的环境公共服务，将包括城乡生活废水、垃圾收集、转运、处理的单项或者一体化服务，城乡区域河道水域、公园湖泊水质养护、城乡植树种草，国家公园、自然保护区等环保、城乡公用土地的环境修复服务。政府购买环境服务将一律通过公开招投标的方式获得。

2014 年 8 月 26 日，财政部、发展改革委、民政部、全国老龄办联合下发《关于做好政府购买养老服务工作的通知》，指出政府购买养老服务的基本原则：坚持需求导向，注重创新机制；坚持政府引导，培育市场主体；坚持规范操作，注重绩效评估；坚持体制创新，完善政策体系。力争到 2020 年，基本建立比较完善的政府购买养老服务制度，促进形成与经济社会发展相适应、高效合理的养老服务资源配置机制和供给机制，支持和参与养老服务的社会氛围更加浓厚，养老服务水平和质量显著提高，推动建成功能完善、规模适度、覆盖城乡的养老服务体系。文件尤其指出要以老年人基本养老服务需求为导向建立政府购买养老服务制度。

2014 年 10 月 27 日，民政部网站公布《关于民政部门利用福利彩票公益金向社会力量购买服务的指导意见》，指出福彩公益金购买服务是一般公共预算资金购买服务的有益补充，明确了民政部门利用福利彩票公益金向社会力量购买服务的指导思想、基本原则和目标任务。2020 年全国将基本建立比较完善的福彩公益金购买服务制度，适用范围日趋扩大，资金额度不断增加，社会影响显著增强。健全以绩效评价为导向，以服务项目为载体，以合同管理为基础，权责明确，竞争择优，公开透明的福彩公益金购买服务机制。意见强调，要建立健全福彩公益金购买服务机制。明确了购买主体、购买内容、承接主体、购买的程序与方式等内容，规范了从设计项目、编报预算、组织采购、合同管理到绩效评价的规范化购买流程。强调要将福彩公益金购买服务资金纳入预算，并严格资金管理，加强信息公开，筑牢预防腐败的制度防线。

2014 年 10 月 29 日，民政部印发《2015 年中央财政支持社会组织参与社会服务项目实施方案》，强调在项目申报工作中，要优先考虑面向民生、面向群众、面向基层的项目；优先考虑在特定领域发挥独特作用、具有典型示范作用、具有重大社会影响或作出特殊贡献的社会组织；优先考虑有地方财政资金、福彩资金和社会资金资助的项目；优先考虑上年度项目实施中管理规范、执行有序、效果显著的项目。

据统计，截至 2014 年 7 月 23 日，广东、上海、江苏、山东、云南、安徽、新疆、河北、吉林、广西、湖北、天津、北京、宁夏、黑龙江、浙江、四川、山西 18 个省市自治区出台了政府购买服务有关实施意见。其中，除云南、新疆、北京、宁夏、黑龙江外，其余 13 个省市自治区均制定了政府向社会力量购买服务指导性目录。

一些地方政府在政策制定中还突出了各自的重点和特色。例如，2014 年 8 月 23 日，大连市人民政府公布并实施《大连市政府向社会力量购买服务实施办法（暂行）》，突出购买内容的公共性和公益性，规定实施政府购买服务应遵循公开择优、以事定费的原则，按照公开、公平、公正原则，坚持费随事转，通过竞争择优的方式选择承接政府购买服务的社会力量，确保具备条件的社会力量平等参与竞争。加强监督检查和科学评估，建立优胜劣汰的动态调整机制。政府购买服务的内容为适合采取市场化方式提供、社会力量能够承担的公共服务，突出公共性和公益性，公益组织大有可为。2014 年 9 月 22 日，甘肃省人社厅厅长贾廷权在省十二届人大常委会第十一次会议的《关于全省就业工作的报告》中指出，甘肃省将探索建立政府购买基本就业服务制度，形成政府、公共就业服务机构及其他社会组织共同参与、相互补充的就业服务新机制，消除影响平等就业的制度障碍和就业歧视，促进就业公平。公共就业服务的内容包括：就业政策法规咨询；职业供求信息发布，市场工资指导价位信息和职业培训信息发布；职业指导和职业介绍；组织就业见习，推荐开展职业培训和职业技能鉴定；开展创业服务；对就业困难人员实施就业援助，对高校毕业生、农村转移劳动者等重点群体提供专门就业服务；劳动人事档案管理服务；失业人员管理，办理就业登记、失业登记等。

2013 年，全国政府采购金额为 16381.1 亿元，比 2012 年增加 2403.4 亿元，增长了 17.2%。在货物、工程、服务三大采购对象中，服务类采购增幅最大，同比增长 26.4%。在加大政府向社会力量购买服务力度的同时，政府购买服务类项目的领域也从传统的专业服务向新型的商业服务和公共服务领域扩展。政府采购渐成规模，资金规模越来越大，涉及领域也越来越广。

10. 两部门出台意见鼓励民企积极投身公益慈善事业

2014 年 1 月 20 日，民政部和全国工商联印发《关于鼓励支持民营企业积极投身公益慈善事业的意见》，强调鼓励支持民营企业通过捐赠资金、产权、物资和服务等方式参与公益慈善事业，鼓励民营企业通过开展社会捐赠、与慈善组织合作、设立慈善组织等方式支持参与公益慈善事业，要求各级民政部门和工商联组织引导民营企业参与公益慈善事业应本着自觉自愿、合法合规、诚信公正等原则，同时支持民营企业依法设立公益慈善组织、协助落实优惠政策。有评论认为，要动员更多的民企参与慈善，首先要改善企业生存的环境，其次需要畅通的渠道和合理的政策引导。

11. 民政部及福建、广东等地民政厅取消全国性社团分支机构审批

2014 年 1 月 29 日，《福建省人民政府关于取消、下放和调整一批省级行政审批项目的通知》（闽政〔2014〕6 号）中规定，取消省民政厅对全省性社会团体分支机构的成立、变更、注销登记；非公募基金会和异地商会的登记下放到县级以上民政部门，执行分级管理。2014 年 2 月 26 日，《民政部关于贯彻落实国务院取消全国性社会团体分支机构、代表机构登记行政审批项目的决定有关问题的通知》（民发〔2014〕38 号）发布。此后，广东、新疆、山东、天津等地陆续出台文件取消全省性社团分支机构审批。此前，2013 年 11 月 8 日，《国务院关于取消和下放一批行政审批项目的决定》（国发〔2013〕44 号）（以下简称《决定》）取消了民政部对全国性社会团体分支机构、代表机构设立登记、变更登记和注销登记的行政审批项目。民政部及福建、广东等地民政厅此举是为贯彻落实《决定》的要求，转变政府职能，简政放权，推进社会团体登记管理制度改革，可进一步激发社会团体活力。

12. 《财政部国家税务总局关于非营利组织免税资格认定管理有关问题的通知》出台，放开非营利组织海外活动限制

2014 年 1 月 29 日，财政部、国家税务总局发出《财政部国家税务总局关于非营利组织免税资格认定管理有关问题的通知》（财税〔2014〕13

号）。与2009年两部门发布的《财政部、国家税务总局关于非营利组织免税资格认定管理有关问题的通知》（财税〔2009〕123号）相比，新《通知》将“符合条件的非营利组织活动范围主要在中国境内”这一条款删除，取消了对非营利组织活动范围的限制，即在中国境外开展公益慈善项目的组织，如果符合《通知》其他方面的规定，也可获得免税资格，扩大了可获取免税资格的非营利组织的范围。

13.《民政部关于建立儿童福利领域慈善行为导向机制的意见》限制不必要救助，引导政府与社会力量优势互补

2014年2月7日，民政部出台《民政部关于建立儿童福利领域慈善行为导向机制的意见》，强调民政部要全面掌握各类困境儿童群体的基本状况，帮助各类慈善力量锁定帮扶的目标群体及具体帮扶对象，避免不必要的交叉救助和重复救助，强调政府与参与儿童福利事业的社会力量要逐步实现对象互补、项目互补和方式互补。此意见出台，表明民政部越来越重视以慈善组织、爱心企业和志愿者为代表的社会“各类慈善力量”，并希望引导其在儿童福利领域开展活动。

14. 民政部确认70个“全国社会组织建设创新示范区”

2014年2月8日，民政部下发《民政部关于确认北京市西城区等70个地区为“全国社会组织建设创新示范区”的通知》。经评审确认的示范区对推进社会组织管理制度改革，激发社会组织活力，发挥社会组织作用等方面起到示范带头作用，并为社会组织的改革发展探索和总结更多更好的经验。民政部曾于2013年4月下发通知，决定开展创建全国社会组织建设创新示范区活动。我国建设“创新示范区”活动主要应用于经济、科技等高GDP领域，而本次中央首次将社会组织建设纳入创新示范区创建工作，凸显了中央在深化社会管理创新，推进政府机构改革和职能转变，加快形成现代社会组织体制方面的决心。

15. 青海出台社会组织行为规范和活动准则

2014年2月11日前，青海省民政厅出台《青海省社会组织行为规范和活动准则》，对规范社会组织的登记、任职、收费、诚信和组织重大活动等五个方面作出了具体规定。在登记和收费方面，《准则》明确规定了社会组织在成立、变更、注销登记时应履行的义务和程序，严格规范各项财务制度，保证各项收入的来源合法，各类票据、手续台账规范健全，坚决取缔八项乱收费行为；在任职方面，《准则》要求在社会组织负责人和财务人员的任职中严格限制国家公务人员兼任社会组织负责人，并对财会人员的任职、撤换、离职等进行了明确规范；在诚信方面，《准则》要求社会组织必须履行信息公开义务，定期公布财务收支情况，不得私设“小金库”；在组织重大活动方面，《准则》要求社会组织在举办大型论坛、研讨或能力培训、开展涉外项目合作与交流、面向社会开展评比表彰、达标等活动时须事前报经相关部门审核批准，遵守国家宪法、法律、法规和有关政策规定，严禁从事危害国家安全、民族团结和社会公共秩序的活动。

16. 湖南将社会组织培育发展和规范管理列入各级党委、政府社会建设绩效考核内容

2014 年 2 月 14 日，湖南省委办公厅、省政府办公厅联合下发《关于加强和创新社会组织建设与管理的意见》，规定“将社会组织培育发展和规范管理列入各级党委、政府社会建设绩效考核内容”。同时意见指出，要将基金会和异地商会登记权限下放至市州、县市区民政部门，允许社会团体自行根据需要设立分支机构、内设机构；对行业性、专业性、自然科学学术性社会团体引入“一业多会”竞争机制；简化登记审批程序，取消社会团体筹备批复阶段；适当降低社会组织登记门槛；对城乡社区社会组织实行备案机制；严格执行中央和省关于党政领导干部不兼任社会团体领导职务有关规定，实行政社分开。

17. 中央文明委印发《关于推进志愿服务制度化的意见》，推进志愿服务制度化和常态化

2014 年 2 月 19 日，中央精神文明建设指导委员会印发《关于推进志愿服务制度化的意见》，强调开展志愿服务，是创新社会治理的有效途径，是加强新形势下精神文明建设的有力抓手。推进志愿服务制度化，对于推动志愿服务持续健康发展、促进学雷锋活动常态化，对于培育和践行社会主义核心价值观、在全社会形成向上向善的力量，具有重要意义。

18. 国务院颁布《社会救助暂行办法》，为首部统筹各项社会救助制度的行政法规

2014 年 2 月 21 日，国务院颁布《社会救助暂行办法》，自 2014 年 5 月 1 日起施行。《办法》将最低生活保障、特困人员供养、受灾人员救助、医疗救助、教育救助、住房救助、就业救助和临时救助等 8 项制度以及社会力量参与作为基本内容，确立了完整清晰的社会救助制度体系，是我国第一部统筹各项社会救助制度的行政法规。李立国强调，《办法》对社会力量参与作了专章规定是《办法》的一大亮点，标志着社会救助工作从资金、物资保障转向资金物资保障、生活照料服务和心理疏导相结合，也是社会救助方式新的规范、新的发展。《办法》明确县级以上地方人民政府应当发挥社会工作服务机构和社会工作者的作用，为社会救助对象提供社会融入、能力提升、心理疏导等专业服务。

19. 河南民企社会责任建设进入规范化、标准化新阶段

2014 年 2 月 25 日，我国首个民营企业社会责任省级地方标准，由河南省工商业联合会和河南省民营企业社会责任促进中心联合起草并归口的《民营企业社会责任评价与管理指南》（河南省地方标准 DB 41/T 876—2013）正式发布实施。该标准系统、全面地规定了在当前经济形势下河南省民营企业履行社会责任的基本要求，以及民营企业社会责任的评价办法，使河南省民营企业社会责任管理与评价工作有了统一的指导性标准。我国民营企业的社会责任觉悟越来越高，但由于缺少标准的指引和规范的管理，民企社会责任建设良莠不齐。

20. 民政部、中国保监会及全国老龄办出台《关于推进养老机构责任保险工作的指导意见》

2014 年 2 月 28 日，民政部、中国保监会及全国老龄办出台《关于推进养老机构责任保险工作的指导意见》，要求重视养老机构责任保险公益性。引导保险公司重视社会效益，发挥“大数法则”优势，形成保险价格、服务等多方面的竞争机制，努力使保障范围更加全面、保险费用更加合理。积极争取通过补贴保险费等政策，鼓励和引导养老机构自愿参加责任保险，有效化解运营风险。《意见》还要求采取有效措施引导各方参与。吸引保险机构、社会组织等多方参与，充分整合现有资源，形成政府部门、养老机构、保险公司等合作共赢的发展格局。推进养老机构责任保险工作，是构建养老服务业风险分担机制的重要内容，是提升养老机构责任意识和风险意识、强化养老机构内部管理、降低运营风险、维护老年人合法权益的重要手段。

21. 深圳推广社区基金会，推动社区治理模式变革

2014 年 3 月 12 日，深圳市民政局出台《深圳市民政局社区基金会培育发展工作暂行办法》（征求意见稿），推广立足于当地的社区基金会。5 月，深圳光明新区在白花、凤凰、新羌、圳美、玉律五个社区试点全国首批社区基金会，探索创建社区治理新模式。社区基金会有助于改变政府在社区治理方面有时一手包办，有时却鞭长莫及的困局，将社区治理转变成一种责任共担、成果共享、共同治理的模式。在该模式中，政府提供必要的投入和方向性的指引，社会力量成社区治理主体，更具活力和效率。

22. 新《消费者权益保护法》赋予省级以上消费者协会公益诉讼主体资格

2014 年 3 月 15 日实施的新《消费者权益保护法》第四十七条规定，对侵害众多消费者合法权益的行为，中国消费者协会以及在省、自治区、直辖市设立的消费者协会，可以向人民法院提起诉讼。消费纠纷属于重要的社会公共利益问题。消费纠纷在生活中屡见不鲜，但由于其多发、小额的特征以及诉讼成本的高昂，即便在无法通过其他方式解决时，消费者很少愿意通过诉讼途径来寻求救济。明确和细化消费公益诉讼制度，可最终降低消费者的维权成本，维护社会公共利益。但是，新《消费者权益保护法》严格限制了公益诉讼的主体资格，只授权于中消协和省级消协，排除了民间组织的参与，相对于我国现阶段多发的消费者公共权益被侵害的现状，该规定提供的保护实质上极为有限。

23.《深圳经济特区慈善事业促进条例（送审稿）》实现重大政策创新

2014 年 3 月 26 日，深圳市民政局就《深圳经济特区慈善事业促进条例（送审稿）》在市法制办官网向各界征求意见，条例在多方面有重大突破和创新。其一，将慈善定义为“自然人、法人或者其他组织自愿、不以营利为目的，从事为他人摆脱贫困、灾害和其他困难，提高生活质量和促进社会公平正义的项目和活动”，凡是从事这些慈善活动的非营利性、民间性社会组织，均认为是慈善组织，当地民政负责人称“这一界定使慈善组织在外延上包括了基金会、社会团体、民办非企业单位以及其他新兴的慈善组织形态，在内涵上把慈善组织定位为公益慈善类社会组织”；其二，条例将“宽进严管”，规定未成立的慈善组织可以直接向民政部门登记，且规定慈善组织服务场所不受登记地址的限制，慈善组织法定代表人可以兼任，以此解决慈善组织“登记难”问题；其三，拟将募捐主体扩展至所有慈善组织，公募基金会和已有公募资格的社会团体可以直接开展募捐活动，其他慈善组织在办理备案手续后也可以开展捐赠活动；其四，条例拟规定，税务部门会同财政部门、慈善主管部门每年随机抽取 10% 的慈善组织，委托第三方审计机构对上述慈善组织的项目运作、财务收支、资产经营情况等进行独立审计，并将审计结果向社会公布。

24. 银监会办公厅《关于信托公司风险监管的指导意见》提出完善公益信托制度，并要求信托行业建立社会责任机制

2014 年 4 月 8 日，中国银监会办公厅公布《关于信托公司风险监管的指导意见》，提出完善公益信托制度，大力发展公益信托。要求信托行业建立社会责任机制，信托业协会要公布信托公司社会责任要求，按年度发布行业社会责任报告。信托公司要在产品说明书（或其他相关信托文件）中明示该产品是否符合社会责任，并在年报中披露本公司全年履行社会责任的情况。此前，2001 年颁布的《信托法》对公益信托的规定操作性不强，该指导意见出台可为后续公益信托规定出台作铺垫。

25. 环境保护法修订“拉锯战”结束，环境公益诉讼主体资格有限放开

2014 年 4 月 21 日，十二届全国人大八次会议四审通过了《中华人民共和国环境保护法（修订草案）》，修订后的新环保法将于 2015 年 1 月 1 日正式实施。新环保法规定环境公益诉讼主体资格有限放开，“依法在设区的市级以上人民政府民政部门登记，专门从事环境保护公益活动连续五年以上，且无违法记录的社会组织，可以向人民法院提起诉讼”。在该环保法修订中，环保公益诉讼主体资格备受社会关注，曾历经几次调整修改。2012 年 8 月，一审稿未将“公益诉讼”列入。“自然之友”等环保组织向全国人大提交公开信，呼吁将环境公益诉讼等重要环境制度纳入法律的修正案；2013 年 6 月，二审稿规定“公益诉讼主体为中华环保联合会以及在省、自治区、直辖市设立的环保联合会”。随即，360 人联名、112 家环保组织联署的一封名为“人人都有权发起公益诉讼”的公开信递交给全国人大。2013 年 10 月，三审稿规定公益诉讼主体资格为：依法在国务院民政部门登记，专门从事环境保护公益活动连续五年以上，且信誉良好的全国性社会组织。“自然之友”再次发出了紧急呼吁信，表示，“依法在国务院民政部门登记”的限定相当于把所有非官方的环保组织排除在公益诉讼主体之外；“信誉良好”系一项弹性极强的规定，很容易导致自由裁量权的滥用；“全国性社会组织”的限定也缺乏合理依据；2014 年 4 月，四审稿尘埃落定，将范围扩大到“设区的市级以上政府民政部门登记的相关社会组织”。据媒体统计，按照此规定，全国有 300 多家社会组织有资格提起环境公益诉讼。

2014 年 10 月 1 日，最高人民法院公开《最高人民法院关于审理环境民事公益诉讼案件适用法律若干问题的解释（征求意见稿）》，向社会公开征求意见。征求意见稿拟规定“法律规定的机关和有关组织”是提起环境民事公益诉讼的主体。今后可提起环境民事公益诉讼的组织将包括：在民政部门登记的社会团体、民办非企业单位以及基金会等社会组织；设区的市、自治州、盟、地区，不设区的地级市，直辖市的区、县以上人民政府民政部门；成立五年以上，章程确定的宗旨和主要业务范围是维护社会公共利益，且从事环境保护公益活动的社会组织。有专家认为，征求意见稿对诉讼主体资格的认定比将于 2015 年 1 月 1 日实施的新《环境保护法》更宽泛一些，环境民事公益诉讼的主体问题已经基本解决，接下来应该主要关注如何提起诉讼以及诉讼要实现什么目标等问题。

26. 张家港市发布《张家港市志愿者礼遇办法》激励志愿服务

2014 年 4 月 29 日，江苏张家港市发布《张家港市志愿者礼遇办法》，规定志愿者年度服务时间 100 小时以上，可享免费体检、旅游年卡、公交年卡、停车年卡等生活“礼遇”。礼遇办法不同于其他荣誉嘉奖制度，更加贴近生活，让志愿者在日常生活中时时感受到社会的回馈，可提升志愿服务的社会认同感。

27. 全国 30 个省市自治区实现四大类社会组织直接登记

截至 2014 年 4 月 30 日，除了西藏自治区，我国大陆 30 个省市自治区实现社会组织直接登记的试点或全面开展。其中，天津、浙江、安徽、福建、山东等 20 地全面实施社会组织登记，新疆、内蒙古等 10 地试点开展社会组织直接登记。此前，2013 年 3 月 15 日公布的《国务院机构改革和职能转变方案》规定，行业协会商会类、科技类、公益慈善类、城乡社区服务类四大类社会组织可直接登记。另外，甘肃、安徽和云南三地的政策更为开放，直接登记范围不限以上四类组织。对四类社会组织，直接登记制度已经基本在全国范围内实现，配合了政府将部分公共服务职能向社会转移的趋势。但是，对于四类组织之外的社会组织，尤其是政治法律类、宗教类、涉外类等社会组织的登记仍旧不放开。

28.《公益广告促进和管理暂行办法（征求意见稿）》，立法完善公益广告管理体制

2014 年 5 月 7 日，国家工商行政管理总局公布《公益广告促进和管理暂行办法（征求意见稿）》。该办法的主要内容包括：（1）明确了“公益广告”的界定；（2）明确了相关部门在促进和管理公益广告工作中的职能；（3）制定了公益广告的发布内容准则；（4）规定了广告活动主体发布公益广告的义务；（5）体现促进公益广告发展。公益广告是培养公众公益意识至关重要的渠道，我国公益广告发展呈现良好局面，作用和影响越来越大，但我国公益广告相关法律位阶较低，且未有机整合。通过立法形式来保障公益广告发展，体现了依法治国理念，也是公益广告发展的客观需要。

29.《关于做好2014年全国普通高等学校毕业生就业创业工作的通知》明确将社会组织作为吸纳大学生就业的主体之一

2014年5月9日，国务院办公厅印发《关于做好2014年全国普通高等学校毕业生就业创业工作的通知》，规定“充分挖掘社会组织吸纳高校毕业生就业潜力，对到省会及省会以下城市的社会团体、基金会、民办非企业单位就业的高校毕业生，所在地的公共就业人才服务机构要协助办理落户手续，在技术职称评定方面享受与国有企事业单位同类人员同等待遇”。通知对社会组织吸纳大学生就业落户和专业技术职称评定工作作出明确规定。我国社会组织快速发展，整体实力不断增强，逐渐成为解决就业和提供创业平台的重要渠道。该通知说明国务院层面对社会组织的地位给予了更多认可，社会组织作为国家治理体系中的重要一环，得到国务院及有关部门充分重视。

30. 国务院扶贫办公布《建立精准扶贫工作机制实施方案》，提高扶贫精准性

2014年3月5日，李克强代表国务院在十二届全国人大二次会议上作的2014年《政府工作报告》中提出“精确扶贫”一词。2014年5月26日国务院扶贫办公布《建立精准扶贫工作机制实施方案》，指出通过对贫困户和贫困村的精准识别、精准帮扶、精准管理和精准考核，引导各类扶贫资源优化配置，实现扶贫到村到户，逐步构建精准扶贫工作长效机制。我国扶贫始于20世纪80年代中期，前期采用“粗放扶贫”模式，工作中长期面临贫困居民底数不清、情况不明、针对性不强、扶贫资金和项目指向不准等问题。“精确扶贫”有助于改变这一现状。

31.《山东省社会组织评比达标表彰活动管理细则》严控社会组织评奖乱象

2014年5月13日，为规范社会组织评比达标表彰活动，建立健全相关管理制度，山东省出台《山东省社会组织评比达标表彰活动管理细则》，规定严格控制社会组织评比达标表彰活动的数量，防止过多过滥；坚持非营利性原则，不得在评选前后向评选对象收取任何费用，也不得以任何形式与营利性机构合作举办或者委托营利性机构举办。

32.《网络交易平台经营者履行社会责任指引》引导网络交易平台经营者履行社会责任

2014 年 5 月 28 日，工商总局发布《网络交易平台经营者履行社会责任指引》，引导网络交易平台经营者积极履行社会责任。文件明确网络交易平台经营者履行社会责任的主要内容，涉及建立健全管理制度、订立履行合同、审查登记经营者信息、防止商标侵权和制售假冒伪劣商品行为、保护消费者权益等方面。文件规定，网络交易平台经营者应要求平台内经营者严格遵守法律法规和规章，积极配合监管部门依法查处相关违法违规行为。文件还明确了网络交易平台经营者履行社会责任的保障措施，指出应把履行社会责任融入企业发展战略，努力实现企业履行社会责任与日常经营的有机结合；增强员工的法律意识和社会责任意识，努力形成履行社会责任的企业价值观和企业文化；主动接受各方面监督，不断改进工作；定期发布社会责任报告，努力营造良好的工作氛围。

33. 国务院《深化医药卫生体制改革 2014 年重点工作任务通知》推进社会办医

2014 年 5 月 28 日，国务院办公厅印发《深化医药卫生体制改革 2014 年重点工作任务通知》，要求积极推进社会办医，包括放宽准入条件、优化社会办医政策环境、加快推进医师多点执业、推动社会办医联系点和公立医院改制试点工作等 4 项重点任务；重点解决社会办医在准入、人才、土地、投融资、服务能力等方面政策落实不到位和支持不足的问题；优先支持社会资本举办非营利性医疗机构，努力形成以非营利性医疗机构为主体、营利性医疗机构为补充的社会办医体系。

34. 民政部发布《“中华慈善奖”评选表彰办法》提升奖项的权威性和可信度

2014 年 6 月 3 日，民政部发布《“中华慈善奖”评选表彰办法》的通知，修订后的办法确定评委会评选和网络投票结合的评选机制；建立惩罚和奖项撤销机制，如申报弄虚作假，一经核实，6 年内不得再行申报；获奖者如出现严重违法违纪行为或造成不良社会影响的，对其已获奖项予以撤销。评奖是否规范、专业、科学决定奖项的权威性和可信度。通过提高“中华慈善奖”的权威性和可信度，可使获奖者的慈善行为得到更多认可和资源。

35. 广州审议通过《广州市社会组织管理办法》

2014年6月16日，广州市政府常务会议审议通过《广州市社会组织管理办法》，明确规定对社会团体和民办非企业单位的注册资金由“实缴制”改为“认缴制”，取消了社会团体和民办非企业单位（基金会除外）的注册（开办）资金要求，这意味着1元注册资金即可申报社会组织，进一步降低了社会组织的注册门槛。同时，对社会组织的年检改为年度报告，放松政府对社会组织的管制和不必要的干预，激发社会组织的活力。广州一直是我国社会组织管理改革的领军者，2012年广州全面开启社会组织直接登记先河，随后2013年3月国务院出台政策放开四大类社会组织直接登记。

36.《社会责任绩效评价指标体系》国家标准向社会征求意见

2014年7月4日，中国标准化研究院受国家标准委员会委托起草的《社会责任绩效评价指标体系》国家标准开始向社会征求意见。社会责任绩效评价指标体系为国家标准委2012年制定及修订国家标准计划项目。该指标体系包括组织治理指标、人权指标、劳工实践指标、环境指标、公平运行实践指标、消费者问题指标和社区支持及发展指标七大类。随着社会责任发展日渐深入，组织急需一套成熟可行的社会责任绩效评价方法来全面了解其社会责任活动的有效性，以便持续不断、有针对性地改进其社会责任工作。

37. 国家卫计委推进实施疾病应急救助制度，增强医疗机构的公益性

2014年7月8日，国家卫生计生委公布《关于做好疾病应急救助有关工作的通知》，明确要求各省（区、市）于2014年9月底前设立疾病应急救助基金，明确基金经办管理机构，并制定具体办法和实施细则，细化救助基金的申请、审核、支付等具体流程。2013年发布的《国务院办公厅关于建立疾病应急救助制度的指导意见》提出设立疾病应急救助基金，规定救助对象是在中国境内发生急危重伤病、需要急救但身份不明确或无力支付相应费用的患者。此次《通知》进一步强调对于需要紧急救治，但无法查明身份或身份明确无力缴费的患者，医疗机构要按照《需要紧急救治的急危重伤病标准及诊疗规范》进行及时救治，不得以任何理由拒绝、推诿或拖延救治。对于违反规定的医疗机构，卫生计生行政部门要依法依规追究医疗机构及其主要负责人的责任。基本医疗服务属于公共物品，但目前供给不足，设立救助金有助于解决该问题。

38. 10 亿中央专项彩票公益金支持精神病人福利机构建设

2014 年 7 月 16 日，民政部、财政部联合召开中央专项彩票公益金，支持精神病人福利机构项目工作部署视频会，透露中央专项彩票公益金拟在 2014 年至 2015 年投入 10 亿元，资助 20 个新建（迁建）精神病人福利机构和 20 个改扩建机构。在 6 月 18 日财政部、民政部印发的《中央专项彩票公益金支持精神病人福利机构项目管理办法》中规定项目资金用于支持地级精神病人福利机构新建、迁建、改扩建和配置设备，新建、迁建精神病人福利机构的资助标准为每个 3000 万元，改扩建精神病人福利机构的资助标准为每个 2000 万元。项目重点资助在本地区具有填补空白意义或有辐射示范和带动作用的，具有精神障碍患者救治、救助、康复、长期护理照料等服务功能的精神病人福利机构，且每个新建、迁建项目新增床位应当不少于 300 张，每个改扩建项目新增床位应当不少于 200 张。预计项目实施两年后全国新增精神病人福利机构床位将达 1 万张以上。某项统计显示，全国每年约 1 万名城市流浪乞讨精神病人因查找不到家庭滞留福利机构。值得后续关注的是，硬件设施提升后，与之相配套的专业服务，如专业看护、心理辅导等，也需相应提升。

39.《浙江省社会救助条例》社会救助惠及最低生活保障边缘家庭

2014 年 7 月 31 日，浙江省十二届人大常委会第十一次会议审议通过《浙江省社会救助条例》，要求社会救助管理部门建立健全社会救助对象动态管理和退出机制，根据家庭经济状况的不同实行分层分类救助，并规定未纳入最低生活保障范围的、家庭成员人均月收入在最低生活保障标准 1.5 倍以下，且家庭财产状况符合县级以上政府规定的家庭认定为最低生活保障边缘家庭，可申请专项社会救助。目前全国各类救助措施倾向最低生活保障家庭，而一些处于最低生活保障边缘的“夹心层”家庭的实际生活状况相对困难，但得不到政府救助。实行分类分层救助，更能满足不同层次人群的需求，避免“一刀切”救助可能产生的新的不公平，这也是救助理念的进步。

40. 广东省政府法制办公开《广东省社会组织条例（征求意见稿）》

2014 年 8 月 12 日，广东省政府法制办公开《广东省社会组织条例（征求意见稿）》，明确社会组织不得在成员之外开展评比、达标、表彰活动；不得强迫单位和个人加入或者限制其退出社会组织、不得对组织成员进行财产或者人身处罚、不得强迫单位和个人捐赠或者强行摊派；社会组织应坚持“政社分开”原则，现职国家机关工作人员不得兼任社会组织负责人，离退休公务员兼职社会组织须经严格审批；强调社会组织的非营利性，社会组织的资产及收入应当全部用于章程规定的业务范围和公益事业的发展，不得以其财产向其他组织和个人提供担保和与公益活动无关的借款，不得在成员中分配，不得挪作他用；社会组织终止后的剩余财产不得归属于自然人或者以营利为目的的组织。

41. 北京试点社会公益性就业组织，利用公益性岗位解决城乡就业难问题

2014 年 8 月 22 日，北京市人社局发布《北京市社会公益性就业组织治理试行措施》，要求充分开发利用公益性岗位，帮助城乡就业困难人员实现就业。社会公益性就业组织是指本市行政区域内街道办事处、乡镇人民政府承接实施各级政府部署组织的社会公共管理服务、绿色生态建设等公益性项目，用于安置本市城乡就业困难人员的就业实体。文件规定原则上每个街道（乡镇）明确一家社会公益性就业组织，使城乡就业难问题在街道层面得以解决。社会公益性就业组织本身从事公益事业，同时利用组织运营解决城乡就业难问题，实现双重效益。

42. 江苏省鼓励宗教界从事公益慈善活动，但强调不得在公益慈善活动中传播宗教

2014 年 9 月 15 日，江苏省宗教局、省委统战部、省发展改革委、省民政厅、省财政厅、省国家税务局、省地方税务局等七部门联合下发《关于进一步贯彻〈关于鼓励和规范宗教界从事公益慈善活动的意见〉的通知》，指出要充分发挥宗教界从事公益慈善活动的独特优势，落实宗教界依法设立的公益慈善组织、社会福利机构应当享有的价格、财政、税收等方面的扶持和优惠政策，调动其积极性和主动性，培育和打造江苏宗教界公益慈善品牌。并鼓励宗教界依法设立的公益慈善组织、社会福利机构积极参与政府购买社会服务的公平竞争，提出对作出较大贡献的予以宣传报道和表彰。通知特别规定，宗教界开展公益慈善活动必须坚持非营利的原则，依法开展活动，严格遵守国家法律法规，不得在公益慈善活动中传播宗教。

43.《中共中央关于全面推进依法治国若干重大问题的决定》强调全面推进依法治国

2014 年 10 月 23 日，中国共产党第十八届中央委员会第四次全体会议通过《中共中央关于全面推进依法治国若干重大问题的决定》，几大方面引人关注。一是在企业社会责任方面，《决定》特别指出要加强企业社会责任立法，企业履行社会责任将有法可依。二是在公共服务方面，《决定》要求依法加强和规范公共服务，完善教育、就业、收入分配、社会保障、医疗卫生、食品安全、扶贫、慈善、社会救助和妇女儿童、老年人、残疾人合法权益保护等方面的法律法规。三是在社会组织管理方面，《决定》一方面要求加强社会组织立法，规范和引导各类社会组织健康发展。制定社区矫正法；另一方面要求发挥人民团体和社会组织在法治社会建设中的积极作用。建立健全社会组织参与社会事务、维护公共利益、救助困难群众、帮教特殊人群、预防违法犯罪的机制和制度化渠道。支持行业协会商会类社会组织发挥行业自律和专业服务功能。发挥社会组织对其成员的行为导引、规则约束、权益维护作用。加强在华境外非政府组织管理，引导和监督其依法开展活动。四是在环境保护方面，《决定》要求用严格的法律制度保护生态环境，加快建立有效约束开发行为和促进绿色发展、循环发展、低碳发展的生态文明法律制度，强化生产者环境保护的法律责任，大幅度提高违法成本。

44. 国务院发布《关于全面建立临时救助制度的通知》，提出要建立健全社会力量参与机制

2014 年 10 月 24 日，国务院发布《关于全面建立临时救助制度的通知》，进一步发挥社会救助托底线、救急难作用，解决城乡困难群众突发性、紧迫性、临时性生活困难。首先，《通知》对临时救助的对象范围、申请受理、审核审批、救助方式等制度内容进行了明确规范。其中，在临时救助的申请受理方面，提出了依申请受理和主动发现受理相结合的方式。主动发现受理方式的建立，有助于提升临时救助的托底性功能。其次，《通知》提出要建立健全社会力量参与机制，形成政府救助与慈善救助“双轮”驱动，激发更多人参与社会救助。最后，《通知》提出将建立完善临时救助制度列入地方各级人民政府重要议事日程，抓紧完善配套政策措施，确保 2014 年底前全面建制。

45. 三部门出台《关于加强中央部门所属高校教育基金会财务管理的若干意见》，规范中央部门所属高校教育基金会日常运营

2014 年 10 月 28 日，教育部、财政部、民政部印发《关于加强中央部门所属高校教育基金会财务管理的若干意见》，对中央部门所属高校教育基金会在完善治理结构、加强财务管理、加强筹资过程管理、规范投资行为、合理使用捐赠资金以及健全信息公开制度六方面作出明确要求。此前我国对于中央部门所属高校教育基金会的财务管理没有作出过专门的要求，而高校教育基金会普遍财务管理不够规范，如未设立专门账户、岗位职责不清、专款专用没有严格执行到位等问题。《意见》从要求完善基金会的治理结构入手，要求基金会资金的募集、管理和使用计划、基金会财务收支预算、决算等重大事项，应当经理事会讨论决定；基金会财务工作在基金会理事会领导下开展，并接受业务主管单位和学校财务部门的业务指导和监督等。此外，《意见》专门对基金会的财务内控体系进行规范，要求基金会应当建立健全内部控制体系，严格执行不相容职务的分离制度，严格贯彻决策、执行和监督相分离制度，有效控制各类风险；基金会应当配备具有专业资格的专职财会人员。

46. 民政部、财政部出台《关于加强社会组织反腐倡廉工作的意见》

2014 年 11 月 6 日，民政部、财政部出台《关于加强社会组织反腐倡廉工作的意见》，从健全社会组织民主机制、加强社会组织财务管理、规范社会组织商业行为、实行社会组织信息公开制度等方面提出具体要求，加强社会组织反腐倡廉工作。并非只有手握公权力的政府官员才可能出现腐败，近几年与社会组织相关的负面信息经常进入公众视野，一些具有较高知名度和影响力的社会组织由于财务、管理等方面的问题招公众质疑，大大伤害了公益行业的公信力。

47. 六部门联合出台《关于组织社会力量参与社区矫正工作的意见》，引导社会组织参与社区矫正工作

2014 年 11 月 17 日，司法部、中央综治办、教育部、民政部、财政部、人力资源和社会保障部联合出台《关于组织社会力量参与社区矫正工作的意见》。此前，中国共产党第十八届中央委员会第四次全体会议通过的《中共中央关于全面推进依法治国若干重大问题的决定》曾要求制定社区矫正法。《意见》明确引导社会组织参与社区矫正工作，具体措施包括向具有社区矫正服务能力的社会组织购买疏导心理情绪、纠正行为偏差、修复与家庭和社区关系、恢复和发展社会功能、引导就学就业等服务项目；给予提供社区矫正服务的社会组织相应的税收优惠政策；规定司法行政部门建立完善社会组织参与社区矫正工作的机制和渠道，及时提供需求信息，为社会组织参与社区矫正创造条件、提供便利。将符合法定条件的罪犯放在社会上监督管理和教育改造，社会力量广泛参与是其社区矫正的显著特征。目前我国社区矫正工作存在制度不健全、政策不完善、规模范围小、人员力量不足等问题，与国家对社区矫正工作全面推进的要求相比尚不适应。从政策制度上采取措施，充分发挥社会组织的积极作用，可满足社区矫正工作推进的客观需要。

48. 国务院法制办公布《中华人民共和国反家庭暴力法（征求意见稿）》，反家暴进入国家级立法

2014 年 11 月 25 日，国务院法制办公布《中华人民共和国反家庭暴力法（征求意见稿）》，向社会公开征求意见。这是我国第一部国家层面针对家庭暴力的立法文件，首次明确了家暴的定义；明确各级人民政府应对反家暴工作给予经费保障；规定县级或者设区的市级人民政府应当建立或者指定庇护场所，为遭受家庭暴力暂时不能回家的受害人提供应急庇护和短期生活救助。征求意见稿的公布，树立了“国家干预家庭暴力”的原则，标志着在国家立法层面，正式将传统和文化上属于私人领域范围的家庭暴力，纳入了公权力管束和惩治的范围。这是男女平等基本国策在法制层面的具体落实，也是性别平等立法的重大进展。

49. 《河北省环境保护公众参与条例》出台，保障公众权利

2014 年 11 月 28 日，河北省人大常委会第十一次会议审议通过《河北省环境保护公众参与条例》，2015 年 1 月 1 日开始施行。该条例是河北省结合地方实际，针对将于明年实施的新的环境保护法中“信息公开和公众参与”的专章规定而制定的。条例从环境信息的公开与获取、公众参与的范围和途径、公众参与的保障和促进措施、法律责任等方面，明确了公众参与环境保护的范围、内容、方式、渠道、途径和程序。《条例》规定，重点排污单位应当依法公开环境信息，并规定企业信息不公开可按日计罚。《条例》还规定，公众参与环境保护，依法享有获取环境信息，对环境决策、行政许可以及环境执法表达意见和建议，对环境违法行为和环境保护工作中不依法履行职责的行为进行举报，寻求行政或者司法救济、提起环境公益诉讼等权利。《条例》从法律上保障公众对环保保护的知情权、参与权、表达权、监督权，具有宣传示范效应。

50. 国务院办公厅印发《关于进一步动员社会各方面力量参与扶贫开发的意见》，为社会扶贫提供政策支持

2014 年 12 月 4 日，国务院办公厅印发《关于进一步动员社会各方面力量参与扶贫开发的意见》，指出民营企业、社会组织和个人通过多种方式积极参与扶贫开发显示出社会扶贫的巨大潜力，但仍存在着组织动员不够、政策支持不足、体制机制不完善等问题。动员民营企业、社会组织和个人是对以政府部门为主导的传统社会扶贫的有效补充。《意见》的发布为社会扶贫发展提供政策保障，强调从落实优惠政策、建立激励体系、加强宣传工作、改进管理服务、加强组织动员五个方面完善保障措施，进一步强化支持政策。

51. 北京发布《养老机构社会工作服务规范》，社工服务将有章可循

2014年12月，北京市质监局发布地方标准《养老机构社会工作服务规范》，2015年3月1日实施。我国正步入老龄化社会，如何养老成为社会关注热点。《规范》对从事老年服务的社会工作者的资质要求、养老机构中老人与社会工作者人员配比、社工服务质量控制等作出明确规定。《规范》明确社工服务在养老机构中的角色和责任，促使社工服务规范化运行，为养老机构推广社工服务创造条件。

52. 国务院发布《关于促进慈善事业健康发展的指导意见》，对促进慈善事业健康发展作出系统安排

2014年12月18日，国务院发布《关于促进慈善事业健康发展的指导意见》，这是我国第一个以中央政府名义出台的指导、规范和促进慈善事业发展的文件。《意见》将全面发动社会各界参与以扶贫济困为重点的慈善活动摆在突出位置，并从实施主体、参与方式、信息对接、税收优惠、社会支持等5个方面明确了一系列支持措施。在实施主体方面，明确了党政机关、企事业单位、人民团体、社会团体、慈善组织、宗教场所、城乡社区以及家庭、个人的角色和作用。在参与方式方面，既大力提倡传统的捐款捐物、志愿服务，又鼓励探索近年来出现的股权捐赠、专利捐赠、慈善信托等新形式。在信息对接方面，提出建立社会救助信息和慈善资源信息之间的对接机制，实现民政部门和慈善组织之间的密切协作，共同帮扶困难群众。在税收优惠方面，提出落实企业和个人公益性捐赠所得税税前扣除政策、完善慈善组织企业所得税优惠政策、依法享受进口税收优惠等措施。在社会支持方面，鼓励社会各界特别是市场主体为慈善组织、慈善活动提供资金、场所和服务等支持。《意见》坚持培育与规范并重，根据慈善事业发展需要，针对慈善组织提出了一系列明确要求。在培育方面，指出要优先发展具有扶贫济困功能的慈善组织，探索培育网络慈善，并通过公益创投、政府购买服务等方式提供支持。在规范方面，一是加强慈善组织自我管理，对慈善组织内部治理制度和管理成本支出等问题作出明确规定；二是规范募捐行为，明确具备公募资格的组织和不具备公募资格的慈善组织、机构、个人的权限和行为方式，对网络募捐等新型劝募方式也予以规范；三是规范款物使用，对慈善组织如何使用募得款物提出严格要求；四是要求慈善组织做好信息公开，从公开内容、公开时限、公开途径等 3 个方面分别予以规定。监管工作一直是慈善事业发展中的薄弱环节，亟待加强。《意见》提出，要构建行政监管、行业自律和社会监督相结合的慈善事业综合监管体系，并建立健全责任追究制度，确保慈善事业朝正确方向健康发展。《意见》明确提出建立健全责任追究制度，对社会反映强烈的违规募捐、违约使用捐赠款物、拒绝公开信息、假借慈善名义开展违法活动、恶意诽谤慈善组织等行为和政府有关部门工作人员滥用职权、徇私舞弊、敷衍塞责等行为，依法予以严肃查处。

53. 财政部发布《关于支持和规范社会组织承接政府购买服务的通知》，提出同等条件下优先向社会组织购买

2014 年 12 月 18 日，财政部网站发布《关于支持和规范社会组织承接政府购买服务的通知》，明确在购买民生保障、社会治理、行业管理等公共服务项目时，同等条件下优先向社会组织购买。同时，《通知》对社会组织承接政府购买服务提出财务制度、信息公开等方面的条件要求，如有完善的财务核算和资产管理制度，有依法缴纳税收、社会保险费的良好记录等。政府部门发文明确支持社会组织承接政府购买服务，有利于发挥社会组织在公共服务供给中的独特功能和积极作用，有利于加快转变政府职能，提高公共服务供给水平和效率。

54. 国务院提请全国人大常委会审议境外非政府组织管理法草案，专门规范境外非政府组织在中国境内的活动

2014 年 12 月 22 日，国务院提请全国人大常委会审议境外非政府组织管理法草案，规范境外非政府组织在中国境内的活动。草案规定了境外非政府组织在中国境内设立代表机构和开展一次性临时活动的申请登记许可程序，确立了政府有关部门及其授权的组织为境外非政府组织依法开展活动提供政策咨询、业务指引、活动便利的法律义务。此外，草案还对境外非政府组织违反本法规定的行为，明确了相应的法律责任。目前我国对境外非政府组织管理可依据的法规主要有两项：1989 年 6 月颁布的以外国商会为管理对象的《外国商会管理暂行规定》和以外国基金会为管理对象的《基金会管理条例》。而对多数境外非政府组织在华活动的管理一直无法可依。近年来，活跃于中国的境外非政府组织的数量大幅增加，开展公益活动日益频繁，公安部副部长杨焕宁称，有必要通过法律来管理、引导和监督境外非政府组织的活动。但新法律实施可能会增加部分境外非政府组织在中国开展工作的难度。

55. 两高两部门出台意见完善未成年人国家监护制度

2014 年 12 月 23 日，最高人民法院、最高人民检察院、公安部、民政部联合印发《关于依法处理监护人侵害未成年人权益行为若干问题的意见》，2015 年 1 月 1 日起实施。针对侵害未成年人犯罪特别是监护人侵害未成年人的案件，为依法处理监护侵害行为，确保未成年人得到妥善的监护照料，两高两部门通过调研论证，征求全国人大、国务院妇儿工委等多家中央单位的意见，制定该《意见》。《意见》根据法律规定和立法精神，结合未成年人受到家庭监护侵害后发现难、起诉难、审理难、安置难等实际问题，明确公安、民政、检察院、法院各部门的职责和工作衔接方式。《意见》还在发现报告、调查评估、家庭教育辅导、提起诉讼、案件审理、回访考察等方面，引导和鼓励社会力量共同参与。近年来频繁出现监护人侵害未成年人（如强迫卖淫、乞讨、务工等）的各类案件，此意见出台有助于解决该问题。

政府行动

56. 民政部公布《2014 年中央财政支持社会组织参与社会服务项目手册》

2013 年 11 月 21 日，民政部公布《2014 年中央财政支持社会组织参与社会服务项目手册》，2014 年中央财政继续划拨 2 亿元用于政府购买社会服务，但对行政经费另有规定，即“允许申报单位的 B、C、D 类项目可列支 8% 比例内的交通、会议、印刷、宣传等服务成本”。此前政府购买不愿意为公益组织提供配套的执行经费支持，如 2013 年中央财政投入 2 亿元用于支持全国的社会组织参与社会服务的项目，但不允许社会组织列支行政费用。而列支行政成本是国际上政府购买社会服务时通行的做法。新规不仅是对社会组织专业服务的肯定，更打破了公益活动零成本的误区。

57. 四川省分类管理民办高校，保护非营利民办学校的公益性

2013 年 11 月，四川全省民办高校举办者、院长培训会上宣布，四川省将建立民办高校分类管理体系，全省民办高校分为非营利性和营利性两类，非营利性学校为举办者不取得办学收益、学校的办学结余继续投入教育，形成的资产为学校法人所有，依法登记为事业单位法人或民办非企业单位（法人）的学校。实施分类管理将有利于保护非营利民办学校的公益性，并为政府扶持不同性质的民办高校提供指引，引导政策向非营利民办高校倾斜。

58. 北京市将建立全市统一社会组织信息发布平台

2014 年 2 月 11 日，北京市民政局网站消息称，将建立全市统一的社会组织信息发布平台，所有社会组织的信息将全部网上公开。社会团体要对会费、行政事业性收费、经营服务性收费、捐赠收入等进行公示。民办非企业单位要对开展办学、培训、医疗、课题研究、咨询、展览、讲座等服务内容和收费标准进行公示。基金会则要将基本情况、全年公益活动情况（包括捐赠收入和公益支出情况）、财务会计报告、财务审计情况、监事意见等内容进行公布，促进政府监管、行业自律和社会监督相结合的综合监管体系形成。

59. 全国人大内司委召开慈善事业立法领导小组第一次全体会议推进慈善事业立法

2014 年 2 月 24 日，全国人大内司委召开慈善事业立法领导小组第一次全体会议，加快推动我国慈善事业立法。要求民政部全力配合内司委和立法起草领导小组工作，使这部体现中央要求、反映民众意愿、适应时代发展、回应社会关注的法律顺利出台。

60. 中国政府网改版服务栏目增设社会组织版块

2014 年 2 月 28 日，中国政府网进行改版升级，在新版的服务栏目里，增设了社会组织栏目，链接为 http：//www.gov.cn/fuwu/shtt.htm。此前，中国政府网未设置社会组织版块。此次改版体现了政府越来越重视社会组织，同时改版将为社会组织发展提供良好的宣传平台，优化社会组织改革发展舆论环境。

61. 2014 政府工作报告提出推进社会治理创新，引导社会力量参与扶贫

2014 年 3 月 5 日，李克强代表中央政府在十二届全国人大二次会议上作《政府工作报告》。报告强调，要推进社会治理创新。注重运用法治方式，实行多元主体共同治理，更好地发挥社会组织在公共服务和社会治理中的作用；要发展老龄事业，保障妇女权益，关心青少年发展，加强未成年人保护和困境家庭保障，做好残疾人基本公共服务和残疾预防，支持慈善事业发展。让每一个身处困境者都能得到社会关爱和温暖；要创新扶贫开发方式，引导社会力量参与扶贫事业；要深化教育综合改革，积极稳妥改革考试招生制度，扩大省级政府教育统筹权和高校办学自主权，鼓励发展民办学校；扩大城市公立医院综合改革试点。破除以药补医，理顺医药价格，创新社会资本办医机制；要深入推进行政体制改革。进一步简政放权，这是政府的自我革命；要建立权力清单制度，确需设置的行政审批事项，一律向社会公开。清单之外的，一律不得实施审批。全面清理非行政审批事项；要基本完成省市县政府机构改革，继续推进事业单位改革；要加强事中事后监管。坚持放管并重，建立纵横联动协同管理机制，实现责任和权力同步下放、放活和监管同步到位。

62. 民政部首次在全国开展国际社工日主题宣传活动

2014 年 3 月 18 日第 8 个国际社工日，首次由民政部统一发起，地方民政部门具体组织，社会工作行业组织、专业机构和全国社会工作者广泛参与，以“弘扬社工精神，服务困境人群”为主题大型系列宣传活动开展。启动仪式上宣布了第三届全国优秀社会工作服务案例评审结果，这些优秀案例代表了我国社会工作实务的最新成果，集中展示了我国社会工作服务的发展水平。会议还启动了首批全国社会工作领军人才选拔活动。该活动旨在从城乡社区、公益类事业单位和社会组织从事社会工作管理与服务的人员中选拔出一批在业内具有较大影响力和重要引领带动作用的优秀人才。

63. 2014“文化志愿服务推进年”系列活动在京启动，推动文化志愿规范、统一管理

2014 年 3 月 24 日，文化部、中央文明办共同开展的 2014 年“文化志愿服务推进年”系列活动在京启动。活动中发布了“中国文化志愿者”标识和“文化志愿者注册服务证”，今后全国各地的文化志愿者将拥有统一的标识和证件，志愿者参与过的相关服务、培训和所获荣誉将被记录在案，文化部将通过注册服务证对文化志愿者进行管理。同时，文化部还明确要求各地文化部门建立健全文化志愿服务长效工作机制和活动运行机制。年底将对各地开展活动情况和制度建设情况进行综合考评，对表现突出的单位和个人予以表扬和奖励。文化部下一步还将出台《文化志愿者管理办法》，推动文化志愿服务工作向机制化、规范化、科学化发展。

64. 民政部拟建立健全社会组织第三方评估机制

2014 年 4 月 2 日，民政部民间组织服务中心在北京召开社会组织第三方评估工作座谈会，传达了中央办公厅关于建立健全社会组织第三方评估机制的要求，明确了2014年上半年制定出台建立健全社会组织第三方评估机制的意见，8月开始试点工作。近几年，我国慈善事业进入快速发展期，行业公信力面临严峻挑战，慈善问责风暴屡屡来袭，一些被评为5A、4A级的慈善组织也未能幸免，建立健全第三方评估机制是行业发展的战略性选择。

65. 深圳慈善会改革由市慈善会扩展到区慈善会

2014年4月17日，深圳召开全市民政工作会议，拟将市、区两级慈善会与政府脱钩，明确提出，市区两级慈善会作为慈善公益组织具有公共和民间属性，与政府在机构、人事和财务等方面全面脱钩，破除行政化对慈善会发展的制约。改革方向是将其行业协会功能、基金会功能分离，分别成立慈善公益联合会和慈善基金会两个独立法人机构，建立各自独立的法人治理结构和现代慈善基金会管理制度。联合会与基金会各有分工，联合会主要做行业自律、培训、评奖、政策推动，类似于慈善公益组织的行业协会。基金会主要做筹款和救助，完全做基金会的工作。

66. 广州民政局开展公益创投扶持与政府目标契合的公益组织

2014年4月25日，广州市民政局在全市社会组织中启动首届公益创投活动（2014年5月1日至12月31日），活动的资金总额是1500万元，重点围绕“为老服务、助残服务、青少年服务、救助帮困及其他公益”五大类开展。活动旨在通过实施公益创投活动，让有能力且项目可行性和创新性较高、预期社会效益良好、与政府目标契合的公益性社会组织获得更多的资助资金。

2014年7月25日，广州市民政局与入选首届社会组织公益创投活动的100个公益项目签订资助合同，每个入选项目可获得政府3万~30万元的资助。公益创投能够激发公益组织活力，促进优胜劣汰。

67. 广州市民政局将定期展开慈善组织透明度评价工作

2014年5月4日，广州市民政局印发《广州市慈善组织募捐透明度评价指标（试行）》，并发布《关于开展广州市慈善组织募捐透明度评价工作的通知》，通知规定广州将将定期对在广州市民政局办理了募捐行政许可或备案的慈善组织开展募捐透明度评价工作，并利用广州慈善网向社会发布慈善组织募捐透明度排行榜。2014年6月12日，慈善组织募捐透明度评价信息系统上线，并首次发布97个慈善组织的募捐透明度。政府利用公开透明的评价系统社会监督，弥补政府监管的不足，将有效推动社会组织公信力建设发展。

68. 福建省按照“3 + X”模式扶持社区社会组织参与社区建设

2014 年 5 月 9 日，福建省民政厅出台《关于大力培育发展社区社会组织的指导意见》，要求在 2015 年前，按照“3 + X”模式，初步形成发展有序、覆盖广泛、布局合理的社区社会组织体系，增强社区社会组织参与社区建设的作用。“3”指一个社区社会组织联合会、一个社区居家养老服务站（中心）、一个社区志愿者服务协会；“X”指社区结合实际成立的包括社区服务、社区事务、慈善救助、文化体育等类型社会组织。

69. 海南实行社会组织年度报告制度

2014 年 5 月 14 日，海南省民政厅下发《关于社会组织年检实行年度报告制度的通知》，决定对社会组织实行年度报告制度。社会团体和民办非企业单位提交年度报告内容包括《年度工作报告书》，经理事会和监事会审核通过的财务会计报告。海南的社会团体与民办非企业单位的社会组织可以不必每年花几千元为年检作审计报告，但通知同时指出基金会在提交年度工作报告书的同时，仍需要提交审计报告。此举是进行创新社会治理体制改革的重要举措，为社会组织发展松绑减负，放松政府对社会组织的管制和不必要的干预，激发社会组织的活力。

70. 南京成立区级社会治理创意园

2014 年 5 月底，南京市玄武区成立社会治理创意园，打造集“社区治理研究、社区体制创新、社会组织培育和公益人才集聚”于一体的综合性社区治理平台。该园的建设思路为“一园两中心五个功能模块”，两个中心是玄武区社会工作创意发展中心和玄武区社会组织发展促进中心两个中心，五个功能板块为社会组织党建中心、社区治理实证研究中心、公益组织支持中心、公益人才培育中心和社工（社区）学校等。该园运作思路为“政府业务指导、机构独立运作、项目契约管理、绩效外部评估”。园区试图通过“以社助社、以社管社”的方式，改变以往政府单一主体运作的模式，充分调动社会组织参与社会治理的积极性，发挥社会组织自身优势和社会责任感，让社会组织自己来帮助自己成长强大。

71. 温州政府救助基金为车祸受害人垫付“救命钱”

2014 年 6 月 1 日，温州市政府正式实施《温州市区道路交通事故社会救助基金管理暂行办法》，《暂行办法》规定，当道路交通事故中当事人和法定连带责任人暂时无支付能力时，如果发生抢救费用超过交强险的责任限额，或者肇事机动车未参加交强险，或者机动车肇事后逃逸等三种情形之一的，温州道路交通事故社会“救助基金”应垫付道路交通事故中受害人人身伤亡的丧葬费用、部分或全部抢救费用。“救助基金”的机构和交警部门以后再向事故责任人追偿。“救助基金”抢救费用垫付额度每人最高限额为 3 万元。垫付“救命钱”的流程是，医疗机构应将受害人抢救费用及垫付的情况书面告知交警部门，交警部门在 3 个工作日内进行初审，然后通知医疗机构执行。这个规定办法也规定医疗机构对交通事故中受伤的人员应当及时抢救，不得因抢救费用未及时支付而拖延救治。由市财政、公安、卫生、农业、民政、人力社保、保监等部门组成的温州市道路交通事故社会救助基金管理领导小组是具有独立法人资格的救助基金管理机构，履行救助基金管理职责。救助基金来源渠道主要有省级救助基金管理机构拨付的资金、省级财政拨付的财政补助，对未按规定投保交强险的机动车所有人、管理人的罚款，救助基金孳息、依法向道路交通事故赔偿义务人追偿的资金、小型客车号牌号码公开竞价所得价款、政府预算安排的专项资金、社会捐款以及其他资金构成。2009 年财政部、保监会、公安部、卫生部、农业部联合出台《道路交通事故社会救助基金管理试行办法》，规定省级人民政府设立救助资金，省级以下救助基金管理级次由省级人民政府确定。

72. 成都市设立培育发展社会组织专项资金，主要扶持四类社会组织

2014 年 6 月 4 日，成都市民政局网站公布消息，成都市财政今年首次设立培育发展社会组织专项资金 2000 万元，用于扶持社会组织建设发展。专项资金将按照“分类扶持、公开透明、绩效导向”原则实施项目。但本次扶持对象仍然局限于行业协会商会类、科技类、公益慈善类及城乡社区服务类四类社会组织。

73. 浙江金华启动社区公益创投试点

2014 年 6 月 4 日，浙江金华启动社区公益创投试点工作，以福利彩票公益金 100 万元作为启动资金，在金华市区民政部门登记、备案的社会组织和社区社会组织，以及热心公益事业发展的企事业单位和个人均可参与申请。可申请的项目包括 5 大类，即为老服务、助残服务、青少年服务和救助帮困服务等为目的的公益创投项目。项目实施周期一般不超过一年（特殊领域项目除外），申请项目资助资金一般不超过 8 万元。资金短缺是制约社工服务工作全面开展的一块短板。目前，城乡居民对社会服务的要求呈多样化、多层次的发展趋势，公益性社会组织的作用与重要性也日益凸显，提供服务的主体更加多元化，逐渐呈现“政府负责、社会协同、公众参与”的社会治理格局。

74. 广州市启动针对慈善组织募捐透明度的评价信息系统，强化社会监督

2014 年 6 月 12 日，广州市启动慈善组织募捐透明度评价信息系统，将在广州慈善网首页和慈善组织栏目中发布透明度评价结果，向社会公示。评价指标系统分为基础指标、扣分指标和加分指标三大类，33 项具体评价指标，每个评价指标均设有相应的分值。基础指标内设 4 项一级指标，包括基本信息、内部制度信息、业务信息、财务信息；每个一级指标下设二级评价指标，共计 27 项。扣分指标是指守法信息，下设公开虚假信息等 4 项二级评价指标。加分指标是指募捐活跃情况，设置了募捐项目数量和总金额 2 项二级评价指标。上述每个评价指标均设有相应的分值。透明度评价指标的数据来源于慈善组织按《广州市募捐条例》要求在广州慈善网上填报募捐活动的各项信息资料，信息系统软件通过慈善组织填报的用户资料、许可申请、许可信息公开、财产信息公开栏目采集数据，自动生成分数，得出慈善组织透明度的评价结果。社会监督弥补单纯行政监督的不足，形成更强大的监督力量，推进慈善组织的公信力建设。

75. 北京财政为志愿者人身意外伤害保险买单

2014 年 6 月 25 日，北京市政府财政出资为 234.9 万名在“志愿北京”网站实名注册认证的志愿者购买人身意外伤害保险。即日起，认证志愿者在北京地区提供服务、接受培训和演练，或接受委派任务出差期间，如发生意外伤害，可获得不低于 1 万元的医疗费用保障，其中身故保险赔付不低于 20 万元，最高可达 120 万元。早在 2012 年底，北京市志愿服务指导中心就已经形成了一份关于志愿者保险的方案，但迟迟未能落实，原因就在于昂贵的保费谁来承担。若由金融机构支付，将对投保人有年龄限制，未满 18 岁的青少年志愿者及 65 岁以上老年志愿者将不在保险范围内，有违公平。以不受年龄限制的商业保险投保费用测算，243.9 万名志愿者的人身意外险费用一年约为 1.94 亿元，北京市志愿服务指导中心自身无力承担，最好的办法就是取得政府和企业的帮助。

76. 广东省社会工作者登记系统上线

2014 年 7 月初，广东省社会工作者登记系统上线，同时登记工作也正式由民政部门转移到广东省社会工作师联合会。民政厅与联合会分工协作，联合会负责系统开发、登记执行等工作，民政厅将对域名申请、服务器托管和通知发放等工作提供支持。2013 年 7 月，广东省《关于加快转变政府职能深化行政审批制度改革的意见》的指导下，广东省民政厅率先探索登记职能转移，经公告、公示和签约等程序于 2013 年 9 月将社工登记职能转移至广东省社会工作师联合会。香港的社工管理模式已经非常成熟，由社会工作者注册局专门负责社工注册登记工作。

77. 苏州市出台《关于支持年代公益“大慈善”发展的意见》

2014 年 7 月底，苏州市出台《关于支持推进现代公益“大慈善”发展的意见》，从构建“大慈善”发展格局、拓展募集渠道、提升救助能力、打造公益品牌、增强公开透明五个方面制定十九条意见。同时，将设立“苏州慈善奖”，设置爱心捐赠、志愿服务、慈善项目等奖项，表彰贡献突出的单位、个人和优秀慈善项目。并将每年 11 月定为“苏州慈善月”。2014 年上半年，苏州市共募集慈善款物 2. 87 亿元，销售福利彩票 16. 58 亿元，筹集公益金 4. 59 亿元，募集量居全国地级市之首。苏州各级慈善组织将继续实行慈善信息发布常态化，并鼓励和引导大众传媒、社会群众参与慈善监督，建立社会监督委员会，聘请捐赠人、社会志愿者等担任监督员，监督慈善工作。苏州作为全国知名城市的代表，重视慈善，将慈善作为工作的重点，并形成城市的慈善文化。

78. 云南省民政厅成立社会组织参与救灾协调服务组

2014 年 8 月 7 日，鲁甸地震后，云南省民政厅在救灾应急指挥部下设“社会组织参与救灾协调服务组”，同时由相关社会组织发起建立“社会组织救援服务平台”，以引导和协调社会公益组织赈灾活动。社会组织参与救灾协调服务组为常设机构，通过云南社会组织救援服务平台承担六项功能：（1）接受进入灾区社会组织的登记、备案工作；（2）统一协调省内外的社会组织进入灾区开展工作，加强社会组织间的协同意识、信息分享意识；（3）协调外界与灾区的对接，如捐赠物资、物资的现场发放等；（4）对现场的需求信息进行调查评估；（5）统筹协调志愿者群体；（6）提升相关社会组织参与救灾、重建工作的专业化水平，定期召集相关社会组织开展活动、邀请专家研讨会，实现信息共享、资源共享。近年来社会组织在救灾工作中贡献了重要力量，其动员社会力量的能力和救灾的专业性获得了政府的认可，政府不断促进和深化与社会组织的合作，有效协调、合理配置资源，提高效率。

79. 民政部和中国邮政达成“邮善促民生”战略合作协议

2014 年 8 月 19 日，民政部和中国邮政集团公司达成“邮善促民生”的战略合作协议，将选择优质的邮政便民服务站以加盟店的形式成为慈善超市，为城乡低保群众、五保群众在店中购物提供优惠服务，让利部分将由民政部门和邮政部门给予补贴。新加盟的慈善超市以及原有的慈善超市，只要符合空间布局和硬件设施要求，将可申请销售福利彩票和体育彩票。全国目前有 9000 多家慈善超市，主要分布在大城市，而全国有 22.2 万个邮政便民服务站，大部分设在农村和小城镇。邮政便民服务站加盟慈善超市将大大惠及最有需求的农村民生。

80. 124 家公办养老机构“试水”四项改革

2014 年 9 月 11 日，民政部网站发布消息称，全国省级民政部门已向民政部备案了 124 家公办养老机构，作为改革试点单位。2013 年 12 月 13 日，民政部曾印发《民政部关于开展公办养老机构改革试点工作的通知》，要求各地至少确定 1 家公办养老机构开展改革试点，并报民政部备案。此次被列入试点单位的公办养老机构将重点围绕以下一个或几个方面开展改革：一是明确公办养老机构的职能定位，优先保障孤老优抚对象、经济困难的孤寡、失能、高龄等老年人的服务需求，充分发挥托底作用；二是通过基础设施建设、强化管理服务、提高人员队伍素质、延伸服务范围、调控养老服务市场等，增强公办养老机构的服务功能；三是推行公建民营，鼓励公办养老机构特别是新建机构逐步通过公建民营等方式，由社会力量来运营；四是探索转企改制，鼓励有条件的地方积极稳妥地把专门面向社会提供经营性服务的公办养老机构转制成企业。

81. 合肥市引入第三方独立开展社会组织评估工作

2014 年 9 月 25 日，合肥市市属社会组织评估工作启动，采用第三方独立评估运作机制，评估委员会委托第三方专业评估机构依据评估管理办法独立评审，并提供第三方独立评估意见。这是合肥市首次大规模、规范化进行社会组织的第三方评估，评估社会组织获得的等级将成为政府购买服务的重要依据，使政府监督社会组织有据可循，保证评估结果的客观性和公正性。

82. 《广州市取缔非法社会组织工作细则（征求意见稿）》惹争议

2014 年 10 月 16 日，广州市民政局官网公布《广州市取缔非法社会组织工作细则（征求意见稿）》，意见稿中第一章第三条规定：具有下列情形之一的属非法社会组织，（1）擅自开展社会组织筹备活动的；（2）未经登记，擅自以社会组织名义进行活动的；（3）被撤销登记后继续以社会组织名义进行活动的。此条款引发社会争议，社会组织、学者专家普遍认为该工作细则对非法社会组织的描述范围太广且模糊不清，会对社会组织形成“误伤”。10 月 30 日，广州市民政局宣传法规处官员与 NGO 代表、广州本土学者、律师、人大代表、媒体人和公益从业人员针对该意见稿举行研讨会。广州市民政局宣传法规处副处长李锐解释了该意见稿的出台背景是一些团体借用社会组织的名义实施诈骗和非法营利，并当场表示将考虑对最具争议的第三条第一款予以废除。

83. 中国政府将每年 10 月 17 日设立为“扶贫日”

10 月 17 日为世界消除贫困日，2014 年我国政府将 10 月 17 日确定为国家扶贫日。1994 年 3 月，国务院制定和发布关于全国扶贫开发工作的纲领，也称八七扶贫攻坚计划，即对当时全国农村 8000 万贫困人口的温饱问题，力争用 7 年左右的时间（从 1994 年到 2000 年）基本解决。然而国家贫困标准调整后，至 2013 年底我国仍有 8200 多万贫困人口。扶贫日的确定将引导社会力量参与扶贫开发，改变过去由政府主导、甚至变相强制、摊派、命令的扶贫方式。

84. 贵州省金沙县检察院对金沙县环保局提起行政公益诉讼

2014 年 10 月 20 日，因不满金沙县环保局行政不作为“怠于处罚”污染企业，贵州省金沙县检察院对金沙县环保局提起诉讼，要求金沙县环保局履行对企业的处罚职责，成为全国首例由检察机关提起的行政公益诉讼案。在收到法院《应诉通知书》后，环保局对污染企业作出行政处罚决定，检察院认为行政公益诉讼目的已达到，遂提起撤诉，法院审查后裁定准予撤诉。一些涉污企业拖欠排污费现象较普遍，有关职能部门没有依法行政往往是导致此类事件多发的重要因素。此前，检察机关尚未有过以维护公共利益为目的，以原告身份对行政部门不作为或乱作为提起诉讼的先例。我国现行及新修订的行政诉讼法中并没有关于“行政公益诉讼”的条文，但十八届四中全会通过的决定明确提出“探索建立检察机关提起公益诉讼制度”，这将为依法监督行政不作为、乱作为提供有效的法律解决途径。

85. 国务院常务会议确定发展慈善事业措施

2014 年 10 月 29 日，国务院总理李克强召开国务院常务会议，确定发展慈善事业措施，汇聚更多爱心扶贫济困。一要落实和完善公益性捐赠减免税政策，推出更多鼓励慈善的措施。以扶贫济困为重点，引导公众捐款捐物、开展志愿服务，推进股权捐赠、慈善信托等试点。二要优先发展具有扶贫济困功能的慈善组织。地方政府和社会力量可通过公益创投等方式，为初创期慈善组织提供支持。积极探索金融支持慈善发展的政策。三要强化行业自律和社会监督。引导慈善组织依法依规募捐，严格规范使用捐赠款物，及时公开项目运作、款物募集及使用等情况。加强监管，依法查处违规募捐、违约使用捐赠款物、无正当理由拒不兑现捐赠承诺等行为。增强慈善组织公信力，把慈善事业做成人人信任的“透明口袋”，让社会爱心的暖阳照耀困难群众、助力民生改善。公益组织有很多类型，有涉及扶贫济困的，也有涉及环境保护、人权保障等的，而其他类型的公益组织并不受政府青睐。

86. 内蒙古开始清理规范党政干部兼任社会组织职务行为，但在公益慈善类等六类社会组织中符合兼职条件的仍可兼任

2014 年 11 月 2 日，内蒙古民政厅消息称根据自治区党委办公厅、政府办公厅《关于清理规范全区党政机关干部兼任社会组织职务的通知》和民政厅《关于做好清理规范党政机关干部兼任社会组织职务工作有关问题的通知》要求，自治区民政厅将对各单位清理规范党政机关干部兼任社会组织职务工作开展情况进行督查。清理对象包括：在行业协会商会、工商经济类的联合性社会团体中担任职务的党政机关干部，其中既包括在职党政机关干部，也包括离退休干部，既包括担任会长（主席）、副会长（副主席）、秘书长等领导职务，也包括担任名誉职务、常务理事、理事的，还包括担任出纳、会计等的一般工作人员；在基金会中担任理事长（会长）、副理事长（副会长）、秘书长领导职务的在职党政机关干部；在民办非企业单位担任理事长（院长、校长、主任）、副理事长（副院长、副校长、副主任）和执行机构负责人的在职党政机关干部；已兼任 2 届，年龄超过 70 周岁的党政机关干部（含离退休干部）；兼任 2 个（含 2 个）以上社会组织职务的党政机关干部（含离退休干部）。除禁止党政机关干部进入的行业协会商会、工商经济类的联合性社会团体，及禁止在职干部担任基金会秘书长以上领导职务、民办非企业单位负责人的以外，在公益慈善类、政治类、法律类、宗教类、文化体育类、学术研究类等社会组织兼职的党政机关干部，符合兼职条件的，经过审批可以兼任。

87. 全国教师志愿服务联盟成立，支持教师志愿服务形成长效机制

2014年12月5日，全国教师志愿服务联盟在北京成立。全国教师志愿服务联盟是由各部委所属高等院校、各省教育厅为单位的教师志愿服务协会组成，通过组织和指导全国的志愿服务活动，为社会提供志愿服务。联盟将发挥教师社团组织的纽带作用，加快建立教师志愿服务"绩分银行"，形成教师志愿服务长效机制。"绩分银行"的建立，有利于教师志愿服务系统化长期化，并提高教师志愿服务热情。教育部曾在10月14日发布《关于教师参与志愿服务活动的指导意见》，意见提出建立教师志愿服务"绩分银行"，对教师志愿服务活动进行认证和登记，有关表现可在教师考核评价中予以参考。

88. 北京市园林绿化局出台管理办法，禁止侵害公园公共资源属性

2014年12月20日，北京市园林绿化局出台《北京市公园配套建筑及设施使用管理办法（试行）》，2015年1月10日起施行。办法规定公园内禁止进行私人会所等封闭经营，除安全需要外，禁止设立"游人止步"类标识。公园属准公共物品，具公共资源属性。该办法的出台有助于公共资源得到保护，但有评论指出该法推出如此滞后，使得公共资源未得到及时全面保护。

89. 上海社工薪酬标准提升，助推专业社工发展

2014年12月25日，上海市进一步加强预防和减少青少年犯罪工作推进会确定：从2015年开始为青少年事务社工涨薪30%，从原来每人每年6万元涨至8万元；此外，到2020年上海每100名常住社区青少年将得到至少1名青少年事务社工提供的服务，每10万名青少年拥有青少年事务社工不低于80人。此方案由团上海市委协调，民政部门确定岗位数量，人社部门确定具体岗位，财政部门确定支付金额。此外，上海还探索出一套25级社工晋升机制。初级社工设10级，中级社工设5级，副高级社工设5级，高级社工设5级。每一个层级都与社工薪酬直接挂钩，实行薪酬动态调整机制。此前，上海市团市委、市综治委、市社管办、市民政局、市财政局、市人保局已联合下发通知要求各级财政部门将青少年事务社会工作服务纳入政府购买服务范围。薪资待遇是影响我国专业社工发展的问题之一，上海市政府通过准确的时间、人员配比、薪酬计划，缓解社工薪酬之忧，支持其发展。然而，我国社工发展仍有职业地位低、发展空间有限等其他问题亟待解决。

行业建设

90. 中国志愿服务联合会在北京成立

2013年12月4日，中国志愿服务联合会在北京成立，其为由志愿者组织、志愿者自愿组成的全国性、联合性、非营利性社会组织。2014年是中国青年志愿者行动实施20周年，20年中我国开展的志愿服务活动内容日益丰富、领域不断拓展，在提高公民道德素质、培育社会文明风尚方面发挥了重要作用。中国志愿服务联合会将从建设和谐社会和人民群众需求出发，设计开展形式多样的志愿服务活动，发挥共产党员、共青团员的示范带头作用，动员公务人员、社会公众人物积极参加志愿服务活动，推动中国志愿服务事业有一个新的更大发展。

91. 国际社会责任民间论坛召开

2013年12月16日，国际社会责任民间论坛在北京举办，围绕“民间帮民间”主题，就国内外企业、公益慈善组织、智库、媒体和公众等民间力量如何履行国际社会责任进行交流和讨论。论坛发布了“中国国际社会责任研究丛书”系列成果，并对中外履行国际社会责任优秀案例进行了发布和表彰。

92. 2013公益趋势论坛在广州召开

2013年12月16日，2013公益趋势论坛在广州召开。论坛上有人基于经济学“机会成本”理论提出“公益浪费”概念，认为低效率公益是对社会资源的浪费。但有人针锋相对地提出，过分强调效率容易抬高公益门槛，挫伤公众的公益积极性。实际上，专业的人做专业的公益，普通公众做快乐的公益，多元化才能促进公益事业和谐发展。

93. 嫣然天使基金引质疑

2014年1月6日，周筱赟在其新浪微博发布了对嫣然天使基金的若干质疑，嫣然天使基金发起人李亚鹏先生、嫣然天使基金以及主管单位中国红十字基金会在当天分别公开作出了表态、澄清和声明，随后嫣然天使基金发布《嫣然天使基金回应周筱赟不实言论的调查报告》作出回应。红基会表示，从2009年始，嫣然天使基金已进行独立审计，并专项公布在中国红十字基金会官网信息披露网页，欢迎公众查询。2014年8月12日，民政部民间组织管理局基金会管理处表示通过对中国红十字会总会及会计师事务所提供材料进行研究核查，没有发现举报人所举报的问题。

94. 华民慈善基金会与深圳市民政局在深圳前海试点公益信托公司

2014 年 2 月 21 日，华民慈善基金会与深圳市民政局就落实深圳市 2014 年 1 号文件有关发展公益信托的精神，依托深圳前海国家级金融创新平台开展公益信托运行模式创新试点。此外，华民慈善基金会、深圳市民政局、北京大学法学院非营利组织法研究中心将共同起草《深圳市公益慈善信托管理暂行办法》、《深圳市公益信托许可办法》、《公益信托公司监管办法》。该试点公益信托公司本质上是一种社会企业，试点专业公益信托公司的运营模式是一种制度创新，为慈善基金会的非现金捐赠和投资保值设立“过桥”机制，能使公益信托制度得以真正落地并逐步完善。

95. 2014 年两会精彩公益提案盘点

2014 年 3 月 5 ~ 13 日，第十二届全国人民代表大会第二次会议在京举行。两会期间，精彩公益提案众多。（1）全国政协委员、香港永隆银行董事长、招商银行前行长马蔚华关注慈善立法，推进普惠金融，建议我国在制定公益慈善法律法规时，有必要引入信托机制；另外，放宽市场准入，大力支持各类金融机构发展，加强政策引导，鼓励金融机构加大对经济社会发展薄弱环节的支持力度，发展普惠金融。（2）中华全国律师协会副会长朱征夫、中国政法大学教授曹义孙，中国社会科学院研究生院教授俞金尧关注女童保护，建议将儿童安全教育纳入九年义务教育课程体系；出台权威的防性侵教育教案；完善立法保护，废除嫖宿幼女罪等。（3）全国政协委员、百度公司创始人、董事长兼首席执行官李彦宏推进教育平等，建议直辖市、省会城市中小学名校教案、试题等优质教育资源免费上网，避免公共教育资源的浪费，以推进教育平等。（4）全国政协委员、香江集团总裁翟美卿继续关注农村留守儿童问题，提出“1 + 8”模式建立完善留守儿童保障机制，即明确政府是关爱留守儿童工作的责任主体，配套财政、救助、医疗、平等教育、司法、社会援助、校园及周边文化环境综合治理，以及档案和统计年报 8 项制度。

96. 新疆公益组织签署“自律公约”

2014 年 3 月 22 日，新疆 30 家民间公益组织、新疆青年社会组织促进会签订了《新疆青年社会组织自律公约》。该公约共有二十条，主要针对民间组织开展公益活动进行规范约束，如及时发布项目财务透明报告，接受社会公众监督等。为保障《新疆青年社会组织自律公约》的执行，发起者还聘请了24位公益人士、媒体记者作为新疆志愿自律委员会成员，承担社会公益监督员的责任。社会公益监督员有评估具体公益活动的效果和影响、接受和处理各种投诉和质询、调查处理各种违反《新疆青年社会组织自律公约》的行为等七项职责。新疆民间公益组织发展刚刚起步，期待这种更加透明的社会监督能够提升新疆民间组织的公信力，促进规范发展。

97. 禾邻社诉万科公益基金会知识产权侵权案胜诉

2014年3月27日，上海浦东新区禾邻社区艺术促进社就"全民植物地图"项目起诉万科公益基金会侵权案在深圳盐田区人民法院开庭。2012年10月，禾邻社与万科基金会启动合作"全民植物地图项目"。隔年禾邻社发现万科基金会在没有得到其允许的情况下，将全民植物地图项目信息公布于万科集团内部网站上，并鼓励各个商业分公司独立执行该项目。此后，禾邻社就全民植物地图项目与万科基金会开始长达一年之久的知识产权纠葛。在私下沟通、调解无效后，禾邻社在深圳提起上诉，一审判决在2014年5月公布，支持了大部分禾邻社的主张，万科方面不服提起上诉，2014年9月22日再次开庭审理，2014年10月23日，深圳市中级人民法院作出二审判定，维持一审原判。

98. 29家公益组织搭建"人道救援网络"

2014年4月7~10日，中国扶贫基金会发起，加多宝集团、英特尔公司支持并联合发起，国际美慈组织、蓝天救援队等国内外29家公益组织共同组建的"人道救援网络"在四川省汶川特大地震纪念馆防灾减灾宣教中心启动。29家国内外NGO共同发布了"人道救援网络北川宣言"。人道救援网络是开放合作的联合救灾行动平台，可以让全国的公益组织联合起来更好地参与全国范围内的防灾、备灾和救灾活动，同时能够不断促进民间组织灾害救援能力的提升，持续引导社会各界关注和参与灾害救援和减防灾工作，共同推动人道救援事业的发展。

99. 基金会中心网发布《基金会雅安地震一周年善款流向总结报告》

2014年4月20日，基金会中心网基于互联网公开信息及基金会主动披露的信息整理统计发布《基金会雅安地震一周年善款流向总结报告》，统一对外详细公开参与雅安地震救助和灾后重建的基金会的款物收支情况。报告显示截至2014年4月20日8时2分，全国共有219家基金会参与雅安地震紧急救援和灾后重建工作，共接收社会捐赠款物合计16.96亿元，包含

14.55 亿元资金和价值 2.41 亿元物资，目前已支出捐赠款物 6.45 亿元，占总收入的 38%。2013 年雅安地震 72 小时后，“中国基金会 4·20 救灾行动自律联盟”成立，并联合制订《中国基金会 4·20 救灾行动自律联盟公约》，主动披露信息，接受社会监督。根据基金会中心网数据统计，在数量上仅占 20% 的 42 家自律联盟成员，最终获得的社会捐赠总额占整体 219 家基金会的 76% 以上。积极参与行业自律、透明公开已成大势所趋，独立第三方信息披露平台对此发挥了重要的作用。

100. 壹基金雅安地震捐款风波

2014 年 4 月 20 日，壹基金发布芦山赈灾一周年报告和地震捐款专项审计报告。2014 年 4 月 22 日，实名认证为“中国知名的时政思想评论类网站”的四月网发布微博质疑壹基金贪污雅安地震捐款三个亿。壹基金秘书长杨鹏和创始人、现任理事之一李连杰先后通过微博表态，否认“贪污”的指责。壹基金和李连杰分别委托代理律师向四月网主办单位发出律师函，要求对方澄清事实、赔礼道歉，否则将提起诉讼。壹基金还进一步公布了由招商银行开具的资信证明，以及招行出具的关于其资金托管的情况说明。此后，“贪污”指责缺乏依据，批评者的矛头很快开始转向：一年时间过去，只用了 12.7% 的地震善款，壹基金的问题变成“筹款很多、花钱很慢”。该问题折射了我国基金会存在的许多问题，同时公布的数据说明了这一点，在芦山地震中筹款最多的前五家基金会，目前善款拨付均未过半。

101. 慈善千人计划·老牛学院为公益行业培养职业经理人

2014 年 4 月 23 日，中民慈善捐助信息中心和老牛基金会联袂主办，由老牛基金会出资 1000 万元成立的“慈善千人计划·老牛学院”第一期培训在北京启动，紧密围绕当下我国公益慈善行业对管理人才的能力和素质需求制定教学内容，培养公益慈善行业的职业经理人，解决我国公益行业急需高级管理人才的困境。

102. 深圳成立社会组织总部基地，创新社会组织孵化园模式

2014 年 5 月 9 日，深圳社会组织总部基地（福田）正式启动运营，总面积约 3500 平方米，共设综合服务、会议交流、组织办公、运营配套四个功能区。目前已有壹基金公益基金会、创意谷公益文化发展中心、企创非营利组织发展中心、马洪经济研究发展基金会等 20 多家社会组织入驻。从全国范围看，各地设立社会组织孵化园成为政府实现创新社会治理的重要举措。其管理模式主要有政府成立事业单位管理、政府组建社会组织负责、政府外包社会组织负责三种。该总部基地则融合政府、社会组织、基金会、企业、金融机构、媒体等多方资源，采用了“政府支持、社会运作、多元互动、合作共赢”的运作模式，由理事会决策，社会机构运营，独立机构监督。

103. 广州市公益慈善联合会成立

2014 年 6 月 12 日，广州市公益慈善联合会成立，成为广东省首个公益慈善界的联合组织。首次申请入会的公益慈善组织和个人共 84 个。成立广州市公益慈善联合会是广州继 2013 年成立广州市慈善组织社会监督委员会之后，进一步深化慈善改革，健全慈善监管体系，推动慈善回归民间的又一重要举措。成立联合会后，通过强化联合会的行业自治功能，与政府部门的依法监管职能、广州市慈善组织社会监督委员会的社会专业监督职能优势互补、互动合作，最终形成“三位一体”、政社协同的广州慈善事业监督管理体系。一方面，广州市慈善会原来承接的部分行业指导职能将剥离交由联合会承担，广州市慈善会作为募捐组织，与其他公益慈善组织地位平等，按照《广州市募捐条例》规定依法开展募捐活动。另一方面，联合会本身不开展慈善募捐活动，不从事慈善项目运作，不充当慈善领域资源竞争主体，主要发挥公益慈善行业规范、自律自治、交流合作以及政府与公益慈善组织、公益慈善组织之间的桥梁纽带作用。

104. 第五届中国社工年会召开

2014 年 1 月 15 日，由中国社工协会主办、公益时报社承办的第五届中国社工年会召开，揭晓了“2013 年度全国社会工作领域十件大事”和“2013 年度中国十大社工人物”，中国社会工作协会副会长兼秘书长赵蓬奇在第五届社工年会上作年度报告，指出 2013 年中国社会工作迎来了制度化建设的新时代，社工专业人才在我国社会建设中日益发挥主力军作用。近两年国家密集出台社工制度建设系列政策，包括《关于加强社会工作专业人才队伍建设的意见》、《国家中长期人才发展纲要（2010—2020 年）》和《社会工作专业人才队伍建设中长期规划（2011—2020 年）》，全面推进社会工作建设。民政部社会工作司司长柳拯在会上表示，2014 年的中国社会工作要重点坚持“四个注重”，即注重制度设计、注重主体培育、注重资源整合、注重环境营造；推动实现“四大转变”，即在工作重点上，要推动实现由顶层制度设计为主向制度完善与实践深化并重转变；在发展路径上，要推动实现由少数地区、局部领域先行试点向各地区、各领域全面推进转变；在队伍建设上，要推动实现由注重人才培养向人才培养与人才使用并重转变；在推动主体上，要推动实现由少数部门、少数行业推动向多部门、多行业、多组织合力推动转变。

105. “2014 公益慈善思想峰会”召开，商讨推动慈善改革进程

2014 年 6 月 18 日，中山大学中国公益慈善研究院和广州市慈善服务中心联合召开“2014 公益慈善思想峰会”，政府官员、专家学者和社会组织领导人 30 余人参加。会议以“慈善改革：广州经验与中国道路”为主题，结合广州经验探讨“慈善组织注册登记制度与管理改革”、“慈善募款捐赠与政府购买服务”、“慈善税制改革”等议题。会后设圆桌论坛开放讨论“慈善组织透明度与公信力问题”。会上，全国人大内务司法委员会内务室主任于建伟表示，慈善立法不仅仅是法律起草机关一家的事，需要全社会的共同努力。中山大学中国公益慈善研究院执行院长朱健刚认为慈善立法可从五个方面突破。(1) 进一步降低公益慈善组织的登记门槛，破除在组织名称、业务范围、注册资金、办公场地等方面的约束。(2) 将公募资格从“项目开放”进阶为“组织开放”，即只要被认定为公益慈善组织即可获得公募资格，深入执行“宽进严管”思路。(3) 取消免税资格名单管理制，只要机构被认定为公益慈善组织，则应直接获得免税资格。(4) 加大力度鼓励志愿服务，从制度层面保障志愿者权益，同时明确志愿者的义务和原则。(5) 开放公益信托，规定相关减税免税政策，激发富人慈善和公众募捐活力。

106. 新疆公益捐赠信息联合查询系统“益透明”上线，帮助社会组织建行业公信力

2014 年 7 月 13 日，由新疆青少年发展基金会益联公益基金推出的“益透明·新疆公益捐赠信息联合查询系统”正式上线。平台提供一套简单、易懂、能较全面反映财务信息的财务报表模板，免费帮助新疆公益组织，特别是草根组织，在网上快捷完成规范化的财务账目，并实现信息披露和财务公开，从而使公益组织成员、捐助者、受助人清晰了解公益组织的财务运转和捐款使用情况，有助于提高公益组织的公信力。

107. 第三届中国慈展会参展规模翻倍，强化平台功能

2014 年 7 月 18 日，第三届中国公益慈善项目交流展示会组委会会议及新闻通报会在北京召开，第三届慈展会于 2014 年 9 月 19 ~ 21 日在深圳举办。本届展会将更加强化其平台功能，设置展示交流、资源对接、公益体验和展会活动等 4 大功能板块，开展启动仪式、1 + N 会议、慈善信息发布、中国公益慈善项目大赛、“绿色展会”行动、“无障碍展会”行动、公益慈善节庆活动、总结交流会等系列活动。截至 7 月 15 日，参展报名机构已达 1300 多家，参赛机构和项目为 957 个，较去年参赛规模翻了一倍。

108. “威马逊”风灾救灾事件连发

2014 年 7 月 18 日，我国海南、广东、广西三省区遭遇超强台风“威马逊”袭击，受灾人数众多。灾后，红会向灾区运送棉被惹公众质疑“三伏天送棉被不合理”，而福建省民政厅发放的救灾食品惊现“霉面包”等事件，为民间救灾和政府救灾能力提出了警示。

109. 顺德成立社会服务交易所，化解好项目缺资源难题

2014 年 7 月 24 日，佛山市顺德区社会创新中心成立社会服务交易所。这一社会服务综合平台，将通过线上、线下的社会服务对接，实现服务信息资源共享，并促进区内的社会组织及服务项目与不同的社会资源建立合作关系。好项目需要好的资源支持才能提供更好的服务，社会服务交易所形同于“超市”，各种优质社会资源通过逛“超市”找到好的社会服务项目进行帮扶，好项目也不用担心缺乏资源。

110. 慈媒善募公益传播研究会启动

2014 年 8 月 1 日，由包括南方公益、广东电视台、腾讯网、《羊城晚报》、南方公益阅读基金等资深媒体爱心人士自愿发起组成的非营利性组织慈媒善募公益传播研究会启动，旨在通过传媒精英的力量对当下的慈善行为进行科学研究，挖掘优秀的公益行为，弘扬先进的慈善理念。研究会拟凭借媒体人的优势，为慈善项目发展募集资源，树立和传播正确的慈善价值体系与标准，并利用大数据分析手段对各类公益课题进行研究，适时推动公益项目评选、培训等活动。当前社会已经进入“人人可传播、人人可公益”的环境，各种公益慈善行为空前火爆，但多而无序的慈善行为，也导致了信息泛滥。这种情况下，如何让公益慈善更专业更有效率，更好地向社会推广优秀慈善模式，急需一个对社会慈善行为进行第三方研究和展示的平台，而媒体对这项工作的推动和开展更具有无可比拟的特殊优势。

111. 首届中国慈善论坛探讨中国慈善事业发展道路

2014 年 8 月 16 日，由中国慈善联合会主办、老牛基金会协办的首届“中国慈善论坛”召开。论坛以“开启善时代”为主题，围绕“改革、创新、可持续发展”等时代关键词，通过主题演讲和高端对话等形式，共同探讨全球慈善发展趋势和全面深化改革背景下中国慈善事业发展道路等诸多议题。论坛设全球慈善论坛、中国城市慈善论坛、社会救助论坛、青年慈善论坛四个分论坛，分别以“开启中外慈善合作新时代”、“慈善与城市治理模式创新”、“政社合作，共建社会救助新格局”、“青年善则中国善”为题。民政部部长李立国在会上表示，我国慈善事业要以社会救助为重点开展慈善活动，要以慈善组织为核心加强载体建设，要以包容互信为品格团结慈善力量，要以学习创新为抓手加强能力建设。

112. 倍能学习网络价值影响力联盟启动，支持民间组织能力建设

2014 年 8 月 22 日，由全国不同社会服务领域的 20 多位民间社会组织学习网络的领军人物发起的倍能学习网络价值影响力联盟启动，旨在为同一发展领域内工作的、有共同需求和面临共同挑战的民间社会组织提供高性价比的能力建设支持平台。随着中国社会转型的不断深化，政府职能转移的不断扩展，能力建设成为民间社会组织的新挑战，建立能力建设的支持体系是众多民间社会组织的诉求。该联盟将不同服务领域的学习网络连接起来，跨界交流整合资源，有利于提升能力建设行业的影响力，形成能力建设专业队伍。

113. 中国女性健康公益联盟，女性健康公益事业走上跨界联合之路

2014 年 8 月 26 日，中国妇女发展基金会联合北京医科大学人民医院、北大方正集团等 21 家国内著名医疗机构及关爱女性健康的企业共同发起成立中国女性健康公益联盟，将充分发挥各成员单位的智慧和力量，构建关爱、救助、倡导、教育的女性健康项目网络，形成组织联合、资源整合的行业间协作。当前社会各界承担社会责任意识的提高使公益领域的跨界合作蔚然成风，而解决一个复杂的社会问题需要整合多方面的社会资源。

114. 中国社会企业与社会投资论坛成立，吸纳资源共同推动行业进步

2014 年 9 月 3 日，中国社会企业与社会投资论坛由国内 16 家关注社会企业与社会投资的基金会、研究机构、社会投资机构联合发起。论坛致力于成为中国社会企业和社会投资行业的类协会式网络，促进跨界交流合作，推动行业整体发展，积极构建良好的行业生态系统。从长远来看，把商业模式和公益目标融合在一起，有益于不断探索并采用创新的方式推动社会变革。

115. 公募基金会向草根组织敞开怀抱

2014 年 9 月 13 日，由北京东方丝雨渐冻人罕见病关爱中心发起的中国社会福利基金会渐冻人联合劝募基金正式成立，为全国性公募平台，将面向社会公众开展 ASL（肌萎缩侧索硬化症）相关疾病的知识宣传、家庭护理、心理健康维护以及医患信息沟通等工作，让更多公众关注和支持罕见病群体。草根组织具有迅速、高效、灵活、创新等相对优势，在公共服务、社会治理、社会关系重建等方面，能够有效弥补政府人力和财力的不足，发挥积极而有效的作用。

116. 南京百家社会组织发起自律诚信倡议书

2014 年 9 月 15 日，以行业协会、专业技术协会、学术研究会、联合性商会等为主的百家社会组织发起自律诚信建设倡议书，共同倡议主动接受会员监督、行政监督和社会监督，坚决抵制贪污腐败等不正之风，通过自律诚信来提高社会公信力。参加倡议活动的社会组织主要集中在餐饮、医药等行业，服务性强。此举将产生示范效应，带动其他类社会组织，在各个领域积极履行社会责任。

117. 社会价值投资联盟成立，政府、市场、社会共推社会价值投资

2014 年 9 月 19 日，包括政府相关部门、公益基金会、投资基金、咨询公司、会计师事务所、律师事务所、银行、媒体等在内的近 40 家机构联合发起成立社会价值投资联盟，以“共建、共享、共赢”为原则，建立连接政府、市场、社会跨界合作、协同创新的社会公共服务平台，遴选具备社会、商业双重价值的项目及资源，致力于关注和解决社会创新型企业的融资和发展瓶颈问题，带动全社会参与社会建设和社会价值投资。

118. 北京市演出行业协会发出净化行业承诺

2014 年 9 月 19 日，北京市演出行业协会继联合 42 家演艺公司签订《北京市演艺界禁毒承诺书》后，再次承诺“不录用、不组织涉毒和道德败坏艺人参加演艺活动”。2014 年娱乐圈明星吸毒事件频发，严重影响社会风气。行业协会的首要任务之一是做好行业自律，当行业风气日下时协会应给予正确引导。遗憾的是，目前大量行业协会名存实亡，或瘫痪或与行为不端的会员沆瀣一气。

119. 百余家公益组织发布《公益透明募款宣言》

2014 年 9 月 19 日，免费午餐、天使妈妈、女童保护、芒果 V 基金、深圳市龙越慈善基金会、上海真爱梦想公益基金会、中华社会救助基金会等百余家公益组织共同发布《公益透明募款宣言》，宣布今后每月定时通过由杭州上城区爱你公益服务中心运营、阿里巴巴集团提供技术支持的“爱你”APP 公益平台发布项目反馈与财务信息，公众可据此给项目或公益组织打分，倒逼公益组织加强自身的透明度。“爱你” APP 公益平台，通过实名求助、实名捐赠、实名评价、月度反馈等方式，实现了“需求透明、模式透明、财务透明、过程透明、结果透明”的透明公益模式，同时为政府支持、企业/基金会资助、公众监督提供了便利。政府可根据后台数据，比较出不同公益类型、不同公益组织的财务构成，不同地区、不同时间段的求助量、救助方式等数据，从而加强对公益慈善事业的支持能力。企业/基金会可根据网友关注度与评价值筛选公益项目进行捐赠与合作，排除“不靠谱”的公益项目，加强项目选择的准确性，减少后顾之忧。公众可通过平台关注或捐赠项目，每月收到定时反馈与上月财务报表，了解公益组织的执行状况以及自己捐赠的善款去向，并可根据财务报表与项目反馈给项目或公益组织打分。

120. 四川成立首个反家暴公益互助联盟，推动反家暴系统性建设

2014 年 11 月 25 日，国际反家暴日，由泸州市政府妇儿工委办、市妇联倡议发起的反家暴公益互助联盟在泸州成立。成员既包括市综治办、市公安局、市关工委，也包括律师事务所、义工组织、志愿者组织等，将免费为前来求助的家暴受害者提供法律咨询；协助遭受家暴的受害人免费书写书面材料向公安、法院等部门反映。个体单位在反家暴中很难“支撑大局”，政府各部门联合社会力量共同促进反家暴社会化维权是反家暴系统性建设的有益尝试。

121. 中国专业志愿服务联益会成立，民间志愿服务力量跨界合作

2014 年 12 月 6 日，爱立信、宝马基金会、北京惠泽人公益发展中心、公平中国基金、英特尔、友成企业家扶贫基金会、《华夏时报公益周刊》、中国公益研究院、陈香梅基金会等机构发起中国专业志愿服务联益会，为 NGO、企业、媒体和志愿者等民间志愿服务力量提供合作交流平台。联益会功能包括中国专业志愿服务的研究及标准化制定、建设与维护专业志愿者数据库、对成员进行资源对接和指导、举办倡导专业志愿服务的峰会论坛及评奖等。

122. 福布斯发布“2014 年中国慈善基金榜”，上榜基金会透明度提升

2014 年 12 月 9 日，福布斯“2014 年中国慈善基金榜”出炉，19 家公募基金会和 6 家非公募基金会上榜。榜单连续四年聚焦基金会透明度，评分指标由基本信息、筹款信息、项目执行信息、年度财务信息、日常事项披露、披露渠道/频次构成。今年榜单上榜门槛进一步提高，上榜基金会平均分也比去年提高 1 分。

123. 导师带教计划探索政府、高校、社会组织“三方合作”培养社会组织人才

2014 年 12 月 12 日，上海交通大学 - 静安区社会组织人才培养高级研修班结业典礼暨导师带教计划启动仪式在沪举行。此次活动由上海交通大学、静安区社会建设办公室联合举办。静安区社建办将发挥“公益导师团”的示范引领作用，通过导师带教活动，形成政府、高校、社会组织“三方合作”培养人才模式。导师带教活动的导师均为研修班的授课老师，是来自政府部门、高校、研究机构、社会组织的知名专家学者。学徒则来自研修班学员和社会组织。活动通过学员自愿申请、师徒双向选择，最终结成带教对子。导师带教计划将历时两年，包括“公益前辈说”系列分享会、“导师带徒”活动和“能力加油站”督导服务三个板块。带教期间，导师将从加强思想教育、提升业务水平、培养群众工作能力等方面对徒弟开展实务带教。

活动方式和资源

124. 幸福教育传递人文关怀

2013 年 12 月 1 日，清华大学心理学系和清华大学—伯克利心理学高级研究中心主办的“幸福园丁——中国教师幸福教育公益项目”在京启动，帮助教师获得幸福感，并传递给学生。传统教育公益项目多关注学生和老师的基本生活保障，该项目基于“积极心理学”传达了更多的人文关怀。

125. “永光思想宴”创新筹款模式

2013 年 12 月 7 日晚，益人义助基金借鉴“巴菲特午餐会”的拍卖形式策划的“永光思想宴”在广州举行，以与中国公益界知名人士徐永光共进晚餐，分享公益经验的机会为拍卖标的，为新成立的益人义助基金筹款，6 个席位共拍得资金 5.3 万元。

126. 乐施会主办“《国家气候变化适应战略》解读”研讨会

2014 年 1 月 15 日，乐施会气候变化团队举办了“《国家气候变化适应战略》解读”研讨会，邀请 30 多位专家学者、NGO 和行业代表参加，对 2013 年底发布的《国家适应气候变化战略》进行解读和讨论。围绕政府工作和社会重大问题，乐施会倾听不同声音，通过交流争取话语权，推进国家战略和政策的有效性。

127. 联合国艾滋病规划署与中华红丝带基金和汉能控股集团共同举办首个世界“艾滋病零歧视日”宣传活动

为了推动全球艾滋病反歧视倡导工作，消除公众对艾滋病感染者的歧视、恐惧和偏见，2014 年 2 月 27 日联合国艾滋病规划署在北京与中华红丝带基金和汉能控股集团共同举办了首个世界“艾滋病零歧视日”宣传活动，确定将每年的 3 月 1 日定为世界“艾滋病零歧视日”。活动中，中国 20 多家企业共同签署了《企业参与艾滋病防治倡议书》，承诺在工作场所积极开展防艾宣传，保护艾滋病感染者就业权和隐私权等，这是企业以实际行动消除歧视文化的良好开端。

128. 昆明暴力恐怖事件发生后，公益组织多角度参与善后工作

2014 年 3 月 1 日，昆明发生暴力恐怖袭击事件，死伤逾百人。事件发生后多家社会组织尤其是云南当地公益机构在针对伤员和家属的心理干预、情绪抚慰等多方面需求上参与善后工作。云南省青少年发展基金会从 3 月 2 日起通过公募平台，接收来自社会各界的爱心款物，专项用于在暴行中直接或间接受到伤害的青少年提供持续的帮助与心理疏导，为战斗在一线的工作人员提供后勤志愿服务。由来自云南大学社工系、慈济慈善事业基金会、112355 青少年热线、云南连心社区照顾服务中心等多方面的社工和志愿者组成的“社工 + 义工”工作站在接受连心的社工与云南大学社工系老师进行的培训后正式启动服务伤员。

129. 深圳市慈善会 · 我生日我慈善基金号召青少年将生日礼物转化为慈善基金

深圳市慈善会 · 我生日我慈善基金成立于 2010 年 8 月，发起人为深圳实验学校的两名中学生。基金号召青少年将生日礼物转化为慈善基金帮助弱势人群。目前基金会已有 1000 多名深圳中学生会员，救助了 10 多名先天性心脏病患儿，举办了“与流浪儿童一起过生日”等各种爱心活动。基金还获得了深圳第二届十佳公益创意项目。

130. 中国内地首个器官捐献志愿者登记网站开通

2014 年 3 月 19 日，由国家卫计委、“国际扶轮 3450 地区”合作的“施予受”器官捐献志愿者登记网站（www. savelife. org. cn）正式开通。中国公民可根据自己的意愿在线登记自愿捐献器官，并有权随时修改或取消捐献登记。网站旨在向中国大众介绍推广器官捐献的理念，分享器官捐献的事迹和故事，希望唤起公众对器官捐献的关注。我国器官捐赠资源匮乏，每年约30万人需器官移植，但仅1万人能获得，网站的开通有助于促进公众了解并参与器官捐献，缓解供需矛盾。

131. 公众饮水安全论坛暨中国饮用水调研启动

2014年3月22日，主题为“如何在饮用水全流程保障公众饮水安全健康”的公众饮水安全论坛暨中国饮用水调研启动仪式在北京举行。论坛上中国社会科学院可持续发展研究中心、浩泽净水及《21世纪经济报道》共同发起“净泽计划”，针对中国城市饮用水水源的基本情况、水源地水质和水污染情况、保护和水污染治理情况、安全用水指导、未来水环境的治理建议等问题进行全面调研，最终形成《中国水质调研报告》以及一个综合饮用水环境研究、治理建议、饮用水信息披露与公众饮水安全指导的系统平台。当月环保部发布的《中国人群环境暴露行为模式研究》显示，我国有1.1亿居民住宅周边1公里范围内有石化、炼焦、火力发电等重点关注的排污企业，2.8亿居民使用不安全饮用水，居民饮用水安全已成危机。

132. 首届“高校正能量联盟公益创业沙龙”凝聚大学生公益力量

2014年3月23日，海淀区正能量志愿者协会主办、高校正能量联盟承办了高校正能量公益创业沙龙，沙龙以“提升大学生公益团队专业度，对接公益社会资源”为主题，来自30所高校的74个公益团队的大学生一次性认领了海淀区的206个公益项目，内容涉及书籍循环利用、邻里旧物交换，甚至专业性更强的自闭症儿童帮扶、法律援助等方面。活动为大学生搭建参与公益事业的发展平台，激发并凝聚大学生的公益力量。

133. 2014新公益嘉年华开启“社会创新大发现”

2014年3月28日，由友成基金会主办，凤凰网、《中国慈善家》、众筹网、神州租车、益云公益互联网创新中心等伙伴共同参与的2014新公益嘉年华正式启动。本届新公益嘉年华的主题是“社会创新大发现”，以国内外的企业公民、政府部门、学术机构、民间组织、媒体等为参与主体，以嘉年华这种充满活力的组织形式为载体，激发全社会对公益领域的关注与投入，发现和助力社会企业和社会创新行动，倡导和推动“社会价值投资”，从而进一步激活社会创新生态，积极探索社会企业等新公益模式。

134. 邓小平青少年科创基金启动，卸任领导人冠名基金推动慈善

2014年4月8日，中国青少年发展基金会宣布启动邓小平青少年科创基金，奖励青少年科技创新人才、资助青少年科技创新项目，支持青少年科学普及活动。领导人卸任后以个人名义成立慈善组织在欧美国家已成惯例，且社会影响积极。原政治局常委李瑞环和李岚清分别成立天津宝坻桑梓助学基金会和复旦管理学奖励基金会，原国务院总理朱镕基成立实事助学基金会，促进公益事业的发展。

135. 中国妇女发展基金会启动公益传播媒体伙伴计划，引领公益传播创新

2014 年 4 月 15 日，中国妇女发展基金会启动公益传播媒体伙伴计划，与新浪公益等首批 17 家中央级媒体、主流媒体及门户网站进行深度合作。公益传播媒体伙伴计划力争在公益传播模式、公益传播定位、传播的专业化能力与公益组织透明度建设四方面实现创新。传播对公益慈善具有重要意义，与媒体深度合作可构建公益传播新格局。

136. 壹基金企业联合救灾平台正式成立

2014 年 4 月 20 日，壹基金与可口可乐、中粮集团、阿里巴巴、腾讯等 10 家爱心企业，在四川雅安联合发起的“壹基金企业联合救灾平台”正式成立。壹基金将在专业备灾救灾物资购买、救灾专项资金管理以及救灾专业服务培训等方面与企业开展多方联动与深度合作，有效提升灾区减灾防灾能力。平台正式成立之前的 4 月 11 日兰州突发城市水危机，可口可乐即通过壹基金企业联合救灾平台，免费调运矿物质水发往重灾区和特困人群。这是在 2009 年壹基金集结民间救援力量成立“壹基金救援联盟”后发起的又一次集合行业力量的行动。

137. 众筹网联手友成基金会推出“新公益众筹平台”

2014 年 4 月 23 日，众筹网联手友成基金会在北京宣布正式推出“新公益”众筹平台，用于发布符合“新公益”理念的众筹项目。在该平台上，每个人可以在网站发布创意或项目计划，并通过网络平台面对公众集资。这种方式可以增强项目发起人和认筹者的互动开放式运作，有利于公益项目与参与者形成更加紧密的关系，使更多的人以更便捷的方式参与公益。

138. 南京民安减灾应急促进中心成立，弥补防灾减灾教育不足

2014 年 4 月 29 日，南京市首个专注于防灾减灾的公益组织——民安减灾应急促进中心成立。该组织将在社区中宣传灾害常识、防灾减灾知识和避灾自救互救技能。我国的防灾减灾教育十分薄弱，还没有形成专业化和常态化的教育体系，民间救灾组织和科普组织可以弥补这一缺失。

139. 暖流计划联合企业推出捐旧物免费上门取服务

2014年5月1日，中国社会福利基金会暖流计划联合婴童服饰品牌圆梦宝推出北京五环内旧物免费上门取服务，然后对接收的旧物进行统一分拣后匹配发放到有需要的贫困地区。这种方式，一方面避免出现捐赠物品"扎堆"的不平衡现象，为闲置旧物搭建一个有效对接供需的"交易市集"。另一方面，在我们的生活中经常有替换不用但功能完好的旧物，想捐出却不知该去哪捐，或者即使知道去哪捐，但因时间、交通等成本太高就避免麻烦而直接扔掉，而免费上门取旧物服务可大大减少人们的捐赠成本，实现捐赠意愿向捐赠行为的转化。

140. 广东环境维权专项基金为环境公益诉讼提供资金支持

2014年5月13日，广东环保基金会发布消息，表示将设立国内首个环境公益维权专项基金，为环境公益诉讼提供各项经费支持，帮助公益诉讼落地。我国环境公益诉讼面临主体资格难难突破、诉讼费用高昂、诉讼范围狭窄、举证难等方面的诸多困境。2014年4月修订的新环保法拓宽了环境公益诉讼主体资格，更多的公益组织可以成为环境公益诉讼的主体，但污染检测、鉴定、律师费等系列诉讼费用却仍然是个大问题。

141. "民间帮助民间"会议提出中国在非公益模式转变

2014年5月17日，中国扶贫基金会和中国灵山公益慈善促进会在江苏无锡灵山共同举办了主题为"民间帮助民间"的2014灵山公益慈善促进大会公益非洲分会，会议提出推动中国在非洲开展公益事业由"G2G"（政府对政府）模式向"G2G + P2P"（政府对政府 + 民间对民间）新模式的转变，形成中国特色的援助非洲的战略、模式、层次和方式。

142. 中国公益基金会品牌建设分享会召开

2014年5月21日，由南都公益基金会主办的中国公益基金会品牌建设分享会在北京召开。分享会综合讨论了非营利组织的品牌价值、品牌理论、品牌实践、与商业品牌的区别等话题。会上介绍了由洛克菲勒基金会支持，哈佛大学豪泽非营利组织中心 Nathalie Laidler-Kylander 主持的一项研究项目提出的"品牌 IDEA 理论"，指出，非营利品牌不仅仅是筹资工具，更是提升非营利组织凝聚以及打造信任和实现社会影响力的有效途径。非营利组织的品牌战略不仅局限于利用品牌筹款，越来越多的非营利组织开始寻求超越，探索品牌更为深远和战略性的角色——既可以推进宏大的长期社会目标，又可以加强组织的能力、内部的认同感和凝聚力。

143. “公益星火二期——企业家社会创新成长计划”启动社会创新系统培育

2014 年 5 月 24 日“公益星火二期——企业家社会创新成长计划”启动。项目以孵化企业具有社会价值的新商业模式、推动企业核心战略与社会发展共融、培育中国社会活动家为目标，将邀请来自国家民政部、美国哈佛大学、美国洛克菲勒基金会、香港理工大学、英国社会企业联盟、北京大学汇丰商学院、彼得德鲁克管理学院等世界一流院校及著名公益机构的专业师资，对学员进行为期六个月的“集中授课 + 实地参访 + 实战演练 + 公益创投大赛”社会创新系统培育。项目核心是培育社会活动家，推动政治家、企业家向社会精英的转变，并推动企业的核心战略和社会创新发展联动起来，建立新的社会创新模式，用社会创新模式来带动企业公益模式的发展，以及企业新的社会参与模式。

144. 北大启动社会公益管理硕士项目

2014 年 6 月 5 日，北京大学、北大光华管理学院和中国银泰投资有限公司、北京银泰公益基金会共同发起的中国首个社会公益管理硕士项目启动，同时将成立北京大学光华管理学院银泰公益管理研究中心。合作项目由北大光华管理学院负责执行，银泰公益基金会负责为项目募集和捐助教学管理运营资金。项目旨在为中国公益慈善事业培养优秀、专业的高级管理人才，将围绕“管理知识与行业特点”、“中国特色与国际视野”、“价值观提升和创新意识”、“职业发展和行业发展”四个方面进行人才培养。项目为全日制，学习年限为 2 年，将采取先面试，后笔试的招生方式。招生目标主要面向具有 3 ~ 5 年及以上相关领域工作经验，年龄在 25 ~ 35 岁左右的，有创新思想和创新意识，同时兼具社会责任感，有志投身于公益事业及相关行业或领域的优秀青年。项目还设置了“全覆盖多层次”的奖学金体系，以鼓励学生毕业后从事待遇普遍偏低的社会公益类岗位。与公益事业的迅猛发展相比，其所需要的高级专业人才十分紧缺，近年来银杏计划、老牛学院等公益项目聚焦公益领域人才培养，此次社会公益管理硕士更是将公益人才培养纳入高等教育体系，为公益输送专业人才。

145. “益监督”计划构建独立、常态的第三方监督机制

2014 年 6 月 27 日，《京华时报》和基金会中心网联合凤凰网、新浪、网易、56 网等单位共同发起“益监督”计划。“益监督”计划是以志愿者参与为核心的公益活动，其运行模式主要包括两个：一是针对公众质疑的问题，由志愿者、记者、专家组建临时调查团队，开展针对所质疑问题的调查，并形成调查报告。二是志愿者体验，组委会会选择一些机构和项目，组织志愿者体验机构和项目运行过程，形成报道并予以公布。“益监督”计划充分发挥媒体优势，推动构建独立的、常态的第三方监督机制。互联网时代，公众的监督意识有所提高，并有所作为，但盲目的、不理性的监督会阻碍公益事业的发展，“益监督”计划提倡专业、理性的社会监督。

146. 2014 年成为公益组织筹资“暴走”年

近年来暴走筹款类公益项目逐渐增多，2014 年更是达到“井喷”。这些筹款活动有三个共同点：理念相同，倡导亲近自然和健康运动的生活方式，传播人人公益、快乐公益的公益理念；目的相同，为公益项目筹款；模式相同，挑战徒步行走，组团募款。2014 年 4 月 19 日，上海联劝“一个鸡蛋的暴走”公益筹款活动在上海举行，吸引 3095 人参与暴走，116865 人为暴走奉献爱心，总筹款 623 万元。2014 年 6 月 14 日，为爱同行 · 壹基金 2014 健行活动在深圳举行。2014 年 6 月 21 日，中国青少年发展基金会发起的“挑战 8 小时”慈善徒步越野赛在北京市门头沟区斋堂镇举办，累计筹款 2188523 元。2014 年 9 月 13 日，中国扶贫基金会 2014 善行者公益徒步活动在北京市昌平区居庸关长城举行，活动吸引来自全国 1800 名善行者参与，其中包括公务员、大学生、企业职员、成功企业家、影视明星等。截至 10 月 20 日，2014 善行者共有近万人次支持筹款。善行者队员及爱心人士捐筹集的善款近 160 万元，将用于捐助贵州等地的贫困学生。2014 年 10 月 6 日，阿拉善 SEE 与深圳市红树林湿地保护基金会主办的“穿越贺兰山”环保公益徒步筹款活动举行，200 余名企业家徒步约 18. 8 公里为“一亿棵梭梭”荒漠化防治、工业污染防治、三江源保护等项目筹款。企业家不仅亲自参与，还利用个人影响力通过自媒体筹款。自 8 月 15 日至 10 月 6 日，活动共筹款近 400 万元。2014 年 10 月 18 日，由中国灵山公益慈善促进会、都江堰友爱教育基金会、成都市慈善总会主办，灵山慈善基金会、萤火公益事业发展中心承办的 2014 “为爱行走 · 善行成都” 大型徒步公益活动在成都市白鹭湾湿地公园举行。参与为爱行走的成员均是以 4 人组团报名参加，每个团队在为爱行走网站选择并支持如扶贫/救灾、疾病救助、教育/助学、环境保护、社区服务等方面的一个公益项目，每个团队在线下为项目筹款不低于 1000 元。“为爱行走 · 善行成都” 致力于通过“联合劝募” 的公益方式，为优秀的公益机构与项目搭建一个透明、规范的平台，与全国优秀的公益机构和项目共享灵山慈善基金会、成都市慈善总会的公募资质。活动所接收的善款汇入“灵山慈善基金会·为爱联劝基金”，灵山慈善基金会将根据捐赠人意愿将所筹资金全部用于指定公益项目，专款专用。2014 年 11 月 14 日，乐施会主办的远足筹款活动乐施毅行者 2014 在香港举行，共有 1 300队，即共约 5200 人获得参加资格。香港乐施毅行者是国内暴走筹款活动的“母版”，首届“毅行者”于 1981 年举行，已成为香港最大规模的体育筹款活动。自 1986 年以来，共有 81000 多人参与，筹得逾 4 亿 2200 万港元。

147. 绍兴人保财险为义工意外伤害投保

2014 年 7 月 8 日，绍兴市慈善总会获得中国人民财产保险绍兴市分公司的捐赠，为市慈善总会组织开展大型服务活动的义工提供保额 10 万元的人身意外伤害保险和保额为 5 万元的附加意外伤害医疗保险保障。义工随时可能遇到意外伤害，一旦发生意外，谁来承担责任？公益组织为其提供保险意味着高成本，而不提供又存在巨大风险。截至 2013 年底，我国常年开展活动的义工超过 5000 万人。2010 年实施的《广东省志愿服务条例》规定志愿者组织应当根据志愿服务活动的需要，为参加志愿服务活动的志愿者提供相应的人身意外伤害保险。

148. 安平中国·2014 北大公益传播奖入围名单出炉

2014 年 7 月 15 日，由北京大学公共传播与社会发展研究中心、安平公共传播公益基金、北京北广传媒数字电视有限公司、完美（中国）有限公司共同主办的安平中国·2014 北大公益传播奖开始向社会征集作品。该奖项以“公益”和“传播”为关键词，征集作品范围包括 2013 年 8 月 1 日至 2014 年 7 月 31 日的所有记录和推动中国公益事业发展，站在公共利益的立场，发表在媒体和自媒体上的文字、图像、影像等新闻作品，以及有关公益事业的所有媒体和自媒体的创新传播方式。奖项设置公益人物报道奖、深度调查报道奖、公共政策报道奖、特稿奖、评论奖、视觉传播奖、新媒体创新奖、传播行动奖、公益广告奖、技术公益创新奖和年度安平人奖。评选分为初选、二审和终审三个阶段进行。9 月 16 日，最终入围名单出炉。

149. “青年导演计划”将影像传播的手段融入公益事业

2014 年 7 月 16 日，由颗粒公益传播发展中心发起的“青年导演计划”拉开帷幕，项目专注于公益影像制作与传播的公益人才培养。18 名经过严格选拔的“青年导演”将作为公益影像制作与传播的“超级志愿者”，在接受“青年导演计划”集训营的训练之后，为6家同样经过甄选入围的优秀公益组织拍摄公益宣传短片。集训营采用实战演练青年导演的成长历程的模式，依次安排“深度访谈”、“从创意到作品”、“属于公益的影像”、“征服的艺术”、“导演的逻辑”等五大核心课程，并设置一个激动人心的“极限48小时”模拟拍摄演练环节。入围本届“青年导演计划”的6家公益组织包括雷励中国、一公斤盒子、家工作营、满天星公益、蓝信封留守儿童关爱中心等，分别涉及青年成长、社会创新、特殊群体救助、儿童阅读推广及留守儿童关爱等六大公益领域。近年来，以影像为中心的文化产业正走上快速发展的轨道，各种题材的宣传片、纪录片扑面袭来，而公益影像尚未形成专业的一支。

150. 壹基金、天涯社区等7机构成立“海南7.18台风公益赈灾联络办公室”

2014年7月23日，壹基金、海南成美慈善基金会、腾讯公益慈善基金会、天涯社区、海南省返乡大学生志愿服务联合会（筹）、卓明灾害信息服务中心等7家机构通过电话会议共同决议，成立“海南7.18台风公益赈灾联络办公室”。该联络办公室建立了灾区需求及援助信息平台，利用天涯社区的网络平台力量，征集灾区实地情况及需求信息，并每日实时发布灾情信息和需求信息。联络办公室不仅征集信息，而且派专门信息核查小组向政府、NGO、村落等具体对象核实后的灾情信息，每条信息包括受灾具体地点、简要情况描述、需求说明以及联系人电话等。已核实的信息将标记为已核实。在频繁灾难的洗礼中，专业救灾、理性救灾渐成社会共识。

151. 善淘网“爱情博物馆”筹资项目，为爱情加入公益元素

2014年8月2日七夕节，善淘网在众筹网发起在线“爱情博物馆”筹资项目，人们可在“爱情博物馆”中寄存自己的爱情故事，公众可以公益捐赠的方式“付费”阅读，并能获得捐赠证书以及几乎等额的消费支持卡。项目拟定2014年8月8日9：45之前筹款1314元，所得善款用于帮助残障伙伴获得就业、培训和融入社会的机会。善淘网以“好奇”吸引捐赠者，抓住目标人群的需求，增加活动热度。

152. “CSR中国文化奖”推动企业关注文化建设

2014年8月5日，人民日报社《国家人文历史》杂志社联合北京师范大学社会发展与公共政策学院推出“CSR中国文化奖”评价体系，从项目的实际产出和效果、社会影响力、社会创新、社会参与、文化公益专业性等方面评价企业 CSR 在文化领域的实践。此前，企业 CSR 关注教育、扶贫和医疗卫生等领域居多，文化建设被认为相对“务虚”，很难在短期内看到直接效果，“CSR 中国文化奖”的设置将推动企业关注文化建设。

153. 中国肢残人协会启动“重塑未来”活动

2014 年 8 月 17 日，中国肢残人协会正式启动“重塑未来”对症肢残人信息库建设工程，将通过基层走访、远程义诊、加大宣传力度推动主动求医咨询等多种方式，整理全国 2470 万的肢残人信息，五年内在全国建立一个 200 万对症肢残人信息库，并据此逐年开展医疗救治工作。活动将向年龄在 3 ~16 岁、贫困的对症肢残人提供医疗补贴，具体额度分为自费部分 100% 救助补贴及自费部分 50% 救助补贴，向其他年龄阶段的对症肢残人提供自费部分 30% 的救助补贴。利用信息库可以对需要医疗救治的肢残人数量和不同病症的治疗需要进行总体把控，进而制订更合理的救治计划。

154. 公益接力“冰桶挑战”

2014 年 8 月 17 日，发起于美国的“冰桶挑战”在一夜之间风靡中国社交网络。“冰桶挑战”是一场好友间的公益游戏，参与者在头上浇一桶冰水，并拍成视频上传到社交媒体上，同时点名邀请朋友在 24 小时内接受挑战，被点名的人要么完成任务，要么向公益组织捐款 100 美元。比尔盖茨、库克、扎克伯格等众多名人参与，我国也有多名互联网大佬被点名并接受挑战。借此机会，果壳网总裁@ 姬十三在完成冰桶挑战任务的同时向国内罕见病组织瓷娃娃捐款，并号召网友及冰桶挑战参与者向@ 瓷娃娃捐赠。此活动如此火爆多半归功于参与者的名人效应，平日里一本正经的商界名流、镜头前光鲜亮丽的文娱明星被浇成落汤鸡的画面人人喜闻乐见，由此带来的传播效应不言而喻。在中国，通过公募形式获取公众支持的解决路径被人为阻塞，“冰桶挑战”掀起的公募行动显示出公众对此类公益的支持程度，多家公益组织意欲联合突破此障碍。8 月 25 日，瓷娃娃罕见病关爱中心表示将发起筹建一个关注全国罕见病患者的公募基金会，华民慈善基金会和南都公益基金会表示将提供资金和人力上的支持。

155. 合肥市慈善协会公布《合肥市慈善冠名基金管理办法（试行）》

2014 年 8 月 21 日，合肥市慈善协会公布《合肥市慈善冠名基金管理办法（试行）》，规定凡热心于慈善事业、自愿捐赠善款的单位、个人（家庭），均可在合肥市慈善协会设立慈善冠名基金。个人冠名最低捐赠 2 万元，企业冠名最低捐赠 10 万元。对捐赠 200 万元以上的企业、捐赠 50 万元以上的个人，该协会将按照章程授予相关荣誉称号。慈善冠名基金的使用分定向和不定向两种方式。定向救助的，由捐赠方根据自己意愿向合肥市慈善协会提出书面意见，只要符合《合肥市慈善协会章程》和双方签订的协议原则，即可双方配合组织实施；不定向救助的，在征得捐赠方意愿的情况下，由合肥市慈善协会根据《合肥市慈善协会章程》实施救助。

156. 自助捐赠 APP“扬帆公益助手”，将用户体验做到极致

2014 年 9 月 1 日，中华思源工程扶贫基金会新浪扬帆公益基金推出“扬帆公益助手”APP 为“扬帆计划”筹款，所筹善款将折算成等价图书寄给受捐学校。这是一款以捐赠用户为中心的公益 APP：以地图坐标形式展示的受助学校更注重用户的视觉体验；支付宝、银联在线、worldpay 三种支付方式可适应国内外捐赠用户的不同支付习惯；实时查看个人捐赠记录及善款状态让用户更放心；联通新浪微博账号随时分享捐赠美德让用户在社交圈中更有荣誉感。

157. 公益电影《有一天》全国公映，公众教育登上大荧幕

2014 年 9 月 10 日，由华谊公益基金发起制作的公益电影《有一天》在全国公映。影片是聚焦贫困儿童、读写困难儿童、智障儿童、被拐卖儿童、盲童、聋哑儿童等 9 类特殊儿童群体的故事短片集。影片的制作与放映也处处体现了电影人的公益行动，12 位明星零片酬出演，350 位工作人员零酬劳投入，华谊零分账出品发行，全国院线统一实行 5 元公益票价放映。此外，前后共有 30 多家媒体和单位为影片提供支持。影片的目的并不在于动员捐款，而是呼吁公众平等地看待特殊儿童。电影，在娱乐之外应该承担一种传播和教育的责任。

158. “益起跑”公益 APP 为消费者创造参与公益的机会

2014 年 9 月 11 日，北京奥运城市发展促进会、萨马兰奇体育发展基金会和安踏体育共同发起，小米科技协办的“益起跑”公益项目在京启动。手机用户下载“益起跑”公益 APP，可以将跑步或健走的里数累积成虚拟金币，金币可以用于购买安踏运动裤（50 金币）、安踏运动鞋（100 金币）和安踏运动衣（50 金币），并在系统中选择一所贫困地区学校捐出。用户只是将自己的健身行为转化为爱心，捐赠的体育用品和装备由安踏体育提供。2013 年安踏体育曾推出“爱心桥”公益项目，向贫困地区学生捐赠运动装备。“益起跑”APP 是对该项目的延续，并融入“众筹”理念，将企业的社会责任行为与消费者紧密结合在一起。

159. 第三届中国慈展会在深圳举办

2014年9月19日，第三届中国慈展会在深圳开幕，中国慈展会公益慈善资源对接平台正式上线运行，将为公益资源的需求方和供给方提供网上资源对接服务。上线公益慈善资源对接平台的主要目的是充分借鉴商业资源对接机制，利用现代网络交易技术，改变慈善需求与资源对接分散低效现状，推动公益慈善资源对接和有效配置。平台参照经济领域中的证券交易和产权交易的规则和模式，创建类证券公益慈善对接系统，并建立公益资源对接评估、挂牌、展示、捐赠、披露、传播的整套标准规则，以此促进公益资源对接的专业化、规范化和常态化。

160. 2014“益起来”邀请网友“益起来体验”

2014年9月23日，由新浪微公益、联合国开发计划署和盖茨基金会共同发起的2014“益起来”品牌公益活动启动。活动在新浪微博上推出消除贫困、关注女性、微博有爱、健康环保四大主题周，每周设置与该周主题相关的公益话题，结合线下互动活动，让网友参与话题体验并分享。第一周主题为“消除贫困”，提高公众对饥饿和贫困问题的关注。话题如：#挑战8块钱#，鼓励公众通过微博或微信等社交媒体平台，上传自己所买价格低于8元人民币（约合1.25美元，为国际贫困线）的商品的照片，并@你的2位朋友，发起“挑战”，以照片形式体现8元钱能购买到的物品，以此鼓励更多人了解并思考1.25美元/天国际贫困线的含义，关注生活在国际贫困线之下的人们。#饥饿体验#，明星真人秀亲身体验8小时饥饿，并通过微博或微信等社交媒体平台分享体会，从而影响更多的人。第二周主题为“关注女性”，引导公众关注身边女性的健康与生活，并以实际行动帮助贫困地区女性健康和未来发展。话题如：#粉红丝带益起来#、#我的粉红女友#等。第三周主题为“微博有爱”，号召网友关注身边亲人、好友、需要帮助的人，营造“在微博发现爱”的有爱氛围。第四周主题为“健康环保”，关注全球变暖、烟草危害等健康与发展问题，倡导环保、健康的日常生活。话题如：#二够了#，环保倡议，呼吁公众关注气候变化。鼓励公众通过微博或微信等社交媒体平台上传自己或他人摆着“二”手势的照片，以提醒身边的人2℃是全球温度上升的上限，号召更多的人践行低碳绿色的生活。#被吸烟，我不干#，健康倡议，旨在提高公众对烟草危害的认识，鼓励“被吸烟者”大胆说“不”以维护自己的健康权益。将通过奖励创新的方式，鼓励公众通过微博或微信等社交媒体平台，宣传被动吸烟的危害，分享健康生活心得。

161. 中国太平洋人寿保险股份有限公司联合网易公司搭建公益保险基金网络募捐平台

2014 年 10 月 8 日，中国太平洋人寿保险股份有限公司联合网易公司启动定南儿童大病救助行动，借助易信、微信等主流移动网络社交平台向全社会募捐公益基金，所有筹集的爱心捐款将统一纳入保险公司专属公益保障基金池进行管理，并专项用于定南 4 万多名 14 周岁（含）以下儿童的大病医疗救助，为大病患儿提供新农合等基本救济之外的额外医疗补偿。行动自 9 月底开始试运行至正式启动已募集资金近 4 万元，吸引来自全国至少 8 个省份 2 万多名网友的关注。项目首期拟在 4 个月到 6 个月内完成筹集资金 200 万元。同时，网易公司将对每一位捐款人追加捐款 1 元以及对捐款人的每一位“朋友圈”捐款好友追加捐款 1 元。2014 年 3 月 21 日，中国保监会以保监发〔2014〕23 号印发《关于保险业对口支援江西省赣州市定南县等原中央苏区振兴发展的指导意见》，鼓励公益化帮扶，提升定南社会民生保障水平。鼓励保险公司探索建立保险公司与定南社会公益项目帮扶机制，鼓励保险公司利用自身的产品优势，为定南贫困人群捐赠意外险等人身保障产品。该定南儿童大病救助行动找到了对口支援与保险业实际有机结合的落脚点，这是中国保监会对口支援江西省赣州市定南县的一个创新，既发挥了网络社会捐助几何倍数放大的效应，又增强了赣南成为保险业深化改革试验田的作用。

162. 中国扶贫基金会与新浪微博（微公益）发起“饥饿 24”深度体验贫困活动

2014 年 10 月 14 日，中国扶贫基金会与新浪微博（微公益）联合发起“饥饿 24”公益活动，邀请公众在 10 月 17 日扶贫日体验 24 小时（16 日 20:00 ~ 17 日 20:00）不吃饭（可以喝东西）。2012 年中国扶贫基金会曾与联合国世界粮食计划署共同发起“感受 6 块 3”活动，号召大家在国际消除贫困日 10 月 17 日体验用 6.3 元过一天，以增进对贫困的感受。体验感提升公益倡导和公益筹资的效率，“饥饿 24”让参与者深度体验贫困，与贫困及弱势群体感同身受。

163. 中国宋庆龄基金会麦当劳叔叔之家慈善基金“为爱麦跑”关注病童家庭奔波之苦

2014 年 10 月 19 日，中国宋庆龄基金会麦当劳叔叔之家慈善基金在北京园博园启动“为爱麦跑　麦当劳亲子爱心跑”，在北京等八个城市邀请超

3000 名（3～12 岁）儿童及他们的家长参与活动，每位参跑者向麦当劳筹 10 元注入该基金。此外，10 月 15 日至 26 日，中国宋庆龄基金会麦当劳叔叔之家慈善基金在全国超过 2000 家麦当劳餐厅进行宣传和募捐，消费者每捐款 20 元，可获赠一双限量纪念版麦当劳叔叔的红白条纹袜。所得善款款将全部汇入中国宋庆龄基金会麦当劳叔叔之家慈善基金（中国麦基金）账号，用于中国大陆首家“麦当劳叔叔之家”的建设和运营。“麦当劳叔叔之家”为远程就医的病童及家庭提供一个距离医院仅数分钟路程的“家外之家”，当孩子在医院接受治疗时，父母能省去来回奔波，更好地就近照顾病童并与其他病友相互扶持。目前国内对病童的救助大多侧重于疾病治疗，“麦当劳叔叔之家”解决病童家庭奔波之苦。今年是全球“麦当劳叔叔之家”成立 40 周年，目前全球超过 35 个国家和地区已建有 337 间“麦当劳叔叔之家”，中国大陆首间“麦当劳叔叔之家”将于 2015 年落成。

164. 嫣然天使基金巧搭便车，借力#微笑挑战#筹款

2014 年 10 月 21 日，嫣然天使基金和黄磊女儿多多共同发起的“多多小特齐上阵　呼唤爱心送礼物”公益项目在新浪微公益“品牌捐”上线。11 月 27 日，#微笑挑战#风靡社交网络，28 日下午李亚鹏发布微博称接受多多的微笑挑战并点名刘嘉玲等明星参与，微博后附该项目的捐款链接，使项目变身为“和多多一起为唇腭裂儿童微笑”，并成为微博热门话题，该项目在此后 1 天里新增的捐款相当于此前 5 天的捐款总和。

165. IFAW 嫁接搜狗搜索，让搜索联动公益

2014 年 12 月初，国际爱护动物基金会（IFAW）就“拯救大象罗拉—对象牙制品说不”全球减少象牙消费项目与搜狗搜索合作，推广保护大象的理念和行动。用户通过搜狗搜索“象牙”等关键词，搜索结果首先显示搜狗和 IFAW 共同制作的“购买 = 杀戮”公益提示，使每一次搜索行为都变成对“保护大象”公益信息的获取，引导公众对象牙买卖有更清晰的认识，推动减少互联网上的非法象牙买卖。据 IFAW 调查，中国有 70% 的人不知道获取象牙是以大象生命为代价，83% 的被调查者表示，如果知道获取象牙必先杀死大象，他们将拒绝购买象牙制品。互联网时代，搜索引擎成为获取信息的最重要入口之一，IFAW 嫁接搜狗搜索，成为新兴互联网企业差异化、个性化履行企业社会责任的典范。

166. 美丽天下公益基金成立，媒体嫁接公益组织专业化运作公益项目

2014 年 12 月 10 日，广西电视台联合中国社会福利基金会成立美丽天下公益基金。广西卫视美丽乡村公益节目《第一书记》节目开播后，收到大量社会捐赠给贫困山区及孩子的物资和资金。为科学管理爱心捐赠，广西电视台联合中国社会福利基金会成立美丽天下公益基金。媒体传播公益事件时往往收到大量捐赠，却无法依靠媒体自身力量运作公益项目，因此对专业化运作公益项目产生了强烈需求，这种需求为基金会拓展资源和影响力创造了机遇。众多基金会为此设立了专项基金，如在中国社会福利基金会平台上，已有湖南广播电视台参与发起的“芒果V基金”、浙江卫视参与发起的“梦想助力基金”、安徽广播电视台参与发起的“海豚爱公益基金”、新华社新华网参与发起的“新华善举基金”、广西电视台参与发起的“美丽天下公益基金”、央视财经频道《对话》栏目主持人陈伟鸿参与发起的“鸿基金”和央视新闻主播郎永淳参与发起的“爱永纯公益基金”等。

167. 爱佑慈善基金会和善淘网打造“12.12要爱”大型慈善义卖会

2014年12月12日，爱佑慈善基金会和善淘网联合打造的“12.12要爱”大型慈善义卖会在善淘Select 42精选店开启，义卖收入将用于帮助残障伙伴获得就业、培训和融入社会。义卖品来自明星名人和企业捐赠，全新衣饰将以市场价的30%~50%进行义卖，吸引消费者。活动利用商业领域精心营造的“双12”购物氛围，运用“新品折扣”、“定点准时开抢”、微博推送“购物攻略”等商业营销手段，刺激消费者为爱而买。

168. 18家机构联合提交《〈反家庭暴力法〉（征求意见稿）的修改建议》

2014年12月24日，国际计划（中国）、国际求助儿童会（英国）中国项目以及博源拓智公益咨询中心联合北京、云南、广东、陕西等地18家关注儿童保护的社会组织，共同提交《〈反家庭暴力法〉（征求意见稿）的修改建议》。《修改建议》认为《征求意见稿》在一定程度上体现了对遭受家庭暴力侵害的未成年人的特殊保护，但在家庭暴力的定义、未成年人遭受家庭暴力的特殊形式、禁止一切形式对未成年人的体罚等方面还存在着疏漏。《修改建议》以保护受家庭暴力影响的未成年人为重心，涵盖家庭暴力定义、对未成年人的优先保护、管理角度的处置内容，部门职责公配、转介和救济保护、法律援助和监护权转移等方面。

169. 北京青基会借力社区平台帮助低保重残青少年

2014年12月30日，共青团北京市委员会、北京青少年发展基金会启动“社区青年汇公益基金——‘四叶草’项目”，依托分布在北京各社区的社区青年汇，对辖区内7~25岁低保重残青少年群体开展爱心陪伴、能力提升等个性化帮扶。社区青年汇是北京团市委依托基层社区建设的地域性活动平台和团组织主导的区域性基层青年组织。“四叶草”项目依托社区现有资源为项目在社区落实、扎根提供助力，形成公益项目的长效机制。

组织建设

170. 北京市慈善基金会成立，将北京市慈善协会负责的募捐工作剥离出来

2013 年 12 月 13 日，北京市慈善基金会成立代替原本北京市慈善协会公开募集资金的职能，但是所募集的资金仍将主要用于支持北京市慈善协会。《北京市慈善事业促进办法》明确规定仅有公募基金会具有募捐资格，这意味着社团性质的北京市慈善协会以后将不能独立募捐。

171. 上海浦东新区成立“社区基金”，承担社区发展的“催化剂”角色

2014 年 1 月 8 日，上海浦东新区成立“上海市慈善基金会浦东新区分会浦兴路街道社区基金”。“基金管理委员会”里除了街道党工委、办事处、居委会派员外，还将吸纳社会组织、驻区企业等单位的代表，以及社区内党代表、人大代表、居民代表。让更多人参与“社区基金”的运作，以透明度带来知晓度，社区居民将从原来捐款的“参与者”转变成慈善项目的“组织者”。通过慈善基金会的项目招投标平台，社区基金可以定制式地找到合适的项目承接者，并且做到过程管控，事后评价，可以撬动起社区中的社会力量，尽可能放大善款使用过程中的效应。

172. 慈孝特困老人救助基金会成立，为失独老人提供精神抚慰

2014 年 3 月 28 日，由民政部主管、专门为失独老人服务的全国性基金会慈孝特困老人救助基金会成立，基金会将通过直接救助、社区救助、养老机构救助、创建失独老人养老院等方式，为失独老人提供生活救助和精神抚慰。目前，慈孝特困老人救助基金会已在四川北川县和北京西城区白纸坊街道开展救助失独老人的试点工作，包括为老人发放爱心卡和观影票、每年为失独老人组织一次体检、每年为失独老人过一次生日等。随着第一代受计划生育政策影响的群体步入老年，中国的失独养老问题愈加严峻。目前政府对失独老人有一定的生活救助，但精神抚慰极度缺失。

173. 中国扶贫基金会2013捐赠人大会在京举行，创新捐赠人关系管理模式

2014年3月30日，主题为“坚持，就会改变”的“中国扶贫基金会2013捐赠人大会”在北京国家会议中心举行。中国扶贫基金会捐赠单位和个人代表、志愿者代表、合作伙伴代表、媒体记者等350人出席了大会。此次大会是中国扶贫基金会第三次通过举办捐赠人大会的方式，向捐赠人、合作机构以及社会各界报告工作情况。捐赠人大会已成为扶贫基金会捐赠人管理的重要环节，也是构建公信力、回馈捐赠人、与公众互动的重要活动之一。

174. 中国社会福利基金会中美扶爱基金成立，减轻“扶人者”的顾虑

2014年3月18日，中国社会福利基金会和中美集团共同发起“扶一把爱传递——中美扶爱基金”，成为国内首个“扶爱”基金。基金将聚焦于摔伤医疗救助、见义勇为者保障等相关公益慈善事业，通过中美集团广泛的医疗网络发挥作用，第一时间为紧急事件提供包括医疗、法律、经济等多方面的援助，减轻“扶人者”的顾虑。南京“彭宇案”之后，一系列扶起摔伤老人反被讹诈的事件不断见诸报端，扶起摔倒的老人成为一个极具争议的话题，2011年卫生部甚至公布《老年人跌倒干预技术指南》。

175. 中国第一个注册获批的全国性环保民间组织“自然之友”成立20周年

2014年3月31日，自然之友成立20周年。1994年3月31日，由全国政协委员、中国文化书院导师梁从诫等人发起的“中国文化书院绿色文化分院”经民政部批准成立，命名为自然之友。自然之友是中国第一个注册获批的全国性环保民间组织，它被视为中国民间环境保护运动的一个起点，其积极发起或参与的许多环保运动、活动、事件等引起了广泛的社会关注，如保护云南德钦滇金丝猴、保护可可西里藏羚羊、都江堰杨柳湖大坝工程下马、怒江建坝和西部水电开发之争、“环评风暴”、圆明园铺设防渗膜等。以自然之友的成立为标志，中国民间环保组织纷纷成立，以世界自然基金会（WWF）、绿色和平为代表的国际环保机构也相继在华成立正式办事机构。伴随着社会的发展，以及环保NGO自身的不断努力，环保NGO的项目运作开始走上正轨，在环境教育、生态保护、污染防治等议题上各有分工，摸索前行，而气候变化及谈判等国际性议题也推动了NGO之间的横向合作与联动。

176. 上海真爱梦想公益基金会从非公募转公募

2014 年 4 月 12 日，上海真爱梦想公益基金会宣布基金会已获批转制成为公募基金会。在中国，公募权长期被官办基金会所垄断，而成为一个稀缺公益资源。近几年，一些包括非公募基金会在内的社会组织，开始寻求公募资格的获取。与此同时，上海、广州等地方政府出台了募捐条例，释放民间组织的募捐权利，这都给民间组织在突围原有的公募壁垒，提供了强有力的政策支持。

177. 红十字基金会与企业联合发起的抗震公益基金成立

2014 年 4 月 18 日，中国红十字基金会和筑福抗震集团联合发起的“抗震公益基金”在北京成立，未来 5 年将采取“天使之旅”志愿者动员模式，对全国 1 万栋沿地震带及老旧楼房进行公益抗震安全排查，并建立房屋安全排查数据库。在地理环境比较恶劣的农村，砖木混合及土坯结构的房屋抗震能力差，且在地震中易造成二次伤害。抗震公益基金对此类房屋进行安全排查，将灾难消灭在萌芽状态。

178. 湖南“江豚奶爸”涉嫌敲诈被捕

2014 年 5 月 6 日，有媒体报道我国民间首个江豚保护机构——“岳阳市江豚保护协会”的一名成员，因涉嫌敲诈勒索被警方拘留。另一名成员也因涉嫌敲诈勒索，被警方在网上追逃。而就在几个月前，他们还被报道于春节期间在洞庭湖坚持巡逻至深夜、被媒体亲切称为“江豚奶爸”。虽然事情的真相还有待进一步调查，但类似的民间公益组织乱象已成为不可回避的社会话题。

179. 无锡太湖公益广告发展基金会致力于公益广告发展

2014 年 5 月 17 日，全国首个专注于公益广告的基金会——无锡太湖公益广告发展基金会在无锡灵山慈善促进大会上正式成立。该基金会将致力于公益广告的设计、制作和发布，资助公益广告学术研究等，同期开通“公益广告人人网”，打造公益广告互动平台，企业可免费发布商业广告，并根据点击量为公益广告基金会提供资助。当公益事业发展到一定阶段，公益领域越来越细分，出现专业分工。原来大多数公益组织都致力于做公益活动的执行，而现在，开始出现了支持性组织，包括筹资、评估、传播等，公益广告就是更加细分的领域，这也体现了我国公益生态链建立的趋势。

180. 中华思源工程扶贫基金会佑华公益基金启动“救急难”公益项目

2014年6月6日，中华思源工程扶贫基金会佑华公益基金在京启动“‘天使益’应急循环助学金”公益项目，以响应2014年5月实施的《社会救助暂行办法》，该办法明确将“救急难”作为社会救助的基本方针。项目以助学金的形式对在校生（含本科、硕士、博士教育入学新生和在读生）在发生紧急疾病风险、灾难风险和经济风险等紧急危难状况时申请，助学金没有利息和任何手续费，但不是无偿发放，学生在毕业工作后需分期还款，使资金进入新一轮救助，以保证项目的可持续性，同时提倡受助人自力更生的生活态度，更加尊重受助人。项目先期资金由中华思源工程扶贫基金会佑华公益基金提供1000万元，在北京大学医学部、复旦大学上海医学院等医学类院校开展试点。

181. 大连市社会组织联合会吸纳除社团外的其他组织会员

2014年6月17日，大连市社会组织联合会成立。其前身为大连市社会团体发展联合会，成立于2004年，成员由全市各类登记的社团组成。更名后的社会组织联合会将不仅包括社团，还将涵盖民办非企业单位、基金会等社会组织会员，吸纳具有较强影响力的大型企业单位会员。此举是为大连出台政府购买社会力量服务实施文件做准备，以便培育能更好承接政府职能转变工作的社会组织。企业是承接政府购买的重要社会力量，并且有承担社会责任的诉求，社会组织联合会吸纳企业，可以帮助企业在承接政府购买的时候更好地履行社会责任。

182. 重庆桃源居社区发展基金会成立

2014年6月24日，由桃源居公益事业发展基金会发起的重庆市桃源居社区发展基金会正式成立。重庆市桃源居社区发展基金会成功复制深圳的桃源居社区建设模式，并加以本土化，升级完善为具有本地特色的重庆桃源居社区治理模式。深圳桃源居社区建成已20余年，通过培育社区公益组织，在完善社区物业服务的基础上，由社区公益服务中心统筹社区的公益服务，在关怀老人、保护妇女、关心儿童等方面为业主提供免费或者优惠的服务，形成了“党委领导、政府管理、企业赞助、居民共建”的“三位一体”和谐社区治理和服务模式。重庆市桃源居社区还将引入社区金融超市、社区银行、社区保险、社区信托、社区证券等一系列金融民生产品。社区治理使居民的问题都能够在社区解决，将社会问题社区化，能够“大事化小”。复制成熟模式具有低成本的优势，并可降低不可预见的风险。

183. 北京呼家楼街道社会建设综合服务中心成立

2014 年 8 月 8 日，北京市首家街道级社会建设综合服务中心在呼家楼街道成立。作为落实社会动员和社区治理各项任务的服务枢纽，综合服务中心集成了呼家楼街道区域化党建指导中心、社会动员中心、社会组织服务基地、社工队伍实训基地、社会建设协调委员会、志愿者协会、呼声剧社等多个组织的多项功能。中心旨在成为提升社会治理能力的智库、发动社会力量参与的引擎、定制社会服务项目的工场、扶持社会组织成长的家园。中心不仅会满足居民的生活需求，解决相关问题，还将制定系统科学的服务项目，提供社区治理创新研究、公益理念普及、公益资源共享、社会工作人才实训、社会服务创投等方面的支持。以往，城市居民在社区生活中碰到很多问题和需求，需社会组织来提供帮助，但却因为与社会力量对接不上而无法满足，如今社区居民的各类社会服务需求将在中心整合后再与社会组织对接，实现各类社会资源与社区居民、社区治理需求之间的“零距离对接”，打通社会组织、社会工作者进入社区为目标居民提供精准服务的“最后 100 米”。

184. 上海成立首家国防教育基金会

2014 年 8 月 13 日，经上海市人民政府批准，上海市国防教育协会等单位发起成立教育性、金融性、公益性社团法人上海市国防教育基金会。基金会将致力于凝聚社会力量搭建一个国防教育社会化服务平台，为全民国防教育事业做一些实实在在的事，带动引领更多的人去关注国防、支持国防。基金会将首先对上海著名抗日遗址国防教育项目进行资助。基金会的成立，为强化全民国防观念、增强军政军民团结、促进国防和军队现代化建设搭起了新的社会平台，具有重要的开创性意义。

185. 青岛成立志愿服务学院，构建志愿服务实践培训基地

2014 年 8 月 15 ~ 16 日，由青岛市文明办主导筹建，青岛职业技术学院承办建设的青岛志愿服务学院开班。第一期主题培训班内容包括志愿服务发展现状、队伍管理、心理调适以及敬老、助残、应急救援等专业技能技巧，来自全市各领域、各行业的 130 余名骨干志愿者参加。今后学院将从“专业、民生、分级”三方面着手，进行志愿者培训。青岛市将以此为契机，启动覆盖全市的志愿者轮训活动，并依托图书馆、博物馆、社区、医院、爱国教育基地等公益机构，建立遍布城乡的志愿服务实践培训基地，构建起市、区、街道和志愿者团队四级志愿服务培训网络。志愿者需要对服务对象进行面对面、手拉手的服务，任何不当操作都有可能产生负面影响，实践培训可加强志愿者的专业性，并积累经验。此前志愿者培训以理论培训居多，如此系统的、长期的、全面的实践培训并不多见。

186. 中国非公立医疗机构协会成立，促进非公立医疗机构的改革、发展和建设

2014 年 8 月 17 日，中国非公立医疗机构协会在北京成立，全国非公立医疗机构终于有了一个全国性的国家一级行业协会组织。我国已建有民营医院 11584 家，但一直缺乏能反映其诉求的全国性行业组织。一些协会中虽设有民营医院分会，但均为二级分会或专业委员会，在决策引导和维权自律方面均受到限制。该协会将做好卫生行政部门和医疗机构之间的桥梁，促进非公立医疗机构的改革、发展和建设。

187. 红会违规出租救灾仓库，呈现内部管理问题

2014 年 8 月 20 日，媒体爆料红会通过两份“阴阳合同”，利用“以捐代租”的擦边球，以每年 90 万元的价格将国家救灾仓库出租给一个名为北京中迅誉华商业管理有限公司的公司，后者再以市场价转租给一些物流公司，从中牟取每年达数百万的利润。红十字会总会常务副会长赵白鸽承认红会违规出租仓库的事实，并回应称是为了挣钱养活自己的员工。对此有媒体评论，据公开统计数据显示，仅红十字总会（不包括地方红十字会），2012 年和 2013 年所获得财政拨款便分别超过 5000 万元和 6000 万元。而 2012 年度，全国各级红十字会共实现财务收入更多达 38 亿元。在这种收入背景下，红十字会仍抱怨“经费不足”，网民认为这显然令人费解。

188. “19 慈善商店”进高端商业中心

2014 年 9 月 4 日，由 19 号公路俱乐部发起，联合仁恒置地等数家企业共同支持的“19 慈善商店”在成都仁恒置地广场开幕。以往慈善商店常出现在街角社区，由于店面小、商品不够吸引人，少见红火甚至鲜有人问津。而“19 慈善商店”从店面装修到所售物品质量都与周边名店相得益彰，开业半小时销售额已达 5 万元。“19 慈善商店”的商品均来自社会捐赠，利用城市中人们生活中闲置的、有再次销售价值的商品进行慈善销售，销售收入扣除税费、成本之后的所有盈利将用于四川省凉山州贫困山区道路修建、学校改造、危房翻修和生活困难儿童的救助。商店将招募义工负责销售，为大学生提供实习机会。“19 慈善商店”将每年选出部分旧衣物，经由知名设计师创造出全新的、赋予激情与生命力的时尚单品，然后进行拍卖。拍卖所得同样通过慈善商店去帮助那些需要帮助的人。在透明方面，“19 慈善商店”通过 19 号公路俱乐部官方网站向社会公开慈善商店的所有账务，包括收入、支出、商品来源、定价方式和购买凭证等，同时展示慈善公益活动的内容。在监督方面，“19 慈善商店”向社会征集监督人员，邀请媒体和专业慈善机构进行监督和审计。

189. 立人乡村图书馆被迫关闭

2014 年 9 月 18 日，立人乡村图书馆理事会发布闭馆声明：立人乡村图书馆停止运营，不再接受社会捐赠。立人团队将用三个月的时间处理善后事宜，到 2014 年 12 月 18 日，立人图书馆所有分馆全部结束运营，理事会自动解散，届时立人图书馆将发布一份完整的善后报告。“立人”全称为“北京市昌平区立人乡村文化发展中心”，成立于 2007 年 9 月，是在北京市昌平区民政局注册的民办非企业。自 2011 年起陆续有立人乡村图书馆被迫关闭，在 9 月 18 日立人乡村图书馆理事会的公开信中提到立人图书馆多年来一直遭受有关当局逼迫，关停分馆，非法扣留图书，威胁甚至遣返员工志愿者。对于闭馆的原因，有关当局一直没有一个正面的说明。对此，立人创始人李英强撰文回应：到目前，立人所有暂停或停止运营的分馆，没有一个分馆是因为运营不善而主动关闭的，全部是被关的；而且没有一间分馆是因为和合作方的合作出现问题，导致不能继续合作，全部是因为“上面的压力”。2014 年，“立人”NGO 执照年检未能通过。

190. 中国妇女发展基金会“母亲水窖”凭借有效的传播与良好的影响力获国际殊荣

2014 年 9 月 26 日，中国妇女发展基金会的“母亲水窖”公益项目凭借显著的社会效益、有效的传播与良好的影响力，荣获 EVCOM 英国国际视觉传播协会“号角・中国”可持续发展事件奖。EVCOM 国际视觉传播协会号角奖是全球传播领域的国际社会责任传播大奖，本届首次面向中国评选。颁奖典礼现场，EVCOM 首席执行官 Marco Forgione（马克・福吉欧尼）在致辞中特别提到中国获奖的作品让世界看到中国在公益与传播领域的成绩与进步。

191. 潘得巴协会获得联合国开发计划署“赤道奖”

2014 年 9 月，潘得巴协会获得联合国开发计划署“赤道奖”，成为 35 个获奖组织之一，是自 2002 年“赤道奖”设立以来第二个获得该奖项的中国组织。“赤道奖”两年一度，旨在发现和推广为人类、大自然及提升社区应变能力服务的创新可持续解决方案，对通过社区活动，在保护生物多样性的同时，实现减贫和可持续发展的杰出团体予以表彰。1994 年美国新一代基金会与西藏自治区林业厅在珠穆朗玛峰国家级自然保护区发起“西藏潘得巴”社区环保项目。项目运行十几年并在当地成熟运作。2008 年美国新一代基金会撤离。脱离“羊奶哺乳”后，当地实施者并没有停止工作，而是申请成立潘得巴协会继续实施项目，并于 2009 年经西藏日喀则地区行政公署民政局批准正式成立。协会致力于通过培养“潘得巴”队伍来推动珠穆朗玛峰国家级自然保护区管护能力的全面提高，旨在提高社区居民的自我发展、自我评估、全面进步的能力。协会以科学发展观为理念，以社区“潘得巴”为保护区前线的绿色种子，力争为珠穆朗玛峰国家级自然保护区的综合发展作出更大的贡献。潘得巴协会的有效工作赢得了广大群众、当地政府和有关业务主管部门的赞成。

192. 广州市成立社会组织联合会，在政府和社会组织之间发挥纽带作用

2014 年 10 月 29 日，由热心支持社会组织工作的社会组织和个人自愿依法组成的广州市社会组织联合会正式成立。联合会作为政府和社会组织之间的桥梁、纽带以及全市社会组织合作发展的公共服务平台，发挥枢纽作用。联合会的主要业务包括社会组织合作交流、人才培养、政策引导、行业规范及理论研究等，同时接受政府部门的委托，承接有关社会组织资格初审、信息档案、等级评估、交流培训、联络服务等公共服务工作。联合会目前有会员 312 名，其中，单位会员 259 名，涵盖了社团、基金会、民办非企业单位代表；个人会员 53 名，涵盖了专家学者代表及社会知名人士代表，会长由中山大学社会学与人类学院教授蔡禾担任。

193. “希望工程”实施 25 周年

2014 年 10 月 30 日，是中国青少年发展基金会发起实施希望工程 25 周年。1989 年 10 月 30 日，中国青少年发展基金会召开“救助贫困地区失学少年”新闻发布会。宣布建立我国第一个“救助贫困地区失学少年基金”，长期实施“希望工程”。截至 2013 年底，全国希望工程累计募集捐款 97.57 亿元人民币，资助农村家庭经济困难学生（包括小学、中学、大学生）逾 490 万名，建设希望小学 18335 所，建设希望工程图书室 20604 个，配备希望工程快乐体育园地 5959 套，配备希望工程快乐音乐教室 924 个，配备快乐美术教室 320 个，配备希望工程电脑教室 926 个，配备希望工程快乐电影放映设备 565 套，建设希望厨房 2850 个，培训农村小学教师近 8 万名，建设希望社区 5 个，建设希望医院 22 所，建设希望卫生室 507 个。

2014 年 11 月 25 日，中国青少年发展基金会在北京举行“希望工程 25 年暨公益新项目发布”活动。会上对希望工程 25 年来作出较大贡献的个人、企业和项目进行表彰，179 家捐赠企业和 23 个捐赠个人代表获得了“希望工程 25 年杰出贡献奖”。并发布了“希望小学微校计划”、“希望工程同 e 堂课”、“希望工程快乐阅读”、“希望工程快乐足球”、“希望工程玩具总动员”和“小平基金”等六个新公益项目。这些新公益产品在帮助农村学校改善办学条件的同时，更加关注农村薄弱学校教学质量的提高，更加关注农村孩子的学习能力、身心健康和心理、益智需求。希望工程是中国人的慈善启蒙，是老百姓口中慈善事业的代名词。作为中国最具影响力的社会公益事业，希望工程 25 年积累的品牌资产是中国民间公益事业发展的象征。25 年的品牌资产是希望工程得天独厚的优势，而今的公益事业百家争鸣，已不是一家独大，如何利用好品牌优势、保护好品牌优势，是希望工程未来发展的课题。

194. 金华施乐会“置顶费”风波

2014 年 11 月 6 日，成都商报推出深度报道《慈善网站施乐会身陷“置顶费”漩涡》，新华网、人民网、央广等数十家媒体转载报道。报道称施乐会长期、多次通过第三方公司“46 网络营销中心”向求助者收取高额的网页置顶费，以便将其求助主题置顶并进行网络推广，交费越多，排位越靠前。11 月 7 日，金华市慈善总会要求其立即停止收取“置顶费”。11 月 10 日，金华市慈善总会称，审计部门已进驻施乐会。11 月 12 日，施乐会网站发出了一份《施乐会运行情况说明》，承认并公布了置顶费项目收入。该说明显示，2014 年 1 月到 11 月 1 日，置顶推广项目收入 5875266.98 元，其他专项运营经费收入 541189 元。金华市慈善总会副秘书长华文贵说，对施乐会这类公益慈善组织的管理，目前还没有明确的办法。2012 年，施乐会曾因给社工“最高 15%”的筹款报酬而备受质疑。

195. 上海一公斤公益发展中心财务自曝财务管理混乱问题

2014 年 11 月 18 日，《新闻晨报》报道“公益组织‘一公斤’财务自曝账目有问题”。“上海一公斤”财务王馨年爆出“上海一公斤”存在账目混乱、募捐不入账、票据丢失严重、乱拿发票顶账、支付宝账号脱账达一年多等财务问题。2011 年 5 月，李董翔等人发起成立公益组织“上海一公斤”，2012 年 3 月 5 日，经上海市民政局批准，这一公益组织正式注册为

"上海一公斤公益发展中心"，法人代表为李董翔父亲李和平。"一公斤"成立后，很快得到了社会的认可，经过3年多的发展，规模和影响力日增。而"上海一公斤"的大多数工作人员都是兼职志愿者，两个主要负责人李董翔和王磊，平时都有自己的本职工作，主要负责组织策划具体的项目和活动，疏于对组织的内部管理。对此，"上海一公斤"总负责人李董翔回应称管理是有问题，但没乱花一分钱，已请第三方介入"一公斤"账目审查。

196. "春蕾计划"实施25周年

2014年12月23日，全国妇联、中国儿童少年基金会在人民大会堂召开纪念"春蕾计划"实施25周年大会，表彰为"春蕾计划"作出突出贡献的单位和个人，并发布由中国人民大学非营利研究所与公域合力管理咨询联合执行的第三方独立评估报告——《"春蕾计划"25年社会效益评估报告》。1989年，中国儿童少年基金会在全国妇联的领导下发起并组织实施"春蕾计划"，以辅助国家发展儿童少年教育福利事业的宗旨，资助贫困地区的失辍学女童继续学业，改善贫困地区的办学条件，促进贫困地区教育事业的发展。报告显示，25年间由中国儿基会和全国各级妇联/妇儿会筹集的"春蕾计划"资金总额超过14.58亿元，资助女童超过251.7万人次，兴建春蕾学校超过1154所。"春蕾计划"的实施推动了项目实施地区的女童教育发展，在帮助女童重返校园、维护女童受教育权上取得了巨大成就，在很大程度上改变了社会上"重男轻女"的思想观念，改变了贫困落后地区的一些传统陋习，提高了妇女的自身素质和社会地位。未来"春蕾计划"需紧盯社会需求，不断调整自身定位，不断凝练自身宗旨和战略，顺应时代要求，抓住一切机会拓展和升级。

研究与出版

197. 中国公益研究院与亚洲基金会发布《中国公益行业2012年度发展概览》

2013年12月，北京师范大学中国公益研究院与亚洲基金会发布《中国公益行业2012年度发展概览》，从法律法规建设、公信力建设、社会创新、组织能力建设和外部支持机构五部分解析2012年中国公益事业的发展。报告显示，我国地方慈善立法已实现全面破局，社会组织的直接登记也将在全国范围内铺开。公益组织的信息公开标准逐步明晰，边界渐趋明朗，公益组织运用网络推动信息公开的尝试也将有所增加。社会企业的数量将出现快速增长，国际力量将进一步参与到中国社会创新事业的推动中。战略式的公益人才培养体系在国内逐步建立，将有效填补公益组织中各种业已存在的空缺。而外围支持机构与政府、企业、高校的跨界合作，将给公益行业发展提供强有力的支撑。

198. 《全球百万美元捐赠者报告》使公益组织更加了解大额捐赠

2013 年 12 月 17 日，美国印第安纳大学礼来慈善学院组织撰写的《全球百万美元捐赠者报告》发布。报告显示 2012 年中国内地百万美元及以上捐赠者（包括企业、个人、非营利组织等）共 172 位，捐赠价值共约 11.8 亿美元，其中来自中国企业及企业基金会的大额捐赠超 5 成。就大额捐赠而言，维护与大额捐赠者的关系对影响其持续捐赠尤为重要，报告不仅关注捐赠数据，还对大额捐赠者的捐赠动机、关心的领域和群体、秉持的信念和行善方式进行研究，帮助公益组织更了解大额捐赠者，有助于捐赠者关系的建立和维护。

199. 《中国社会组织评估发展报告 2013》蓝皮书发布

2014 年 1 月 3 日，国家民间组织管理局与上海交通大学共建社会组织与社会建设研究基地授牌仪式暨《中国社会组织评估发展报告 2013》蓝皮书发布会在北京举行。《中国社会组织评估发展报告 2013》回顾了 2007 ~ 2011 年的社会组织评估情况，依据 2012 年最新年度社会组织评估数据，分析社会组织评估的特点与趋势，并选择相关社会组织评估个案总结其优势。报告指出了 2012 年的发展状况。包括：八类全国性社会组织评估指标初步制定完成，实现了评估指标的科学性和程序的规范化；我国社会组织评估覆盖面越来越宽；评估结果为公众所用是方向；逐步探索第三方评估；全国性行业协会商会评估进展良好，发展趋势不错；全国性公益类社团、职业类社团、联合类社团评估在探索中推进；全国性学术类社团评估进展迅速，其专业特色突出；民政部登记的基金会基本实现评估全覆盖，评估为基金会发展起到了良好的示范效应等。报告指出通过社会组织评估，在完善社会组织培育发展和监督管理职能、改进监督方式、提高社会组织规范化程度、推进社会组织信息平台建设、优化社会组织生态环境方面发挥了积极作用。同时，在社会组织评估活动中，有必要坚持“政府指导、社会参与、独立运作”的工作机制，通过完善社会组织评估制度，达到以评估促改革、以评估促管理、以评估促建设、以评估促发展的目的，激发社会组织活力，发挥社会组织积极作用。

200. 环保部发布中国首份《全国生态文明意识调查研究报告》

2014 年 2 月 20 日，环保部公布我国首份《全国生态文明意识调查研究报告》，报告显示公众对生态文明“认同度高、知晓度低、践行度不够”。（企业）公民认同环保重要，但是知易行难，在实际中很难真正约束自身行为，其中原因包括环保代价与公民自身的直接利益关联度低，构建责任感和道德感是解决这个问题的根本。

201. 《2010—2013 年人民法院维护消费者权益状况》白皮书发布

2014 年 3 月 12 日，最高人民法院首次发布《2010—2013 年人民法院维护消费者权益状况》白皮书，对人民法院 4 年来依法审理各类涉及消费者权益纠纷案件的情况进行了系统总结，并肯定了公益诉讼在消费者权益保护中的重要性。最高法院表示将通过制定司法解释或其他规范性文件的方式，就消费者维权的公益诉讼问题进行规定。

202. 2013 年《行政改革蓝皮书》凸显网络“微公益”的蓬勃与困境

2014 年 3 月 22 日，中国行政体制改革研究会及社会科学文献出版社共同发布 2013 年《行政改革蓝皮书》。蓝皮书指出自 2011 年来以微博为平台的“微公益”事业异军突起，公益性社会组织与微公益的相互交融、合作共赢，是近期公益性社会组织发展的一个显著特征。但现实中的法律困境和“专业化”瓶颈成为制约其发展的难题。首先，微公益处在公益事业相关法律法规的调控之外，出现诈骗等违法犯罪行为时，存在诉讼主体不清的问题。其次，微公益往往强调其低成本运作，而低成本就意味着很难维持一个高素质、专业化的人才队伍。

203. 《专项基金透明现状、挑战与出路》指出专项基金透明度有待提高

2014 年 4 月下旬，中国公益研究院发布《专项基金透明现状、挑战与出路》，报告监测了 16 家全国公募基金会的 244 个专项基金，结果显示仅 33% 的专项基金公开了捐赠收支情况。尽管公益专项基金没有独立法人资格，但民政部规定基金会应将其专项基金纳入统一管理。多年来公益专项基金的权利与义务一直没有明确的官方界定，其透明度问题备受关注。

204. 《中国第三部门观察报告（2014）》发布

2014 年 4 月 26 日，《中国第三部门观察报告（2014）》发布会暨中国第三部门观察论坛（2014）在北京举行。总报告聚焦第三部门“行政化与去行政化”核心议题，从理论和实践的角度解读和厘清当前公益领域的“行政化”与“去行政化”，指出中国公益领域喜忧参半，30 年来“行政化”与“去行政化”并肩而行，上演着令人目眩的“双重变奏”。

205. 广州众一行发布《政府信息公开条例执行情况民间观察报告》

2014 年 5 月 1 日，适逢《中华人民共和国政府信息公开条例》正式实施六周年，公益组织广州众一行发布了《政府信息公开条例执行情况民间观察报告》，指出《条例》实施 6 年来，行政部门对其保密权的捍卫仍然清晰可见，现实中还存在着许多妨碍公众知情权实现的障碍。广州众一行还将此报告邮寄至国务院法制办，期望可以通过制度完善，保障公民的知情权和监督权。

206.《慈善蓝皮书：中国慈善发展报告（2014）》发布

2014 年 5 月 16 日，中国灵山公益慈善促进会、中国社会科学院社会政策研究中心、社会科学文献出版社共同发布《慈善蓝皮书：中国慈善发展报告（2014）》。报告指出，通过推动民间公益组织发展壮大，有可能形成从外部推动官办慈善组织“去行政化”的倒逼体制。官办慈善组织的“去行政化”一直是社会的呼声，近年来尤甚。但因官办组织获取社会资源的能力有限，贸然对其进行“去行政化”改革恐将引发大批官办组织集中关门的危机，“去行政化”还需循序渐进的良方。可喜的是，2013 年政府已透露出许多鼓励民间公益组织在社会市场中成长的信号，比如在社会组织注册登记制度上、在增加政府购买社会组织服务的力度上，“去行政化”的倒逼体制正在形成。

207. 民政部发布《2013 年社会服务发展统计公报》

2014 年 6 月 17 日，民政部印发《2013 年社会服务发展统计公报》。《公报》显示：（1）2013 年我国各地共接收社会捐赠款物 566.4 亿元，其中，民政部门直接接收捐款 107.6 亿元，社会组织接收捐款 458.8 亿元。（2）2013 年全国共有社会组织 54.7 万个，比上年增长 9.6%。其中，社会团体 28.9 万个，比上年增长 6.6%；基金会 3549 个，比上年增长 17.2%；民办非企业单位 25.5 万个，比上年增长 13.1%。（3）全国共建立经常性社会捐助工作站、点和慈善超市 3.1 万个，其中慈善超市 9492 个。（4）全年有 1246.0 万人次困难群众受益。（5）全年有 1368.8 万人次在社会服务领域提供了 3579.7 万小时的志愿服务。（6）全年筹集福彩公益金 510.7 亿元，比上年增长 13.6%。全年民政系统共支出彩票公益金 195.5 亿元，比上年增加36.5亿元。

208. 广东首部社会工作蓝皮书《广东社会工作发展报告（2014）》发布

2014年6月27日，广东发布首本社会工作发展报告，这是广东发布的第一本社会工作蓝皮书。报告显示，推动社会工作建设的三个理论及政策基础包括：创新社会治理体制——培育和发展社会组织，转变政府职能——政府购买服务，以及社会工作人才队伍建设——社工人才培养及创建社工岗位。这三个方面集中的表现指标分别为：社会组织数量，政府购买服务资金总量，获全国社会工作者职业水平认证人数。此三项指标，广东均在全国排名第一。报告显示，截至2013年底，广东省社会工作组织达到约500家（占全国社工机构总数3成以上），当年全省政府购买社会工作服务资金（包括政府财政及福彩公益金等）达到11.1109亿元（占全国购买社工服务资金总额5成以上），全省获得国家社会工作职业水平考试人数达到2.4万人。

209. 中国青年工作蓝皮书关注城市青年社会组织运行状况

2014年7月中旬，“中国青年工作蓝皮书（2013~2014年）”《青年与青年社会组织——中国青年社会组织发展状况研究报告》出版。报告指出，我国城市青年社会组织呈现发展迅速但地域分布不平衡、数量多但不注册、有活力但缺乏稳定性等特点。相对于体制内组织，青年社会组织富有极强的时代特征，其运行依托网络、根植于社会基层，活动充满创意，对青年有强大的吸引力，可以成为社会的稳定器。

210. 民政部发布《2013年度全国性社会组织薪酬调查报告》

2014年8月6日，民政部发布《2013年度全国性社会组织薪酬调查报告》，报告由民政部民间组织服务中心联合中国人事科学研究院，历时一年完成。报告通过对行业协会商会类、公益慈善类、科技类社会组织专职工作人员工资、福利情况进行采样，客观阐述了社会组织薪酬的现实状况、存在问题以及与其他行业相比较的结果，剖析了社会组织薪酬制度不合理的内在因素和外部制约，并提出了在现实条件下制定合理薪酬方案的建议。

211. 《2014中国公益慈善行业高端人才就业市场及薪资指南》出炉

2014年9月18日，Lloyd Morgan通过其微信公共账号以及基金会中心网同步发布《2014中国公益慈善行业高端人才就业市场及薪资指南》，报告认为公益行业没有形成成熟完善的专业人才培养体系，不像其他行业可以培养出本科、研究生、博士生这样的专业人才，与秘书长及更高职位以及志愿者和基层工作人员相比，中高端人才出现断层。2014 年 9 月 20 日，南都公益基金会、壹基金、阿拉善 SEE 等 8 家机构联合零点研究咨询集团在第三届慈展会上发布《2014 中国公益行业人才发展现状调查》，数据显示，20% 的人因薪酬水平低离开，只有 31.6% 的公益组织从业者对薪水满意（非常满意的仅占 4.2%），从业者的平均薪酬水平与理想薪酬间的差距近 2500 元。中高端人才缺失和人才流失是当前公益人才发展的两大瓶颈，行业人才养成体系不完善和从业者薪酬满意度低是造成上述问题的主因。

212.《2013 年度中国慈善捐助报告》发布，高校基金会透明度堪忧

2014 年 9 月 20 日，中民慈善捐助信息中心在第三届慈展会上发布《2013 年度中国慈善捐助报告》，报告显示到 2013 年底，内地拥有 400 多家高校基金会，净资产规模接近 160 亿元，其中清华、北大、浙大位居三甲。可是，在全国 4000 余家基金会中，除了浙大以 103.6 分的透明指数（FTI）位列第 6 外，清华、北大的透明度排行分别为第 32 位和第 116 位，与其超强的吸金能力显然不太匹配。

213.《中国基金会透明度发展研究报告（2014）》发布

2014 年 9 月 20 日，基金会中心网和清华大学廉政与治理研究中心在深圳第三届中国公益慈善项目交流展示会上联合发布《中国基金会透明度发展研究报告（2014）》，披露“政府补助分配不均，99% 资源流向非民间背景基金会”，在政府补助收入占比 TOP10 基金会中，有 5 家基金会未公开任何善款流向信息，其中有 3 家为公募基金会。按照相关的法律法规规定，基金会应向公众披露善款的使用情况、项目开展情况等信息。政府花的是公共支出，应选择更加透明规范的基金会作为政府服务的承接方。同时也应督促基金会更加详细地披露善款使用情况，以及应履行的责任。

214.《社会心态蓝皮书：中国社会心态研究报告（2014）》发布

2014 年 10 月 8 日，中国社会科学院社会学研究所社会心理研究中心与北京美兰德信息公司联合发布《社会心态蓝皮书：中国社会心态研究报告（2014）》。蓝皮书对全国六省 120 个县市的 4669 人进行慈善调查，调查结果显示不同收入群体之间的慈善意愿存在差异。收入在 1 万元及以下人群愿意捐款金额百分比和投入的志愿时间百分比最高，分别为 7.6% 和 13.3%，收入在 5 万 ~7 万元的人群愿意捐款金额百分比和投入的志愿时间百分比最低，分别为 5.3% 和 9.7%。

215. 中民慈善捐助信息中心发布《公众参与妇女发展项目研究报告》

2014 年 10 月 24 日，中民慈善捐助信息中心在妇女公益与全民参与研讨会上发布《公众参与妇女发展项目研究报告》。报告简述了目前我国女性公益慈善组织的构成特点和妇女发展项目的现状，分析了公众参与妇女发展项目的意愿、需求和趋势。公众参与将更多依赖互联网等新媒体，志愿服务也将成为优选方式。关于如何调动公众参与的积极性，报告建议妇女发展项目应着重创新来吸引更多的企业资源和智力支持，还可多开展针对女性群体的感性推广，并综合利用媒体来提升项目品牌。

216. 《中国社会组织评估发展报告（2014）》发布

2014 年 12 月 12 日，由上海交通大学国际与公共事务学院与民政部民间组织管理局等共同编制的《中国社会组织评估发展报告（2014）》蓝皮书发布。报告指出，2013 年，参评全国性社会组织数量达历史最高点，全国性社会组织评估过程及结果标准化水平稳步提高，社会组织管理体制为全国性社会组织评估“基础条件”指标创造良好的规制环境，财务资产管理成为全国性社会组织内部治理的改革重点，全国性社会组织评估中社会评价程度较高，第三方评价机制逐渐完善，省级社会组织评估取得良好效果，全国性行业协会商会评估整体实力较强。同时，也需要完善社会组织的结构，提升社会组织的能力，特别是在全国性学术类、公益类、联合类社会团体的内部治理和工作绩效方面，基金会之间规范化水平差距仍明显，东部地区省级社会组织评估数量多，中部和西部社会组织评估数量少。

217. 《广爱基金重疾防治白皮书》发布，重疾患者可按图索骥寻求救助

2014 年 12 月 18 日，广州日报社、广州市慈善会、时代地产公益基金会联合推出《广爱基金重疾防治白皮书》，总结梳理已有的医保政策及医疗求助制度，并搜集汇总目前已知的重疾求助渠道及资源。近年来，国家医保的覆盖面和保障度不断提高但仍有不足，公益组织和爱心企业为此不断推出大病求助项目，但因信息分散与不对称，加之患者求助手段相对单一，导致大病救助的效果并未达到最优。该白皮书通过整合信息资源，为重疾患者绘制一本“救命地图”。

218. 中国社会科学院发布《中国民间组织报告（2014）》

2014 年 12 月 25 日，中国社会科学院发布《中国民间组织报告（2014）》。报告显示，中国民间组织总体上仍处于发展的初级阶段，在发展基础、内部结构、运作方式、筹款和招募人才等方面仍存在困境与挑战。

一是，民间组织存在结构缺陷，社会服务组织少，专业性组织少。二是，草根组织筹款困难，原因包括民间组织没有公募资质，缺少专业筹款人才官办组织垄断募捐，流向草根组织的捐款极为有限；资助型基金会太少；公众不认可公益有成本，希望每分钱都直接用在服务对象上。三是，民间组织的违法违规现象亟待加强监管，大肆敛财或未经登记，擅自以社会组织名义活动以及对分支机构和代表机构疏于管理，造成严重后果。四是，民间组织管理能力与营销能力存在不足，如机构自身管理能力不足，项目管理能力不足，缺少市场理念，专业人才匮乏和工作人员待遇差并存等。

公民行动

219. “中国就业性别歧视第一案”和解，就业遭遇性别歧视可起诉

2013 年 12 月 18 日，被称为“中国就业性别歧视第一案”的山西籍女大学生诉北京巨人环球教育科技有限公司招聘“仅限男性”属就业歧视议案当庭和解，巨人公司表示赠送原告 3 万元关爱女性平等就业专项资金，并邀请其到公司就业。女性就业遭歧视已是社会普遍现象，必要时可用法律武器捍卫自己的权益和尊严，此案成为女性遭受就业歧视利用法律维护自身权利的榜样。

220. 首例因雾霾“民告官”为呼吸权发声

2014 年 2 月 20 日，石家庄普通市民李贵欣起诉石家庄市环保局要求其依法履行治理大气污染职责并赔偿其损失 10000 元，成为民众的维权表率。治理空气污染属于环保局的法定职责，治霾不力导致公民人身权益受侵害，公民有权向其索赔。此案表面看起来李贵欣是为自己取得赔偿，但空气污染侵害的不仅是李贵欣一人，而是环境中每个个体的权益，因而要求环保局有效履责实际也是在捍卫社会公众的利益。然而，该案在省高院、市中院都未能得到受理。2013 年 9 月国务院印发的《大气污染防治行动计划》要求“建立健全环境公益诉讼制度”，此案件即使不予立案，其在媒体和社会上掀起的舆论热度也会对政府产生压力，一定程度上推动环境公益诉讼制度建设。

221. 义乌民间紧急救援协会成立，提高民间救援专业性

2014 年 4 月 26 日，义乌百名企业主、社会精英成立民间紧急救援协会，配备精良的救援设备和一支由退伍军人、义务消防员等组成的救援队伍，提高民间救援的专业性。以往民间参与救灾呈一盘散沙之态，易热情高涨、一拥而上。较为常见的现象是：或因缺乏救灾途径，致使救援人员不知如何参与；或因信息不对称，使得有些灾难发生地缺乏救援而有些则出现救援拥堵；或因专业性不足，致使个别救援人员反成被救对象或误伤救助对象。

222. 民间抗霾行动掀起舆论高潮

2014 年 2 月 25 日和 3 月 5 日两封来自民间的《呼吁政府给公众发放雾霾补贴公开信》和《呼吁设立雾霾伤害险的公开信》掀起网络抗霾舆论高潮，呼吁政府尽快出台雾霾补贴的提案也成为 2014 年两会热议话题。世界卫生组织研究显示，2012 年全球每 8 名死者中就有 1 名死于空气污染。雾霾是当前中国对民众身心影响最严重的空气污染，民间的抗霾行动也愈演愈烈。

223. 杭州市民万人签名抗议垃圾焚烧项目

2014 年 3 月 29 日，杭州市规划局网站上公示出《杭州市环境卫生专业规划修编（2008 - 2020 年）修改完善稿》提到余杭区九峰周边规划新建一个垃圾焚烧厂项目。这个正处于选址论证阶段的项目引起大量市民的关注甚至抵制。自 4 月起，市民们开始进行抵制垃圾焚烧厂的集体签名，参加签名的市民现将近有 3 万余人。市民的主要诉求是因为垃圾焚烧厂的选址布局不合理，而且垃圾焚烧不分类，希望政府能听取民意，体恤民情，能够开设听证会，停建垃圾焚烧厂项目。4 月 24 日，几十位市民代表去杭州市规划局提交万人签名并询问此项目的相关问题，要求权威专家和市民听证，但一直未得到政府有关部门的书面答复。5 月 8 日杭州市召开垃圾处置专家媒体沟通会，专家们一致表示只要垃圾焚烧厂的建设标准足够先进，政府能够严格监管，企业能够自律经营，那就可以接受。市民们集结游行、示威、抗议一直到 5 月 9 日都没有停止。5 月 10 日上午，因反对垃圾焚烧项目选址，杭州市余杭区中泰及附近地区人员发生规模性聚集，封堵 02 省道和杭徽高速公路，一度造成交通中断，一些不法分子甚至趁机打砸，损坏车辆，围攻殴打执法民警和无辜群众。

224. 1843 名中国消费者联署公开信问责麦当劳，关注消费者人身安全

2014 年 5 月 28 日晚九点，在山东省招远市麦当劳餐厅，一名女子因拒绝提供手机号，被一名男子率 6 人群殴致死。现场视频显示受害女子持续近 4 分钟挣扎尖叫而无人救助，在全国引起一片哗然。一场针对妇女的暴力事件向麦当劳问责的联署行动由此展开。2014 年 6 月 4 日上午，一封由 1843 名中国消费者联署的公开信分别寄往麦当劳美国总部及中国总部，追问麦当劳有无对员工进行应对暴力事件培训、有无相关安全预案和责任措施。相关专家表示根据《消费者权益保护法》第十八条，经营场所的经营者，应当对消费者尽到安全保障义务。这里的安全保障义务包括通过建立有效的安保措施（如配备合格的保安人员）认真积极地履行保护义务，防御并制止来自第三方对消费者的侵害。可见麦当劳必须为此次恶性事件负责。

225. 网曝北京市轨道交通东四环线工程环评公示忽视公众参与权

2014 年 7 月 17 日，网曝造价高达 229.5 亿的北京市轨道交通东四环线工程即将开工，而沿线居民仍在为自己的公众参与权据理力争。据悉，该项目上马前并未充分征求公众意见，仅有的两次环评公示，也只是在环科院网站，而没有通过任何便于公众知悉的方式发布。《环境影响评价公众参与暂行办法》规定，向公众公开有关环境影响评价的信息应采用便于公众知悉的方式，如在建设项目所在地的公共媒体上发布公告；公开免费发放包含有关公告信息的印刷品等。

226. 舆论追究海南民政厅“霉面包”一事，海南省民政厅即刻回应并道歉

2014 年 7 月 21 日，正值超强台风“威马逊”灾后救援，多家新闻媒体爆出“海南民政厅向台风灾区群众发放霉变面包”一事，一时间舆论哗然。到 7 月 22 日下午 15 时 30 分，通过相关软件搜索，仅在百度新闻一个平台，就有 3940 篇新闻结果，其中新华网、中华网、中国青年网、凤凰网、网易新闻、搜狐视频、新华网海南频道、21 世纪网等多家媒体网站报道和转载了此事。相同条件下，新浪微博中共有 54337 条结果，其中@央视新闻、@人民日报、@中国新闻网、@新浪评论、@新华视点、@新京报、@每日经济新闻、@环球时报、@新闻晨报、@凤凰视频、@新浪海南、@直播海南、@海南日报等热门媒体微博关注和转发了此事。新浪微博上关于#灾区现霉变面包#的话题讨论数达 4634 人次，阅读量高达 83.3 万人次。500 名核心网络大 V 中，58 人关注和转发了此事，通过他们的关注和转发，此事的舆情影响力不断上升。海南省民政厅对此事立刻作出回应，向受众道歉并表示严肃追究相关责任人责任。舆论的“七嘴八舌”不断追问逼近真相，充分发掘出社会上存在的或明或暗的问题，最终实现其监督的功能，弥补制度漏洞，维护公平正义。

227. “寻找失联女孩”公民网络行动彰显自媒体上的公民力量

2014 年 8 月 9 日，20 岁的高渝在重庆铜梁区阴差阳错搭上了陌生人轿车，随后和家里失去联系，下落不明。这则有关 20 岁女大学生失联的消息在网络上扩散，跟帖、评论、转发等各种形式的参与形成了一场“寻找失联女孩”的公民网络行动。有评论者认为“寻找失联女孩”成公民行动有多重价值：一是，公民社会之中，没有任何人的安全与生命是卑微的，即便当事人还是一位未进入社会的女大学生，每一位公民也都有义务去帮助其家人进行寻找；二是，这是一个自媒体时代，更需要大家的共同努力，媒体将此信息推至重要位置，也是社会责任的体现；三是，该女大学生已经失联 8 天，动用媒体和社会的力量求助，已是其家人最后的希望；四是，网络社会中，转发和评论就是社会力量，而且这样的力量不容小觑和低估，这样的力量，有时不是公共权力和办案机关所具备的。而公民社会的建立与成熟，离不开每一个人的参与和付出。

228. 11 城女大学生发“贺电”激励司法机关有所作为

2014 年 8 月 12 日，遭遇就业性别歧视的浙江女大学生黄蓉向法院提交的诉状被准予立案，从提交诉状到立案前后时间不到一个月，立案速度较此前相似案件提升约 12 倍。20 日，来自北京、杭州、广州、济南、昆明等 11 个不同城市的女大学生分别向最高人民法院、全国妇联、西湖区人民法院寄去“贺电”，以表示对此案件立案速度的赞许。女大学生遭遇就业性别歧视的现象十分普遍，很多女生对此浑然不觉，或者即便对此不满也没想过拿起法律的武器捍卫自己的权益。此次活动有助于唤醒女性权利意识，并在批评、建议之外另辟蹊径以“正面手段”激励法院。

229. 广州大学城环卫工人静坐罢工，理性维权

2014 年 8 月 21 日，广州大学城 200 多名环卫工因不满安置问题而集体罢工、静坐抗议，要求解决问题。工友们不卑不亢地利用平和理性智慧的方式维权，邀请律师协助，在开学日进行第一次罢工获得学生声援，并在学生帮助下开设微博发布诉求，获得了广泛的社会关注，区总工会也积极介入。当日，广州大学城、华东师范大学《师大青年》等多家校园刊物发表微博呼吁社会关注。警察到达现场先是没收环卫工横幅，后威胁环卫工欲将环卫工及为环卫工说话的大学生带到警察局。广东电视台《DV 现场》记者前来采访，警察迅速退离到现场外围。《羊城晚报》以“大学城物管更替200环卫工忧去向”为题对该事件始末进行报道，光明网、新民网等多家媒体转载。8月23日，环卫工召开第一次工人大会和工人代表议会。8月24日，@大学城环卫工维权 微博账号注册成立。8月25日，环卫工举行第二次工人代表会议，大学生发起签名和众筹支持活动。8月26日，全体环卫工人正式停工维权，获学者和大学生联名支持。8月27日，番禺区总工会和省总工会对该事件表示支持。8月28日，环卫工与警察冲突升级，1名女工被打，吴魁明律师被带走。8月29日，受该事件影响，广州市国家档案馆保洁工人集体辞工，广电物业被指霸道违法用工。8月29日至9月1日，环卫工继续静坐维权获多方支持。9月2日至9月9日，经过五轮集体谈判，环卫工与广电物业正式签订集体谈判协议书。9月10日，隧成公司毁约，环卫工人奋起抗争终于全部留在大学城工作。9月12日，罢工环卫工人正式复工。

230. 71名律师联合就市场上转基因食用油标识不清问题提起诉讼，维护公众知情权

2014年9月，针对市场上转基因食用油普遍存在标识不清的问题，云南律师许思龙联合包括71名律师在内的87人在全国各地发起维权法律行动，向全国多个法院提起诉讼，要求确认商家存在涉嫌侵犯消费者知情权。目前已有9件立案，涉及品牌包括金龙鱼、福临门、香满园等。近年来，关于转基因食品的安全问题一直处于争论不决的状态，各类社会行动呼吁政府尽快建立健全严格规范的食品安全和行业法律法规，保障民众知情权。

231. 河南民间保路运动僵持不下，民间利益应发何代言?

2014年9月，河南新野、邓州两地民间保路运动大爆发，两地民间分别要求郑万高速铁路襄阳到南阳段在自己家乡设站，运动催生了新野保路联盟和邓州同乡会两家非正式民间组织，它们就郑万高铁的河南段站点究竟设在邓州还是在新野的问题僵持不下。民间组织进行利益代言时既要考虑所代表的利益，也要将相关可能发生的利益摩擦或冲突降到最低，发挥利益表达、利益整合和利益协商的作用。

232. 环保公益诉讼胜诉增多

2014年9月10日，泰州市环保联合会起诉江苏常隆农化有限公司等6家化工企业污染环境，经泰州市中级人民法院审理，判决6家企业赔偿环境修复费用1.6亿余元，用于泰兴地区的环境修复。案件过程为江苏省泰兴市6家化工企业将废酸委托给没有危废处理资质的皮包公司，后者用改装过的船舶偷偷倒入当地河流之中。在庭审中，泰州市环保联合会称，江苏常隆农化有限公司、泰兴锦汇化工有限公司、江苏施美康药业股份有限公司、泰兴市申龙化工有限公司、泰兴市富安化工有限公司、泰兴市臻庆化工有限公司非法处置危险废物，导致河流受到严重污染，损害了生态环境的安全，危害了公众身体健康和正常的生产生活需要，应当承担环境污染损害的赔偿责任，请求法院判定这6家企业共计赔偿1.65亿余元。“立案难、取证难、鉴定难、胜诉难”曾铺就了一条环境公益诉讼的荆棘之路，本次民间组织作为环境公益诉讼主体的胜诉，给环保民间组织以信心，给污染者以警示。

2014年9月17日，贵阳公众环境教育中心（以下简称中心）起诉百隆、红枫、吉利三家陶瓷企业排污案，在清镇市生态保护法庭开庭。三家被告企业全部承认排污事实和存在的问题，表示立即整改。这是2014年7月1日《贵州省生态文明建设促进条例》实施后，由本土民间环保NGO提起的首例环境公益诉讼，且旗开得胜。贵阳公众环境教育中心由我国著名探险家、贵阳日报传媒集团记者黄成德创建，是贵阳市首家经民政部门登记注册的民间环保组织，成立于2010年3月。去年底，清镇市政府以购买社会服务的方式，邀请贵阳公众环境教育中心进行环保监督，这是我国首例政府委托第三方监督企业环境责任协议。

233. 北京市发改委就调整公交地铁票价召开听证会

2014年10月28日，北京公交地铁调价听证会举行，由10位普通消费者、4位人大代表、4位市政协委员、2位专家学者、2位公交系统从业人员、3位政府官员组成的25位听证代表，以及10位旁听公民全程参与。从7月3日起，北京市发展改革委联合市交通委通过官方网站就公交和地铁票价调整向社会公开征集意见，持续至7月20日。大多数公众不愿接受涨价的事实，听证会只公布两套听证方案，均为涨价方案。“听取公众意见”是有限定性的，并不是完全由公众做主。

234. 四川8岁艾滋男童遭村民联名驱离，艾滋恐慌难消除

2014年12月17日，人民网报道四川省西充县某村203位村民签署联名信驱离8岁艾滋男童坤坤。联名信内容如下：“坤坤，经南充市人民医院和县防疫站化验，因母婴传播患有艾滋病，对当地群众及儿童造成恐惧感，通过召开群众会，大家一致要求有关部门对坤坤进行隔离防治，离开这个村庄，保障全村群众及儿童的健康。”坤坤没有父母，一直由身体欠佳的爷爷奶奶抚养，村民们表示写联名信“绝无驱逐之意，只是希望小孩得到更好的治疗和教育”。无知和恐惧会给艾滋病病毒感染者带来更多灾难性的后果，为艾滋病防治造成阻碍。2014 年 12 月 19 日，联合国就此事件发表声明，指出歧视艾滋病病毒感染者违反了其最基本人权，没有理由从正常的生活中排斥艾滋病病毒感染者，并号召通过促进正确认识艾滋病、高质量并保密的艾滋病病毒咨询检测、治疗以及家庭和社区的支持，以终止对艾滋病病毒感染者的羞辱和歧视。目前已有 7 家公益慈善组织与当地政府接触，表达想帮助坤坤的意愿，也有爱心人心表示愿意收养坤坤。

235. 天下公对《食品安全法修订草案》立法建议被部分采纳

2014 年 12 月 29 日，全国人大常委会就《食品安全法修订草案》（第二次审议稿）再次向社会公开征求意见，公益机构南京天下公在该法案第一次向社会公开征求意见时提出的 5 条建议中有 3 条在二审稿中被全部或部分采纳。2013 年 10 月，《食品安全法修订草案》第一次向社会公征求意见时，公益机构南京天下公提出将自来水纳入《食品安全法》进行监管等 5 条立法建议，未被采纳。2014 年 6 月，《食品安全法修订草案》第二次向社会公开征求意见，南京天下公继续递交立法建议，重提 5 条建议，终于被部分采纳。公益组织积极参与立法建议，坚持发出自己的声音，有利于促进法律自下而上，真正代表利益相关者的权益。

企业（家）

236. 中国互联网协会发布《互联网终端安全服务自律公约》，敦促互联网企业自觉履行企业社会责任

2013 年 12 月 3 日，中国互联网协会在京发布《互联网终端安全服务自律公约》，明确赋予安全软件对互联网行业公认的病毒、木马、蠕虫等恶意程序的直接处置权，明令禁止恶意排斥、恶意拦截、歧视性对待其他企业的服务或产品的行为，还进一步细化了协商、调解、测评及裁定相结合的签约企业间争议和纠纷解决机制，规范互联网信息服务市场秩序。腾讯等 8 家互联网企业签署《公约》，搜狐等 22 家单位签署对《公约》的响应支持文本。当今时代互联网已不再是一个单独的行业，它在一定程度上发挥着“社会公器”的作用，影响着人们生活的方方面面。行业自律是互联网企业自觉履行社会责任的表现，是互联网企业联合行动对社会的贡献。

237. “善功夫”义工平台推动可持续志愿行动

2013 年 12 月 10 日，由真功夫发起的“善功夫”义工社群平台正式上线，利用移动互联网特性，志愿者可根据参与兴趣、个人技能和所在地点信息搜索匹配的公益项目。平台满足人们对志愿行为的多样化需求，重视志愿者的个人兴趣和技能对公益项目的贡献，开发可持续的志愿精神。

238. 阿里巴巴运用公益营销推广“来往”

2014 年 1 月 22 日，马云表态，未来一年内，阿里巴巴建立的移动社交平台“来往”里每个超过 100 万人的扎堆堆主，都可以指定合法的公益基金，由阿里巴巴公益基金捐赠 100 万元人民币，此项捐赠支持的扎堆数不超过 100 个，总计将投入 1 亿元人民币。中国电子商务公司日趋成熟，一些公司开始考虑企业的社会责任。公益事业作为其履行社会责任的一部分，或者作为其社会责任的延伸，越来越多的企业将公益事业视为一种深谋远虑的公关计划和长远投资的有力工具。而将网络营销与公益事业结合起来则成为电子商务公司营销的重要手段。

239. 国家会议中心发布会展业首份企业社会责任报告

2014 年 2 月 12 日，国家会议中心发布中国会展业首份企业社会责任报告——《国家会议中心 2013 年度企业社会责任报告》，覆盖关注客户服务、行业发展、员工关怀、回馈社会和环保 5 大领域。报告的发布不仅体现了国家会议中心做企业公民的基本态度和责任，更成为行业的表率，对推动整个会展行业积极建设企业社会责任具有引领性和突破性意义。

240. 百度开放首页文字链，创新互联网公益新模式

2014 年 4 月 15 日，百度在“百度时刻·春季资源招标会”上首次宣布为互联网公益而开放首页文字链。百度独立覆盖人群近 6 亿，24 小时仅 PC 端就接受近 60 亿次来自网民的搜索请求，巨大展现量能够帮助动员更多的社会力量，大规模地解决社会问题。百度认为自身投入了最核心资源，将携手有社会责任感的品牌主，实现公益活动渠道、推广、信息分发能力的全面提速，将互联网公益力量拓展最大化。早在 2013 年 5 月，百度曾携手中国平安打造“公益一小时”活动，这场中国互联网最大规模的公益活动，通过百度平台及 60 万家联盟站点的活动入口，60 分钟内实现 58 万网友参与，为雅安近 3 万儿童捐赠近 58 亿元的大病医保。

241. 马云蔡崇信公益信托让公益资产的雪球越滚越大

2014 年 4 月 25 日阿里巴巴创始人马云和蔡崇信宣布将成立个人公益信托基金捐出他们在阿里巴巴集团拥有的期权，总体规模为阿里集团总股本的 2%。2009 年曹德旺斥巨额股权注入河仁基金会使其成为“中国股权捐赠第一人”。

242. 首届阿里公益月，提倡“快乐公益”

2014 年 4 月为阿里巴巴首届公益月。阿里巴巴公益特邀北京、上海、深圳、香港等 9 个地区的 18 个公益组织以及 13 个阿里员工民间公益组织阿里“幸福团”，4 天共计 31 个公益组织联手打造一场公益 JOY 盛会。阿里巴巴内部有 24 个不同主题的“幸福团”，每一个的公益主题不同：比如“幸福顺风车”，通过顺风车的方式方便同路的人，更节能环保。阿里巴巴公益月里举办的各类活动都将公益与快乐结合在一起。并通过“JOY”展会让原本觉得“公益很遥远”的人明白，公益可以从身边做起，从小事做起。从而让更多的阿里人有更多的公益之心、感恩之情，怀抱更多爱心和善意。

243. 凤凰网“点赞机”，为公益点赞

2014 年 5 月 5 日，凤凰网在全球移动互联网大会（GMIC）的凤凰网展台前设立“点赞机”，参会观众如为由凤凰网发起的“美丽童行”点赞，凤凰网动员的爱心企业即按 1 个赞 =1 元善款认捐。移动互联时代，为公益事业筹款的活动越来越别出心裁，活动实现了凤凰网与观众的良好互动。

244. 第九届中欧全球企业社会责任论坛关注互联网时代公益实践

2014 年 5 月 17 日，第九届中欧全球企业社会责任论坛在上海举办。论坛聚焦“影响力”，关注互联网时代下的 CSR 和公益实践。论坛讨论了当前企业 CSR 实践面临的挑战，呼吁改变旧的公益观念，将社会责任融入企业、机构的战略中，运用商业智慧更好地推进 CSR 项目，并鼓励在履行社会责任上有更多创新。论坛引入了企业社会责任影响力的评估和量化这一视角，认为对于 CSR 项目不仅需要评估短期影响，还看重项目的中期和长期的影响，并建立多个评估指标体系，确保 CSR 与公司战略相协调。

245. 网信金融战略入股全球最大公益众筹平台

2014 年 5 月 23 日，在“中美众筹对话——公益全球化”座谈会上，网信金融宣布将战略入股全球最大的公益众筹平台 Fundly，探索中国公益众筹发展的新模式。众筹是互联网金融浪潮中新兴起的慈善筹资运作模式，众筹平台可以为公益组织提供募资、宣传等多种服务，实现众筹环境的改善和众筹环节的良性循环。公众参与少是当前我国公益事业与发达国家公益事业的巨大差异，众筹的社交属性可以吸引广泛的群体参与到慈善事业中，同时这种市场化的公益运作更加透明。

246. 11 家试点媒体发布企业社会责任报告强化媒体社会责任

2014 年 6 月 9 日，《经济日报》、中央电视台、《中国青年报》、人民网、新华网等 5 家中央新闻单位和新闻网站，《河北日报》、《解放日报》、浙江卫视、《齐鲁晚报》、湖北日报传媒集团、湖北广播电视台等 6 家地方新闻单位的社会责任报告在中国记协网上正式发布。本次 11 家媒体发布社会责任报告为中宣部、中国记协等决定在新闻战线探索建立媒体社会责任报告制度，推动媒体每年定期公开发布履行社会责任情况报告的首批试点。报告发布前经中国记协、地方新闻道德委员会评议，并提交新闻出版广电、互联网、工商等行政管理部门核实相关内容。各媒体重点报告了履行正确引导责任、提供服务责任、人文关怀责任、繁荣发展文化责任、遵守职业规范责任情况，以及履行合法经营责任、安全刊播责任、保障新闻从业人员权益责任等情况，及对履行社会责任方面存在的不足、改进的措施和努力的方向。

247. 京东试水公益网店，深度参与公益

2014 年 6 月 23 日，由中华红丝带基金与京东集团合作开设的“红丝带公益网店”在京东网上商城正式开张，店铺收入将用于中华红丝带基金艾滋病防治项目以及艾滋病宣传倡导项目。这是京东商城上线的首家公益店铺，利用自己既有的平台深度参与公益。京东提供的不仅是一种筹款渠道，其自身完善的线上支付系统及大数据后台完整记录捐赠人相关信息，对捐赠信息的公开透明是一种保障。

248. 陈光标纽约发钱引争议

2014 年 6 月 25 日，中国富豪陈光标在美国纽约举行慈善活动，在曼哈顿中央公园宴请了 200 多名无家可归的穷人。在为活动预热时，陈光标曾打出广告现场为每位穷人发放现金 300 美元，然而当天只有几名穷人代表收到了 300 元现金，此行为引起部分穷人的不满，称“被骗了”。陈光标将把承诺的余款交给纽约市援助会发放。做慈善是好事，高调也无妨，但公益提倡平等和尊重，陈光标的“土豪”式捐赠却恰恰忽略了这一点。美联社称，纽约市援助会劝说陈光标不要给这些无家可归的人发现金，因为他们很有可能拿着这些钱去买酒、买毒品。可见给钱也要有给钱的“章法”，不然可能会适得其反。

249. 潘石屹张欣夫妇捐赠 1 亿美元设立"SOHO 中国助学金"，资助贫困学生海外求学

2014 年 7 月 16 日，SOHO 中国微博公布潘石屹张欣夫妇计划以 SOHO 中国基金会名义捐赠 1 亿美元设立"SOHO 中国助学金"，用于资助考上世界一流大学攻读本科学位的中国贫困生。项目与哈佛、耶鲁等国外一流大学合作，在这些院校设立助学金项目，家庭年收入低于 6.5 万元的学子均可申请。中国富人的慈善意识越来越高，对贫困精英学子更不吝一掷千金，扶贫济困的同时甚至能够帮助他们改变命运，这也使捐赠者更能够获得成就感。

250. 中国家族财富传承峰会，慈善让家族赐福传承

2014 年 7 月 26 ~ 27 日，由《中国慈善家》杂志发起主办的"中国家族财富传承峰会"在北京召开，峰会的主题是"家族进化的命门与密码"。来自美国、新加坡、马来西亚、印度和中国大陆、香港、台湾等国家和地区的五百多个财富家族出席，分享了各自家族的传承价值观、方法论，以及各自在家族传承中所面临的困扰和解决方案。

251. 百度回收站 APP，大数据让参与者共赢

2014 年 8 月 18 日，联合国开发计划署和百度启动共建大数据联合实验室，探索利用大数据解决全球性问题的创新模式，并发布第一个环保解决方案——"百度回收站"APP。用户打开 APP，直接拍摄家中需要扔掉的废旧电视、废旧冰箱等电子垃圾，系统就会通过图像技术自动识别，即时显示电子垃圾类别和回收价格等信息，一键即可预约正规电子垃圾处理厂商上门回收，简单快捷。该应用实现了用户与正规回收商的无缝对接，为用户提供更好的服务体验，也帮助回收商拓展回收渠道。

252. 保时捷中国资助儿童参与自拍完成《180 台 DV 的故事》公益纪录片

2014 年 8 月 29 日，保时捷中国举行"保时捷溢彩心"五周年暨《180 台 DV 的故事》公益纪录片新闻发布会。纪录片由张艺谋义务指导，90% 镜头取材于四川省苍溪县 2000 多名孩子用项目组发放的 DV 在半年内记录的当地师生受益于"移动教育资源与培训中心"项目的真实生活。纪录片像更为生动、直观的项目评估报告，从儿童自拍的学习生活记录中可以发现真实需求，进而帮助升级项目或产生新的项目、开发新的公益模式。

253. 凯德商用 CSR 策略晋级，注重资源整合和产业链合作的深度参与

2014 年 9 月 1 日，凯德商用在北京利民小学启动 2014 年“凯德·我的第一个书包”活动为贫困一年级新生捐赠新书包和文具。该活动是凯德商用的标志性年度企业社会责任活动，已开展五年，一直由凯德中国希望基金出资。2014 年其结合中国扶贫基金会“爱心包裹”项目展开公众募款，活动中每筹集一个爱心书包，凯德中国希望基金也同步捐赠一个书包。凯德商用与扶贫基金会合作，一是借助扶贫基金会的公募资质，并利用其“善行 100”全国高校志愿者在自家旗下购物中心进行公众筹款；二是依托“爱心包裹”项目的援助网络，扩大资助范围和影响。凯德商用除了提供旗下购物中心进行募捐和活动预热，还邀请消费者、零售商、员工及其他合作伙伴参与项目，或为项目捐款，或成为志愿者，全方位调动企业资源，形成了一个多个利益相关方共同参与的公众筹款平台。企业 CSR 过去侧重单纯的公益捐赠，而今更注重资源整合和产业链合作的深度参与。

254. 宝马教育类公益项目注重“软硬兼施”

2014 年 9 月 23 日，宝马（中国）联合北京师范大学中国公益研究院、北京师范大学教育基金会启动“BMW 童悦之家乡村教育提升计划”，为乡村教师创建专业能力和职业素养的培训机会，提升乡村教育的软实力。“BMW 童悦之家儿童关爱计划”启动于 2011 年，通过宝马爱心基金及经销商的捐赠以及定期的车主爱心活动为经济欠发达地区的孩子提供学习成长中必要的硬件设备和精神关爱。2014 年该计划开始关注乡村教师，为全国 53 所 BMW 童悦之家近 2000 位校长和教师创建学习和提升的机会，将从教学理念及方法、创新教学形式，师生关系、图书管理及阅读技巧等方面为提升教师专业能力和职业素养进行全方位指导。并探索科学有效、可以广泛推广和复制的乡村教师培训模式和评估体系。

255. 广发证券推出游戏类公益营销项目

2014 年 9 月底，广发证券在微信上推出一款点亮爱心游戏，网友参与游戏广发证券即向青春助力扶贫助学计划捐款。网友完成游戏的结果不同，其为公益项目筹得的捐款数额也不同，网友完成游戏所用步骤越少，广发证券的捐款额越多。这将激发网友智力挑战的欲望，吸引其不断游戏，重复捐赠。游戏设置 16 颗爱心，呈正方形排列，一些爱心在开始时是点亮状态，另一些则为暗状态，点击任何一颗爱心，其周围的爱心就会变亮或变暗，网友需将全部爱心都点亮，才算完成游戏，即为公益项目筹款成功。

当网友完成游戏任务所用的步骤在 5 步内时，广发证券捐款 50 元；当步骤为 6～10 步时，广发证券捐款 30 元；当步骤为 11 步及以上时，广发证券捐款 15 元。网友可以重复挑战游戏任务，每玩一次，广发证券至少捐款 15 元。游戏结束时提示玩家将游戏分享到微信朋友圈，只要有好友点击分享的链接，广发证券就再多捐 5 元钱。游戏有效时间为 9 月底至 10 月，筹款结束后，将邀请 TOP3 玩家亲临广州慈善捐赠现场参加青春助力捐助仪式。

256. 阿里巴巴等发起“责任网商”共创会，共建社会责任

2014 年 11 月 18 日，由阿里巴巴集团携手南方都市报发起的“责任网商”共创会在广州举行，公益机构代表、阿里巴巴商会网商代表及嘉宾等上百人出席。活动在 48 小时内对公益机构与网商进行课程案例引导，使公益机构与网商配对合作，在资深公益导师团的指导和协助下设计出能在现实开展的公益项目。在共创会结束后的三周内，由公益机构与网商共创的方案将会现实落地，从而回馈社会、造福被帮扶对象。共创会不仅将网商的商业智慧与新型社会资源引入传统公益项目，也为网商引入公益新视角，吸引网商关注社会责任。网络构建了新的商人与消费者关系，网商成为新时代的商人，其承担社会责任的起点更高。阿里巴巴是中国网商的鼻祖，更是中国几千万中小网商的缔造者，由它主导构建，网商社会责任的影响力更广泛。

257. “中国优秀企业公民排行榜 TOP50”发布

2014 年 11 月 22 日，由中国社工协会企业公民委员会、中央电视台财经频道和腾讯公益慈善基金会主办的 2014 第十届中国优秀企业公民年会暨颁奖盛典发布“中国优秀企业公民排行榜 TOP50”榜单，国家电网公司、英特尔（中国）有限公司、松下电器（中国）有限公司、思科系统（中国）网络技术有限公司、飞利浦（中国）投资有限公司等 50 家中外企业上榜。知名企业踊跃参与设有“企业填报信息、第三方信息核验、形象危机预警筛查、专家综合评定”四道严格程序的评选，凸显对“企业公民”理念的认同。

258. 万达集团“企业包县，整体脱贫”，创新 CSR

2014 年 12 月 1 日，万达集团和国务院扶贫办、贵州省扶贫办与贵州省丹寨县签订扶贫协议，期待以 10 亿元投入和 5 年时间实现丹寨人均收入翻番和整县脱贫。万达没有选择直接捐款或投资建厂等常规扶贫模式，而以“企业包县，整体脱贫”，创新企业 CSR。首先，万达将利用好遍布全国的万达广场这个零售渠道与其商业合作伙伴在全国的超千个大型零售网点，成立专门销售公司，将在丹寨深加工的农产品销往全国，从而形成农民种养、企业加工、全国销售的良性循环。其次，万达集团联合贵州以及黔东南州3所职业技术学院每年招生300~500名丹寨籍学生入学，毕业后择优录取到万达就业。再次，万达集团每年从丹寨招聘约1万名农民工，到万达战略合作伙伴旗下施工企业务工，实现脱贫。最后，万达集团将派驻一批优秀高管到丹寨挂职县乡两级领导职务，从而提高扶贫效率，保证万达丹寨扶贫模式顺利开展。对到丹寨挂职的干部，万达将在工资待遇、职务晋升上给予优待。

259. 2014中国汽车企业社会责任论坛从有效性和均衡性方面探索汽车企业CSR发展

2014年12月19日，《中国汽车报》、中国汽车新闻工作者协会、中国汽车文化促进会联合发起2014首届汽车公益创新研讨会，以“跨界·交流·创新”为主题，分享汽车公益实践及探讨发展趋势。21日，《汽车商业评论》和中国扶贫基金会联合主办2014中国汽车企业社会责任论坛，从有效性与均衡性探讨汽车企业如何将社会责任落到实处。我国汽车产销量已连续五年蝉联全球第一，未来需求依然坚挺，但环境污染压力随之而来。汽车行业孕育的资金实力、粉丝经济以及CSR是公益领域可以深入挖掘的方面。

海外力量

260. 亚洲环境法官网络成立，从司法层面推动环保合作

2013年12月，亚洲环境法官网络在菲律宾成立。亚洲开发银行行长中尾武彦表示首席大法官和高级法官在加强环境执法、加强环境法制建设方面起着至关重要的作用。亚洲环境法官网络给亚洲各国司法机构提供了“面对面”重大案件沟通的平台，加强各国在环境法领域中的合作。

261. 欧盟公布控制空气污染新法律草案，为中国提供立法借鉴

2013年12月，欧盟公布了针对空气污染问题的法律草案，内容包括针对电厂及工厂的污染气体排放新标准，以及保证各欧盟成员国切实履行现有法规的措施。当下中国正遭受严重雾霾危害，空气治理成政府难题，立法缺位成为民众质疑政府治霾不力的焦点，社会对出台空气清洁法案的呼声日渐高涨，欧盟草案可为中国治理空气污染提供立法借鉴。

262. 联合国助力中国起草首部反家庭暴力法

2013 年 10 月 30 日，新华社授权发布的十二届全国人大常委会立法规划，反家庭暴力法属于第二类项目，即需要抓紧工作、条件成熟时提请审议的法律草案。2013 年 12 月 22 日，联合国人口基金会驻华代表何安瑞表示联合国驻华系统的“中国男性气质与性别暴力研究报告”将为中国反家庭暴力立法提供数据和证据，支持中国起草反家庭暴力立法。中国家暴发生率达 3 成，其中 90% 受害者为女性，反家庭暴力法的出台将弥补法律层面的不足，使包括妇女、儿童和老人在内的所有家庭成员获得更好的保护。

263. 全球首个森林保护在线平台启动

2014 年 3 月初，世界资源研究所、谷歌及联合国环境规划署等 40 多家组织共同发布一款名为“全球森林观察”的免费森林在线监测和预警系统。该系统能够通过最新卫星技术、开放数据以及众包信息，提供全球森林情况的实时数据。利用系统可以及时发现非法森林砍伐，搜集破坏森林的证据，还能对森林作物商品的合法性、可持续发展以及认证标准进行管控。管理全球森林资源已成为当地社区和全世界的共同任务，“全球森林观察”联合各国政府、企业和民间组织的力量，实现资源共享。

264. 慈济及时介入马航事件安抚失联者家属

2014 年 3 月 8 日凌晨，马来西亚航空公司航班号为 MH370 的飞机失联至今未归，事发 17 天后，马来西亚总理在搜救无果的情况下宣布 MH370 航班坠毁，无人幸存，史称“马航事件”。事发后，失联者家属成为最需要关心和安抚的弱势群体，但这并不是简单的陪伴，而更多的是需要有专业性和实战型的专门组织提供专业服务。在安抚和情绪控制方面具有专业经验和相关知识的台湾慈济慈善基金会是事发后最先抵达失联者家属集中的丽都饭店进行志愿服务的公益组织，及时介入为家属提供服务，避免让不确定的信息对家属造成二次甚至多次伤害。

265. 柬泰越 NGO 公开信质疑中资水电站项目

2014 年 5 月 27 日，来自柬埔寨、泰国和越南的 15 家民间机构发布公开信，谴责中资企业在柬埔寨上丁省承建的塞桑河下游 2 号水电站（Lower Sesan 2 Hydropower Dam）项目在缺少跨境环境影响评价的情况下就已开展前期施工准备工作，且项目缺乏信息公开和问责机制。公开信呼吁中国政府暂停该水坝项目建设，开展全面的、包括跨境影响的、符合国际要求的环境影响评估，并保证对项目进行完整的信息披露，保障决策参与。

266. 德国总理默克尔捐赠四川社工机构

2014 年 7 月 6 日，德国总理默克尔到访成都华仁社会工作发展中心并以个人名义向该机构捐赠 500 欧元。默克尔表示："中国是一个大国，人口众多，很多问题不能单靠国家来解决，未来社会发展一定需要更多的社会工作机构，华仁的工作做得很好，希望华仁未来能接纳更多的志愿者和专业工作人员。"

267. 苹果 CEO 库克"出柜"，加速国内社会对同志的理解与接纳

2014 年 10 月 30 日，苹果 CEO 蒂姆·库克在美国《商业周刊》网站发表文章公开同性恋身份。西方名人"出柜"早已屡见不鲜，而库克"出柜"的新闻一次性占领遍中国大型门户网站头条，并在微博等社交媒体上引发巨大讨论。公众人物拥有更多资源和话语权，他们的"出柜"或发声更具传播效应，对消除偏见和歧视大有帮助。在中国大陆，积极争取同志平等权益的往往是草根阶层，名人同志在争取权利的过程中是失语的。作为全球最有影响力的商界领袖，库克的"出柜"，对中国的同志以及同志机构是一种激励。

268. 中国社会福利协会引入国际精神运动康复理念及实践经验，提升从业人员职业化水平

2014 年 12 月 12 日，中国社会福利协会与法国宜世高等精神运动与康复学院在上海签订养老服务领域的合作备忘录，旨在引入精神运动康复方面的先进理念及实践经验，共同面向全国培训养老服务人才。我国目前养老机构由于机制及资金的原因，缺乏医疗康复等专业技术人才。此举将弥补我国养老服务队伍在医疗康复方面的不足，提高从业人员职业化水平。

致　谢

非常感谢中国扶贫基金会执行会长何道峰先生、专职副会长王行最先生、秘书长刘文奎先生、副秘书长陈洪涛先生、品牌传播部副主任王鹏先生、品牌传播部品牌活动处长李文很先生为本报告提供的一如既往的前期及后续支持。感谢社会科学文献出版社社会政法分社社长王绯女士对本报告的出版给予的有力支持，同时，感谢责任编辑高质量的编辑工作。也非常感谢朱碧丹女士继续为本报告设计了精美的封面和版式。

报告在撰写过程中，得到了壳牌（中国）有限公司公共事务部社会投资顾问徐薇女士、中国美术家协会少儿美术艺委会副主任湖南省女画家协会主席谢丽芳女士、中国美术家协会理事中国美术家协会少儿美术艺委会第二届主任何韵兰女士、中国美术家协会少儿美术艺委会主任首都师范大学美术学院教授尹少淳先生、湖南省湘西自治州教科院党支部书记张大庆先生、广东省残疾人体育与艺术中心美术教师王水女士、湖南省湘西自治州龙山县第二小学美术教师李开奇先生、中国扶贫基金会公众捐赠部主任助理韦丹丹女士、中国扶贫基金会公众捐赠部善行者项目工作人员李思璇女士等相关人士的大力支持，以及大量这里未提及的专家学者及公益界朋友的支持，包括信息资料的提供、个案访谈时的支持，以及提供诸多有价值的意见。谨向他们致以诚挚的谢意！

此外，特别要感谢五年以来一直关注和支持《中国第三部门报告》的公益界同仁、专家学者、关心公益事业的公众和媒体，以及相关政府部门官员，正是他们的认可和鼓励，使我们看到了报告真正的价值和意义，激励我们更努力地走下去。

最后，衷心地感谢中国扶贫基金会五年来为本报告提供的支持与资金资助。

图书在版编目（CIP）数据

中国第三部门观察报告. 2015/康晓光，冯利主编. —北京：社会科学文献出版社，2015. 3
ISBN 978 - 7 - 5097 - 7168 - 6

Ⅰ. ①中… Ⅱ. ①康… ②冯… Ⅲ. ①社会团体 - 研究报告 - 中国 - 2015 Ⅳ. ①C232

中国版本图书馆 CIP 数据核字（2015）第 042178 号

中国第三部门观察报告（2015）

主　　编 / 康晓光　冯　利

出 版 人 / 谢寿光
项目统筹 / 王　绯　李　响
责任编辑 / 李　响

出　　版 / 社会科学文献出版社 · 社会政法分社（010）59367156
地址：北京市北三环中路甲 29 号院华龙大厦　邮编：100029
网址：www.ssap.com.cn
发　　行 / 市场营销中心（010）59367081　59367090
读者服务中心（010）59367028
印　　装 / 北京季蜂印刷有限公司

规　　格 / 开 本：787mm × 1092mm　1/16
印 张：29.75 字 数：496 千字
版　　次 / 2015 年 3 月第 1 版　2015 年 3 月第 1 次印刷
书　　号 / ISBN 978 - 7 - 5097 - 7168 - 6
定　　价 / 120.00 元

本书如有破损、缺页、装订错误，请与本社读者服务中心联系更换

版权所有 翻印必究